Goldstadt-Reiseführer
Rumänien
Thomas Kunze
Ute Walbe-Kunze

W0089752

Titelfoto:
Bäuerin in typischer
Tracht (Maramuresch)

Liebe Goldstadt-Leserinnen und Leser, die Autoren und wir im Verlag sind stets bemüht, Ihnen über Rumänien die aktuellsten Informationen zu vermitteln.

Die Ausarbeitung der Routen und die Recherchen in den Städten und sehenswerten Orten wurde von den Autoren nach bestem Wissen und Gewissen durchgeführt und persönlich abgefahren und besucht.

Sollte dennoch die eine oder andere Angabe überholt sein, bitten wir um Verständnis und sind für Informationen und Berichtigungen dankbar.

Das Reisen in Rumänien unter Benützung dieses Reiseführers erfolgt auf eigenes Risiko. Für eventuelle Unfälle und Schäden jeder Art kann keine Haftung übernommen werden.

Fotos: Thomas Kunze, Ute Walbe-Kunze
Karten: © Kümmerly+Frey, CH-3052 Zollikofen-Bern, die verkleinerten Ausschnitte wurden mit freundlicher Genehmigung der Karte Rumänien 1:800 000 entnommen.
Pläne und Skizzen: © Goldstadtverlag, Pforzheim
Herstellung: Goldstadtdruck GmbH, Pforzheim

© 2002 Goldstadtverlag GmbH, Finkensteinstr. 6, D-75179 Pforzheim
2. überarbeitete Auflage
www.goldstadtverlag.de – info@goldstadtverlag.de

Goldstadt-Reiseführer Band 34

Rumänien

**Geographie und Geschichte
Politik, Wirtschaft und Bevölkerung
13 Reiserouten
viele praktische Reisetipps
Hotel- und Unterkünfte sind bei den
Routen und Städten empfohlen**

Thomas Kunze
Ute Walbe-Kunze

437 Farbfotos
9 thematische Karten
1 Übersichtskarte der Reiserouten
13 Routenskizzen
8 Stadtpläne

Goldstadtverlag

*Weltberühmt:
Die bemalten
Moldauklöster
locken jährlich
viele Gäste an*

Reiseinformationen

Einführung

Reiserouten

Die Städte

Praktische Tipps
von A-Z

Index

Kastenthemen

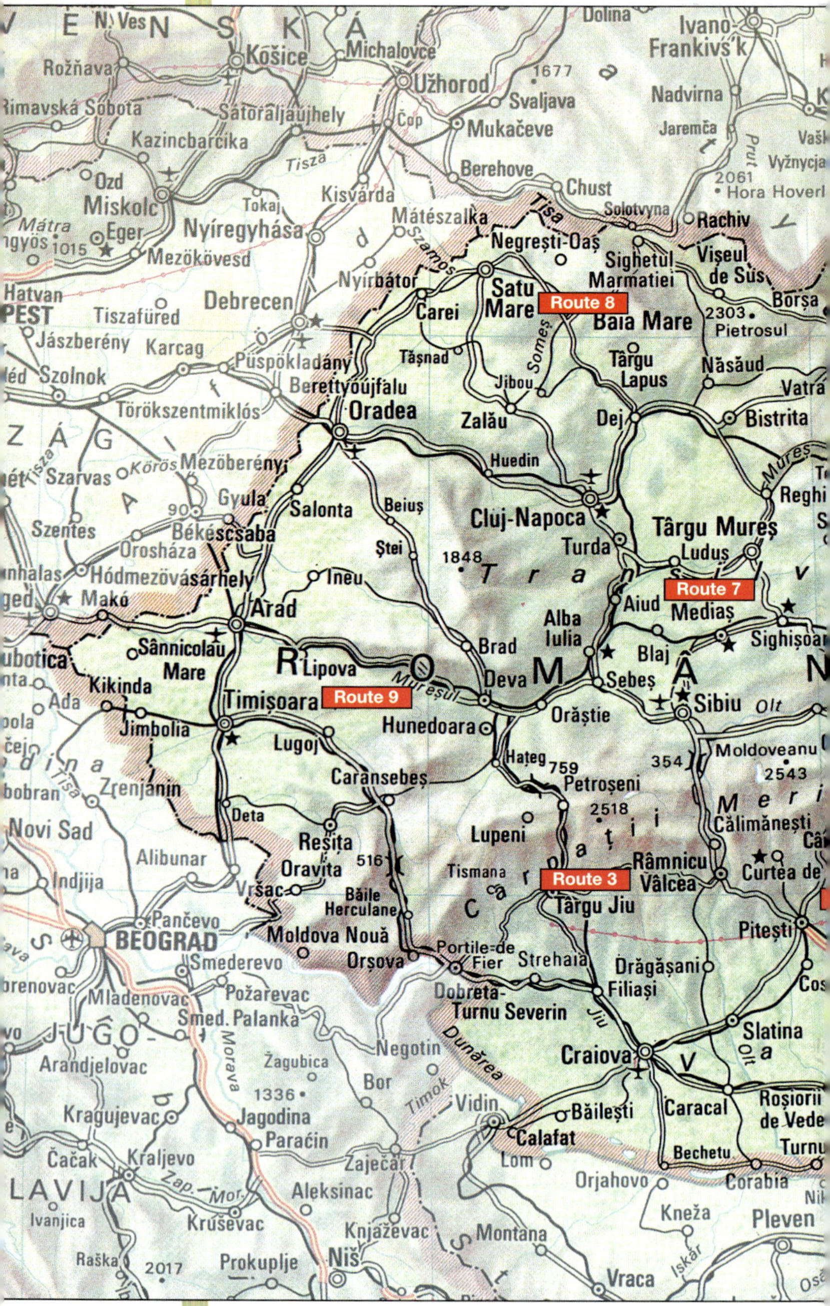

Route 8
Route 7
Route 9
Route 3

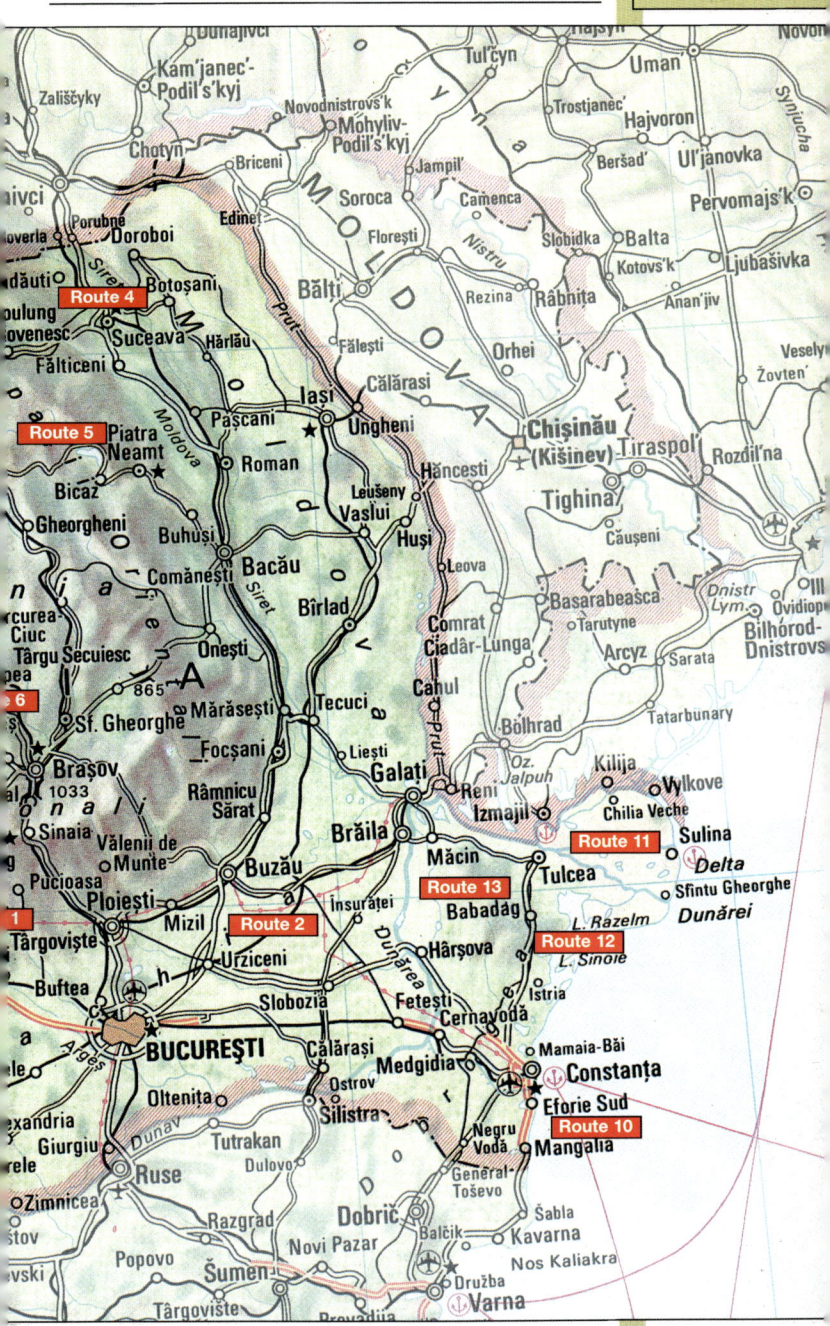

Reiserouten in den Regionen

Die Walachei

Die Moldau

Der Zustand der rumänischen Straßen bessert sich zunehmend, aber nicht überall ist mit westeuropäischen Straßenverhältnissen zu rechnen.

Vorwort

„Incet, încet" – „langsam, langsam", diese Worte hört man oft in Rumänien. Typisch balkanische Gelassenheit und südländische Lebensfreude machen den Charme dieses Landes aus. Hektik und Stress des modernen Europa scheinen weit entfernt.

Gelassenheit braucht man in dem südosteuropäischen Land auch als Tourist. Nur so wird man wirklich genießen, was Rumänien an Vielfalt zu bieten hat. Oft mangelt es in den Hotels noch an Komfort oder Luxus, aber hierzulande lernt man schnell, andere Werte zu schätzen. Die Rumänen sind gastfreundlich und herzlich. Bei hausgekeltertem Wein oder dem Nationalgetränk, einem „Țuică", gerät an einem lauen Sommerabend der schnelllebige Alltag zu Hause rasch in Vergessenheit. In Rumänien ist es noch wichtig, sich Zeit für Freunde zu nehmen!

Neben der Liebenswürdigkeit seiner Bewohner ziehen vor allem die unbeschreiblich schönen, vielfältigen Landschaften und Regionen jeden Besucher in ihren Bann. Die Karpaten mit ihren schroffen Felswänden, klaren Bergseen und einer artenreichen Flora und Fauna gehören zu den ursprünglichsten Gebirgen Europas. Unglaublich ist die Ein-

---

Benutzerhinweise

Der Goldstadt-Reiseführer „Rumänien" wendet sich sowohl an Touristen, die ohne lange Vorplanung Land und Leute entlang ausgewählter Routen kennenlernen wollen, als auch an Reiselustige, die sich ihre Touren gern selbst zusammenstellen.

Es werden deshalb nach einer landeskundlichen Einführung (Teil 1) zunächst 13 interessante Routen durch die 4 rumänischen Hauptregionen vorgestellt (Teil 2). Besonders sehenswerte Städte und Orte sind in den Routenbeschreibungen gekennzeichnet und im Teil 3 des Reiseführers ausführlich beschrieben. Die Angaben zu Hotels, Unterhaltungsmöglichkeiten und Restaurants entsprechen aktuellstem Stand.

*Ein Hinweis zur Schreibung: In Rumänien gab es 1995 eine Rechtschreibreform. Wenn zuvor **innerhalb** eines Wortes der Buchstabe „î" geschrieben wurde, ist die korrekte Schreibung jetzt „â". Ein Beispiel: Die Stadt „Tîrgu Mureş" (alt) wird zu „Târgu Mures". Wir haben uns nach der neuen Schreibweise gerichtet. Auf vielen Landkarten, Ortsschildern etc. wird jedoch noch die alte verwendet.*

*Ein weiterer Hinweis betrifft die **Öffnungszeiten der Museen**. Sie sind in Rumänien in der Regel Dienstag bis Sonntag von 10-17 Uhr geöffnet. Abweichungen sind im Reiseführer berücksichtigt.*

Gemüsemarkt bei Slobozia

Im alten Stadtkern von Braşov (Kronstadt)

**Trachten der
Maramuresch**

**Triumphbogen in
Bukarest**

**Strand südlich
von Constanta**

Vorwort

samkeit, die man hier erleben kann. Das Donaudelta ist eine faszinierende Welt des Wassers, des Schilfs und der Vögel. Hier wird das Leben vom Wasserstand der Donau bestimmt. Die Moldauregion bezaubert mit ihren weltberühmten Klöstern und durch ihre liebliche Landschaft. Aber auch aus Siebenbürgen mit seiner durch deutsche Siedler geprägten Geschichte, großartigen Baudenkmälern, tiefen Wäldern und einer weitgehend intakten Natur wird man unauslöschliche Impressionen mit nach Hause nehmen. Die meisten Touristen zieht es allerdings an die rumänische Schwarzmeerküste, ein uraltes Kulturland.

Rumänien ist jedoch kein Urlaubsland für Leute, die ähnliches suchen wie den umhegten Cluburlaub in den Touristenzentren dieser Welt. Man sollte schon etwas neugierig sein auf dieses nahe Land, das noch so fern von Europa ist, und auch einmal auf den gewohnten westeuropäischen Standard verzichten können.

Das Land hat den Tourismus dringend nötig und wird in zehn Jahren vielleicht eine entwickeltere Tourismusindustrie aufweisen. Trotzdem wünscht man sich manchmal, Rumänien mit seinen vielfältigen Naturschönheiten und der reichen Kulturgeschichte möge vom Massentourismus verschont bleiben. Denn schon heute kann jeder Besucher, der ein gewisses Maß an Aufgeschlossenheit und Verständnis für das Land, seine Menschen und deren Probleme mitbringt, sicher sein, als Tourist in das vielen so unbekannte Rumänien zu kommen – und als Freund zu gehen.

In den Karpaten, die bis 2500 m hoch sind

Geografie

Rumänien bedeckt eine Fläche von 237 500 km² In der Mitte des Landes kreuzen sich der 25. Längen- und der 46. Breitengrad.

Den geografischen Charakter Rumäniens prägen drei Komponenten: der Karpatenbogen, der Unterlauf der Donau und die Schwarzmeerküste.

Die Oberfläche Rumäniens ist gleichmäßig dreigeteilt in Gebirge, Hügel und Ebene

Schaut man auf eine morphologische Karte des Landes, hat man den Eindruck, dass die Oberflächenformen eine Kreis- oder Spiralstruktur bilden. In deren Zentrum befindet sich die hügelig-bergige **Siebenbürgische Hochebene** (Podişul Transilvaniei). Sie wird fast lückenlos von einem Gebirgskranz umrahmt: im Norden, Osten und Süden vom **Karpatenbogen** und im Westen von den **Rumänischen Westgebirgen**.

Küstenlandschaft zwischen Donaudelta und Schwarzem Meer

Auf diesen Gebirgsring folgt im Osten das **Hochland der Moldau** (Podişul Moldovei), im Westen das **Westrumänische Tiefland** (Câmpia de Vest), der rumänische Teil der

Pannonischen Tiefebene, und im Süden die Subkarpaten und die **Rumänische Tiefebene** (Câmpia Română). An diese schließt sich die weite Talaue der **Donauniederung** an.

Im Naturschutz-gebiet Donaudelta

Die Donau umfließt das flache Hügelland der Dobrudscha in einem Umweg nach Norden, ehe sie ins Meer mündet. Der untere Donaulauf, mit den Überschwemmungsgebieten der Balta Jalomiței und der Balta Brăilei, bildet den Übergang zur Land-Wasser-Region des Donaudeltas mit seinen Sümpfen, Seen, Dünen und Inseln. Zwischen der unteren Donau und der Schwarzmeerküste befindet sich Rumäniens östlichstes und trockenstes Gebiet, die **Dobrudscha** (Dobrogea). Die kahlen Kuppen der Măcin-Berge in der Norddobrudscha, deren höchste Erhebung nur noch 467 m erreicht, sind die Überreste des ältesten Gebirges auf rumänischem Gebiet.

Die Dobrudscha ist der letzte Ausläufer des asiatischen Steppengürtels

Die **Karpaten,** die ungefähr ein Drittel des Landes bedecken, bestimmen wesentlich sein Klima, seine Gewässer, seine Flora und Fauna. Hochgebirgscharakter weisen die Karpaten nur in den Hochlagen des südlichen und südöstlichen Teils auf. Die höchsten Lagen von über 2000 m und die höchsten Gipfel findet man in den Südkarpaten.

Das Fogarasch-gebirge – die Alpen Rumäniens

Hier befinden sich auch die „Siebenbürgischen Alpen": das Fogaraschgebirge, mit dem höchsten Gipfel Rumäniens, dem Moldoveanu (2544 m). In den übrigen Teilen erreichen die Karpaten mittlere Höhen von ca. 1500 m im Süden und 1200-1300 m im Osten. Die rumänischen Westgebirge, auf rumänischen Karten als Westkarpaten bezeichnet, erreichen im Durchschnitt 1000 m. Zu ihnen zählen die Banater Berge, das Poiana-Ruscă-Massiv und das Apuseni-Gebirge.

Die Gebirge Rumäniens werden radialförmig von Pässen durchschnitten, die schon immer die Verbindung des innerhalb des Karpatengürtels gelegenen Siebenbürgens mit den nördlich, östlich und südlich des Gebirgsringes liegenden Gebieten gewährleisten.

Flora und Fauna

Dramatische Gebirgslandschaften, in denen noch Bären und Wölfe leben, sanfte Hügelländer mit üppigen Wiesen, Weinberge, weite Felder mit blühenden Sonnenblumen, weiße Strände – Rumänien ist ein Land, das von der Natur reich bedacht worden ist.

In den schneebedeckten Hochlagen der Karpaten beginnt die Vegetationsperiode erst im Juni. Weite Hochgebirgsmatten, auf denen man auch so seltene Pflanzen wie Enzian oder Edelweiß finden kann, gehen über in undurchdringliche Bestände von Latschenkiefern, Zwergwacholder und den selteneren Zirbelkiefern. Dann beginnt, in einer Höhe von 1400-1800 m, der blaugrüne Gürtel des Fichtenwaldes, in den sich in den tieferen Lagen Lärchen und Tannen mischen. Weiter unten, in 800-1300 m Höhe, beginnt die Zone der Buchenwälder. Die Karpatenwälder sind auch heute noch die Heimat von Tieren wie Bär, Wolf oder Luchs, die im dichtbesiedelten Mitteleuropa keinen Lebensraum mehr haben.

In den Hügelregionen Rumäniens sind die natürlichen Buchen- und Eichenwälder durch eine jahrhundertelange Weide- und Ackerwirtschaft bis auf wenige Reste verdrängt worden. Am Fuße der Karpaten erstrecken sich weite Weinfelder.

Das niederschlagsarme Ost- und Südrumänien ist eine Zone der Waldsteppe und Steppe. Allerdings findet man in diesen Gebieten kaum noch die ursprüngliche Steppen-

In Europa fast einzigartig: in den Karpaten sind noch Bären, Wölfe und Luchse zu Hause

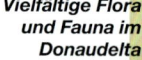

Vielfältige Flora und Fauna im Donaudelta

landschaft, denn seit Jahrhunderten schon werden die äußerst fruchtbaren Löß- und Schwarzerdeböden intensiv landwirtschaftlich genutzt. Durch ausgedehnte Bewässerungsmaßnahmen sind selbst die dürre Baragansteppe und die regenarme Dobrudscha zu Ackerland geworden.

Auf deren endlosen, bis zum Horizont reichenden Feldern wachsen vor allem Mais, Weizen und Sonnenblumen.

Weiden, Pappeln, Schilf und Riedgräser dominieren die Vegetation schließlich in den riesigen Überschwemmungsgebieten der Donau und ihrem Delta. Legendär ist hier der Fisch- und Vogelreichtum.

Klima und Reisezeit

In Rumänien herrscht ein gemäßigtes Kontinentalklima. Die Winter sind empfindlich kalt. Vor allem in den östlichen und südlichen Landesteilen fegt ein schneidender Nordostwind, der Crivăţ, über Hügel und Ebenen. Nur an einem schmalen Küstenstreifen des Schwarzen Meeres ist der Winter durch den maritimen Einfluss milder. In Mangalia, dem südlichsten Schwarzmeerkurort, sinken die Temperaturen nur selten unter 0° C.

Ideales Urlaubs-
wetter an der
Schwarzmeerküste

Der kalten Jahreszeit folgt ein schneller Frühling, in dem die Temperaturen rasch ansteigen. Im Sommer braucht sich der Tourist am Schwarzen Meer keine Sorgen um das Wetter zu machen. An der Schwarzmeerküste werden im Juli und August Durchschnittstemperaturen von ca. 23 Grad erreicht. Regen ist kaum zu befürchten. Durch den Einfluss des Meeres bleiben die Temperaturen zudem meist im angenehmen und erträglichen Bereich, selten erlebt man Tage mit tropischer Glut.

Anders sieht es im Binnenland aus. Bukarest, in der Rumänischen Tiefebene gelegen, stöhnt im Sommer unter der brütenden Hitze. Die Hauptstädter nutzen jede sich bietende Gelegenheit, an die Küste oder in die nicht weit entfernten Berge zu fliehen. Hier mildert die höhere Lage spürbar die Hitze. In den Kurorten Sinaia und Predeal zum Beispiel ist es trotz der südlicheren Lage nicht wärmer als in deutschen Mittelgebirgen.

Die wärmsten Landesteile – das östliche Muntenien, die Südmoldau und die Dobrudscha – sind gleichzeitig auch die trockensten. Die durchschnittliche Niederschlagsmenge fällt von Westen nach Osten und wächst mit der Höhenlage. Die regenreichsten Monate sind Mai und Juni.

Als Tourist sollte man sich also vergewissern, in welchen Teil des Landes und in welche Höhenlage die Reise führt, bevor man den Koffer packt!

Trotz vieler Fluss-
läufe kann es im
Sommer sehr
trocken werden

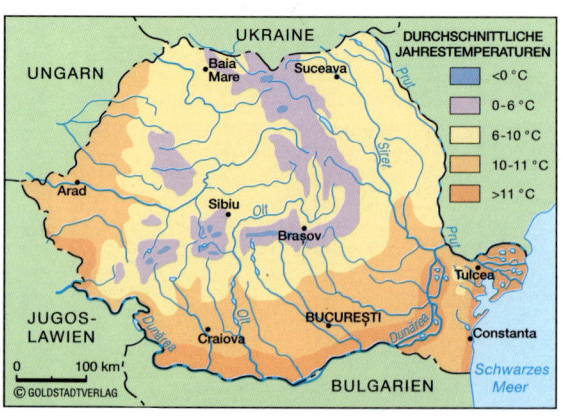

Geschichtlicher Überblick

Der rumänische Staat entstand 1862. Staatliche Unabhängigkeit erlangte er 1877. In seiner heutigen territorialen Form besteht Rumänien seit 1947.

*Die Geschichte Rumäniens ist die Geschichte **Siebenbürgens**, der **Moldau**, der **Dobrudscha** und der **Walachei** – vier Staaten, die sich über Jahrhunderte hinweg ganz unterschiedlich entwickelten. Im folgenden wird deshalb nur auf die ersten Besiedlungen des rumänischen Territoriums **vor** der Herausbildung dieser vier Staaten sowie auf die rumänische Geschichte **seit 1862** eingegangen. Die Geschichte der Walachei, der Dobrudscha, Siebenbürgens und der Moldau wird jeweils separat behandelt (→ S. 35 ff.)*

Erste Siedlungsspuren

Die ältesten Spuren menschlichen Daseins auf dem Gebiet des heutigen Rumäniens stammen aus dem frühen **Paläolithikum**. Aus der Steinzeit (100 000-40 000 v.Chr.) wurden Schädel von homo sapiens, die der sogenannten Mustierkultur angehörten, gefunden. Für das **Neolithikum** (6000-2500 v.Chr.) belegen archäologische Funde die Existenz verschiedener Stämme auf dem Gebiet der Dobrudscha (Hamangia-Kultur), Siebenbürgens, der Moldauregion (Cucuteni-Kultur) und der Walachei (Boian-Kultur). Nach der **indoeuropäischen Wanderbewegung** (um 2000 v.Chr.) entwickelten sich im Raum der Karpaten und der Donau thrakische und getische Bevölkerungsgruppen. Ein geto-dakischer Staat wurde schließlich um 50 v.Chr. unter König **Burebista** (70-44 v.Chr.) gegründet.

Älteste Spuren menschlichen Daseins auf dem Balkan: um 100000 v.Chr.

Thraker und Geten siedelten um 2000 v.Ch.

Daker und Römer

Mit Beginn des 1. Jahrtausends expandierte das Römische Reich in den dakischen Raum. Ein legendärer Dakerkönig, **Decebal** (87-106), setzte den Römern ein letztes Mal Widerstand entgegen, bevor diese unter Kaiser **Traian** (98-117) schließlich in zwei Kriegen (101-102, 105-106) Dakien mit seiner Hauptstadt Sarmizegetusa eroberten. Das dakische Reich wurde zur römischen Provinz Dacia und die Stadt Sarmizegetusa, unter dem Namen Ulpia Traiana, deren Zentrum.

Die Römer eroberten Dakien im 2. Jahrhundert

> ### Ein grausamer Krieg
>
> Die Römer mussten die Eroberung Dakiens mit 5000 Soldatenleben bezahlen, für damalige Verhältnisse ein sehr hoher Blutzoll. Über die Zahl der gefallenen Daker gibt es keine Quellen. Der Dakerkönig Decebal entleibte sich, um der demütigenden Gefangennahme zu entgehen. Die Römer feierten überschwänglich den Triumph über die Daker. Kaiser Traian ließ in Rom eine Siegessäule errichten, auf deren Reliefs Szenen des Krieges dargestellt sind. Aber auch in Dakien sollte sein Ruhm erstrahlen. Ein vierzig Meter hohes Denkmal erinnert hier – im heutigen Adamclisi (Dobrudscha) - an seinen Sieg.

Dakien – ein römischer Vorposten im Norden des Imperiums

Das eroberte Gebiet wurde innerhalb kurzer Zeit militärisch gesichert. Ein Straßennetz wurde angelegt, neue Städte entstanden, die Wirtschaft blühte auf. Aus vielen Teilen des römischen Reiches, vor allem von der Balkanhalbinsel und aus Kleinasien, wurden Handwerker, Bergleute und Händler angesiedelt. Verwaltungs- und Umgangssprache war Latein. Die Römer herrschten 160 Jahre in Dakien.

Eine Sonderstellung nahm die Schwarzmeerküste im Altertum ein. Hier gründeten griechische Kolonisten bereits im 7. Jahrhundert v. Chr. Stadtstaaten. Diese Gebiete gerieten früher als das Dakerreich unter römischen Einfluss. Eine weitere Sonderrolle spielten einige Randgebiete der römischen Provinz, die nicht unterworfen wurden. Hier lebten weiter freie Daker .

Rückzug der Römer aus Dakien im 3. Jahrhundert

Mit dem Beginn der Völkerwanderung und damit einsetzender verstärkter Goteneinfälle, aber auch wegen innerer Unruhen, mussten sich die Römer im Jahre 271 unter Kaiser **Aurelian** (270-275) wieder aus Dakien zurückziehen. Die Grenze des römischen Imperiums wurde an die Donau verlagert.

Das rumänische Volk hat seine romanischen Wurzeln aus diesen 160 Jahren römischer Besatzung.

Der slawische Einfluss und die Herausbildung des rumänisches Volkes

Das ehemalige Dakien wurde nach dem Rückzug der Römer von vielen Stämmen bewohnt, darunter waren Germanen, Turanier u.a. Für die weitere Ethnogenese des rumänischen Volkes waren die Slawen am bedeutsamsten.

Im Jahre 395 zerbrach die Einheit des Römischen Reiches. Der lateinische Westen trennte sich vom griechischen Osten. Das Oströmische Reich (Byzanz) hatte bei stets kleiner werdendem Gebiet noch über 1000 Jahre Bestand. Westrom wurde im 5. Jahrhundert die Beute germanischer Kriegerscharen. Der Zerfall des Römischen Imperiums hatte auch Auswirkungen auf die Balkanhalbinsel.

Im Jahr 602 brach die oströmische Verteidigungslinie an der Donau endgültig zusammen, und die Slawen verdrängten die Byzantiner vom Balkan. Das bulgarische Reich wurde zur mächtigsten Balkanmacht. Auch die dako-romanische Bevölkerungsgruppe geriet in ihr Einflussgebiet.

Im 11. Jahrhundert war die Herausbildung des rumänischen Volkes weitgehend abgeschlossen. Es entwickelte sich unter slawischem Einfluss aus dako-römischen Wurzeln. Die vorangegangene Abtrennung der Dako-Römer vom römischen Reich war der Grund für die Eigentümlichkeit, dass heute ein romanisches Volk fernab von den lateinischen Völkern Westeuropas isoliert auf der Balkanhalbinsel existiert. Die slawische Beeinflussung der Ethnogenese dieses Volkes ist aber unverkennbar. Rumänische Alltagskultur erinnert genauso an sie wie Teile des Wortschatzes der rumänische Sprache.

Ethnogenese des rumänischen Volkes

Vier Staaten auf dem Gebiet des heutigen Rumäniens (11.-19. Jahrhundert)

Vom 11. bis 19. Jahrhundert lebten die Rumänen in vier Staaten. Darunter waren zwei von rumänischen Wojewoden regierte Fürstentümer, die **Walachei** und die **Moldau**. Beide Länder waren in den Jahrhunderten ihres Bestehens besonders türkischen und russischen Einflüssen unterworfen. **Siebenbürgen** dagegen ist einer der ältesten ungarischen Siedlungsräume. Die **Dobrudscha** gehörte zum osmanischen Reich.

Die Rumänen lebten über Jahrhunderte hinweg in vier Staaten. Deren Geschichte wird im Reiseführer gesondert behandelt

Der rumänische Nationalstaat bis 1920

Im europäischen Revolutionsjahr 1848 scheiterte ein erster Versuch, die Moldauregion und die Walachei zu vereinen und somit einen einzigen und unabhängigen rumänischen Staat zu schaffen. Nach der Revolution wurden beide Gebiete wegen ihrer strategisch wichtigen Lage zum Spielball der Großmächte Frankreich, Großbritannien, Russland, der Türkei und des Habsburger Reiches. Jedes dieser Länder versuchte, den Einigungsprozess zwischen der Moldau und der Walachei nach ihren eigenen Interessen zu gestalten. Im Jahr 1858 beschlossen sieben europäische Mächte in der **Pariser Konvention** die Bildung der „Vereinigten Fürstentümer der Moldau und der Walachei". Ein Jahr darauf wählten die Parlamente der Moldau und der Walachei Fürst **Alexandru Ioan Cuza** zum Fürsten beider Länder. Diese Personalunion war die Grundlage für die Bildung eines einheitlichen Rumäniens. Das rumänische Parlament tagte erstmals 1862 in Bukarest. Solange brauchte es noch, bis vor allem die Türkei der Gründung des neuen Staates zustimmte.

1862 entstand das Fürstentum Rumänien

Fürst Cuza begann seine Regierungszeit mit einer Reihe von Reformen, denn die Moldau und die Walachei gehörten zu den rückständigsten europäischen Ländern. Mit einer Bodenreform wollte der Fürst die Grundlagen für einen modernen rumänischen Staat legen. Im Land bildete sich daraufhin eine Opposition aus Konservativen und Liberalen, die Ioan Cuza zur Abdankung zwang.

Die rumänische Politik schaffte es nicht, die innenpolitischen Schwierigkeiten aus eigener Kraft zu überwinden. Man entschloss sich, nach der Abdankung Ioan Cuzas einen Fürsten aus dem Ausland nach Rumänien zu holen. Und so bestieg 1866, vor allem unterstützt durch den preußischen Ministerpräsidenten Otto von Bismarck, ein Deutscher, Prinz Karl von Hohenzollern-Sigmaringen, den rumänischen Fürstenthron.

Noch immer befand sich Rumänien unter türkischer Oberhoheit. Erst nach neuen nationalrevolutionären Bestrebungen auf dem Balkan und dem russisch-türkischen Krieg von 1877-1878, in dem Rumänien auf der Seite Russlands stand, wurde durch den Frieden von San Stefano (1878) und den Berliner Vertrag (1878) die Unabhängigkeit Rumäniens aner-

1866: Den rumänischen Thron besteigt ein Deutscher

Gebietsstand
oben: 1848
unten: 1867
rechts:1918

1881 wurde aus
dem Fürstentum
ein Königreich

Unter Carol I.
erblühten viele Städte

kannt. Rumänien wurde durch den nördlichen Teil der Dobrudscha erweitert, musste aber dafür Südbessarabien an Russland abtreten.

Im Jahr 1881 wurde Rumänien zum Königreich, und der deutsche Hohenzollernprinz unter dem Namen **Carol I.** erster rumänischer König. Unter Carol I. erlebte das Land eine Blüte. Mondäne Bauten entstanden, der Staat erlangte Reputation im Ausland, das gesellschaftliche Leben entwickelte sich.

Einen weiteren Gebietszuwachs erlangte Rumänien 1913. Nach dem Zweiten Balkankrieg verlor Bulgarien die Süddobrudscha an das Nachbarland.

Im Ersten Weltkrieg verhielt sich Rumänien bis 1916 neutral. Dann aber siegte die Begierde nach neuen Territorialgewinnen. Die Entente versprach Rumänien bei einer Niederlage der Mittelmächte und dem Zerfall der österreichisch-ungarischen Doppelmonarchie den größten Teil Siebenbürgens und die Bukowina. Diese Argumente überzeugten, und Rumänien erklärte im August 1916 Österreich-Ungarn den Krieg. Die Aktionen der rumänischen Armee brachten der Entente kaum militärische Unterstützung. Bukarest wurde 1916 sogar von deutschen Truppen besetzt. Nach dem Zusammenbruch der Mittelmächte und dem Ende des Ersten Weltkrieges zahlte es sich jedoch aus, zumindest auf der richtigen Seite gestanden zu haben. Der größte Teil Siebenbürgens (bisher: Ungarn), die Bukowina (bisher: österreichisches Kronland) und Bessarabien (bisher: Russland) fielen an Rumänien. Damit hatte das Land seit 1859 sein Territorium mehr als verdoppelt. Der Anschluss von Siebenbürgen (am 1.12.1918 in Alba Iulia beschlossen) und der Anschluss Bessarabiens (am 27.3.1918 in Chişinău beschlossen) wurde durch den Vertrag von Trianon, einem der Nachfolgeverträge des Versailler Vertrags, völkerrechtlich wirksam.

Seit dieser Zeit ist Rumänien ein Land mit Nationalitätenkonflikten. Vor allem die Spannungen zwischen Ungarn und Rumänen wirken bis heute nach.

Die 20er Jahre waren geprägt vom endgültigen Aus für den Agrarfeudalismus. 1921 wurden die Bojaren enteignet. Die innenpolitische Situation aber war labil, das immer noch

1918 verdoppelt Rumänien sein Territorium durch den Anschluss von Siebenbürgen

**Gebietsstand
nach dem
Zweiten Weltkrieg**

*Carol II. errichtete
1938 eine
„Königsdiktatur"*

rückständige Land verfügte über keinerlei Erfahrungen mit Parlamentarismus und Demokratie. Die Weltwirtschaftskrise von 1929 traf Rumänien noch härter als andere Staaten. Der ohnehin bescheidene Lebensstandard der Bevölkerung sank auf einen Tiefstand.

Bereits zu Beginn der 30er Jahre entstand in dem Balkanland eine starke faschistische Organisation, die „Legion des Erzengels Michael", die sich rasch zur Massenbewegung entwickelte. Ihre ideologischen Grundlagen waren Antiparlamentarismus, fanatisch-orthodoxer Nationalismus sowie Juden- und Zigeunerhass. In einer Situation des innenpolitischen und wirtschaftlichen Chaos führte der rumänische König **Carol II.** im Jahr 1938 schließlich die sogenannte „Königsdiktatur" ein, eine autoritäre Regierungsform, die durch Auflösung der Parteien, Einschränkung der Grundrechte und Minimierung der Parlamentsbefugnisse gekennzeichnet war.

Die von Carol II. initiierte neue Verfassung für Rumänien sagte mehr über die Pflichten als über die Rechte der Staatsbürger. Ihr wesentliches Ziel war „öffentliche Ruhe und Ordnung". Trotzdem erhielt sie 1938 bei einer Volksabstimmung eine überwältigende Zustimmung. 99% der Rumänen stimmten mit „ja", ein deutliches Zeichen dafür, dass Parlamentarismus und Demokratie gescheitert waren. In den beiden Folgejahren näherte sich Rumänien in seiner Politik

Rumänien in den heutigen Grenzen

dem nationalsozialistischen Deutschland an. Die einst guten Beziehungen zu Frankreich und Großbritannien gingen verloren, Juden- und Zigeunerdekrete wurden erlassen.

Am 6. September 1940 wurde Rumänien schließlich zum faschistischen Staat. General **Ion Antonescu** erzwang durch einen Militärputsch die Abdankung Carols II. König wurde sein noch minderjähriger Sohn Mihail. Die Macht ging damit de facto an Antonescu über.

Im Zweiten Weltkrieg stand Rumänien bis 1944 an der Seite Deutschlands. Nach der Niederlage der deutschen Wehrmacht im Jahre 1943 bei Stalingrad wechselte das Land die Fronten und trat in den Krieg gegen Deutschland ein. Diktator Antonescu stürzte am 23.8.1944. Rumänien verlor Bessarabien im Friedensvertrag 1947 an die Sowjetunion.

Im Zweiten Weltkrieg war Rumänien mit Deutschland verbündet

Kommunismus in Rumänien

1944 wurde Rumänien durch die Rote Armee besetzt. Die rumänische kommunistische Partei, eine bis dahin unbedeutende Splittergruppe, wurde von den Sowjets zur „führenden Kraft" aufgebaut. Im Februar 1947 entstand eine Einheitspartei aus Kommunisten und Sozialdemokraten. Die bürgerlichen Parteien wurden bald verboten, und in Rumänien entstand ein Einparteienregime. König **Mihail I.** dankte 1947 ab und ging ins Schweizer Exil. Im Juni 1948 begann die Verstaatlichung der rumänischen Industrie, 1949 die Vergenossenschaftung der Landwirtschaft.

Kommunistischer Parteichef wurde **Gheorghe Gheorghiu-Dej**, ein Stalinist, der das Land besonders im ersten Jahrzehnt seiner Regierungszeit mit Terror überzog. Traurige Berühmtheit erlangte die Bărăgan-Steppe, ein riesiges Konzentrationslager, in dem die Menschen wie Tiere hausen mussten.

Seit Ende der 40er Jahre förderte Dej vor allem die Karriere eines Mannes: **Nicolae Ceauşescu**. Beide kannten sich aus dem Gefängnis. Der 1918 geborene Ceauşescu entstammt einer wallachischen Bauernfamilie. Nach Gheorghiu-Dejs Tod im Jahr 1965 wurde Ceauşescu auf dem Parteitag der Rumänischen Kommunistischen Partei zu deren 1. Sekretär gewählt.

Die zweite Hälfte der 60er Jahre gilt in Rumänien als relativ liberal. Das Land hatte nach Gheorghiu-Dejs Tod eine Art kollektiver Führung mit **I.Gh. Maurer** als Ministerpräsidenten, **Chivu Stoica** als Präsident des Staatsrates und Nicolae Ceauşescu als Parteichef. Ceauşescu schaffte es jedoch, nach und nach seinen Einfluss auszuweiten. Die kollektive Führung verschwand. Als Ceauşescu 1974 rumänischer Staatspräsident wurde, ein Amt, das man eigens für ihn schuf, begann die Epoche des rumänischen Neostalinismus.

Im Vergleich der ehemaligen osteuropäischen Staaten gab es in Rumänien den schlimmsten Personenkult

Nicolae Ceauşescu errichtete eine Spitzel- und Terrorherrschaft, die, kombiniert mit einem paranoiden Personenkult, selbst in den anderen sozialistischen Staaten ihresgleichen vergeblich suchte. Ceauşescu und sein Familienclan bestimmten das Leben in Rumänien total. Nicht nur die Politik, auch Wirtschaft, Kultur, Wissenschaft, Bildungswesen – kein Bereich des gesellschaftlichen Lebens konnte sich dem Kult um die Ceauşescu-Familie entziehen. Die Verherrlichung des „Conducators" (Führer) und seiner Frau kannte keine Grenzen. Der Geburtsort Ceauşescus wurde zum Ort der Legende. Adjektive, die den Namen des Conducators begleiteten, wurden nur im Superlativ gebraucht, seine offizielle Biografie hatte den Charakter einer Hagiografie. An jedem 26. Januar, zum Geburtstag Ceauşescus, nahm dessen Vergöttlichung extremste Formen an. „Er hat kein Alter, denn ihm gehört die ganze Epoche" tönte es.

Besonders verhasst war in Rumänien die Ehefrau des Diktators, Elena Ceauşescu. Sie sammelte Titel und Ämter wie andere Briefmarken. Besonders gern schmückte sich die Frau, die nie ein Studium abgeschlossen hatte, mit wissenschaftlichen Ehrungen. Sie war vielfacher Doktor, Mitglied der Akademie der Wissenschaften und angebliche Verfasserin unzähliger Publikationen. Offiziell galt sie als „Gelehrte von Weltruf" und „Erste Wissenschaftlerin des Volkes". Der Frau, die dem rumänischen Volk, das sie in familiärer Runde gern als „Ratten" bezeichnete, Genügsamkeit predigte und dabei selbst in barocken Schlössern residierte,

Lobeshymnen auf den Diktator

Vor jedem Geburtstag des Staats- und Parteichefs waren die Schüler aus dem ganzen Land angehalten, über ihre Taten für den Kommunismus zu berichten und Ceauşescu, dem „geliebtesten aller Führer", für seine Arbeit zu danken. Während des Staatsaktes anlässlich seines Geburtstages hatten Vertreter aller Bevölkerungsgruppen Ergebenheitsadressen zu überbringen, auch die Kinder. Das Ganze klang so: „Jetzt, da zur Perlenkette Ihrer Jahre ein neuer Diamant hinzukommt, wünschen wir Pioniere Ihnen, geehrter und geliebter Führer Nicolae Ceauşescu, dass wir den Jungbrunnen entdecken, der Sie ständig verjüngen und Ihnen immer neue Kräfte verleihen soll, damit Sie uns immer voran sein können. Wir wünschen Ihnen zum Geburtstag eine Jugend ohne Alter und schenken Ihnen eine liebe Blume, die Blume unserer Herzen, der Pioniere – auf dem Boden der Liebe und der Dankbarkeit, die wir für Sie hegen, gewachsen und von den Strahlen der glorreichen rumänischen kommunistischen Partei beschienen. Die zwei Millionen Träger des roten Halstuches, ergebene Söhne der Partei und des Volkes, die im Geist und in der Tat mit unbegrenzter Liebe und Dankbarkeit Ihrem leuchtenden Beispiel von revolutionärem Leben und Kampf, patriotischer und revolutionärer Aufopferung nacheifern, entbieten Ihnen anlässlich des Geburtstages einen freundschaftlichen Pioniergruß und haben ein Album mit Gedichten beschrieben:

Hoch sollt Ihr leben!
Ich hab die Not von früher nicht gekannt,
als ich geboren wurde, war der Himmel klar,
gewandelt hatte sich das ganz Land,
uns schien die Sonne hell und wunderbar.

In all den Kämpfen war stets Euer Streben,
dass unsres Landes Glück gedeihe.
Wir wünschen Euch ein langes Leben,
geliebter Ceauşescu Nicolae!"

Weiterführende Literatur: Kunze, Thomas: „Nicolae Ceauşescu. Eine Biographie", Chr. Links Verlag, Berlin, 2000

sagt man einen erheblichen Einfluss auf ihren Mann und damit auf die gesamte rumänische Politik nach.

In den 70-er Jahren begann die rumänische Führung mit einem riesigen Industrialisierungs- und Wohnungsbauprogramm. Die Folge: 1983 war Rumänien mit 11 Milliarden US-Dollar verschuldet. Ceauşescu hatte aber das ehrgeizige Ziel, das Land bis 1990 völlig schuldenfrei zu machen. Die Auswirkungen für die rumänische Bevölkerung waren drastisch. Mit Beginn der 80-er Jahre gab es keine stabilen Preise mehr, und der Mangel an allen notwendigen Dingen des Lebens wurde chronisch. Ab Herbst 1981 gab es Lebensmittelkarten für Brot, Öl, Zucker, Mehl, Milch und Fleisch. „Wissenschaftler" arbeiteten „wissenschaftliche Programme" einer gesunden Ernährung aus, die die Lebensmitteljahresration für jeden Rumänen ermittelten.

Rauchende
Schlote bei
Ploiesti

**Jahreslebensmittelration
für 1984**
Fleisch: 39,20 kg
Milchprodukte: 78,70 kg
Gemüse: 66,08 kg
Kartoffeln   42,45 kg

*Seit 1980 ging es
abwärts*

Das Leben der Bevölkerung musste sich vollkommen dem Willen der Ceauşescus untor ordnen. Restriktive Maßnahmen in der Bevölkerungspolitik sollten das Land kinderreich machen. Verhütungsmittel waren streng verboten, Abtreibungen offiziell nur für Frauen über 45 oder mit mindestens 5 Kindern gestattet. Gynäkologische Zwangsuntersuchungen in den Betrieben sollten Schwangerschaften so früh wie möglich entdecken.

In den letzten Jahren der Ceauşescu-Herrschaft gab es deutliche Zeichen der Unzufriedenheit, die sich in einer hohen Selbstmordrate und in einer Art „Emigrationspsychose" widerspiegelte.

Ende der 80-er Jahre wurde Rumänien im Ausland immer mehr isoliert. Glasnost und Perestroika waren für die rumänischen Medien nicht existent. Ceauşescus Führungsstil wurde immer selbstherrlicher, und die Absurdität des Personenkultes um den „Ersten Mann am Schreibtisch des Vaterlandes" kannte kaum noch Steigerungsmöglichkeiten. Seine letzte geplante Wahnsinnstat war 1988 ein „Systematisierungsprogramm", das 50% aller rumänischen Dörfer schleifen wollte. Die Bauern sollten in „landwirtschaftlich-industriellen Komplexen" arbeiten und wohnen. Das Programm konnte nur in Ansätzen umgesetzt werden, denn ein Jahr später kam es in Rumänien zur Revolution.

Aufgrund des besonders menschenverachtenden rumänischen Sozialismus, seines vom Geheimdienst Securitate geschützten Repressionssystems und der großen wirtschaftlichen Not der Bevölkerung war die rumänische Revolution besonders radikal. Sie nahm ihren Ausgang am 16.12.1989 in Timişoara (Temeswar). Unmittelbarer Anlass war die von der Securitate geplante Zwangsumsiedlung des ungarischen Pfarrers **László Tökos.** Es kam zu einer ersten Massendemonstration, bei der die rumänischen Sicher-

heitskräfte brutal vorgingen und viele Menschen erschossen. In den Folgetagen kam es in vielen anderen Städten zu Aufständen.

Am 22.12.1989 entluden sich Unmut und Hass der Bevölkerung in Bukarest direkt gegen Ceauşescu, der während einer Rede vom Balkon des Parteigebäudes attackiert wurde. Das Regime ließ in die Menge schießen, dem Diktatorenehepaar gelang die Flucht mit einem Hubschrauber. Nach einer tagelangen Irrfahrt durch das Land wurden sie Weihnachten 1989 verhaftet, in einem Schnellverfahren zum Tode verurteilt und am 25.12. erschossen. Bilder, die um die Welt gingen.

Die Geschichte der rumänischen Revolution einschließlich der Umstände, die zur Verhaftung und Hinrichtung der Ceauşescus führten, ist aber nicht vollends geklärt. Weitgehend im Dunkeln blieben auch die Schuldigen an den Massakern gegenüber den Demonstranten. In Rumänien starben im Dezember 1989 über tausend vorwiegend junge Menschen. An der historischen Aufarbeitung besteht seitens der rumänischen Politik bis heute kein allzu großes Interesse. Die Personen, die nach 1989 die Macht übernahmen, gehörten selbst der alten Nomenklatura an. Armee, Polizei, Sicherheitsdienst – alle hatten eine schmutzige Weste.

Die ersten Jahre nach der Revolution waren vor allem von dem unbedingten Willen der neuen Führung um Präsident Ion Iliescu, ehemals selbst KP-Funktionär, zur Sicherung der eigenen Machtpositionen geprägt. Es wurde viel von Demokratie gesprochen, den Worten folgten aber nur langsam Taten.

Heute entwächst die demokratische Kultur Schritt für Schritt den Kinderschuhen.

Ehrgeiziges Ziel: Ceauşescu wollte aus Rumänien ein Industrieland machen

Als einziger der Ostblockführer wurde Ceauşescu hingerichtet

Politik, Wirtschaft und Gesellschaft

Das heutige Rumänien ist ein Land des Wandels und der Gegensätze. Wie kaum anderswo in Osteuropa erlebt man das Nebeneinander einer entstehenden Marktwirtschaft und fortexistierender sozialistischer Ideale so hautnah.

Für Ausländer, die als Touristen in das Land kommen, ist diese Erfahrung eher interessant, zumal man mit einer harten Währung keinerlei Mangel oder Entbehrung leiden muss. Viele Rumänen aber leben sehr arm. Die westlichen Importerzeugnisse, die mittlerweile die Regale der vielen neuentstandenen Boutiquen und der Geschäfte in den größeren Städten füllen, bleiben für sie unerschwinglich. Mit dem durchschnittlichen Monatseinkommen von DM 200,00 kann man gerade einmal (mehr recht als schlecht) für die täglichen Grundbedürfnisse des Lebens sorgen.

Bewundernswert ist dabei die südländische Gelassenheit, die sich die Rumänen bewahrt haben. Man ist ja immer durchgekommen. Auf dem Balkan ist eben vieles anders: viele haben ein Zweit- oder Dritteinkommen durch irgendwelche Nebengeschäfte, Naturalien sind oft noch gängiges Äquivalent für eine Leistung, und außerdem sind hierzulande vor allem Beziehungen wichtig!

Sehnsucht nach dem Westen haben in erster Linie jüngere Leute. Für sie ist es schwer, sich in Rumänien „einzurichten". Die 1989 gewonnene Freiheit auszukosten, davon können sie nur träumen. Zwar dürfen die Rumänen seit 2002 visafrei in die EU einreisen, doch das Geld dafür haben nur wenige.

In Europa zählt Rumänien zu den ärmsten und rückständigsten Ländern. Westliche Firmen sind mit Investitionen immer noch vorsichtig, und auch die Europäische Union ist mit der Unterstützung für das Balkanland vergleichsweise zurückhaltend. Hauptgrund dafür ist das mangelnde Vertrauen, das das Ausland lange Zeit in den rumänischen Präsidenten Ion Iliescu und seine Regierungen hatte.

Iliescu, ehemaliger Funktionär der Kommunistischen Partei, war bisher bei der Sicherung der neuen Macht durchaus geschickt. Er nutzte die alten staatlichen Strukturen und vor allem das Massenmedium Fernsehen aus, um ein neues System von Klientelwirtschaft zu stabilisieren. Die Opposition blieb bis Mitte der 90er Jahre ohne größeren Einfluss. In einem 1990 von Iliescu unterzeichneten Parteiengesetz war die Schwelle für die Gründung einer Partei so niedrig angesetzt, dass die Organisationen wie Pilze aus dem Boden schossen. Ein Teil von ihnen wurde wohl von Iliescus „Front zur Nationalen Rettung" selbst gegründet. Das Ergebnis: Eine zersplitterte und zerstrittene Opposition. Die wenigen charismatischen Politiker kamen aus dem Exil. Sie hatten mit westlichen Demokratien Erfahrungen, den meisten Rumänen aber ging es nach dem Ende des Ceauşescu-Regimes zunächst um die Erfüllung einiger Konsumbedürfnisse.

Der Westen hegte lange Zeit Zweifel am Demokratieverständnis der nachrevolutionären Regierung. Oft wurde dabei aber vergessen, dass das rumänische Volk nach drei Diktaturen eher autoritäts- als demokratieerfahren ist und sich seine neue Führung selbst gewählt hat.

Für ausländische Investoren waren solche Hemmnisse wie ein Übermaß an Bürokratie oder mangelnde Kooperationsbereitschaft erschwerend für˙den Einstieg in Rumänien. Diese Politik lag nicht zuletzt in einem Nationalismus begründet, auf den man in Rumänien auch heute noch trifft. Eigentlich scheint man sich vor fremder Hilfe zu scheuen. Oft hört man die Meinung, dass ein Land mit solch reichen Naturressourcen wie Rumänien es aus eigener Kraft schaffen müsste, bald politisch zu Europa zu gehören. Aber es fehlt im Lande in jeder Beziehung an Know-How, an Erfahrungen mit Demokratie, an Geld und nicht selten auch an kritischer Sicht auf das eigene Tun. So bleibt oft nur der etwas neidische Blick gen Westen. Hinzu kommt die schon genannte Mentalität, die typisch für den Balkan ist: Hierzulande gewöhnt man sich halt recht schnell an Unzulänglichkeiten und Mängel. Das Leben mit ihnen scheint einfacher als ihre Beseitigung.

1996 wählten die Rumänen Iliescu ab. Bis 2000 regierte die "Demokratische Konvention", ein Zusammenschloß aus Christdemokraten, Liberalen, einer kleinen sozialdemokratischen Partei sowie dem Ungarnverband. Staatspräsident wurde der westlich orientierte Bukarester Universitätsprofessor **Emil Constantinescu**. Die Erwartungshaltung der Bevölkerung in die neue Administration war enorm. Constantinescu versprach Wirtschaftsreformen und eine rasche Privatisierung maroder Staatsbetriebe. Die Aufnahme in die NATO und die EU wurde zum obersten politischen Ziel erklärt. Doch das Balkanland schlitterte von einer Krise in den nächsten Skandal. Die Staatsunternehmen produzierten weiterhin rote Zahlen, während sich deren Direktoren bereicherten, die Korruption blühte, Minister kamen und gingen, und die Schattenwirtschaft erlebte einen neuen Boom.

So war es nicht verwunderlich, dass Constantinescu nach vier Jahren sein Amt aufgab und sich nicht zur Neuwahl stellte.

Sein Nachfolger wurde niemand geringerer als sein Vorgänger. Ion Iliescu, mittlerweile ein politisches Urgestein des Balkans, schaffte sein Comeback und setzte sich gegen die anderen Präsidentschaftskandidaten durch. Seit 2000 regiert Iliescus Partei, die PSD, unangefochten das Land. Man versucht nun die Privatisierung der Staatsbetriebe auf Druck und Weltbank und des Internationalen Währungsfonds ernsthafter zu betreiben. Iliescus Premierminister Adrian Nastase fährt einen prowestlichen Kurs und setzt dabei auf die Unterstützung der Europäischen Union. Aber auch wenn es gelingen sollte, die Wirtschaft in Schwung zu bringen und verstärkt ausländisches Kapital ins Land zu holen, dürfte es noch einige Jahre dauern, bis Rumänien der EU beitreten kann. Hierzulande geht vieles langsamer oder auf Umwegen vonstatten, und ohne "Bakschisch" geht meist gar nichts. Auf dem Balkan herrschen seit Jahrhunderten eigene Gesetze.

Bevölkerung und Religion

In Rumänien leben ca. 22 800 000 Menschen. Das entspricht einer (relativ geringen) Bevölkerungsdichte von 87 Menschen pro Quadratkilometer. Die letzte Volkszählung (7.1.1992) ergab folgende Bevölkerungszusammensetzung: Rumänen 89,4%, Ungarn 7,1%, Zigeuner 1,8%, Deutsche 0,5% und andere (Türken, Tataren, Ukrainer, Russen, Lippowaner, Serben, Slowaken, Bulgaren, Kroaten, Griechen, Juden, Armenier usw.) 2%.

Rumänien ist ein Vielvölkerstaat

Die Bevölkerungsentwicklung hat sich in den letzten Jahrzehnten zugunsten der Rumänen verändert. 1940 betrug deren Anteil an der Gesamtbevölkerung lediglich 73,1%.

Die Ungarn stellten immer schon die größte ethnische Minderheit im Lande dar, schließlich gehörte bis 1918 ein großer Teil des heutigen rumänischen Territoriums zu Ungarn.

Im Jahr 1940 lebten in Rumänien noch 4%, Deutsche, deren Anteil an der Gesamtbevölkerung ging drastisch zurück. Der Anteil an Zigeunern im Verhältnis zur Gesamtbevölkerung dürfte erheblich höher liegen als das Ergebnis der letzten Volkszählung angibt. Er ist schwer messbar, da sich diese Bevölkerungsgruppe Volkszählungen teilweise entzieht. Man schätzt, dass ca. 4-5% der Bevölkerung Rumäniens Zigeuner sind.

Religion

Die meisten rumänischen Staatsbürger (87%) sind orthodoxe Christen, sie gehören zum größeren Teil der rumänisch-orthodoxen und zum kleineren Teil der griechisch-orthodoxen Kirche an. Besonders die Angehörigen der ungarischen und deutschen Minderheit sind Christen katholischen bzw. protestantischen Glaubens. Weiterhin gibt es in Rumänien Unitarier sowie armenische, jüdische und moslemische Glaubensgemeinschaften.

Bevölkerungs-zusammensetzung

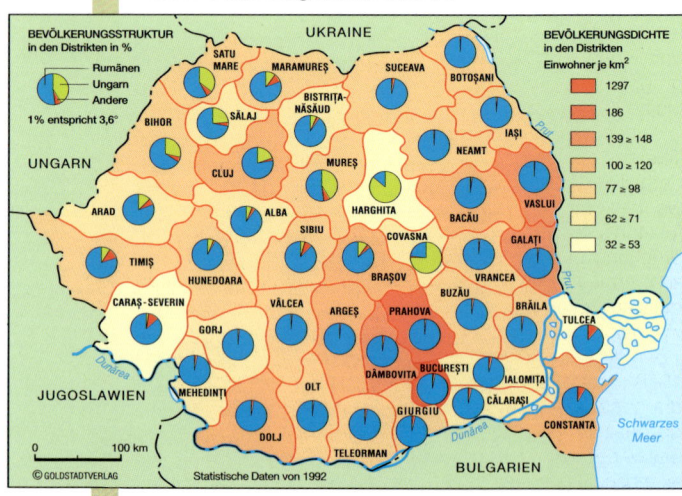

Die Rumäniendeutschen

Hermannstadt, Kronstadt, Karlsburg, Rosenau, Klausenburg – deutsche Städtenamen inmitten Rumäniens. Diese geschichtliche Besonderheit hat ihren Ursprung im frühen Mittelalter, als sich deutsche Bauern und Handwerker in Siebenbürgen ansiedelten. Mitten auf dem Balkan findet man somit, was man hier wohl am wenigsten erwartet: Mittelalterliche deutsche Städte, die in ihrer Anlage an Nürnberg oder Leipzig erinnern, Straßendörfer, in denen die Bauweise der deutschen Siedler einen Kontrast zur rumänischen Dorfarchitektur darstellt und Burgen, in denen keine Feudalherren, sondern deutsche Bauern die Hausherren waren.

Deutsche Kultur auf dem Balkan

Die Vorfahren der wenigen heute noch verbliebenen Rumäniendeutschen wanderten in verschiedenen zeitlichen Etappen nach Siebenbürgen in das österreichische Kronland Bukowina und in die Dobrudscha ein. Es gibt insgesamt 12 Siedlergruppen, von denen die Siebenbürger Sachsen, die Banater Schwaben, die Sathmarschwaben und die Zipser Sachsen die bekanntesten sind. Über Jahrhunderte hinweg prägten sie vor allem die siebenbürgische Geschichte sehr stark.

Nach dem Anschluss Siebenbürgens an Rumänien im Jahr 1918 waren die Deutschen wie auch andere im Land lebende Minderheiten einer sehr wechselhaften und oft nationalistischen Minoritätenpolitik unterworfen.

Nach dem Zweiten Weltkrieg waren vor allem die Deutschen schlimmen Repressalien ausgesetzt, nicht zuletzt deshalb, weil viele von ihnen das nationalsozialistische Deutschland und einen 1940 von der „Volksdeutschen Mittelstelle" Berlin als „Volksgruppenführer für die Deutschen in Rumänien" eingesetzten SS-Offizier unterstützt hatten. Viele Deutsche verschwanden nach 1944 für immer in rumänischen oder russischen Lagern. Allein 70 000 Rumäniendeutsche wurden zur Zwangsarbeit in die Sowjetunion verschleppt. Von ihnen starben 11 000. Die Wunden, die dieser Volksgruppe nach dem Zweiten Weltkrieg zugefügt wurden, sind bis heute nicht verheilt.

Rumänien nahm aus dem ideologischen Anspruch der Toleranz heraus der deutschen und der ungarischen Minderheit die kulturelle Eigenständigkeit nie völlig. Trotzdem war im kommunistischen Rumänien nach 1945 das Leben für ethnische Minderheiten sehr schwer. Deren latente Unterdrückung und die wirtschaftliche Entwicklung Rumäniens zum Armenhaus Europas waren die Gründe dafür, dass die meisten Rumäniendeutschen in die Bundesrepublik auswanderten.

Seit die Bundesregierung unter Helmut Schmidt im Jahre 1978 der Not gehorchend begann, dem Ceauşescu-Regime die quotenweise Aussiedlung von Rumäniendeutschen zu bezahlen, wurden die Siebenbürger Sachsen und Banater Schwaben zum sicheren „Exportartikel" für den Diktator. Die ausreisewilligen Deutschen wurden enteignet und verkauft.

Auch nach dem Sturz Ceauşescus setzte sich die Ausreise-
welle fort. Zu verlockend schien der „goldene Westen" und
zu hoffnungslos das Leben in Rumänien.

Dieser Exodus geht nun seinem Ende entgegen. Während
1940 noch 780 000 Deutsche in Rumänien lebten, wird ihre
Zahl heute auf knapp 80 000 geschätzt.

Von den Rumäniendeutschen. die den siebenbürgischen
Städten und Dörfern über Jahrhunderte ihr unverwechsel-
bares Gepräge gaben, blieben fast nur Alte zurück. Sie
haben sich ihren Stolz auf ihre Geschichte und ihre Verbundenheit mit dem Deutschtum, die sie sich über viele Jahrhunderte fernab von Deutschland in Sprache, Kultur und
Traditionen erhielten, bewahrt.

**Alte Siebenbürger
Tracht**

Deutsche Volksgruppen

*Nach Siebenbürgen kamen im 12. und 13 Jahrhundert
Deutsche, die freiheitsbesessen waren und vor den politi-
schen Zuständen und sozialer Not in Deutschland flohen.
Ihre ursprünliche Heimat war Flandern, die Erzbistümer
Köln und Trier (mit Luxemburg, Eifel, Hunsrück), Nieder-
sachsen, Bayern, die Mosel und der Niederrhein.*

*Die ungarischen Könige boten den Zugewanderten
weitgehende Privilegien. Die deutschen Siedler nannte
man damals Sachsen, denn nachdem sich
„Saxones" im 10. Jahrhundert einmal in kriegerischen Auseinandersetzungen mit Ungarn
befanden, waren für die Ungarn alle Deutschen Sachsen. Den eigentlich falschen
Namen **Siebenbürger Sachsen** trägt diese
deutsche Volksgruppe jedoch bis heute.*

*Die bekannteste deutsche Volksgruppe, die
im 18. Jahrhundert nach Siebenbürgen kam,
ist die der **Banater Schwaben**. Der deutsche
Kaiser Karl VI. und vor allem seine Tochter
Maria Theresia holten in den sogenannten
„Schwabenzügen" deutsche Siedler aus dem
Elsaß, der Pfalz und der Moselgegend ins
Land. Die als „Banater Schwaben" bezeichneten Deutschen sollten einen gewissen Aus-
gleich zur nicht immer habsburgfreundlichen
ungarischen Bevölkerung schaffen, aber
auch den durch die Türkenherrschaft entstandenen Bevölkerungsrückgang kompen-
sieren.*

*Die **Sathmarer Schwaben** wanderten im
18. Jahrhundert fast zeitgleich mit den Banater Schwaben in den Karpatenraum ein. Sie wurden im Sathmarland (nördliche Crişana) und im Oascher Land ansässig.
Ihre deutsche Heimat war Oberschwaben. Die **Zipser
Sachsen** siedelten sich im 18. Jahrhundert vorwiegend
in Marmatien (Maramuresch) sowie in der Südbukowina
an. Sie kamen aus dem Gründlerland in der Slowakei.*

Die Regionen

Die Walachei

Die Region der Walachei umfasst weite Teile Südrumäniens. Sie wird im Norden, Nordosten und Nordwesten von den Südhängen der Karpaten begrenzt. Der Flusslauf der Donau bildet die natürliche Grenze der Walachei im Süden, Südwesten und Südosten des Landes. Die Nachbarregionen der Walachei sind in Rumänien das Banat, Siebenbürgen sowie die Dobrudscha. Der Landstrich bildet außerdem die rumänische Grenze zu Bulgarien und Serbien.

Die Walachei teilt sich in das westlich des Flusses Olt gelegene Oltenien (Kleine Walachei) und das östlich des Olt liegende Muntenien (Große Walachei).

Charakteristisch für die Region sind die vielen kleinen Dörfer, die sich mit ihren Gehöften trotz Armut und Misere einen gewissen Liebreiz bewahrt haben. Die Straßendörfer erstrecken sich oft über mehrere Kilometer. In der Regel ist nur die Hauptstraße der Dörfer asphaltiert, die rechtwinklig abzweigenden Nebenstraßen blieben unbefestigt. Das Leben in den walachischen Dörfern erscheint wie vor 100 Jahren stehengeblieben.

Geschichte

Im 9.-10. Jahrhundert entstanden auf dem Gebiet der Walachei erste vorstaatliche Gebilde (Menomorut, Gelu, Glad). Sie nannten sich Wojewodate und lagen in ständigen kriegerischen Auseinandersetzungen mit Ungarn, Bulgaren und Tataren. Ein erster rumänischer Staat, das Fürstentum Walachei (,Tara Românească) bildete sich im 14. Jahrhundert unter Basarab I. (1339-1369) heraus. Das Fürstentum Walachei genoss nur eine kurze Selbständigkeits- und Friedensperiode. Aufgrund der osmanischen Expansion in Richtung Ungarn fiel auch die Walachei unter türkische Oberhoheit. Dem Fürstentum blieb zwar eine formelle Unabhängigkeit, jedoch war es seit Ende des 14. Jahrhunderts gegenüber der Hohen Pforte, d. h. dem osmanischen Staat, tributpflichtig. Damit wurde die Walachei faktisch zur türkischen Provinz.

Der walachische Fürst Vlad Țepeș (1456-1462, 1476) ging als Dracula in die Geschichte ein

Den Kampf gegen die türkische Vorherrschaft nahmen in den folgenden Jahrhunderten viele walachische Fürsten auf. Der bekannteste unter ihnen war Vlad der Pfähler (Vlad Țepeș, 1456-1476). Sein Beiname beschreibt die Methoden, mit denen er Untertanen, die gegen Recht und Ordnung verstoßen hatten, bestrafte. Vlad Țepeș war das Vorbild für den Dracula in der Literatur. Țepeș erzielte in zwei Kriegen gegen die Türken zwar anfängliche Erfolge und verweigerte gegenüber dem türkischen Sultan Mehmet II. im Jahre 1462 sogar die fälligen Tributzahlungen, schließlich musste er aber 1476 endgültig kapitulieren.

Bis Ende der 90er Jahre des 16. Jahrhunderts setzte sich die türkische Oberhoheit in der Walachei weitgehend unverändert fort. Widerstandsversuche der Fürsten Neagoe Basarab (1512-1521) und Radu de la Afumaţi (1522-1529) änderten daran nichts. Erst die Herrschaft des bis heute in Rumänien als Nationalheld verehrten walachischen Wojewoden Michaels des Tapferen (Mihai Viteazu, 1593-1601) brachte der Walachei nach einem Sieg über die Osma-

Die Türken hatten die Vormacht in der Walachei

Denkmal von Basarab I. in Curtea de Arges

Türkischer, russischer und habsburgischer Einfluss im 18. Jahrhundert

Vereinigung von Walachei und Moldau: 1859

nen in der Schlacht bei Călugăreni (1595) für wenige Jahre etwas mehr Selbständigkeit.

Kurze Zeit später war es aber der tapfere Michael selbst, der Expansionsgelüste hegte. Er drang in die Fürstentümer Moldau und Siebenbürgen ein, um beide mit der Walachei zwangszuvereinigen. Einen historischen Bestand hatte dieser Zusammenschluss nicht, er zerfiel nach der Ermordung Michaels des Tapferen (1601). Trotzdem wird die erstmalige Vereinigung dieser drei Länder in Rumänien bis heute glorifiziert und als Geburtsstunde eines geeinten Rumänien betrachtet.

Das 17. Jahrhundert war in der Walachei weiterhin durch osmanische Vorherrschaft bestimmt, die allerdings einen gemäßigteren Charakter erhielt. Das war einer der Gründe dafür, dass dieses Jahrhundert der walachischen Region einen wirtschaftlichen und kulturellen Aufschwung brachte. Im Lande entstanden erste Manufakturwerkstätten, die rumänische Sprache setzte sich weitgehend durch. Verbunden war diese Periode besonders mit den Namen der Fürsten Matei Basarab (1632-1654), Mihnea III. (1658-1659), Şerban Cantacuzino (1678-1688) und Constantin Brâncoveanu (1688-1714). Bukarest entwickelte sich in dieser Zeit endgültig zur Residenzstadt.

Dieser Aufschwung setzte sich im 18. Jahrhundert nicht fort. Die Hohe Pforte begann 1716 in der Walachei mit der sogenannten Fanariotenherrschaft (Fanar = Stadtteil von Istanbul). In deren Verlauf setzte der türkische Sultan Fürsten ein, die der Istanbuler griechischen Aristokratie angehörten. Während der Fanariotenherrschaft kam es zu einer despotischen Unterdrückung der rumänisch-walachischen Bevölkerung.

Aber nicht nur die Türken, sondern auch das Habsburger Reich und Russland beeinflussten im 18. Jahrhundert die Entwicklung der Walachei. Im Verlauf der österreichisch-russisch-türkischen Kriege des 18. Jahrhunderts gelangte das Gebiet der Kleinen Walachei (Oltenien) ab 1739 unter Habsburger Herrschaft. Im Jahr 1829 wurden weite Teile der Walachei zum russischen Protektorat. Somit befand sich die Region im 19. Jahrhundert sowohl unter türkischem als auch unter russischem und österreichischem Einfluss.

Im europäischen Revolutionsjahr 1848 scheiterte der Versuch zur staatlichen Unabhängigkeit zu gelangen und feudale Relikte abzuschütteln. Auch die seitens der Walachei angestrebte Vereinigung mit der Moldau wurde 1848 keine politische Wirklichkeit.

Nach dem Krimkrieg wurde das russische Protektorat 1856 durch einen österreichisch-französisch-britischen Garantievertrag ersetzt. Unter dem Einfluss dieser Länder wurde 1859 Alexandru Ioan Cuza zum Fürsten der Walachei und zum Fürsten der Moldau gewählt. Damit hörte die Walachei als eigenständiger Staat auf zu existieren und wurde Teil des neugegründeten Rumänien.

Die Moldau

Die Moldauregion ist der nordöstliche Landesteil Rumäniens. Hier befinden sich die weltberühmten Moldauklöster mit ihren bemalten Außenwänden.

Ein Fluss gab der Moldauregion ihren Namen

Geschichte

Die Anfänge der Herausbildung eines moldauischen Staates gehen bis in die Mitte des 14. Jahrhunderts zurück. Zu dieser Zeit entstand auf Betreiben der Ungarn im Moldautal eine vorstaatliche territoriale, politische und militärische Einheit als ein Brückenkopf im Kampf gegen die Tataren. Der Führer dieser „Moldova mică", der Kleinen Moldau, war ein gewisser Dragoş.

Im Jahr 1359 übernahm ein Fürst aus der Maramuresch, Bogdan, unter Ausnutzung innerer Unruhen die Macht in der Moldauregion und organisierte das Land zu einem Fürstentum. Seine Nachfolger Latcu, Petru Muşat und Roman stabilisierten den Staat politisch und erweiterten seine Gebiete. Von 1399 bis 1431 herrschte Alexander der Gute (Alexandru cel Bun) im Moldaufürstentum. In diesen drei Jahrzehnten des Friedens und der Ruhe blühte die Wirtschaft des Landes auf. Alexander der Gute musste in seiner Außenpolitik zwischen den beiden Großmächten Polen und Ungarn lavieren. Er entschied sich für Polen, mit dem seine Vorgänger bereits gute Beziehungen aufgebaut hatten, und dessen Kaufleute dem Fürstentum auf dem Weg von Krakau zum Schwarzen Meer wichtige Zolleinnahmen brachten.

Stefan der Große – eine Schlüsselgestalt in der moldauischen Geschichte

Im Jahr 1456, zur Regierungszeit des Fürsten Petru Aron, geriet das Moldaugebiet nach fast einem Vierteljahrhundert dynastischer Kämpfe unter osmanische Oberhoheit.

Die Lichtgestalt der moldauischen Geschichte ist Fürst Stefan der Große (Ştefan cel Mare), der von 1457-1504 herrschte. Stefan wusste sein Land als einen Vorposten der Christenheit in Europa und konzentrierte alle Kräfte für den Kampf gegen die türkische Expansion. Er verweigerte den Osmanen die Tributzahlungen und blieb in vielen Schlachten gegen die türkischen Heerscharen siegreich. Es gelang ihm auch, durch eine geschickte Allianzpolitik die Unabhängigkeit des Fürstentums gegenüber Ungarn und Polen-Litauen zu bewahren. Viele der nordmoldauischen Klöster sind eine Stiftung Stefans des Großen, der die Gotteshäuser als Zeichen seiner Dankbarkeit für siegreiche Schlachten errichten ließ.

Auch die Moldau war jahrhundertelang türkischer Vasallenstaat

Mitte des 16. Jahrhunderts, während der Herrschaftszeit von Fürst Petru Rareş (1527-1538, 1541-1547), geriet die Moldau endgültig unter türkische Herrschaft.

1711 führte die Hohe Pforte in der Moldau die Fanariotenherrschaft ein, in der vom türkischen Sultan Fürsten eingesetzt worden sind, die meist der Istanbuler griechischen Aristokratie angehörten.

Am Ende des 17. Jahrhunderts war die Macht der Türken im Schwinden. Wo sie sich zurückzogen, rückten die anderen Großmächte – Österreich und Russland – sofort nach. Im Jahr 1775 trat die Hohe Pforte den Österreichern die Nordmoldau – seitdem Bukowina (Buchenwald) genannt – mit der alten Hauptstadt Suceava ab. Die Region wurde österreichisches Kronland. Nach dem Frieden von Bukarest im Jahr 1812 erhielt das Russische Reich Bessarabien, das Land zwischen Pruth und Dnjestr.

Ende des 18. Jahrhunderts kamen Gebiete der Nordmoldau zur Habsburger Monarchie

1859 wurde das Moldaufürstentum mit der Walachei vereinigt und so der Grundstein für den rumänischen Staat gelegt.

Die 1775 bzw. 1812 verlorenen Gebiete Bukowina und Bessarabien kamen 1918 als Folge des Ersten Weltkrieges und der russischen Revolution wieder zu Rumänien.

Nach dem Zweiten Weltkrieg verlor Rumänien Bessarabien und den Norden der Bukowina dann endgültig an die Sowjetunion. Die „Moldauische Sozialistische Sowjetrepublik" (heute: Moldawien) entstand.

50 Jahre später, 1991, verurteilte das rumänische Parlament diese Landnahme. In einem Kooperationsvertrag unterzeichnet von dem rumänischen Präsidenten Iliescu und dem russischen Präsidenten Michael Gorbatschow, wird der bestehende Grenzverlauf anerkannt.

Siebenbürgen

Siebenbürgen, oder in der rumänischen Bezeichnung Transsilvanien, (ungarisch: Erdély: „hinter den Wäldern"), ist die größte, früher eigenständige Region des heutigen Rumänien. Der deutsche Name „Siebenbürgen" entstand durch die sieben Gerichtsstühle, die es seit dem Mittelalter in dieser Region gab. Der ungarische König wurde hier durch sieben „Königsrichter" vertreten. Die Gerichtsstühle waren außerdem Verwaltungszentren.

Fast lückenlos umrahmen die Gebirgsketten der Karpaten Siebenbürgen. Die natürliche Grenze der Region im Norden und Osten bilden die Ostkarpaten (Carpaţii Orientali), im Süden wird Siebenbürgen durch die Südost- und Südkarpaten (Carpaţii Curburi, Carpaţii Meridionali) und im Westen durch die westrumänischen Gebirge wie das Bihormassiv (Munţii Bihorului) und die Banater Berge (Munţii Banatului)

begrenzt. Diese Lage bot Siebenbürgen über Jahrhunderte hinweg Schutz gegenüber Eindringlingen und ermöglichte dadurch eine relativ weitgehende Autonomie. Sie macht diesen Teil des heutigen Rumäniens auch landschaftlich so außerordentlich reizvoll. Hochgebirge mit schroffen Felsen, klaren Gebirgsseen, reißenden Wasserfällen, sauberen Flüssen und einer in Europa einzigartigen Flora und Fauna wechseln mit Mittelgebirgen und hügeligem Karpatenvorland von oft unberührter Schönheit und einem ganz eigenartigem Liebreiz. In dem weiten Becken innerhalb dieser Gebirgsketten musste sich das Leben nie auf engem Raum abspielen.

Siebenbürgen ist ein Land mit einer unvergleichbaren, eigenständigen, aber in Deutschland weitgehend unbekannten – oder vergessenen – Geschichte. Wer weiß schon, dass Siebenbürgen eine der ersten europäischen Demokratien ist? Und wer macht sich eine Vorstellung von der hier, inmitten Südosteuropas, über Jahrhunderte hinweg gelebten Verbundenheit mit deutschem Brauchtum und deutscher Kultur?

Sendeturm im Bucegi-Massiv

Siebenbürgen gilt als eine der ersten Demokratien Europas

Geschichte

Die Geschichte des ehemaligen Fürstentums Siebenbürgen ist untrennbar mit der des Königreiches Ungarn, der Habsburger Monarchie und der österreichisch-ungarischen Doppelmonarchie verbunden. Erst im Jahr 1918 wurde Siebenbürgen an Rumänien angegliedert. Völkerrechtlich bestätigt wurde dieser Anschluss 1920. Bis zum Ende des ersten Weltkrieges war Siebenbürgen somit eine Region, die mit dem Staat Rumänien nicht viel gemein hatte. Die rumänischstämmige Bevölkerung Siebenbürgens wurde über Jahrhunderte hinweg in Leibeigenschaft gehalten. Wer heute nach Rumänien reist und mit Rumänen über diese geschichtlichen Umstände spricht, wird darüber wohl kaum etwas hören, denn die Rumänen sind viel zu stolz, um diese Tatsache ohne weiteres zuzugeben, und zudem Meister in der Verklärung der eigenen Geschichte. Trotzdem ist das Wissen über diesen Fakt wichtig, erklärt es doch schon historisch einen Teil der Probleme, die die ungarische Minderheit Rumäniens seit dem Anschluss Siebenbürgens an den rumänischen Staat im Jahr 1918 hat.

Die siebenbürgische Geschichte geht zurück bis in das Jahr 1004, als der ungarische König Stefan der Heilige das Gebiet „hinter den Wäldern" eroberte. Es kam zur Angliederung des Landstriches an das Königreich Ungarn, einem zu dieser Zeit sehr stabilen Feudalstaat.

Die Ungarn förderten bereits wenig später die Ansiedlung von ungefähr 800 000 Szeklern in Siebenbürgen. Die Szekler waren ein eng mit den Ungarn verwandtes Volk. Diese Ansiedlungspolitik der ungarischen Könige diente vor allem dazu, die Grenzen des nunmehr vergrößerten Ungarn vor Einfällen nomadisierender Reitervölker wie der Petschenegen oder der Tataren zu schützen, die dem Land schwer zusetzten. Einer dieser Einfälle, der „Tatarensturm" aus dem Jahr 1241, ging wegen seiner schlimmen Folgen – ein Großteil der Dörfer und Städte wurde verwüstet – in die Geschichte ein.

Im 12. und 13. Jahrhundert begann die Ansiedlung von Deutschen in Siebenbürgen. Sie wurde besonders von zwei ungarischen Königen gefördert. Geza II. (1141-1161) holte zur wirtschaftlichen

Bis 1918 gehörte Siebenbürgen zu Ungarn bzw. zum Habsburger Reich

Deutsche siedeln seit dem 12. Jahrhundert in Siebenbürgen

Erschließung des Landes Handwerker und Bauern aus Deutschland nach Siebenbürgen, die Siebenbürger Sachsen. König Andreas II. bot dann im Jahr 1211 dem Deutschen Ritterorden Grund und Boden in Siebenbürgen an. Der Orden sollte helfen, den Machtbereich der ungarischen Grenzprovinz nach Osten zu sichern. Als die Ritter aber einen selbständigen Ordensstaat auf ungarischem Territorium errichten wollten, kam es zu Streitigkeiten mit dem ungarischen König, worauf sich der Ritterorden im Jahr 1225 wieder aus Siebenbürgen zurückzog.

Weitgehende Privilegien für die Siebenbürger Sachsen

Die deutschen Siedler erhielten vom ungarischen König weitgehende Privilegien zugesprochen. Die Privilegien wurden in dem nach Andreas II. benannten „Andreanischen Freibrief" von 1224 festgeschrieben. Die Deutschen bekamen kostenlos Land zugewiesen und hatten das Recht auf Selbstverwaltung und Selbstverteidigung.

Die Siebenbürger Sachsen waren ferner dem ungarischen König direkt unterstellt, d.h. sie befanden sich in keiner Abhängigkeit durch einen anderen Feudalherren. Wegen des besonderen Schutzes, den der ungarische König den Siebenbürger Sachsen gewährte, wird der Boden, auf dem sich die Deutschen zuerst ansiedelten, „Königsboden" genannt. Es handelt sich dabei um die Region um Hermannstadt, des heutigen Sibiu*. Mit dem Zuzug neuer Einwanderer dehnte sich dann die deutsche Besiedlung Siebenbürgens nach Osten und Westen aus.

> ### Aus dem „Andreanischen Freibrief" von 1224
> *„Andreas von Gottes Gnaden König von Ungarn, Dalmatien, Kroatien, Rama, Serbien, Galitien und Lodomerien für immer. So wie es zur königlichen Würde gehört, der Hochmütigen Widerspenstigkeit machtvoll niederzuhalten, so ziemt es sich auch für die königliche Milde, der Demütigen Bedrückungen barmherzig zu erleichtern, der Getreuen Dienst zu schätzen und jedem nach seinen Verdiensten das Gebührende gnädig zu erteilen. Da nun Unsere getreuen Gäste, die Deutschen jenseits des Waldes, gemeinschaftlich Unserer Majestät zu Füßen gefallen sind, (wollen wir) ihnen das frühere Freitum zurückgegeben haben."*

Es entwickelten sich im 12. und 13. Jahrhundert in Siebenbürgen historisch hochinteressante Formen genossenschaftlicher Siedlungen. Siebenbürgen war eine der ersten Demokratien Europas! Gleich nach den Engländern, den Begründern der ältesten europäischen Demokratie, waren es die Siebenbürger Sachsen, die ein eigenes Parlament einberiefen, das schließlich über 500 Jahre Bestand hatte. Im Siebenbürgischen Landtag waren Deutsche, Ungarn und Szekler vertreten, die Rumänen allerdings blieben ausgeschlossen.

Die deutschen Siedler mussten bald damit beginnen, zum Schutz gegen die Türken ihre Kirchen, die sie nach heimatlichen Vorbild errichtet hatten, als Wehrkirchen auszubauen. Außerdem entstanden in den meisten sächsischen Dörfern Bauernburgen. Die Städte wurden mit mächtigen Verteidigungsanlagen befestigt.

Die besten Verteidigungsanlagen halfen aber nicht, dem Druck der Türken auf Dauer zu widerstehen. Die siebenbürgische Geschichte ist seit der Mitte des 15. Jahrhunderts von osmanischen Expan-

Wehrkirchen und Bauernburgen in Siebenbürgen

Die ungarischen Könige aus dem Geschlecht der Anjou gewährten den Deutschen, den Szeklern und den nichthörigen Ungarn das Recht, Städte zu befestigen, Kirchen aus Stein zu bauen und Fliehburgen anzulegen. Den Rumänen, die größtenteils in Leibeigenschaft lebten, und den hörigen Ungarn war das ausdrücklich verboten.

*Die deutschen Dorfgemeinschaften begannen im 14. Jahrhundert, Fliehburgen auf nahegelegene Anhöhen zu bauen, in die sich die Dorfbewohner bei drohenden türkischen Überfällen mit ihrem gesamten Hab und Gut zurückziehen konnten. Diese Anlagen werden **Bauernburgen** genannt.*

*Nachdem die osmanischen Übergriffe häufiger wurden, kamen die Siedler auf die Idee, außerdem ihre meist in der Mitte des Dorfes gelegenen Kirchen als Fliehburgen auszubauen. Die Sakralbauten erhielten trutzige Wehrtürme, Wehrgänge, Vorratskammern, Schießscharten und wurden durch Ringmauern umgrenzt. Diese **Wehrkirchen** sind typisch für Siebenbürgen und prägen diese Region genauso wie die Bauernburgen.*

Bis heute prägen deutsche Burganlagen den Landstrich

sionsbestrebungen beeinflusst. Im Jahr 1438 fiel Sultan Murad II. mit seinem Heer in das Land ein. Ungarn und deutsche Siedler mobilisierten alle Kräfte zum Widerstand. Jede Dorfkirche wurde nun endgültig zur Wehrkirche. Ein Sieg des siebenbürgischen Fürsten Johannes Corvin führte im Jahr 1456 nur zu einer kurzen Periode der Ruhe vor türkischen Einfällen.

150 Jahre türkische Vorherrschaft

Im Jahr 1526 unterlag dann das ungarische Heer der Hohen Pforte in der Schlacht bei Mohac. In Folge dieser Niederlage wurde Siebenbürgen ein türkischer Vasallenstaat. Diese türkische Periode siebenbürgischer Geschichte dauerte von 1541-1699. Anders als das Nachbarland Walachei, das auch unter türkischer Oberhoheit stand, konnte sich Siebenbürgen jedoch eine relativ weitgehende Autonomie bewahren. Mehr noch, das 16. und 17. Jahrhundert war hier sogar von einem wirtschaftlichen und kulturellen Aufschwung geprägt, der völlig untypisch für unter türkischer Vorherrschaft stehende Gebiete ist. Siebenbürgen geriet unter den intellektuellen Einfluss der sich mit der Reformation ausbreitenden mittel- und westeuropäischen Geistesströmungen, der Handel blühte auf, die Wirtschaft boomte.

Das Ende des 17. und der Anfang des 18. Jahrhunderts sind durch den beginnenden Niedergang der osmanischen Herrschaft gekennzeichnet. Das erstarkende Habsburger Reich konnte die Türken in drei Schlachten (1687: Schlacht bei Mohac, 1697: Schlacht bei Zenta, 1717: Schlacht bei Belgrad) besiegen. Zum Habsburger Reich gehörte bereits seit 1527 Westungarn. Das restliche Ungarn und Siebenbürgen wurden 1699 angegliedert, das Banat im Jahr 1718.

Der Beginn der Habsburger Herrschaft in Siebenbürgen ist mit einer zweiten großen Siedlungswelle von Deutschen in dieses Gebiet verbunden. Unter den deutschen Kaisern Karl VI. (1711-1740) und Maria Theresia (1740-1780) kamen die Banater Schwaben, Sathmarschwaben, Deutschböhmer, Zipser Sachsen, Landler und andere deutsche Volksgruppen in das „Land hinter den Wäldern".

Seit dem 18. Jahrhundert blieb nun das gesamte Siebenbürgen dem Habsburger Reich, der späteren k. und k. Monarchie, zugehörig.

Das Ende des Ersten Weltkrieges bedeutete für Siebenbürgen eine geschichtliche Zäsur. Im Krieg befand sich Rumänien seit 1916 auf der Seite der Entente und damit nach dem Sieg der Entente über die Mittelmächte Deutschland, Österreich-Ungarn und Türkei, auf der Seite des Gewinners. Die Habsburgische Doppelmonarchie zerbrach. Für Siebenbürgen bedeutete dieses Ereignis das Ende einer relativ eigenständigen Geschichte. Am 1.12.1918 fassten die Rumänen als bevölkerungsreichste Volksgruppe Siebenbürgens in Alba Iulia (Karlsburg) den Beschluss zur Angliederung Siebenbürgens an den rumänischen Staat. Diese Vereinigung wurde 1920 durch den Vertrag von Trianon, einen der Nachfolgeverträge des Versailler Vertrages, völkerrechtlich verbindlich.

Seit 1918 gehört Siebenbürgen zu Rumänien

Damit verschwand Siebenbürgen als eigenständiges politisches Gebilde von der Landkarte. Ein kleiner Teil des Territoriums fiel an Ungarn und Jugoslawien, den größten Gebietszuwachs erlangte Rumänien, dessen Territorium sich verdoppelte.

Die Dobrudscha

Die Dobrudscha ist der östliche Landesteil Rumäniens. Im Norden und Westen wird er vom Lauf der Donau und im Osten vom Schwarzen Meer begrenzt. Die strategisch wichtige Lage als Durchgangsgebiet zwischen Osteuropa und dem Mittelmeerraum bescherte der Region eine äußerst wechselvolle Geschichte.

Geschichte

Im 7. Jahrhundert v.Chr. begann die griechische Besiedlung der Schwarzmeerküste

Die Dobrudscha war besiedelt vom Stamm der Geto-Daker, als sich in der 2. Hälfte des 7. Jahrhunderts v.Chr. griechische Siedler aus dem kleinasischen Milet an den Ufern des Pontos Euxeinos, des „gastfreundlichen Meeres", wie sie das Schwarze Meer nannten, niederließen. Sie gründeten die Kolonie Histria. Ungefähr ein Jahrhundert später entstanden weiter im Süden der Dobrudscha die griechischen Städte Kallatis (heute: Mangalia) und Tomis (heute: Constanţa).

Mit dem fruchtbaren Boden und dem fischreichen Meer fanden die griechischen Kolonisten beste Voraussetzungen für ihre wirtschaftliche Selbständigkeit vor. Wenn auch einige Waren aus Griechenland eingeführt werden mussten, wurde doch vieles in den städtischen Werkstätten selbst hergestellt. Der Handel, in erster Linie mit der geto-dakischen Bevölkerung, blühte auf. Im Austausch gegen Getreide, Honig, Tiere, Wachs und auch Sklaven lieferten die Hellenen den Geten Wein aus Griechenland, Öl, kostbare Keramik und Schmuck. Der Handel entwickelte sich so lebhaft, dass Histria im 5. Jh.v.Chr. sein eigenes Bronze- und Silbergeld prägen ließ. Diesem Beispiel folgten Kallatis und Tomis ungefähr ein Jahrhundert später.

Die griechischen Städte am Schwarzen Meer waren bedeutende wirtschaftliche und kulturelle Zentren

In den griechischen Städten der Dobrudscha wurde die hellenistische Kultur sorgsam gepflegt. Davon zeugen bis heute erhalten gebliebene Inschriften, Kunstgegenstände und Gebäuderuinen. Es bestanden Verbindungen mit anderen griechischen Städten, die Jugend wurde in Gymnasien nach bester hellenistischer Tradition erzogen.

Constanţa ist die größte Stadt der Dobrudscha

Makedonische Herrschaft im 4. Jahrhundert v. Chr.

Pontischer Bund mit dem Perserkönig im 1. Jahrhundert v.Chr.

Im 4. Jahrhundert v. Chr. geriet die Dobrudscha unter die Herrschaft der makedonischen Könige Phillip II., Alexander des Großen und dann dessen Nachfolgers, des thrakischen Königs Lisimachos. Die griechischen Städte erhoben sich zweimal erfolglos gegen Lisimachos. Erst nach seinem Tod wurden sie wieder unabhängig. Jetzt mussten sie sich aber der ständigen Angriffe der Thraker erwehren.

Im Jahr 72 v.Chr. verbündeten sich die griechischen Städte an der heutigen Schwarzmeerküste mit dem persischen König Mithridates im Pontischen Bund, um sich vor Rom zu schützen. Dem Bündnis war kein Erfolg beschieden, die Dobrudscha wurde in den Jahren 72-71 v.Chr. zum ersten Mal von römischen Armeen besetzt. Der römische General Lucullus zwang die griechischen Kolonien in einen Bündnisvertrag mit Rom, durch den sie praktisch ihre Unabhängigkeit verloren.

Weniger als 20 Jahre später, ca. 55-50 v.Chr., eroberte der Dakerkönig Burebista die pontische Küste und die griechischen Städte.

Endgültig übernahm Rom unter Kaiser Augustus (63 v.Chr.-14 n.Chr.) die Herrschaft über die Dobrudscha. Nach der Annexion durch das Römische Reich wurde die heutige Dobrudscha zur römischen Provinz Moesia.

Bis ins Jahr 602 sollte die römische Herrschaft dauern. Das Gebiet hatte für die Römer eine große strategische Bedeutung. Sie stationierten hier zahlreiche Truppen und befestigten die Grenze, d.h. die Donaulinie, mit Kastellen.

Die griechischen Städte an der Schwarzmeerküste konnten aber unter römischer Oberhoheit eine interne Autonomie bewahren. Zusammen mit zwei Städten an der heutigen bulgarischen Schwarzmeerküste gründeten sie den Pontischen Bund, einen Städteverband mit Tomis als Hauptstadt. Histria, Kallatis und Tomis erfuhren in der römischen Periode einen neuen wirtschaftlichen und kulturellen Aufschwung. Es entstanden zwei neue römische Städte: Troesmis (Igliţa) und Tropaeum Traiani (Adamclisi).

Während der römischen Herrschaft kam es zur weitgehenden Romanisierung der einheimischen Bevölkerung. Die lateinische Sprache verbreitete sich ebenso wie die Kultur, der Glaube und die Gebräuche Roms.

Nach der Abspaltung Ostroms vom Römischen Reich im Jahre 395 gehörte die Dobrudscha zu Byzanz (=Oströmisches Reich).

Jetzt wurden die Angriffe der Wandervölker, meist der Awaren und Slawen, immer heftiger. Trotz häufiger Attacken und Verwüstungen blühte aber bis zum 6. Jahrhundert die griechisch-römische Kultur in der Dobrudscha. In Histria und Tropaeum Traiani (Adamclisi) wurden Kirchen und Thermen gebaut, Straßen gepflastert, in Tomis (Constanța) baute man ein großes öffentliches Gebäude, das mit einem kostbaren Mosaikboden ausgelegt wurde.

Im 7. Jahrhundert strömten Wandervölker in die Dobrudscha

Aber im Jahr 602 brach die römische Verteidigungslinie an der Donau endgültig zusammen. In den nachfolgenden Jahrhunderten war die Dobrudscha das Herrschafts- und Siedlungsgebiet verschiedener Staaten und Stämme. Awaren, Slawen, und später auch Bulgaren siedelten in der Dobrudscha.

Bulgarischer Einfluss seit Ende des 9. Jahrhunderts

Im 14. Jahrhundert herrschte der bulgarische Heerführer Dobrotici, dessen Name auf die gesamte Region übertragen wurde. Nach dem Zerfall des Zweiten Bulgarischen Reiches im Jahre 1242 kam die Dobrudscha kurzzeitig wieder zu Byzanz.

Türkische Oberhoheit: 1389-1878

Mit der Ausweitung des Osmanischen Reiches geriet sie aber 1389 unter türkische Herrschaft. Nachdem die Türken 1453 durch die Eroberung der byzantinischen Hauptstadt Konstantinopel den Untergang des Oströmischen bzw. Byzantinischen Reiches endgültig markierten, war auch das politische Schicksal der Dobrudscha für ein halbes Jahrtausend besiegelt. Die osmanische Oberhoheit endete erst 1878.

1877-1878 verwüstete der Russisch-Türkische Krieg die Dobrudscha schwer. Russland ging als Sieger aus dem Krieg hervor, und da das 1862 gegründete Rumänien auf russischer Seite stand, bekam es nach dem Frieden von San Stefano (1878) und dem Berliner Vertrag (1878) den nördlichen Teil der vom Krieg ausgelaugten Dobrudscha zugesprochen. Dadurch erhielt Rumänien einen strategisch bedeutsamen Zugang zum Schwarzen Meer.

Die nördliche Dobrudscha kam 1878 zu Rumänien, der südliche Teil 1913

Die Süddobrudscha gelangte nach dem Zweiten Balkankrieg im Jahr 1913 an Rumänien. Nach dem Zweiten Weltkrieg verlor Rumänien diese Region wieder an Bulgarien.

Touristen bei den griechischen Ruinen von Histria (Dobrudscha)

*Die große
Moschee in
Constanţa*

Die Reiserouten

Alle Orte, die mit einem Stern (*) in den Routen- beschreibungen versehen sind, werden im Teil „Städte und Orte" ausführlich beschrieben

Die Walachei

**Route 1: Rundreise durch die Fürstenstädte
der Großen Walachei**
*Bukarest – Târgoviște – Câmpulung –
Curtea de Argeș – Pitești – Bukarest (371 km)*

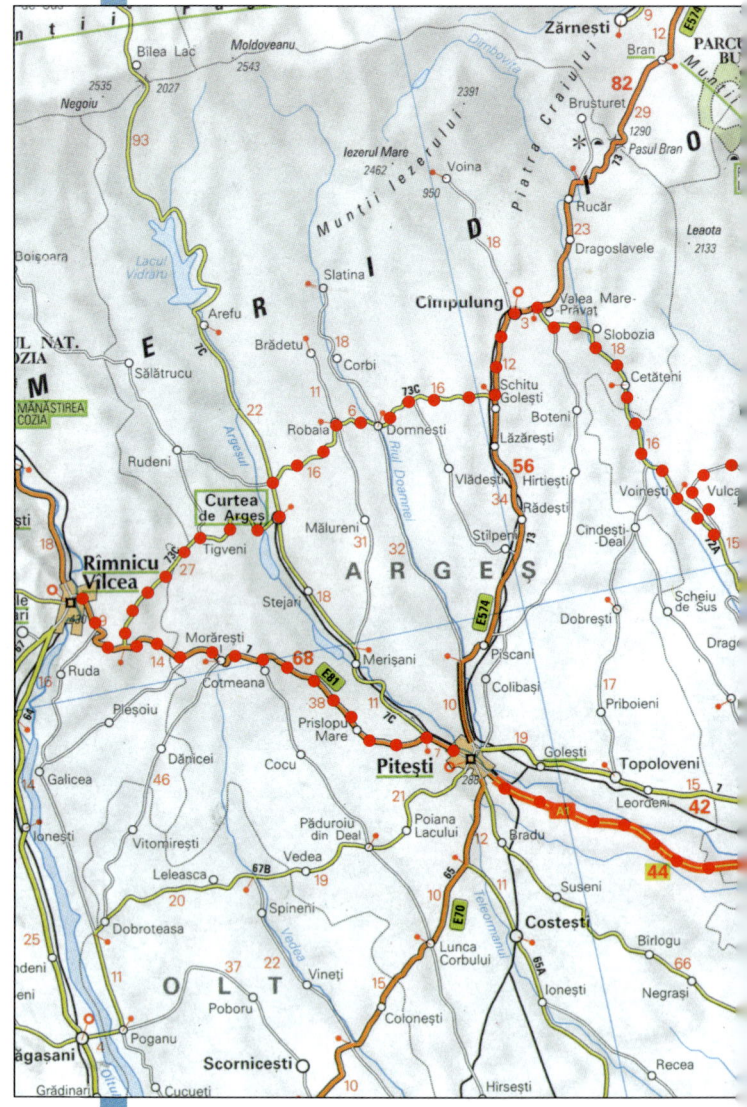

Diese Rundreise stellt all die Orte vor, die den walachischen Fürsten über Jahrhunderte hinweg als Residenzstädte dienten. Entsprechend reizvoll ist diese Tour, die meist durch die sanfte Hügellandschaft der Vorkarpaten führt. Immer wieder begegnen uns Meisterwerke mittelalterlicher Baukunst.

Beachten Sie in Bukarest die Ausschilderungen. Viele Hinweisschilder nach Piteşti führen Sie auf die parallel zur DN 7 verlaufenden Autobahn!

Der Schriftsteller Ion Ghica lebte in Gheorgani

Die Reiseroute beginnt in der rumänischen Hauptstadt.

0 km **Bukarest*** war nicht immer schon unumstrittene Hauptstadt der Walachei. Bis weit in das 17. Jahrhundert hinein spielte Târgovişte ein gleiche, wenn nicht sogar wichtigere Rolle. Diese alte walachische Residenzstadt ist das erste größere Ziel unserer Tour.

Wir verlassen Bukarest auf der nach Piteşti führenden DN 7. Kurz hinter **Tărtăşeşti** biegt die DN 71 in Richtung Târgovişte ab.

Ghergani erreichen wir 10 km nach dieser Abzweigung.

Das Dorf ist für Kenner der rumänischen Literatur interessant. Der über die Grenzen des Landes hinweg bekannte Schriftsteller Ion Ghica (1817 – 1897) verbrachte hier seine Jugend. Vom Herrensitz seiner Familie blieb das Erdgeschoss erhalten.

Weiter auf der DN 71 fahren wir durch Straßendörfer wie **Contesţi, Crângaşi** oder **Mircea Vodă**. Ungefähr 2 km hinter Mircea Vodă verdienen es zwei Orte, dass wir unsere Route für einige Zeit verlassen.

Abstecher

Ein Abstecher führt uns, links von der DN 71, nach **Nucet,** ein Ort, der durch sein **Kloster** bereits im 15. Jahrhundert Erwähnung fand.

Nach rechts kann man von der DN 71 aus einen kurzen Ausflug nach **Băleni-Români** unternehmen, ein landschaftlich reizvoll an der Ialomița gelegenes Dorf. Hier wurden **Spuren einer getischen Erdburg** entdeckt. In Dörfern wie Băleni, so der Eindruck, leben die Menschen noch in einer früheren Zeit, aber nicht an der Schwelle zum 21. Jahrhundert.

78 km **Târgoviște*** erreichen wir auf der DN 71 nach weiteren 20 km. Für die Besichtigungen in dieser alten Hauptstadt der Walachei sollte man sich ca. 1-2 Stunden

Für Besichtigungen mindestens 1-2 Stunden einplanen

Impressionen von der Route

Zeit nehmen, Erkundungen in der näheren Umgebung nicht eingeschlossen.

Die Stadt verlässt man nordöstlich auf der DN 72 A. Die Fahrt nach Câmpulung, dem nächsten Routenziel, führt durch eine wunderschöne Berglandschaft mit ausgedehnten Obstplantagen und sich über mehrere Kilometer erstreckende Straßendörfern. Die Straßenverhältnisse sind jedoch auf dieser Strecke besonders während der Ortsdurchfahrten sehr schlecht.

Abstecher

Gleich nach **Priseaca**, ca. 10 km hinter Târgoviște gelegen, führt eine kleine Straße links nach **Dragomirești** (bei Ölpumpen abbiegen), einem Dorf am Flusslauf der Dâmbovița. Hier steht eine **orthodoxe Kirche,** deren Grundmauern über 500 Jahre alt sind. Neu aufgebaut wurde sie 1701 von Şerban Greceanu.

Die DN 72 A führt dann weiter durch **Voinești** nach **Gemenea-Brătulești,** ein Dorf, in dem ein Denkmal an den walachischen Fürsten Michael den Tapferen erinnert, der sich 1595 kurz hier aufgehalten haben soll.

In **Cetăţeni,** dem übernächsten Ort, wurden Überreste einer **Dakerburg** gefunden, die 2000 Jahre alt sind. Außerdem findet man in der Gemeinde Ruinen von 3 Kirchen aus drei Jahrhunderten (13., 14. und 15. Jahrhundert).

Kurz hinter Cetăţeni bahnt sich die Straße 4 km durch den eindrucksvollen **Dâmbovița-Engpaß** ihren Weg.

Übernachtung
Motel Badeni (neu eingerichtetes privates Motel, linkerhand der Straße direkt am Dâmbovița-Engpaß, schön gelegen)

Am Dambovita-Engpaß

144 km **Câmpulung*** erreicht man nach weiteren 6 km. Die alte Residenzstadt bietet neben ihren interessanten Sehenswürdigkeiten zudem mehrere Möglichkeiten für Ausflüge in die Karpaten. Nach der Stadtbesichtigung verlassen

wir Câmpulung zunächst auf der DN 73 in Richtung Piteşti, biegen aber gleich die DN 73 C ab, die zu einem Höhepunkt der Rundreise, nach Curtea de Argeş, führt.

Abstecher

Vom Dorf **Berevoeşti**, das an der DN 73 C liegt, biegen wir nach links ab und gelangen nach einem Kilometer nach Aninoasa. Die Kirche des **Klosters Aninoasa** wurde 1677 gestiftet und im Brâncoveanu-Stil erbaut. Die Malereien entstanden um 1730. Das Kloster mit der Abtei, den Mönchszellen und der Klostermauer entstand in den 20er Jahren des 18. Jahrhunderts.

Kloster Negru Voda in Câmpulung

Weiter auf der Straße nach Curtea de Argeş fahren wir durch **Slănic,** einem Dorf, wo man handwerklich sauber gearbeitete Korbwaren recht preiswert erwerben kann. Wenn man Glück hat, sitzen die Einheimischen vor ihren Häusern und bieten die Weidenkörbe an. Da von Ausländern meist ein höherer Preis verlangt wird, lohnt sich das Handeln. Dabei sollte man aber nicht vergessen, dass die Korbmacher von den paar Lei, die ihr Geschäft heute noch einbringt, leben müssen.

Bei **Domneşti,** dem nächsten Ort, lohnt sich ein weiterer Abstecher von der „Fürstenroute".

Abstecher

Retevoieşti ist ein unscheinbares Dorf 8 km südlich von Domneşti, zu erreichen auf der DJ 731. Der kurze Ausflug führt uns zu einem für die Walachei besonders im 17. und 18. Jahrhundert typischen, aber ebenso außergewöhnlichen Bauwerk, einem sogenannten **Cula,** von denen heute nur noch wenige erhalten sind. Bei einem Cula handelt es sich um einen gedrungenen Turm, der zu Wohnzwecken genutzt wurde. Solche Wehrhäuser bzw. Wehrtürme entstanden, als sich die walachischen

„Culas" waren typisch für die Walachei

Grundbesitzer gegen türkische Überfälle schützen mussten. Der Cula in Retevoieşti stammt aus dem Jahr 1822
und damit schon aus einer Zeit nach den Türkenkriegen.
Er ist ein Beispiel dafür, dass sich die architektonische
Idee dieser Wehrtürme in der ganzen Walachei noch
lange Zeit erhalten hat.

**Ruinen des
Fürstenhofes in
Curtea de Argeş**

Die DN 73 C führt weiter nach **Robaia.**

Abstecher
Von Robaia aus kann man 12 km nach
Norden fahren und sich **Brădetu,** ein in
Rumänien zu den Luftkurorten zählen-
des Dorf, anzusehen. Brădetu ist
aufgrund seiner schwefel- und koch-
salzhaltigen Quellen sowie einer Kirche
aus der Mitte des 15. Jahrhunderts
interessant. Die Ikonen und Altartüren
der Kirche datieren um 1760.

 **212 km** **Curtea de Argeş***, die wohl
beeindruckendste Stadt auf der Route,
erreichen wir nach einer viertelstündigen
Fahrt auf unserer Hauptstrecke. Die
Besichtigung aller Sehenswürdigkeiten
nimmt ca. 3 Stunden in Anspruch. Von
Curtea aus führt dann die DN 7 C entlang
des Flusslaufes des Argeş nach Piteşti,
das wir nach knapp 30 km erreichen.

254 km **Piteşti** ist mit 140 000 Einwohnern eine für hiesige Verhältnisse recht große Stadt.

Das Industriezentrum passt eigentlich nicht in die Rundreise durch die rumänische Feudalzeit. Trotzdem – auch Piteşti ist geschichtsträchtig, und sei es auch nur, weil hier der „Dacia" hergestellt wird, der auf den rumänischen Straßen allgegenwärtige Autotyp. Nähert man sich Piteşti, scheint es nur eine Ansammlung schmutziger Fabriken zu sein. In der Bezirksstadt des Distriktes Argeş ist neben dem Automobilbau vor allem die chemische und die lederverarbeitende Industrie zu Hause. Wer dennoch auf die Stadt neugierig ist, sollte sich die schöne **Fürstenkirche** (Biserica domnească, Str. Doamna Bălasa 2) ansehen.

Von Piteşti aus gibt es zwei Möglichkeiten, nach Bukarest zurückzukehren. Entweder man fährt auf der DN 7 durch viele kleine Dörfer, oder man nutzt die Autobahn. Ein Tourist, der inmitten der Walachei vor dieser Entscheidung steht, hat sicher schon ausreichend Impressionen vom Leben in den rumänischen Dörfern gesammelt. Deshalb sei hier die Autobahn empfohlen, zumal die 114 Kilometer lange Strecke nach Bukarest, mit einer geringfügigen Ausnahme, immer noch die einzige Autobahn des Landes ist. Vor einigen Jahren noch nur eine breitgewalzte Asphaltaufschüttung in einer flachen Landschaft, kann sich die Autobahn heute mit mitteleuropäischen Maßstäben messen lassen. Trotzdem sollte man vorsichtig fahren– Baustellen sind oft nur unzureichend oder verwirrend markiert. Erwarten Sie nicht unbedingt eine Vorankündigung, wenn der Gegenverkehr auf die eigene Überholspur umgeleitet wird! Gelegentlich verirrt sich auch mal ein Traktor oder gar ein Pferdewagen auf die Fahrbahn. Nichtsdestotrotz ist die Autobahnfahrt eine Wohltat, da man auf den rumänischen Straßen in der Regel nur schleppend vorankommt. **Achtung!** Kurz vor Bukarest lädt ein Motel ("Casa Albă"- "Weißes Haus") zum Übernachten ein. Von dem Motelbesuch raten wir ab, es sei denn, man sucht besondere Unterhaltung. "Casa Albă" ist - von außen nicht erkennbar oder beworben - ein Bordell.

372 km **Bukarest*.**

Route 2: Rundfahrt durch das nordöstliche Muntenien (Große Walachei)

Bukarest – Ploieşti – Buzău – Brăila – Slobozia – Urziceni – Bukarest (445 km)

Diese Route ist interessant für Besucher, die Land und Leute auch außerhalb der üblichen Touristenstrecken kennenlernen wollen.

Man wird sicher an vielen Stellen feststellen, wie rückständig und fern von Europa dieses Land noch ist. Trotzdem – entlang der Route kann man viele kulturhistorische Schätze und beeindruckende Landschaften entdecken.

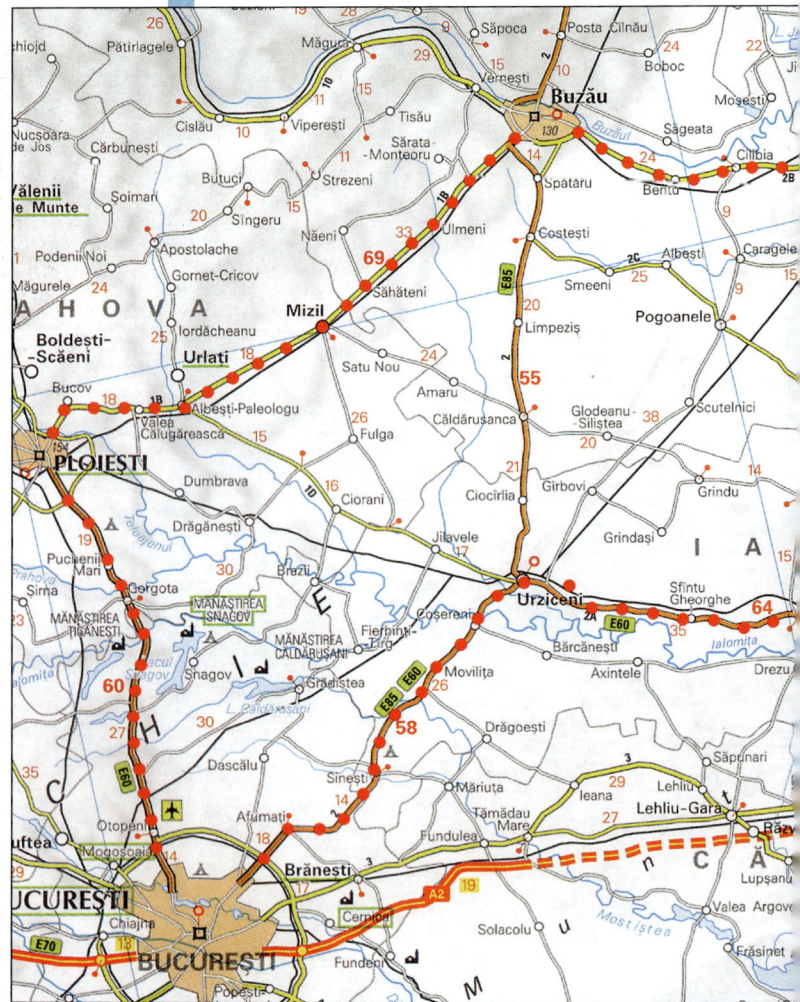

Dorfkirche entlang der Route: „Rundreise durch die Große Walachei"

00 km In **Bukarest*** beginnt die Rundfahrt. Der erste Teil der Strecke führt vorbei am Bukarester Inlandsflughafen **Băneasa** und dem internationalen Flughafen **Otopeni** auf der DN 1 (E 60) aus der rumänischen Hauptstadt hinaus in Richtung Ploieşti.

Die Landschaft zu beiden Seiten der E 60 ist eintönig, die Straße verläuft durch das Flachland der Vlăsia- und später der Ploieşter Tiefebene. Ungefähr 30 km nach Bukarest kann man einen ersten Abstecher machen.

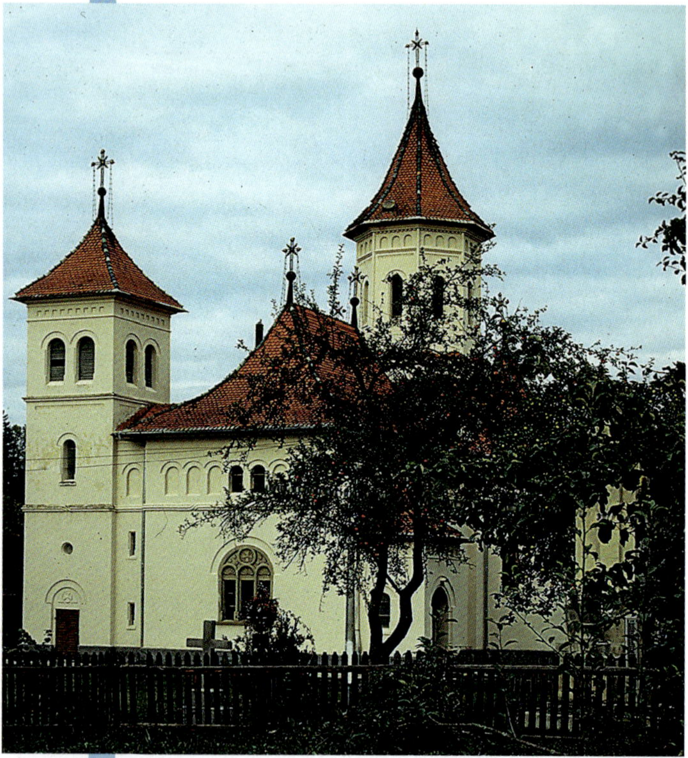

DEPOZIT
NON STOP
S.C. AXXA M-G SRL IASI

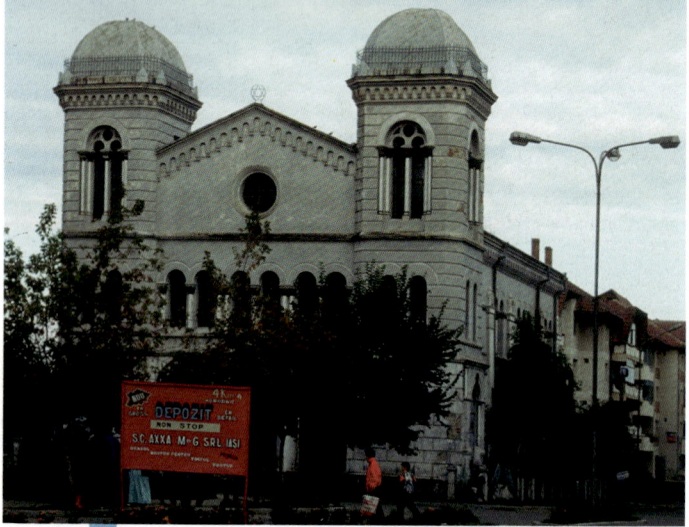

**Die Mehrzahl der Kirchenbauten wurde
vom byzantinischen Baustil beeinflusst**

Abstecher

Zum Ort **Snagov** biegt nach rechts eine kleinere Straße ab. Man erreicht Snagov nach 10 km. Die Gegend um Snagov ist ein Naherholungsgebiet der Bukarester. Hier befinden sich der gleichnamige See und Wald, die zum beliebten Ausflugsziel geworden sind. Der bis zu 11 m tiefe **Snagov-See** verfügt über eine interessante Flora und Fauna. In den Strandbädern sonnen sich im Sommer tausende Ausflügler, die der brütenden Großstadthitze entflohen sind. Der unter Naturschutz stehende Snagov-Wald, in dem man seltene Baumarten findet, erstreckt sich über 1700 ha.

Auf einer Insel im Westen des Sees steht das **Kloster Snagov**, das erstmals 1408 in einer von dem walachischen Fürsten Mircea dem Alten (Mircea cel Bătrân) ausgestellten Urkunde erwähnt wurde. Die Klostergebäude aus dieser Zeit sind nicht mehr erhalten, wohl aber die 1517-1521 durch Fürst Neagoe Basarab veranlassten Bauten. Das Kloster diente als Gefängnis und Verbannungsort. In Ungnade gefallene Bojaren wurden hier hingerichtet. Die Kirche, die außen eine interessante Blendnischenverzierung aufweist, ist im Inneren mit mittelalterlichen Fresken ausgeschmückt, die 1563 wahrscheinlich vom walachischen Meister Dobromir d.J. angefertigt wurden. Es ist der größte zusammenhängende mittelalterliche Bilderzyklus in Rumänien. Berühmt ist die Kirche aber vor allem, weil in ihr der berühmt-berüchtigte Fürst Vlad Țepeș (Vlad der Pfähler) begraben sein soll. Das Kloster Snagov erlebte seine Blütezeit im 17. Jahrhundert unter Fürst Constantin Brâncoveanu. Zu dessen Regierungszeit richtete der Abt des Klosters, der spätere Metropolit Antim Ivireanul, hier eine Buchdruckerei ein, in der Bücher in verschiedenen Sprachen gedruckt wurden.

Beliebtes Ausflugsziel

Achtung! Gekennzeichnete Hupverbote bitte beachten.

Zurückgekehrt auf die DN 1 (E 60) fährt man weiter nach **Puchenii Mari,** einer Gemeinde mit einer Kirche aus dem Jahr 1855. Die Innenmalereien wurden von dem bekannten rumänischen Maler Nicolae Grigorescu 1860/61 geschaffen. Von Puchenii Mari aus sind es noch 12 km nach **58km Ploieşti***. Diese nicht sehr einladende Industriestadt, verlassen wir auf unserer Tour durch die nordöstlichen Gebiete der Großen Walachei in Richtung Buzău. Wer Ploieşti nicht besuchen möchte, sollte die Stadt auf der vorhandenen Ringstraße umgehen. Die Strecke nach Buzău beträgt ca. 70 km.

Gleich hinter Ploieşti durchfahren wir das **Bucov-Tal**, ein bekanntes rumänisches Weinanbaugebiet bei **Valea Călugărească.** Wer Zeit hat, sollte einfach einmal von der Hauptstraße abweichen und ein paar Kilometer ins Land fahren. Das ist völlig ungefährlich und bietet Einblicke in die Lebensumstände in den walachischen Dörfern, die vor 50 Jahren nicht viel anders gewesen sein können.

Abstecher

10 km vor Buzău führt eine kleine Abzweigung links Richtung **Sărata Monteoru.** Den sich Bade- und Kurort nennenden Ort erreicht man in 15 Minuten auf schlechter Nebenstraße. Von Sărata Monteoru kann man einen Ausflug in ein „Erdölbergwerk" aus dem 17. Jahrhundert machen. Es ist eine Art Brunnen von 250 m Tiefe, aus dem schon zur Zeit des Fürsten Matei Basarab Erdöl gefördert wurde.

124 km Für **Buzău*** selbst sollten 1-2 Stunden für Besichtigungen eingeplant werden. Wem mehr Zeit zur Verfügung steht, darf sich keinesfalls die von hier zu erreichenden Ausflugsziele, besonders aber die phantastischen **Schlammvulkane** bei **Berca** entgehen lassen.

Danach setzen wir die Rundreise auf der DN 2 B fort. Die Fahrt führt wiederum durch viele kleine Ortschaften. Die Landschaft ist vor allem links der über 100 km langen Strecke nach

Industrielandschaft bei Ploiești

Ein unvergessliches Naturschauspiel: die Schlammvulkane bei Berca

Das Kloster Slobozia ist von einer wehrhaften Mauer umgeben

231 km **Bräila***, unserem nächsten Ziel, sehr schön. Besonders dann, wenn man einige Kilometer nach Norden in das Land fährt, findet man viele einsam liegende Seen, romantische Flussauen am Laufe der Buzău und des Siret sowie Sumpfgebiete mit der für sie typischen Vegetation.

Von Bräila ist ein Ausflug nach **Galaţi*** oder zum **alten Donauarm** möglich. Bräila verlassen wir auf der DN 21. Der Weg führt jetzt 90 km durch relativ flaches Land.

322 km **Slobozia,** der nächste Ort auf unserer landeskundlichen Entdeckungstour durch die touristisch kaum erschlossene Große Walachei, liegt in der steppenähnlichen **Bărăgan-Ebene**.

Furchtbare Vergangenheit: die Bărăgan-Ebene

Diese Tiefebene erlangte in Rumänien eine traurige Berühmtheit Unter Gheorghiu-Dej, dem ersten kommunistischen Diktator Rumäniens, war die Ebene ein riesiges Gefangenenlager, das damals international für Schlagzeilen sorgte. Regimegegner, Angehörige nationaler Minderheiten (darunter viele Deutsche) und andere für das System unliebsame Personen wurden hier auf freiem Feld ausgesetzt und mussten teilweise über Jahre hinweg wie Tiere hausen.

Die Heizung in der Klosterkirche

Das an der Ialomiţa gelegene **Slobozia** (35 000 Einwohner) und seine Umgebung ist wegen zweier Sehenswürdigkeiten interessant, die so wenig miteinander zutun haben, wie man sich nur vorstellen kann. Da ist zunächst das **Kloster Slobozia** (Mänästirea Slobozia lui Ianache; Bulevardul Matei Basarab). Es entstand im 17. Jahrhundert und wurde zwei Jahrhunderte später (1842-48) nach einem Erdbeben teilweise wiedererrichtet. Die Klostermauer stammt aus der Gründungszeit.

Westlich von Slobozia, an der DN 2 A gelegen, verblüfft den Vorbeifahrenden die aus der TV-Serie „Dallas" bekannte, originalgetreu nachgebaute „Southfork-Ranch". Diese Idee hatte nach der Revolution ein findiger Geschäftsmann. Die Ranch, eigentlich ein Ferienpark, beherbergt u.a. ein Hotel. Viele Möglichkeiten der Freizeitbeschäftigung werden angeboten, zum Beispiel Reiten, Kutschfahrten oder Fischen.

Wer nach dem Klosterbesuch noch etwas Zeit hat, sollte den Bulevardul Matei Basarab stadteinwärts gehen, eine nette Einkaufsstraße.

Übernachtung

Hotels im Hermes-Feriendorf Slobozia (am km 117 der DN 2A, Bukarest-Constanta), Tel.: 043/215168, 216125, 219534, 01/3124024. Originell, relativ preiswert (Doppelzimmer ca. DM 50,00), viele Freizeitmöglichkeiten. Bei Übernachtungswünschen unbedingt vorher vergewissern, ob das Feriendorf geöffnet ist.

Dallas in Rumänien: Die nachgebaute Southfork-Ranch im Feriendorf Hermes bei Slobozia

Der letzte Teil der Route führt von Slobozia auf der DN 2 A nach

385 km **Urziceni,** einem Verkehrsknotenpunkt. In der Umgebung von Urziceni ist ein Dorf besonders interessant. **Bärbuleşti** (2 km auf der DN 1D) ist ein fast nur von Zigeunern bewohnter Ort. Die Häuser weisen die für Rromi typische Bauweise auf: Sie sind mit kleinen Türmchen versehen, die Dächer meist mit glänzendem Blech gedeckt.

Bärbuleşti ist ein Zigeunerdorf

Von Urziceni geht es dann durch die Rumänische Tiefebene zurück nach Bukarest. Kurz vor Bukarest findet man in der Gemeinde **Afumaţi** eine schöne Kirche aus der Zeit des Fürsten Radu de la Afumaţi, die 1696 neu aufgebaut wurde.

Die Strecke Slobozia – rumänische Hauptstadt beträgt 123 km. Nach gut zweistündiger Fahrt hat man

445 km Bukarest wieder erreicht.

Route 3: Rundreise durch die Kleine Walachei (Oltenien)

Râmnicu Vâlcea – Horezu – Scoarţa – Târgu Jiu – Baia de Aramă – Motru – Drobeta-Turnu Severin – Strehaia – Craiova – Găneasa – Râmnicu Vâlcea (441 km)

Die Rundreise berührt die touristisch interessantesten Orte und Gegenden der Kleinen Walachei, die landschaftlich reizvoller ist als ihre große Schwester. Unsere Route führt durch die hügeligen, friedlichen Landschaften der Vorkarpaten und in das bis zur Donau reichende Cerna-Tal.

Râmnicu war wichtiger mittelalterlicher Handelsplatz

00 km Râmnicu Vâlcea, eine erstmalig 1389 erwähnte Stadt, ist der Ausgangspunkt unserer Rundfahrt.

Die Stadt entstand am Ufer des Olt unmittelbar auf einer Wohnsiedlung, deren Geschichte bis in die Bronzezeit zurückreicht. Bereits im 14. Jahrhundert wurde Râmnicu Vâlcea durch seine Lage auf der Strecke von der Walachei nach Siebenbürgen zu einem wichtigen

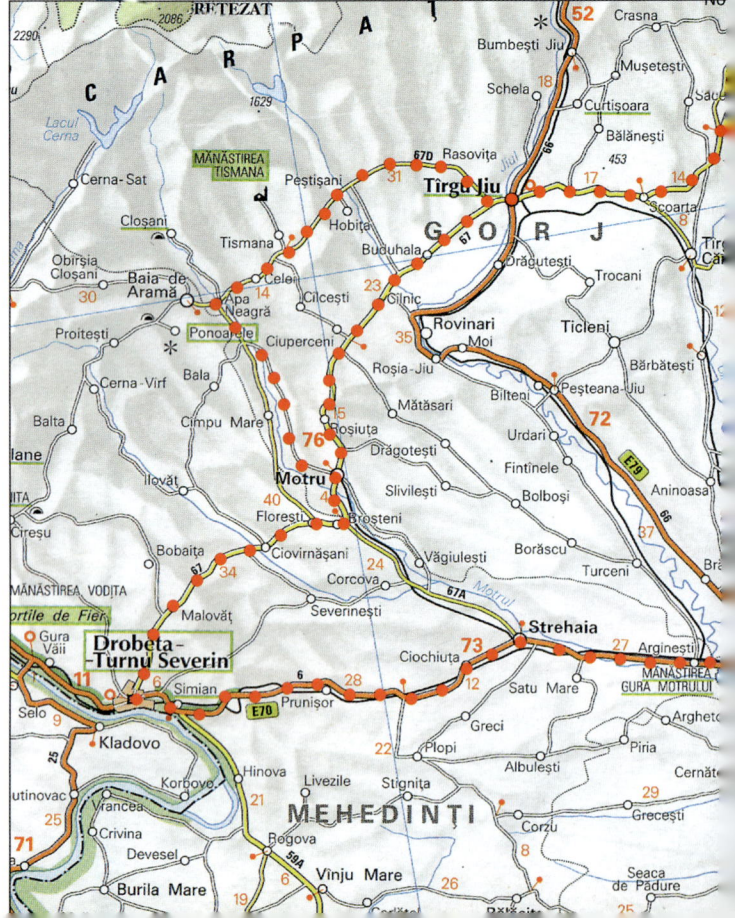

Handelsplatz. Von der ehrwürdigen Vergangenheit ist heute nicht mehr allzu viel zu sehen. Teile der Stadt machen einen verwahrlosten Eindruck. Auch die hier angesiedelte chemische Industrie hat ihre Spuren hinterlassen. Sehenswert ist die 1677 am Stadtrand errichtete **Klosteranlage Cetăţuia.** Das kleine Kloster ist in die rumänische Geschichte eingegangen, da hier am 2.1.1529 ein walachischer Fürst, Radu de la Afumaţi, ermordet wurde. Eindrucksvoll sind die Malereien von Gheerghe Tattarescu aus dem 19. Jahrhundert.

Auf dem Hauptboulevard der Stadt fällt ein monströses Denkmal auf. Dieses **Unabhängigkeitsdenkmal** (Monumentul independenţei, Bulevardul Tudor Vladimirescu) stammt aus dem Jahr 1915. Es zeigt in heldischer Pose eine Rumänin mit ihrer Landesfahne. Die Namen auf dem Denkmalssockel erinnern an die ca. 200 Einwohner von Râmnicu Vâlcea, die im Unabhängigkeitskrieg (1877/78) fielen.

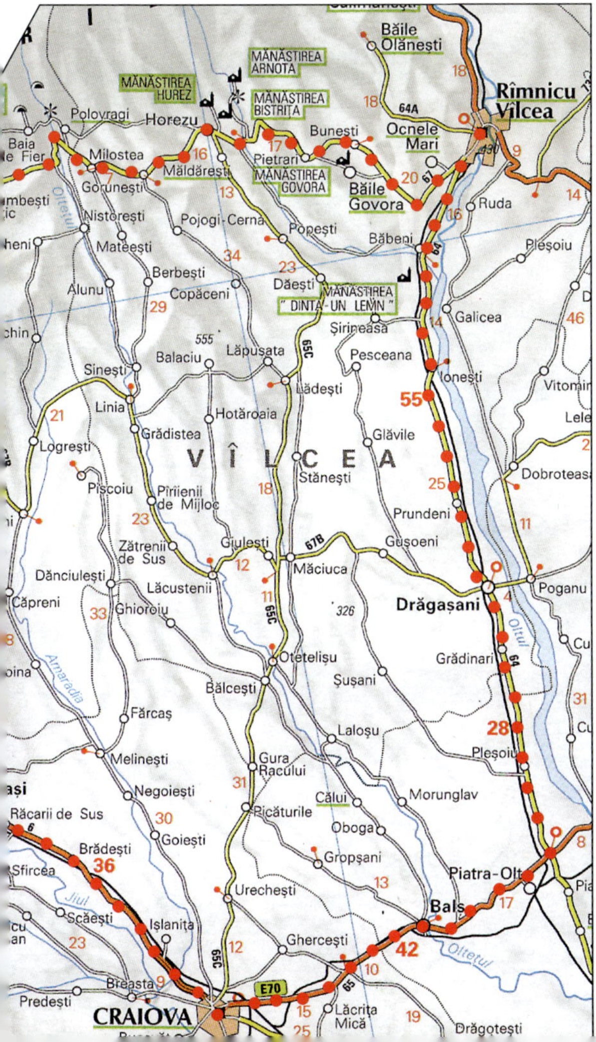

Ab dem Ortsschild gilt auch in Rumänien Tempo 50

Hotel Alutus**, Str. General Praporgescu 10, Tel.: 050/716601, Fax: 050/717760 (209 Betten, bestes Hotel der Stadt, mittelmäßiger Standard und Service) *Hotel Tineretului*,* Bulevardul Tineretului 1, Tel.: 050/721190, (einfaches Hotel)

Ein friedvolles Stück Erde - die Kleine Walachei

Um das Kloster rankt sich eine Legende

Von Râmnicu Vâlcea aus fahren wir zunächst auf der DN 64 4 km in Richtung Drăgăşani, dann biegt die DN 67 nach rechts ab.

Nach der Gemeinde **Bârseşti** verlässt man die DN 67 für einige Kilometer, um nach links auf schlechter Straße in den von Buchenwald umgebenen Ort **Bäile Govora** (Bad Govora) abzubiegen.

Bäile Govora ist ein Luftkurort, der in Rumänien für seine Mineralschlammbehandlungen bekannt ist.

Abstecher

Bäile Govora bietet sich als Ausgangspunkt für den Besuch des Nonnenklosters **Dintr-un-lemn**, das viele als eines der sehenswertesten Klöster in der Walachei bezeichnen. Der seltsame Name bedeutet übersetzt „aus einem Baumstamm hergestellt". Die Legende berichtet, dass die ehemalige Klosterkirche vom Holze eines einzigen Baumes errichtet worden sei. Der Holzfäller fand zudem unter dem riesigen Eichenstamm eine Marien-Ikone, der seitdem große Verehrung zuteil wird.

Im Kloster, das ein imposantes Eingangsportal hat, befindet sich eine noch funktionierende Wassermühle.

Von Bäile Govora fahren wir, wieder auf der DN 67, durch die Dörfer **Pietrari, Bârzeşti** und **Negruleşti.** Ihre alten Holzhäuser mit den Vorbauten sind typisch für die Gegend.

Negruleşti liegt auf einem Hügel. Hier lohnt sich eine kurze Rast, die Aussicht auf die Karpaten ist ein Genuss.

Costeşti ist das nächste Dorf entlang der Straße. Es ist Ausgangspunkt für drei Besichtigungen abseits der Route. Bei Costeşti liegt das Freilichtmuseum „Culele Mäldäreşti", wo man in einem schönen Park „cule"- die typisch walachischen befestigten Wohnbauten - besichtigen kann.

Abstecher

Eine Abzweigung am Km 159 führt direkt nach **Bistriţa.** Das Dorf liegt am Fuße einer Bergkette und ist durch zwei Klöster bekannt.

In unmittelbarer Ortsnähe befindet sich das **Kloster Bistriţa,** das im ausgehenden 15. Jahrhundert entstand. Auf dem Klostergelände befindet sich ein Heim für behinderte Kinder, das in den 80er Jahren bis zu 500 Personen unter menschenunwürdigen Bedingungen beherbergt hat. Leider ist von den alten Klosterbauten nur die Spitalskirche übriggeblieben. Wertvoll sind hier vor allem die **Wandmalereien aus den Jahren um 1520.** Relativ gut erhalten ist das Bild des Klosterstifters Barbu Craiovescu, der einer reichen Bojarenfamilie entstammte. Die Klostergebäude wurden 1845 restlos abgerissen und im darauf folgenden Jahrzehnt neu errichtet. Nördlich des Klosters befindet sich die eindrucksvolle **Bistriţa-Klamm** (Cheile Bistriţei). Etwa 50 m oberhalb des Tals liegt die Bistriţa-Höhle (Peştera Bistriţei). In deren Nähe steht eine kleine Holzkirche an einer in die Felswand gehauenen Kapelle.

Im Kinderheim waren die Verhältnisse zur Ceausescu-Zeit menschenunwürdig

Das zweite Kloster ist das **Mönchskloster Arnota.** Um nach Arnota zu gelangen, ist es ratsam, das Auto in Bistriţa stehenzulassen.

Die zum Kloster führende Serpentinenstraße ist zwar befahrbar, aber in einem schlechten Zustand. Für den Hin- und Rückweg zu dem 1633-1637 erbauten Kloster sind zu Fuß ca. 2 Stunden einzuplanen. Im Kloster Arnota liegt dessen Gründer, Fürst Matei Basarab, unter einer großen Marmorplatte begraben. Die Klosterkirche stammt aus dem 17. Jahrhundert. Sie wurde 1706 durch eine Vorhalle ergänzt. Vom Hügel des Klosters hat man einen herrlichen Blick auf die Landschaft.

Der walachische Fürst Matei Basarab liegt im Mönchskloster Arnota begraben

Das nächste Routenziel ist das

50 km Kloster Hurezi (manchmal auch Horezu genannt). Es liegt etwa 5 km rechts von der DN 57 entfernt. Es ist die größte Klosteranlage der Walachei. Sie wurde erbaut vom Fürsten Constantin Brâncoveanu und ist ein typisches Beispiel für den Baustil der Brâncoveanu-Epoche. Zuerst entstand 1690-1694 die Kirche, ein Dreikonchenbau. Dann folgte in den Jahren 1697/98 der Bau der Residenzgebäude. Zwischen 1696 und 1699 ließ die Gemahlin des Fürsten Brâncoveanu außerhalb der Mauern ein Klosterkrankenhaus errichten. Der rechteckige Klosterhof ist von einer Verteidigungsmauer umgeben und wird von einstöckigen Klostergebäuden mit schönen Treppenaufgängen und Arkadengängen eingefasst. Die Kirche in der Mitte des Hofes hat eine Vorhalle (Atrium) mit einem Baldachineingang. Bekannt sind die 10 verzierten Steinsäulen, die Formen aus Curtea de Argeş* imitieren. Die Innenmalereien der Kirche stammen sowohl von walachischen Künstlern (Andrei, Stan, Neagoe, Ioachim) als auch vom griechischen Maler Konstantinos. Sie zeigen den Klosterstifter Brâncoveanu und seine Vorfahren auf dem walachischen Thron. Die Fürstenresidenz steht an der Südseite des Klosterhofes. Der Wachtturm des Gebäudes ist mit reich verzierten Säulen und einer Treppe mit geschnitztem Geländer ausgestattet. Das Nonnenkloster Hurezi war im Mittelalter **Kulturzentrum der Walachei**. Es unterhielt ein große Bibliothek und eine Malschule. Heute zu besichtigen sind die **Kunstsammlung** mit Teilen dieser Bibliothek, Ikonen, Schmuckgegenständen und Teppichen. Die Sammlung ist in einem der ehemaligen Residenzgebäude des Klosters untergebracht.

Horezu ist die größte walachische Klosteranlage

Zurück auf der DN 67 fahren wir weiter durch die kleine Gemeinde **Horezu,** ein bekanntes Töpfereizentrum. Ein typisches Motiv der **Keramik** aus Horezu mit der charakteristischen elfenbeinfarbenen Glasur ist der „Lebensbaum". Bei den alteingesessenen Töpferfamilien kann man schöne Mitbringsel erstehen. Weiter geht es über Milostea zur Gemeinde **Polovragi** (Abzweigung bei Obreja nach rechts), einem Zentrum der Volkskunst und Volksmusik. Ende Juli findet im Ort ein berühmter Markt statt. In der Nähe befindet sich die eindrucksvolle, 2 km lange **Oltet-Klamm** (Cheile Oltețului). An der Einfahrt zur Klamm steht das **Kloster Polovragi** aus dem 17. Jahrhundert mit interessanten Wandmalereien. Direkt am Klamm-Eingang befindet sich die **Polovragi-Höhle** (Peştera Polovragi) mit der sogenannten „Leuchtergalerie". Die Sage weiß, dass in der Höhle der oberste Gott der Geto-Daker, Zamolxis, seine Wohnstätte hatte. Erneut auf der DN 67 lohnt hinter Bengeşti-Ciocadia ein weiterer Abstecher.

Die Namen „Hurezi" und „Horezu" kommen von dem Wort „huhurez" – „Eule". In den umliegenden Wäldern sollen einmal viel Eulen gelebt haben

Abstecher
Eine kleine Straße biegt rechts von der DN 67 ab und führt nach 7 km in die Gemeinde **Săcelu.** Von Săcelu sind es noch einmal 8 km nach **Crasna.** Hier findet der Besucher völlig abseits jeglicher Touristenstrecken ein kleines **Kloster aus dem Jahr 1637.** Für Wanderfreunde bietet sich Crasna außerdem als Ausgangspunkt für einen Fußmarsch in das **Parâng-Massiv** der Karpaten an. Im Ort sollte man einen Einheimischen nach dem Weg fragen, da Wanderkarten nur schwer erhältlich sind. Die Dorfbewohner dieser kleinen Dörfer sind sehr freundlich und zugänglich.

Die Karpaten laden ein

Târgu Jiu war Heimatstadt eines weltbekannten Rumänen: Constantin Brâncuşi

Constantin Brâncuşi – Rumäne und Weltbürger *Der weit über die Grenzen Rumäniens bekannte und geschätzte Bildhauer Constantin Brâncuşi (1876-1957) wurde in Hobiţa, einem Dorf bei Târgu Jiu, geboren. Später wurde Paris seine Wahlheimat. Brâncuşis Werke findet man sowohl in New York (Museum of Modern Arts), als auch in Philadelphia, Illinois, Paris, Stockholm und Venedig. Im rumänischen Târgu Jiu befindet sich ein hervorragendes Ensemble, mit dem der Künstler in den Jahren 1937/1938 an die Opfer des Ersten Weltkrieges erinnerte. Dazu zählen die „Tisch des Schweigens", ein verlassen in der Natur stehender runder Tisch mit 12 Stühlen, das „Tor der Liebenden" und die „Säule der Unendlichkeit". Die Skulpturen sind wie auf einer die Stadt durchziehenden Geraden weit voneinander entfernt angeordnet. Die „Säule der Unendlichkeit" befindet sich seit 1996 in Renovierung.*

Die weitere Fahrt auf der DN 67 führt dann nach

103 km Târgu Jiu, einer Kreisstadt mit 85 000 Einwohnern. Târgu Jiu war die Heimatstadt von Constantin Brâncuşi, des bekanntesten zeitgenössischen rumänischen Bildhauers. Neben einem der berühmtesten **Skulpturenensembles Brâncuşis** kann man in Târgu Jiu eine in den Jahren 1749-1764 erbaute Kathedrale besichtigen.

Von Târgu Jiu gelangt man auf direktem Weg, immer der DN 67 folgend, nach Drobeta-Turnu Severin, dem nächsten, größeren Ziel unserer Strecke. Lohnenswert ist aber ein Umweg. Von der DN 67 zweigt am Stadtrand von Târgu Jiu die DN 67 D ab, die zunächst nach Tismana führt.

134 km Tismana ist malerisch in einem Flusstal gelegen. Der Ort wird durch das Vâlcan-Gebirge weitgehend vom Nordwind geschützt, so dass in seiner Umgebung auch Pflanzen gedeihen, die sonst eher in mediterranen Ländern zu finden sind. Der Naturliebhaber kann besonders im Frühling Edelkastanien, Nussbäume und wilden Flieder bewundern. Auch kunsthistorisch bietet die Gegend um Tismana einiges. Auf einer Anhöhe, von Wald umgeben, steht das Kloster Tismana. Der monumentale Bau wurde 1385 fertiggestellt, die heute zu sehenden Klostermauern stammen aus dem 17. Jahrhundert. Im 19. Jahrhundert erneuerte man den gesamten Komplex, der wegen seiner Lage an der walachischen Grenze auch zu Verteidigungszwecken diente.

Hotels
Hotel Parc (**), Str. Constantin Brâncuşi 40,
Tel.: 053/215981
Fax: 053/214820
(84 Betten, gute Lage)
Hotel Casa Tineretului (*),
Bulevardul Nicolae Titulescu 26,
Tel.: 053/244683
(27 einfache Doppelzimmer)

Tiefbrunnen sind auf dem Land oft die einzigen Wasserversorgungsanlagen

Römische Vergangenheit: Drobeta-Turnu Severin

148 km Baia de Aramă erreicht man auf der recht ordentlich ausgebauten DN 67 D. Das ungefähr 6000 Einwohner zählende Städtchen hat eine Kirche aus dem Jahr 1699 und war zu dieser Zeit ein regional bedeutsamer Marktflecken. Beschaulich ist die unberührte Landschaft in der Umgebung.

Nach einer halbstündigen Fahrt durch mehrere kleine Dörfer erreicht man

175 km Motru, eine vom Kohleabbau dominierte Stadt. In Motru fährt man wieder auf die DN 67 und erreicht nach knapp 40 km Drobeta-Turnu Severin.

213 km Drobeta-Turnu Severin* ist eine geschichtsträchtige Stadt, die uns in die Römerzeit zurückversetzt. Nach der Stadtbesichtigung und vielleicht einem Ausflug zum bekannten Eisernen Tor führt die DN 6 (E 70) weiter in Richtung Craiova.

Kurz hinter Drobeta-Turnu Severin liegt das kleine Dorf **Simian,** das auf den meisten Karten nicht verzeichnet ist. Es lohnt sich, hier den wirklich schönen Ausblick über die Donau zu genießen.

253 km Strehaia ist eine Ortschaft mit immerhin 12 000 Einwohnern. Im 15. Jahrhundert war Strehaia der Sitz des Bans von Oltenien. Sehenswert ist die **Kirche aus dem Jahr 1645**. Sie befindet sich im Hof der Residenz des ehemaligen

Die offene Veranda ist ein Merkmal der traditionellen Dorfarchitektur

Die Kirche von Bradesti ist typisch für den späten Brâncoveanu-Stil

oltenischen Fürsten. Die Vorhalle wurde während der Herrschaft Constantin Brâncoveanus 1690 angebaut. Leider sind die aus dem 17. und 18. Jahrhundert stammenden Kirchenfresken nur schlecht erhalten.

Von Strehaia aus verläuft die DN 6 (E 90) zunächst im Motru- und dann im Jiu-Tal. Ausgedehnte Eichen- und Buchenwälder bestimmen das Bild genauso wie die für die Walachei heute typischen Erdölfelder. Über **Filiaşi,** einer 15000 Einwohner zählenden, gesichtslosen Stadt, gelangen wir über **Brădeşti,** wo eine Kirche im Spät-Brâncoveanu-Stil aus dem Jahr 1715 steht, nach Craiova.

316 km Craiova* hat eine schöne Altstadt. Nach der Besichtigung verlässt man Craiova auf der DN 65 (E 70) in Richtung Piteşti. Wir fahren auf dieser Straße 42 km bis

358 km Găneasa. Hier kreuzt sich die DN 65 mit der DN 64.

Es sind auf der DN 64 noch 83 km zurück nach Râmnicu Vâlcea, dem Ausgangspunkt unserer Rundreise durch Oltenien. Die Straße führt entlang der Uferauen des Olts. Der Fluss ist mit seiner Länge von 737 km einer der längsten Wasserläufe Rumäniens und markiert die Grenze zwischen Kleiner und Großer Walachei.

Der Olt war Grenzfluss zwischen Oltenien und Muntenien

441 km Râmnicu Vâlcea* hat man mit dem Auto von Găneasa aus in ca. 90 Minuten erreicht.

Die Moldau

Route 4: Die bemalten Klöster der Nordmoldau (Bukowina)/Klosterroute

Suceava – Kloster Humor – Kloster Voroneţ – Kloster Moldoviţa – Kloster Suceviţa – Kloster Putna – Rădăuţi – Kloster Arbore – Suceava (307 km)

Im Frühherbst ist die Tour besonders schön

Diese Rundfahrt durch die Bukowina, den nördlichen Teil der Moldauregion, ist eine Reise durch das moldauische Mittelalter. Dem Besucher öffnet sich auf dieser Tour zu den bemalten Klöstern im wahrsten Sinne des Wortes ein Bilderbogen der Geschichte, einer Geschichte, die geprägt wurde durch Kampf, Sieg und Niederlage gegen das osmanische Reich. Die Fahrt zu den weltbekannten Moldauklöstern sollte man möglichst nicht in der Hauptsaison antreten, sondern vielleicht im Frühherbst, wenn die Touristenströme versiegt sind, das Wetter noch mild ist und die Wälder in Herbstfarben leuchten. Die Route führt durch die sanfte, bewaldete Hügellandschaft des Moldauer Oberlandes mit seinen kleinen, sauberen Dörfern, in denen das Leben noch ganz in traditionellen Bahnen zu verlaufen scheint.

Die vorgeschlagene Rundreise ist zwar an einem Tag zu schaffen, allerdings bleibt dann keine Zeit, länger bei den einzelnen Sehenswürdigkeiten zu verweilen. Wer sich mehr als nur einen Überblick verschaffen möchte, sollte für die Strecke zwei Tage Zeit nehmen bzw. die eine oder andere Station auslassen.

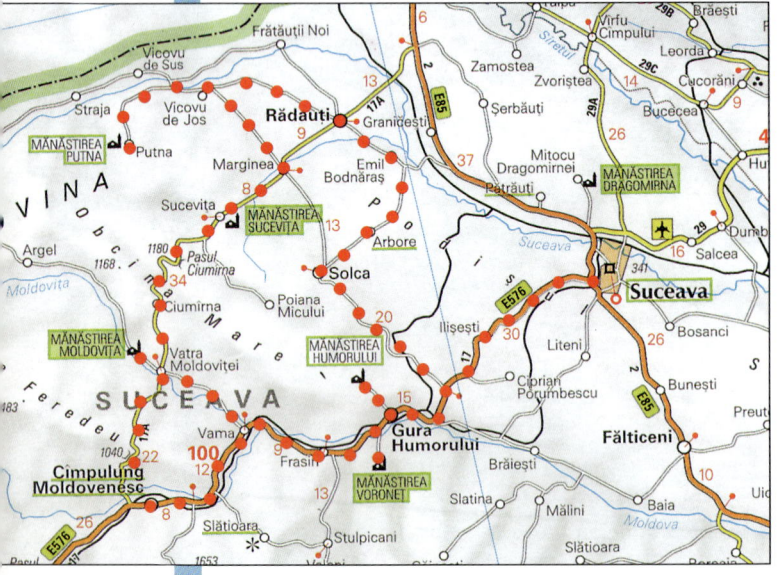

Phantastische Kunstwerke in der Moldau:
Die bemalten Bukowinaklöster sind weltberühmt

Im Nordosten Rumäniens, im sanften Hügelland der Nordmoldau (Bukowina), findet man Zeugnisse der rumänischen Kunst, die zu den schönsten und wertvollsten gehören, die diese jemals hervorgebracht hat: „gemalte Gebete" an den Außenwänden der nordmoldauischen Klöster. Diese Fresken sind von keinem Vorbild herzuleiten. Die Idee, eine ganze Kirche vom Sockel bis zum Dachgesims mit Wandmalereien zu überziehen, ist in der Moldaugegend entstanden. Diese Kunstform erlebte jedoch nur eine kurze Blütezeit im 16. Jahrhundert. So plötzlich, wie sie entstand und sich entwickelte, so schnell geriet sie wieder in Vergessenheit, ohne dass man dafür einen genauen Grund nennen kann.

*Die Bukowina-Klöster spiegeln die Glanzzeit der Moldaukultur im 15./16. Jahrhundert wider, die vor allem durch Fürst **Stefan den Großen** (Ştefan cel Mare), der von 1457 bis 1504 regierte, geprägt wurde. Er und seine Nachfolger ließen für jeden Sieg, den sie über die Türken errangen, als Dank eine Kirche oder ein Kloster erbauen. Allein Stefan dem Großen wird die Stiftung von 44 Kirchen und Klöstern zugeschrieben.*

*Zunächst waren die Kirchen nur im Inneren ausgemalt. Während der zwei Regierungszeiten des Fürsten **Petru Rareş** (1527-1538, 1541-1547) wurden die Kirchenfassaden mit Wandfresken ausgeschmückt. Da die Gottesdienste zu jener Zeit in Kirchenslawisch abgehalten wurden, das die Landbevölkerung nicht verstand, und zudem die Kirchen zu klein waren, um – besonders an hohen Feiertagen – die gesamte Gemeinde zu beherbergen, versah man sie auch außen mit Malereien, die verschiedene biblische Themen darstellten. Mit den Fresken konnte man so auf einprägsame und verständliche Weise die einheimische Bevölkerung im orthodoxen Glauben unterweisen.*

Sanfte Landschaften, friedliche Dörfer, beeindruckende Klöster: die Moldau

Eine einzigartige Kunstform: die Fassadenmalereien an den Moldauklöstern

Die Moldaukünstler schufen mit den Außenfresken „Bibeln für die Armen"

00 km **Suceava***, der ehemalige Sitz der Moldaufürsten, ist der Beginn unserer Rundreise. Die Stadt erstreckt sich an beiden Ufern des Flusses Suceava auf den Hängen der Suceava-Hochebene.

Von hier aus fährt man auf der DN 17 36 km in Richtung Südwesten bis nach Gura Humorului.

31 km **Gura Humorului** ist eine 14 000-Einwohner-Stadt an der Mündung des Baches Humor in die Moldau. Mitte des 18. Jahrhunderts gegründet, ist sie aufgrund ihrer malerischen Umgebung und des angenehmen Klimas ein wichtiges **Touristen- und Ferienzentrum** der Region.

Hotel Carpat*,
Gura Humorului,
Str. 9. Mai 9,
Tel.: 030/231103
(14 Zimmer, ein-
fach, in der Haupt-
saison empfiehlt
sich Voranmeldung)

Die ältesten Wand-
malereien
findet man in Humor

Humor: In der
Klosterkirche

Abstecher

In der Stadt führt eine Abzweigung 5 km nach rechts zum **Kloster Humor**, das sich im Dorf **Mănăstirea Humorului** befindet.

Kloster Humor

besitzt von den fünf großen Moldauklöstern die ältesten Außenmalereien. Es liegt auf einem Hügel in einer malerischen Berglandschaft. Die Votivinschrift über dem Eingang weist es als eine Stiftung des moldauischen Bojaren Toader Bubuiog (Theodor Bubuiog) aus dem Jahre 1530, in der 1. Regierungszeit von Petru Rareş, aus.

Bemerkenswert ist die typisch moldauische Architektur der **Klosterkirche**, ein Dreikonchenbau mit „moldauischen Gewölben" über dem Naos. Die Kirche hat eine offene Vorhalle, eine Neuerung in der moldauischen Architektur. Über der Grabkammer der Kirche liegt eine **Schatzkammer** (tainiţa - „geheimer - Raum"). Ein sehr schöner alter Ikonostas trennt den Altar vom Naos. Ihre endgültigen Innen- und Außenmalereien erhielt die Kirche um 1535 vom Meister Toma aus Suceava. Der Maler Toma hat sich auf den **Außenfresken** verewigt: Das Bild von der Belagerung Konstantinopels zeigt einen Reiter, der, im vollen Galopp aus einem Stadttor kommend, sich auf einen beturbanten Türken wirft. Eine winzige Inschrift über dem Kopf des Reiters gibt dessen Namen an, Toma. Dieses Reiterbild ist das erste Selbstporträt der moldauischen Kunst. Die Fresken der Außenfassade, die am besten an der Südwand

Vor dem Kloster werden die berühmten moldauischen Teppiche verkauft

erhalten sind, leuchten in einem warmen Rot. An der Wand des Pronaos sind die 24 Strophen des Akathistos Hymnos illustriert. Eine weitere Komposition zeigt 15 Szenen aus dem Leben des heiligen Nikolaus.

Die restaurierten **Innenfresken des Pronaos** zeigen z.B. die Gottesmutter, umringt von Engeln und den 24 Ältesten der Apokalypse und in den Bogenfeldern Szenen des Heiligen-Festkalenders. Die Gewölbe der Grabkammer sind mit Bildern des Marienlebens ausgeschmückt.

Kirchenfreske - die Belagerung Konstantinopels durch die Türken

Die Außenwandmalereien der Moldauklöster

*Die Wandmalereien der Klosterkirchen handeln im Prinzip ein-
heitliche biblisch-religiöse Themen ab, die den Malern vorge-
schrieben waren.*

An den Apsiden wurde die **Himmlische Hierarchie** *dargestellt. An den beiden Seitenfassaden ist üblicherweise der*
Akathistos Hymnos *abgebildet, eine Lobeshymne auf die Gottesmutter. In dessen letzter Szene wurde in den Jahren der
1. Regierungszeit von Fürst Petru Rareş stets die Belagerung
und wundersame Rettung Konstantinopels durch Maria dargestellt (diese Bildfolge fehlt nur in Voroneţ). Als die Awaren und
Perser im Jahre 618 Konstantinopel belagerten, verfasste der
Patriarch Sergion von Konstantinopel einen 24-strophigen Lob-
gesang auf die Heilige Jungfrau, die sich daraufhin der Stadt
erbarmte und sie vor der Einnahme rettete. In den moldaui-
schon Darstellungen sieht man jedoch keine Awaren. Die feind-
lichen Besatzer haben die Kleidung und die Züge der gefürch-
teten und verhassten Türken, das belagerte Konstantinopel der
Fresken ähnelt in vielem den von den Osmanen bedrohten
moldauischen Städten. Die Anrufung der Muttergottes um Hilfe
gegen die türkischen Eroberer, der eindringliche Appell zur Verteidigung des Landes, die sich in den Fresken widerspiegeln,
waren leider umsonst. Nicht lange nach der Fertigstellung der
Fresken kapitulierte Südosteuropa vor dem Ansturm der Türken.*

Ein weiteres Thema an den Seitenfassaden ist die **Wurzel
Jesse**, *ein Stammbaum Christi und der Gottesmutter, an den
sich oft die Abbilder antiker Philosophen anschließen. Bei
größeren Kirchenbauten, wie zum Beispiel Moldoviţa, sind der
Akathistos Hymnos, die Belagerung Konstantinopels und die
Wurzel Jesse gemeinsam auf der Südwand zu finden, während
die Nordfassade mit sekundären Motiven bemalt ist.*

Die Westfassade schließlich ist meist der Darstellung des
Jüngsten Gerichts *vorbehalten. Es war eine ernste Warnung für
die Gläubigen:*

*Hier weist Moses die Ungläubigen zurück – die Juden und die
Armenier (die als Bankiers und Kaufleute ebenso unentbehrlich
wie unbeliebt waren), die Türken und die Tataren.*

*Wenn auf den Wänden noch Platz war, wurden auch andere
Themen gestaltet, zum Beispiel Szenen der* **Schöpfung** *oder
das Leben verschiedener Heiliger, die in der Moldaugegend
besonders verehrt wurden, wie des Hl. Nikolaus, des Hl. Georg
und des Johannes Novus. Johannes Novus war ein gläubiger
Kaufmann, den die Tataren folterten und hinrichteten und dessen sterbliche Überreste 1402 nach Suceava gebracht wurden.*

Nur in der Moldau hat das Thema der **himmlischen Zollsta-
tion** *eine bildliche Darstellung erfahren. Gezeigt wird ein hoher
Turm, in dem die Verstorbenen zum Himmel streben und dabei
Teufeln einen Zoll entrichten müssen.*

*Die Darstel-
lung des
Jüngsten
Gerichtes
sollte ab-
schreckend
wirken*

Zurück in Gura Humorului, zweigt am Ortsende eine Straße links zum Kloster Voroneţ ab.

38 km zum **Kloster Voroneţ.** Es ist das ob seiner Farbe, dem „Voroneţer Blau", wohl bekannteste der bemalten Moldauklöster.

Das Kloster Voroneţ

Oft wird es als „Sixtinische Kapelle des Ostens" bezeichnet. Das Kloster wurde von Stefan dem Großen nach einem Sieg in einer Schlacht mit den Türken gestiftet und im Jahr 1488 erbaut. Im Jahr 1547, ein Jahr nach dem Tod von Petru Rareş, wurde die Kirche außen bemalt. Die Außenfresken strahlen in einem leuchtenden Blau. Dieses „Voroneţer Blau" hat als Farbe die gleiche Berühmtheit wie etwa Veroneser Grün oder Tizianrot. Das Geheimnis seiner Leuchtkraft, der die Jahrhunderte kaum etwas anhaben konnten, liegt in einer Beimischung von Lapislazulistaub.

Die **Außenfresken** sind wie die Architektur der Kirche ein Beispiel für die klassische Periode der moldauischen Kunst. Gleichzeitig aber sind die Fresken auch ein Spiegel des wirklichen Lebens und der religiösen Vorstellungen zur Regierungszeit von Fürst Petru Rareş. So zum Beispiel haben die Trompeten der Erzengel die Form der einheimischen Alphörner, der „buciumi", und die im Höllenfeuer schmorenden Verdammten tragen die Turbane

Weltberühmt und einzigartig schön: das leuchtende Voroneţer Blau

Fresken bilden nicht nur biblische Themen ab

Das Kloster Voroneţ

*Ikonostas in
Voroneţ*

der türkischen Feinde. Die Szenen und Figuren sind elegant, lebendig, individuell und zum Teil von realistischer Grausamkeit.

Auf den Fassaden der Apsiden ist die himmlische Hierarchie dargestellt, auf der Südfassade die Wurzel Jesse, eine anmutige Komposition mit Ranken und Blüten.

Auf der Nordfassade sind neben dem Akathistos Hymnos noch Szenen der Genesis und die himmlische Zollstation zu erkennen. Die Südwand zeigt unter anderem das Martyrium und die Hinrichtung des hl. Johannes Novus.

Auf der Westfassade erscheint eine große dramatische Darstellung des Jüngsten Gerichts. Dort öffnen sich zum Klang der Posaunen die Gräber, die Seelen der Toten werden gewogen, die Heiligen ziehen gen Himmel und die Engel jagen die Verdammten in den Feuerstrom der Hölle.

*Nonne bei der
alltäglichen Arbeit*

Nach der Besichtigung des Klosters Voroneţ hat man zwei Möglichkeiten, zur nächsten Sehenswürdigkeit, dem Kloster Moldoviţa, zu gelangen. Entweder fährt man im Örtchen **Vama,** das, wie der Name sagt, eine ehemalige Zollstation an der Handelsstraße von der Moldau in die siebenbürgische Maramureş* war, gleich nach rechts entlang über Frumosa nach Vatra Moldoviţei. Oder man folgt der DN 17 weiter bis Câmpulung Moldovenesc.

73 km **Câmpulung Moldovenesc,** ein malerisch gelegenes Städtchen im Tal der Moldova, war einstmals eine wichtige Station auf der alten Handelsstraße zwischen Suceava und Bistriţa. Die schöne Umgebung, die ozonreiche Luft und das hier herrschende milde Klima machten den Ort zu einem beliebten Ferienziel. Wer sich für Holz interessiert, sollte es nicht versäumen, hier das **Holzmuseum** (Muzeul lemnului) zu besuchen, in dem eine Vielfalt hölzerner Gebrauchsgegenstände gesammelt wurde.

Hinter Câmpulung biegt man nach rechts auf die 17 A ab und erreicht nach

95 km **Vatra Moldoviţei** und von dort auf einer kleinen Straße nach weiteren 5 km.

100 km das Nonnenkloster **Moldoviţa,** auch es ein Kleinod mittelalterlicher Architektur und Malerei.

Das pittoresk gelegene Câmpulung bietet sich zur Übernachtung an:
Hotel Zimbrul*,
Str. Bucovina 1-3,
Tel.: 030/312440
(recht ordentliches Hotel mit
160 Betten)
Hotel Tineretului*,
Str. Pinului 35 – 37,
Tel.: 030/311049,
Fax: 030/311250
(143 Betten)

Kleine Gaststätte auf dem Weg nach Moldoviţa

Kloster Moldoviţa

wurde erstmals 1402 erwähnt und wahrscheinlich Anfang des 16. Jahrhunderts durch einen Erdrutsch zerstört. Das von wehrhaften Mauern und Wachttürmen umgebene neue Nonnenkloster, dessen Kirche 1532 erbaut und 1537 bemalt wurde, stiftete Fürst Petru Rareş, dessen Statue neben der Kirche zu sehen ist.

Die **Wandmalereien** in lebhaften Rot-, Blau-, Grün- und Gelbtönen sind an der Süd- und Ostfront sehr gut erhalten. Besonders bemerkenswert ist die Darstellung der Belagerung Konstantinopels, die Schluss-Szene des Akathistos Hymnos. Das Stifterbild im Inneren der Kirche, an der West-

wand des Hauptschiffes, ist ein Beispiel der repräsentativen Portraitmalerei. Es zeigt den Fürsten Petru Rares, der unter Begleitung seiner Gemahlin Helene und seiner Söhne Christus seine Stiftung darbringt. Im Inneren der Kirche befindet sich Mobiliar aus dem 16 Jahrhundert, darunter der Thronstuhl des Petru Rareş.

Einen Besuch lohnt das **Klostermuseum** für mittelalterliche Kunst im Kloster, das von freundlichen Nonnen verwaltet wird.

Weiter geht es nach der Besichtigung von Moldoviţa auf der 17 A Serpentinen hinauf zum **Pass Ciumirna**, der in 1180 m Höhe über den „Obcina Mare" (Großen Bergrücken) führt. Hier bieten sich an vielen Stellen herrliche Ausblicke ins Land. Nach

Das Kloster Moldoviţa

Die Büste des Klosterstifters, des Fürsten Petru Rareş

Die Vorhalle der Klosterkirche von Moldoviţa

Am Paß Ciumirna

139 km ist **Sucevița,** die Gemeinde mit dem gleichnamigen wehrhaften Klosterkomplex, dessen Kirche ebenfalls beeindruckende Fresken aufweist, erreicht.

Kloster Sucevița

dessen Besuch auch einen Einblick in das alltägliche Leben der Nonnen gestattet, wurde 1581 vom Metropoliten Gheorge Movilă, dem Bruder des Fürsten Ieremia Movilă, gegründet. Die Movilă-Familie war im 16. Jahrhundert eine der reichsten und einflussreichsten Bojarenfamilien der Moldauregion. Der Klosterbau wurde 1601 vollendet. Die malerisch zwischen Hügeln gelegene Klosteranlage gehört zu den wenigen moldauischen Klöstern, wo sowohl die **Befestigungsmauern** mit ihren Laufgängen, den Ecktürmen

Entlang unserer Klosterroute vermieten mittlerweile viele Rumänen Zimmer. Am besten ist es, anzuhalten und z.B. in einem Geschäft zu fragen.

Die Nonnen leben und arbeiten hier anscheinend unbeeindruckt von den Besuchern

Das Kloster Suceviţa

Die Klöster sind Kulturdenkmäler. Für ihre Unterhaltung wird viel getan.

und dem Torturm als auch Teile der Wohnanlagen erhalten sind. Die sechs Meter hohen und drei Meter dicken Mauern umgeben festungsgleich einen weiten Innenhof, in dem die Kirche auf einem erhöhten Steinfundament errichtet ist.

Die **Klosterkirche** ist einer der größten Kirchenbauten in typisch moldauischer Architektur. Die Wandmalereien, die in ihrer Zahl alle anderen Klöster übertreffen, repräsentieren eine neue Phase der Entwicklung der moldauischen Wandfresken. Eine Handschrift des Klosters weist die Meister Ion und Sofronie als die Künstler aus, die in den Jahren 1595 bis 1606 die Wandmalereien der Kirche geschaffen haben. Auf nachtblauem Hintergrund leuchten zahlreiche Szenerien und Figuren in intensivem Grün und Rot. In der Komposition des „Baum des Jesse" schufen die Maler über hundert individuelle Gesichter: Heilige, Engel, Evangelisten und Märtyrer. Jedoch beschränken sich die dargestellten Personen in Suceviţa nicht nur auf kirchliche und biblische Gestalten. Auch die alten Philosophen wie Pythagoras, Sophokles, Plato und Aristoteles sind in den Fresken porträtiert.

In Suceviţa leuchten die Fresken besonders intensiv

An der Nordwand zieht die kühne Diagonale der „Himmelsleiter", die Ordnung und Chaos voneinander trennt, die Blicke auf sich. An der gleichen Wand entdeckt man miniaturhafte Bildfolgen, die die Erschaffung der Welt und den Sündenfall wiedergeben.

Schläge an das Stundenholz rufen die Nonnen zum Gebet

> ### Trauriger Tod des Künstlers
> *Die Außenwände der Moldauklöster wurden in der Regel vollständig bemalt. Nur im Kloster Sucevitţa blieb die Westseite der Klostermauer ohne Außenfresken. Eine Legende besagt, dass der Künstler bei einem Sturz vom Gerüst tödlich verunglückte und deshalb sein Werk nicht vollenden konnte.*

Die Malereien im Inneren der Kirche sind in ihren Darstellungen erzählend, anekdotenhaft und in ihrem Charakter „verweltlicht".

Das **Klostermuseum** beherbergt sehenswerte Objekte, die auch davon zeugen, welche unruhigen Zeiten diese Region und dieses Kloster erlebt haben.

Interessante Exponate im Klostermuseum

Das nächste Ziel auf unserer „Klosterroute" durch die Bukowina ist das Kloster Putna. Nachdem man der 17 A von Suceviţa 8 km bis zum Dorf **Marginea** gefolgt ist, biegt man dort links ab und fährt über Vicovu de Jos noch 26 km bis `173 km` **Putna.** Am Ortsende befindet sich das Kloster, eines der bedeutendsten in Rumänien.

Kloster Putna

wurde von Fürst Stefan dem Großen nach seinem ersten Sieg über die Türken gestiftet und in den Jahren 1466-1470 erbaut. Bereits 1484 zerstörte eine Feuersbrunst die Kirche, die jedoch sofort wieder aufgebaut wurde. In der Mitte des 17. Jahrhunderts dann, zur Zeit des Fürsten Vasile Lupu, wurde der Bau vollständig abgetragen und von ihm und seinen Nachfolgern von Grund auf neugebaut, wobei der Neubau der ursprünglichen Anlage der Kirche folgt. Allerdings wurden die Grundmauern etwas nach außen versetzt, so dass man heute unter dem Fußboden die Innenseite der ein-

stigen Grundmauern erkennen kann

Das funktionierende orthodoxe Mönchskloster von Putna ist die Grabstätte Fürst Stefans des Großen und damit Pilgerort für viele Rumänen. In der Kirche befinden sich Grabsteine des Fürsten und seiner beiden letzten Gemahlinnen.

Das **Klostermuseum** bewahrt u.a. reich mit Stickereien verzierte Tücher auf, mit denen zu hohen Feierlichkeiten die Sarkophage bedeckt wurden.

Das Mönchskloster Putna

Nach der Besichtigung von Putna fährt man wieder zurück über **Vicovu de Jos** und **Gălăneşti** in die an der DN 17 gelegene Kleinstadt

220 km **Rădăuţi** (ca. 25 000 Einwohner) wurde 1415 als Siedlung zum ersten Mal erwähnt. Einstmals war die Stadt Bischofssitz. Ihre Nikolauskirche (Biserica Sf. Nicolae) gilt als das älteste erhaltene steinerne Baudenkmal im Moldaugebiet. Die Kirche wurde vermutlich von Bogdan I., dem Begründer des unabhängigen moldauischen Fürstentums, Mitte des 14. Jahrhunderts errichtet. Der schlichte, aber elegante Bau ist – einzigartig in der Moldau – von der Anlage her eine dreischiffige Basilika. Die gewohnte Raumaufteilung einer orthodoxen Kirche in Naos und Pronaos erreichte man durch das Einziehen einer Querwand. Stefan der Große machte die Kirche zur Grabstätte der ersten Moldaufürsten und ließ für seine Vorgänger kunstvolle Grabplatten meißeln. Die Verzierungen der Grabplatten – das Bandgeflecht der Bordüre und verschiedene Palmettenmotive im Mittelfeld – waren lange Zeit das Vorbild für die Grabplastik im Moldaugebiet. Die alten Wandmalereien wurden Ende des 19. Jahrhunderts übermalt, jedoch gilt als wahrscheinlich, dass die ursprüngliche Malerei aus der Zeit Stefans des Großen herrührt.

Die älteste Steinkirche der Moldauregion

Hotel Nordic*,
*Piaţa Unirii 56,
Tel.: 030/4618639
(110 Betten in
Zwei- Drei- und
Vierbettzimmern,
einfach)*

Hinter Rădăuţi biegt man bei Milişăuţi in Richtung Solca ab und erreicht
251 km **Arbore.**

Kloster Arbore wurde Anfang des 16. Jahrhunderts fertiggestellt. Der Heerführer Luca Arbore, ein Gefolgsmann Stefans des Großen, stiftete die Kirche, die Johannes dem Täufer gewidmet ist. Die Außenmalereien sind in verschiedenen Grüntönen gehalten. Von den in ihnen dargestellten Heiligenlegenden ist die Interpretation der Georgslegende besonders bemerkenswert. Nachdem der Heilige Georg den Drachen besiegt hat, wird er am Königshof empfangen und es wird ihm ein Gastmahl gerichtet. Die Bilder zeigen auch Musiker und reigentanzende Mädchen und Jünglinge. Die Heiligenfiguren auf den Wandmalereien im Inneren der Kirche beeindrucken durch ihre geschmeidige, fließende Zeichnung.

8 km von Arbore entfernt liegt **Solca,** ein kleiner Bade- und Luftkurort (Salzwasserquellen), bietet dem Reisenden eine besondere Attraktion: Ein altes Salzbergwerk, wo in das Salzgestein eine Kirche und ein Festsaal gehauen wurden. Aus Sicherheitsgründen kann es allerdings vorkommen, dass eine Besichtigung nicht gestattet wird.

Eine Sehenswürdigkeit der besonderen Art: die „Salzkirche" von Solca

Von Solca fährt man 20 km nach Süden zurück auf die DN 17 und erreicht
307 km **Suceava*** den Ausgangsort unserer Reise zu den einzigartigen Moldauklöstern.

Route 5: Durch die südliche Moldauregion

Piatra Neamţ – Bicaz – Lacu Roşu – Gheorgheni – Topliţa – Borsec – Poiana Largului – Târgu Neamţ – Piatra Neamţ (273 km)

Fahrt durch eine landschaftliche und kulturhistorische Vielfalt

Die Moldauregion hat neben den weltberühmten Moldauklöstern der Nordmoldau (Bukowina) noch mehr zu bieten. Auf dieser Route erlebt man unmittelbar die vielgestaltige Hügel- und Gebirgslandschaft der Ostkarpaten und ihrer Ausläufer. Die Fahrt durch die südmoldauische Landschaft lohnt sich jedoch nicht nur für den Naturliebhaber, der großartig-dramatische Szenerien, stille Landstriche und gesunde, unberührte Wälder bewundern will. Auch der kulturinteressierte Tourist kommt auf dieser Route ganz auf seine Kosten, denn sie führt mit den Klöstern Neamţ und Agapia an Kleinoden moldauischer Architektur und Kunst vorbei. In den Dörfern dieser Gegend sind zudem die alten Traditionen noch lebendig.

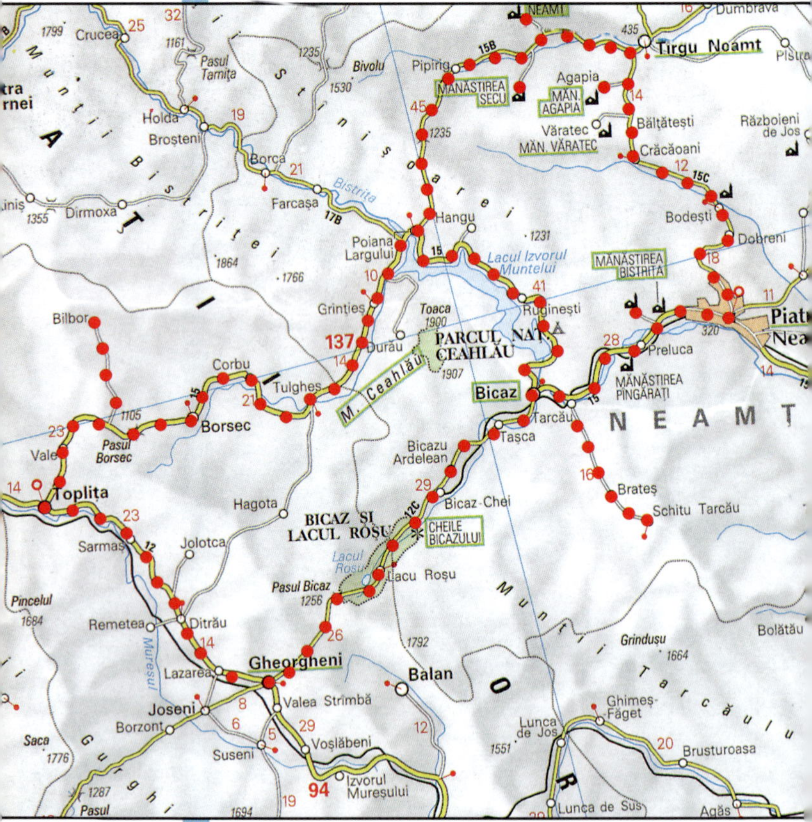

Die Johanniskirche und ihr Glockenturm

00 km **Piatra Neamţ** ist der Ausgangspunkt unserer Rundreise. Die Stadt liegt in einer lieblichen, abwechslungsreichen Landschaft in den Ausläufern der Ostkarpaten.

In der Ceauseşcu-Ära musste das Zentrum der alten, gewachsenen Stadt gesichtslosen Blocks weichen.

Ihre Blütezeit erlebte Piatra Neamţ unter Stefan dem Großen, der hier eine Hofburg und eine Kirche errichten ließ. Die Fürstenresidenz wurde erstmals 1491 erwähnt. Von ihr blieben wenige Mauerreste übrig. In den Jahren 1497/98 wurde in der Festungsanlage die erhalten gebliebene **Johanneskirche** (Biserica Domnească Sf. Ioan, Piaţa Libertăţii), erbaut. Die Außenfassade dieser wunderschönen, schlichten Kirche sowie die Friese unter dem Dachgesims sind reich mit grün, gelb, rotbraun und schwarz glasierten runden Ziegeln verziert. Die orthodoxe Johanneskirche weist eine Besonderheit auf. Ihr Glockenturm steht einzeln, ca.10 m vom Kirchenschiff entfernt. Die **Hölzerne Synagoge** (Sinagoga de lemn, Str. Meteorului 9) von Piatra Neamţ, ist eines der ältesten Gebäude dieser Art im Land. Sie wurde Ende des 18.Jahrhunderts auf den Grundmauern einer älteren Synagoge errichtet.

Hotel Ceahläu **, Piata Stefan cel Mare 1, Tel.: 033/219990 (144 Betten, sehr ordentlich, zentrale Lage direkt neben Festungsruinen und Johanneskirche)
*Hotel Bulevard**, Bulevardul Republicii 38-40, Tel.: 033/216230, (gleichfalls zentral gelegene, preiswerte Alternative, 94 Betten, einfach)*

Tagesausflug
Die Fahrt nach **Iaşi*** ist eigentlich mehr ein Tagesausflug von Piatra Neamţ aus, denn Iaşi liegt fast 150 km entfernt. Wer sich aber für die Moldauregion interessiert und etwas Zeit mitbringt, sollte die 2-3 Stunden Fahrt über die 15D nach Roman, nordwärts auf der E85 und nach ca. 12 km auf der N28 nach Iaşi, in Kauf nehmen.
  Iaşi war seit dem 16. Jahrhundert moldauische Hauptstadt. Noch heute sind in der Stadt eine Vielzahl historischer Bauten zu bewundern.

Die Stadt verlassen wir auf der DN 15. Nach

5 km erreicht man **Bistriţa,** ein verträumtes Dorf. Die Gründung des orthodoxen **Klosters Bistriţa** (der Weg zum Kloster ist im Dorf ausgeschildert) wird dem Fürsten Petru Muşat bzw. Fürsten Alexandru cel Bun (Alexander dem Guten), der auch hier begraben ist, zugeschrieben. Der Glockenturm aus dem Jahr 1498 ist laut Inschrift eine Stiftung Stefans des Großen. Im ersten Stockwerk des Glockenturms befindet sich eine Kapelle, die interessante Wandmalereien aufweist. Im Fürstenhaus, das vermutlich auf Fürst Petru Rareş zurückgeht, sind Ikonen und Gegenstände aus den Gräbern von Alexander dem Guten und seiner Gemahlin Ana gesammelt.

Beeindruckend sind die Fresken in der Kapelle

9 km **Pângăraţi** ist der nächste Ort mit einem Zeugnis der Vergangenheit der Moldauregion. Das 1560 von Fürst Alexandru Lapusneanu gestiftete **Kloster** des Ortes (Ausschilderung vorhanden!) weist ein Kuriosum auf: Im selben Gebäude liegen zwei Kirchen übereinander. Eine Wendeltreppe verbindet die Klosterkirche mit einer kleinen Kapelle. Die Wandmalereien sind im Stil der moldauischen Renaissance des 16. Jahrhunderts ausgeführt.

Eine Seltenheit: Zwei Kirchen übereinander

In **Tarcău** lohnt sich ein kurzes Verlassen der DN 15.

Abstecher
16 km von unserer Route entfernt (in Tarcău links abbiegen!), liegt das Dorf **Schitu Tarcău**. Das hier befindliche **Kloster** von 1833 besitzt eine hübsche Holzkirche.

Der Bicaz-Stausee

Die Staumauer des Bicaz-Stausees. Er ist der größte See der Moldauregion, allerdings ein See fast ohne Wasser

24 km **Bicaz** liegt am Fuß des Ceahläu-Massivs der Ostkarpaten. 6 km von ihm entfernt beginnt das über 30 km lange Becken des **Bicaz-Stausees** (Lacul Izvorul Muntelui). Die Bistrita wurde durch eine 120 m hohe und 435 m lange Staumauer abgeriegelt. Der Bau der riesigen Staumauer war ein Prestigeobjekt der Ceauşescu-Regierung.

Motel Potoci**, Sat Potoci-Bicaz, Tel.: 033/672236 (kleine, ordentliche private Pension mit 16 Betten)

(!) Wer wenig Zeit hat, kann hier weiter der DN 15 folgen und am Nordende des Bicaz-Stausees, bei Poiana Largului, in Richtung Târgu Neamţ abbiegen. Die Gesamtroute verkürzt sich dann auf 158 km. Allerdings verpasst man dadurch einige interessante Sehenswürdigkeiten.

In Bicaz biegt man auf die Straße 12 C ein. Zur rechten befindet sich das Ceahläu-Massiv.

Das ostkarpatische Ceahläu-Massiv

Das Ceahläu-Gebirgsmassiv ist ein gut erschlossenes Ferien- und Wintersportgebiet, wo man mehrere Schutzhütten und Zeltplätze findet.

Die höchste Erhebung ist der Ceahläu (1907 m). Der moldauische Fürst, Gelehrte und Kartograf Dimitrie Cantemir, der als erster das Ceahläu-Massiv beschrieb, verglich es mit dem Olymp. Seitdem wird das Ceahläu-Gebirge auch als der „Olymp der Moldau" bezeichnet. Das Gebirgsmassiv eignet sich aufgrund seiner geringen Ausdehnung besonders für Tagesausflüge. Wer mehrtägige Wanderungen unternehmen möchte, muss benachbarte Gebirgszüge mit einbeziehen.

„Der Moldauische Olymp" ist über 1900 m hoch

42km Hinter der Gemeinde **Bicazu Ardelean,** weiter auf der 12 C, beginnt bald die Bicaz-Klamm, eine äußerst eindrucksvolle Felsschlucht. Der Flusslauf des Bicaz hat sich hier hunderte Meter tief in das Kalkgestein des Ceahläu-Massives eingeschnitten.

Ein einzigartiges Naturdenkmal: die Schlucht der Bicaz-Klamm

Die steilen, überhängenden Felswände lassen kaum Tageslicht einfallen. Nachdem man die gleichermaßen beschwerliche wie phantastische Fahrt durch die Klamm geschafft hat, gelangt man nach wenigen Kilometern zu einem Höhepunkt unserer Tour.

Sein unheimliches Aussehen gab ihm den Beinamen „Mördersee"

53 km Lacu Roşu ist ein kleiner Kur- und Ferienort am gleichnamigen **Roten See**. Der See entstand erst im Jahr 1838 infolge eines gewaltigen Erdrutsches, durch den das Wasser der Bicaz aufgestaut wurde und einen Fichtenwald überflutete. Die im Laufe der Zeit versteinerten Baumstümpfe ragen im oberen Teil des Sees aus dem Wasser und verleihen ihm bei trübem und nebligen Wetter ein unheimliches Aussehen.

Die Straße 12 C führt weiter über den **Bicaz-Pass** (1256 m) nach

79 km **Gheorgheni,** einer kleinen Stadt, die nicht viel zu bieten hat. Man biegt rechts ab auf die 12 und fährt über kleine, volkskundlich interessante Dörfer und Ortschaften 37 km bis

116 km **Topliţa.** Hier folgt man wieder der DN 15 in Richtung Osten.

Abstecher. 10 km von Topliţa entfernt, führt eine Abzweigung (10 km) in die Siedlung **Bilbor.** Dieser Weg lohnt sich, der winzige Luftkurort mit seinen traditionellen Holzhäusern liegt sehr malerisch in alten Tannenwäldern mit romantischen Lichtungen. In der Nähe befindet sich ein **geschütztes Sumpfgebiet** mit seltenen Pflanzen und Mineralquellen („Mlăştina cu borviz").

Ursprüngliche Bauernhäuser, einsame Lichtungen, tiefe Sümpfe

Über den **Borsec-Pass** (1105 m) erreicht man die kleine Stadt

Borsec-Baie ist der höchstgelegene Luftkurort Rumäniens

139 km **Borsec,** von der es noch 3 km bis **Borsec-Baie** sind, dem höchstgelegenen Bade- und Luftkurort Rumäniens (850 m ü.d.M.). Den zahlreichen Mineralquellen in der Gebirgsniederung zwischen den Bistrita- und den Giurgeu-Bergen verdankt die Stadt ihre Bekanntheit.

Von Borsec/Borsec-Baie aus führt die Strecke nach 13 km in die Gemeinde **Corbu** im Bistricioara-Tal. **Tulgheş** und **Grinţieş** sind zwei kleine Örtchen, in denen jeweils eine alte Holzkirche steht. Die Straße (DN 15) führt dann kurz hinter Grinţieş am nordwestlichen Ufer des Bicaz- Stausees an einem Kalksteinfelsen vorbei. Der Felsen ist ein Naturdenkmal.

Imposantes Naturdenkmal am Stausee

184 km **Poiana Largului** ist ein Dorf am Nordostende des Stausees. Von hieraus führt die DN 15 B nach 32 km über **Pipirig** und **Stânca** bis zu einer Abzweigung nach rechts zum Kloster Secu.

Abstecher

Kloster Secu liegt rechterhand 2 km von unserer Route entfernt. Sehenswert ist seine mit Türmen befestigte Umfassungsmauer. Das Kloster entstand 1602.

Wieder auf der Straße 15 B, sind es nur noch 2 km bis zur Abzweigung nach links zum eindrucksvollen Kloster Neamţ, dessen Besichtigung man keineswegs versäumen sollte.

Abstecher

5 km abseits der Route liegt das älteste Kloster der Moldau, Kloster Neamţ, ein Kleinod moldauischer Baukunst.

Kloster Neamţ

wurde im 14. Jahrhundert wahrscheinlich bald nach der Entstehung des moldauischen Fürstentums gegründet. An Stelle der ersten bescheidenen Holzbauten ließ dann Alexander der Gute (1400-1432) steinerne Gebäude errichten. Aus dieser Zeit sind noch das quadratische Erdgeschoss und der erste Stock des Glocken- bzw. Eingangsturms erhalten. Die weiteren achteckigen Stockwerke des Turmes wurden bei der Renovierung 1754 hinzugefügt.

Im Jahr 1497 stiftete dann Fürst Stefan der Große die neue Klosterkirche, die **Himmelfahrtskirche**. In ihr ist die mittelalterliche moldauische Baukunst am vollendetsten verkörpert.

Die Kirche ist aus Bruchstein errichtet, die Gewölbe und ein Teil der Fassadenverkleidung sind aus Ziegeln. Der elegante, achteckige Turm ist mit Nischen und glasierten Keramikscheiben verziert. Die Fassaden sind besonders reich ausgestattet. Die Fensterbögen und der Fries unter dem Dachgesims sind mit glasierten Terrakottascheiben in Grün, Braun, Gelb und Dunkelrot geschmückt, die zum Teil noch mit plastischen Verzierungen versehen sind. Die Tür- und Fenstereinfassungen im gotischen Stil lassen darauf schließen, dass ein Steinmetz am Bau beteiligt war, der in gotischen Bauhütten ausgebildet wurde. Einige Reste der ursprünglichen Fassadenmalereien sind noch erhalten. Die Wandmalereien im Inneren stammen aus dem vorigen Jahrhundert, jedoch sind noch Spuren der originalen Fresken aus dem 15. Jahrhundert sichtbar.

Interessant ist, dass die klassizistische **Georgskirche**, die zur Klosteranlage gehört, bei der letzten Renovierung in den Osttrakt der Klosterbauten versetzt wurde, um die Himmelfahrtskirche besser zur Geltung zu bringen.

Das Kloster Neamţ war im Mittelalter ein bedeutendes Zentrum der Buchkopie und der Miniatur. Die Schreibstube des Klosters war richtungsweisend für das 15. Jahrhundert. Das Evangeliar des Meisters Gavril Urie von 1429 befindet sich jetzt in der Bodleian Library in Oxford. Die **Kunstsammlung des Klosters** enthält u.a. wertvolle Ikonen und silberne Kultgegenstände, Holzschnitzereien und Stickarbeiten – im Kloster gab es eine berühmte Werkstatt für liturgische Stickereien.

Unbedingt besichtigen: das Kloster Neamţ

Mittelalterliche moldauische Architektur in ihrer Reinkultur

Reste der Innenfresken aus dem 15. Jahrhundert sind noch zu sehen

Das Klostermuseum beherbergt eine wertvolle Kunstsammlung

Die Ruinen der Festung in Targu Neamţ

Târgu Neamţ kann auch als Ausgangspunkt für die „Klosterroute" (Route 4: Moldau) dienen

Hotel
Casa Arcaşului**, Str. Cetăţii 40, Tel.: 033/662615 (38 Betten in Zwei- und Dreibettzimmern)

Die Fahrt führt weiter über die Gemeinde Vânători-Neamţ nach Târgu Neamţ.

229 km Târgu Neamţ ist eine hübsche Kleinstadt. Die Ortschaft, 1408 bereits erwähnt, entwickelte sich unter dem Schutz einer Burg und erlebte ihre Blütezeit unter Stefan dem Großen.

Die Ruinen der **Festung Neamţ** (Cetatea Neamţului, Str. Cetăţii) liegen auf einem bewaldeten Hügel am Rande der Stadt. Sie wurde Ende des 14. Jahrhunderts von Fürst Petru Muşat errichtet. Beträchtlich erweitert und verstärkt von Stefan dem Großen, hielt sie sogar einem Angriff der Türken im Jahr 1476 stand. Ende des 17. Jahrhundert wurde sie auf Befehl der Türken teilweise geschleift.

Im Stadtteil Humuleşti befindet sich das **Ion-Creangă-Museum** (Muzeul memorial Ion Creangă, Str. Ion Creangă 12). Ion Creangă, der große rumänische Erzähler, verbrachte in diesem Haus seine Kindheit.

Das Kloster Râşca

Abstecher

Abgelegen von der Route zu den größten und bekanntesten Moldauklöstern, ist das einsam gelegene

Mönchskloster Râşca

nur mühsam mit dem Auto von Suceava oder Târgu Neamţ (Straße 15 C, dann Abzweigung nach Bogdăneşti) zu erreichen.

Nichtsdestotrotz lohnt die Fahrt über holprige Dorfstraßen. Das bereits 1359 gegründete Kloster erlebte eine wechselvolle Geschichte – es wurde mehrmals abgebrannt, verwüstet oder geplündert. Es diente auch als Verbannungsort für politische Gefangene, unter anderem für Mihail Kogălniceanu. Die **Klosterkirche** wurde 1995/ 1996 restauriert, sie besitzt sehr **schöne Außenfresken.** Über den Eingang des Klosters erhebt sich ein mächtiger Glockenturm.

Reich verziert ist die Klosterkirche Râşca mit geistlichen und weltlichen Fresken

(!) Zum abgelegenen Kloster Râşca kommen nur recht selten Touristen. Die Mönche sind freundlich und lassen Besucher manchmal auch im Kloster übernachten. Wenn es Nacht ist, das schwere Holztor geschlossen wurde und aus der Klosterkirche die orthodoxen Gesänge der Mönche klingen, wähnt man sich in einer vergangen geglaubten Welt. Wer nicht vor den etwas bescheidenen sanitären Bedingungen und dem eiskalten Wasser aus dem Klosterbrunnen zurückschreckt, sollte die Mönche um ein Nachtlager bitten.

Von Târgu Neamț richtet man sich dann auf der 15 C nach Süden. Nach 5 km fährt man rechts nach Agapia ab.

Agapia ist eines der größten europäischen Nonnenklöster

Abstecher

Kloster **Agapia** befindet sich 5 km das Tal der Topolita aufwärts.

Die weiße Kirche und die darumliegenden weißen Klostergebäude, die Veranden liebevoll mit Blumen geschmückt, die idyllische Landschaft ringsherum lassen den Besuch des **Nonnenklosters** auch zu einem Moment der Einkehr werden. Das Kloster ist eine Doppelstiftung aus dem 16. und dem 17. Jahrhundert. Die Klosterkirche wurde bei der Restaurierung um 1860 innen von dem bekannten Maler Nicolae Grigorescu mit Ikonen und Wandmalereien ausgeschmückt. Aus der reichen Kunstsammlung des Klosters seien hier wunderschöne gewebte, typisch moldauische Teppiche erwähnt.

Das Kloster Agapia

Im Hof des Klosters

Wieder auf der 15 C fahren wir weiter nach Süden. Viele Bauernhäuser der Dörfer sind im traditionellen regionalen Baustil errichtet. Die Häuser sind mit Veranden ausgestattet, die auf Pfeilern ruhen und mit kunstvollen Laubsägearbeiten verziert sind. Ihre Dächer sind oft noch mit Schindeln gedeckt. Der Hof wird durch eine hohe hölzerne Pforte betreten, die auch ein Schindeldach hat.

Einen Umweg lohnt noch einmal das

Kloster Horaiţa, 9 km südwestlich von **Crăcăoani** gelegen. In der Architektur der großen Klosterkirche zeigen sich Elemente orientalischer, moldauischer und siebenbürgischer Baukunst.

Von Crăcăoani sind es noch 30 km zurück nach

273 km **Piatra Neamţ**, dem Ausgangsort der Route durch die Südmoldau.

Siebenbürgen und das Banat

Route 6:
Rundreise durch das Herz Siebenbürgens

Sibiu (Hermannstadt) – Făgăraş (Fogarasch) – Râşnov (Rosenau) – Braşov (Kronstadt) – Sighişoara (Schäßburg) – Agnita (Agnetheln) – Sibiu (Hermannstadt) (372 km)

Die Rundfahrt macht den Besucher mit dem Teil Siebenbürgens vertraut, der zuerst von Deutschen besiedelt wurde. Dazu zählen der „Königsboden" bei Hermannstadt, das Burzenland bei Kronstadt und das Repserland. Einer der vielen Höhepunkte der Route ist Kronstadt, der östlichste Ort Europas, der von mitteleuropäischer Kultur je direkt erreicht wurde. Man taucht ein in das Mittelalter. Zahlreiche Burgen und Wehrkirchen geben Zeugnis vom Leben der Siebenbürger Sachsen zu dieser Zeit. Aber auch Naturliebhaber kommen auf ihre Kosten. Die karpatische Hochgebirgslandschaft ist beeindruckend schön.

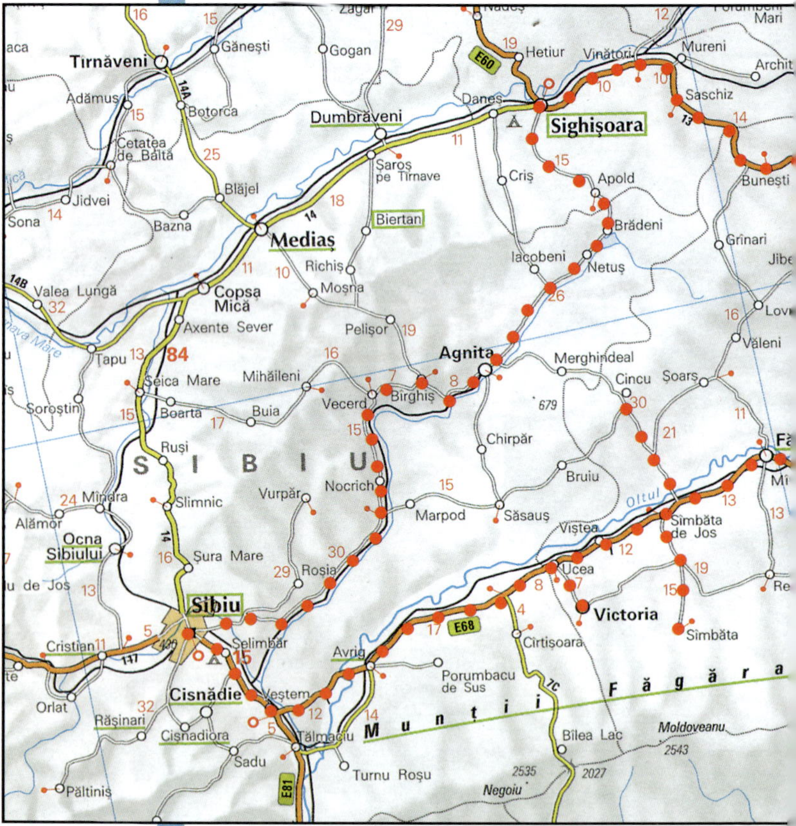

00 km **Sibiu*** (Hermannstadt) verlassen wir auf der gut ausgebauten und viel befahrenen DN 1 (E 68) in Richtung Brașov (Kronstadt).

Bald wird die Straße rechterhand von den imposanten Gebirgszügen des Fogarasch-Gebirges begleitet.

Abstecher

Von **Ucea de Jos,** 50 km hinter Sibiu, führt eine kleine Straße rechts nach **Victoria.** Die durch Chemieindustrie geprägte Kleinstadt ist ohne Interesse, kann aber als **Ausgangsbasis für einen Aufstieg ins Fogarasch-Gebirge** dienen. Von Victoria aus kann man in ca.6 Stunden zur **Podragu-Schutzhütte** aufsteigen, die in 2136 m Höhe liegt. Sie ist die höchstgelegene Baude im Fogarasch-Gebirge und existiert seit 1948. Heute verfügt die Hütte über 100 Schlafplätze. Von hier aus bietet sich die Möglichkeit einer unvergesslichen Kammwanderung.

Das Fogarasch-Gebirge erhebt sich majestätisch rechterhand der Straße

In 6 Stunden ist man inmitten eine phantastischen Hochgbirgswelt

Weiter auf unserer Route gelangen wir nach **Sâmbăta de Jos.** Hier steht das ehemalige **Schloss Baron Samuel von Brukenthals** (→ auch Brukenthal-Museum Sibiu*), der unter der österreichischen Kaiserin Maria Theresia in den Jahren 1777-1787 siebenbürgischer Gouverneur war. Das Schloss wurde 1750 erbaut und ist heute ein Pferdegestüt.

Abstecher
Von Sâmbăta de Jos aus sind es auf einer südlich abbiegenden schmalen Straße 6 km bis **Sâmbăta de Sus.** Nach weiteren 8 km erreicht man das vor einer herrlichen Bergkulisse gelegene Kloster Sâmbăta, dessen Kirche 1698 von Constantin Brâncoveanu gestiftet wurde. Vom Touristenkomplex „Sâmbăta" sind es ca. zwei Stunden Aufstieg zur Baude „Valea Sâmbetei" Die 1936 eingeweihte Hütte verfügt über 50 Schlafplätze.

Auf der Hauptstrecke gelangt man nun nach **Voila.**

Abstecher
Wer Zeit hat, sollte nicht die zehnminütige Fahrt scheuen und in Voila links von der DN 1 (E 68) nach **Cincu Großschenk** abbiegen. Hier findet man eine ursprünglich **romanische Kirche aus dem 13. Jahrhundert**, die zwei Jahrhunderte später im gotischen Stil renoviert und als Wehrkirche ausgebaut wurde. Die Verteidigungsmauer stammt aus dem Jahr 1522.

Mittelalterliche Baukunst in Cincu (Großschenk)

Kurze Zeit später sind wir in

72 km Făgăraş (Fogarasch), eine pittoresk gelegene Kleinstadt, die dem wohl bekanntesten Gebirge der Karpaten ihren Namen gegeben hat. Sie zählt 40 000 Einwohner. Făgăraş ist eine saubere, nette, freundliche Stadt. Viele Fogarascher leben mittlerweile vom Tourismus. Sehenswert ist in der Stadt die von einem breiten Graben umgebene **Burganlage** aus dem Jahr 1310, die zwei Jahrhunderte später im Renaissancestil umgebaut wurde. Auf dem Burggelände befindet sich ein 3-stöckiger Renaissancepalast mit Arkadengängen. Außerdem lohnt die Fogarascher **Nikolauskirche** aus dem Jahr 1697 einen Besuch.

Făgăraş ist ein einladendes Urlaubsstädtchen

*In Făgăraş gibt es Möglichkeiten privat eine **Unterkunft** zu mieten. Einfach anhalten und fragen!*

Über Mândra und die schön gelegene kleine Gemeinde **Şercaia (Schirkanyen)** fahren wir weiter nach Perşani. 17 km hinter Perşani überquert man den das Fogarasch-Gebirge in 619 m Höhe durchschneidenden Perşani-Pass, um nach weiteren 15 km nach Codlea zu gelangen.

124 km Codlea (Zeiden), eine nicht allzu einladende, von Industrie geprägte 20 000-Einwohner-Stadt, ist der Standort zweier sehenswerter Baudenkmäler. Auf einem Hügel, dem Măgura Codlei, befinden sich Reste einer **mittelalterlichen Festungsanlage** aus der Mitte des 13. Jahrhunderts. Aus dem gleichen Jahrhundert stammt die **romanische Wehr-**

kirche der Stadt, die im 14. Jahrhundert im gotischen Stil erweitert wurde.

Nach Codlea verlassen wir die DN 1 (E 68). Eine kleinere Straße führt über Vulcan nach Râşnov (Rosenau).

140 km **Râşnov** (Rosenau) ist unbedingt einen Halt wert. Die knapp 20 000 Einwohner zählende gemütliche Kleinstadt wird kaum von Touristen besucht. Rosenau wirkt mit seiner breiten „Einkaufsstraße" im Stadtkern eher dörflich. Zu kaufen gibt es nicht viel, aber die Stadt an sich ist liebenswert. Trutzig ist die **Rosenauer Bauernburg**, die zu den romantischsten in Siebenbürgen zählt. Die auf einem Kalksteinhügel liegende Anlage mit ihren massiven Befesti-

Rosenaus Bauern-burg liegt erhaben auf dem Hausberg der Stadt

Im Stadtzentrum

Auf dem Rosenauer Marktplatz - Ladenöffnungszeiten werden in Rumänien durch kein Gesetz geregelt

gungsmauern entstand im 14. Jahrhundert. Bis ins 17. Jahrhundert hinein bauten sie die deutschen Siedler ständig um und erweiterten sie. Im Schutz des Vorhofes der Burg legten die Bewohner Rosenaus den heute noch zur Burg führenden Weg an, den sie benutzten, um bei Überfällen ihr Hab und Gut in Sicherheit zu bringen. Der Burgbrunnen ist übrigens 146 m (!) tief. Rosenau hat außerdem eine heute **evangelische Kirche aus dem 15. Jahrhundert**, in der wie überall in Siebenbürgen deutsche Gottesdienste abgehalten werden. Die Atmosphäre dabei ist eher bedrückend. Nur noch wenige Alte gehören zur Gemeinde, die Jugend ist ausgewandert.

Übernachtung
Campingplatz und Motel mit Restaurant Râșnov (am Fuße des Burgberges)

Moltkes „Siebenbürger Sachsen-Hymne"

Die Siebenbürger Sachsen haben eine Hymne, die Mitte des 19. Jahrhunderts Leopold Maximilian Moltke schrieb. Noch heute ist dieses Lied lebendig:

„Siebenbürgen, Land des Segens,
Land der Fülle und der Kraft,
mit dem Gürtel der Karpaten,
um das grüne Kleid der Saaten,
Land voll Gold und Rebensaft!

Siebenbürgen, Meeresboden,
einer längst verflossnen Flut,
Nun ein Meer von Ährenwogen,
dessen Ufer waldumzogen
an der Brust des Himmels ruht!

Siebenbürgen, süße Heimat,
unser teures Vaterland!
Sei gegrüßt in deiner Schöne,
und um alle deine Söhne,
schlinge sich der Eintracht Band!"

Abstecher

Die **Törzburg**, auch „Dracula-Schloss" oder Schloss Bran genannt, ist eines der bekanntesten touristischen Ziele in Rumänien. Das Schloss wird vom Flair der Ritterromantik umweht. Bekannt wurde es durch die Legende, es sei der Wohnsitz des als Vampir Dracula bekannten Fürsten Vlad Țepeş gewesen. Dieser walachische Fürst diente Bram Stoker (1847-1912) als Vorbild für seinen bekannten Roman über einen blutsaugenden rumänischen Teufel. Die Törzburg wurde jedoch vom Deutschen Ritterorden im Jahr 1378 errichtet, um die Grenze Siebenbürgens zur Walachei zu schützen. Eine Eroberung der Törzburg durch Vlad Țepeş ist geschichtlich nicht belegbar. Möglich ist jedoch, dass Vlad Țepeş einige Zeit als Gefangener auf der Törzburg war. Egal – die Legende lebt und wird von der entstehenden rumänischen Tourismusbranche am Leben gehalten. Und vorstellen kann man sich schon, dass in dieser wildromantischen Gegend ein Dracula sein Unwesen trieb.

Das Dracula-Schloss war nie Draculas Schloss. Die Legende fußt wohl auf einer kurzen Inhaftierung von Vlad Țepeş auf der Törzburg

Die Törzburg wirkt trotz ihrer vielen Türme und Türmchen sehr kompakt. An der Nordseite überragt der Bergfried die Anlage. Eine schmale Holztreppe führt zum **Aussichtsturm**. Der runde Pulverturm stammt aus dem Jahr 1593. In ihm war das Gefängnis untergebracht. In den Jahren 1920-1930 diente Schloss Bran als Residenz des rumänischen Königs. Vor einigen Jahren wurde die Burg renoviert. Heute ist sie Touristenmagnet, und vor ihren Toren wird allerlei Dracula-Tand vertrieben.

Hinter der Burg führt ein Weg zum alten **Zollhaus** und der **Zollmauer** (Vama Veche). Der ehemalige Grenzverlauf zwischen Siebenbürgen und der Walachei ist hier noch nachvollziehbar.

Markt in Bran (Törzburg)

*Gute Wintersport-
möglichkeiten in der
Poiana*

Hotel Alpin*,
*Tel.: 068/262343
Fax: 068/262211
(282 Betten, guter
Service)*
Hotel Caraiman**,
*Tel.: 068/262226
Fax: 150504 (62
Doppelzimmer)*
Hotel Ruia**,
*Tel.: 068/262202
(kleines Hotel mit
40 Betten)*

*Residenz
deutscher Ritter*

Râşnov (Rosenau) verlassen wir in Richtung Poiana Braşov.

147 km **Poiana Braşov** (Schulerau) ist ein **Naherho-lungsgebiet** für die Kronstädter und ein über die Grenzen Rumäniens hinaus bekannter Wintersportort. Hier ist man mittlerweile auch auf westliche Touristen eingestellt. Es gibt ausreichend Skilifte, deren Benutzung sehr preiswert ist. Sowohl Abfahrtslauf als Langlauf sind in der Poiana möglich. Im Sommer laden viele gut ausgeschilderte Wanderwege auch den Nicht- Bergsteiger zum Entdecken der Karpaten ein.

Von diesem Urlauberzentrum aus sind es noch 7 km zu der Stadt, die der Poiana ihren Namen gab.

154 km **Braşov*** (Kronstadt) war und ist nicht nur eine der bedeutendsten Städte Siebenbürgens, es war auch der östlichste Punkt Europas, den mitteleuropäischer Einfluss jemals direkt erreichte. Für Kronstadt mit seinen vielen lohnenswerten Ausflugszielen kann man gut und gern 2 Tage Aufenthalt einplanen, das Minimum an Zeit für die wichtigsten Sehenswürdigkeiten sind 3-4 Stunden.

Wir verlassen Braşov nordwärts auf der DN 13 (E 60). Die Fahrt ist zunächst eintönig, die Strecke führt über flaches Land, nur am Horizont sind die Gipfel der Karpaten erkennbar. Nach 17 km erreicht man

171 km **Feldioara** (Marienburg), wo sich eine der bekanntesten Burgruinen Siebenbürgens befindet. Am Ortseingang ist die Ruine rechterhand schon zu sehen, im Ort folgt man der Ausschilderung „Centru". Auf der Marienburg hatte inmitten des Burzenlandes der Deutsche Ritterorden 1211-1225 seinen Sitz, später diente sie als **Bauernburg**. Die ovale Anlage liegt erhaben auf einem kleinen Hügel, von dem sich ein schöner Blick über das Olttal eröffnet. Der Ritterorden wurde vom ungarischen König 1225 des Landes verwiesen, da die Ritter versuchten, einen eigenen Ordensstaat zu errichten. Die siebenbürgische Marienburg diente

*Einst Residenz
deutscher Ritter:
die Marienburg*

dem Orden später als Vorbild beim Bau der bekannteren Marienburg in Ostpreußen.

Die nun folgende Strecke nach Schäßburg (Sighişoara) ist voller mittelalterlicher Baudenkmäler. Man durchfährt **Rotbav** (Rothbach), ein Dorf mit einer Bauernburg aus dem 15. Jahrhundert und **Mäieruş** (Nußbach), eine Gemeinde mit der Anlage einer **Wehrkirche aus dem Jahr 1460**. Nach weiteren 30 km Fahrt durch das landschaftlich außerordentlich reizvolle „Schöne Tal" (Valea Frumoasă) des karpatischen Perşani-Gebirges sind wir, kurz hinter **Hoghiz** (Warmwasser), an der Abzweigung (an großen, grünen Getreidesilos rechts einbiegen!) nach **Homorod** (Hamruden).

Im Dorf Feldioara (Marienburg)

Befestigte Kirche in Rotbav (Rothbach)

Die Repser Fliehburg bauten Ungarn, später wurde sie von deutschen Siedlern genutzt

Abstecher

Homorod (Hamruden) liegt schon im Repser Land. Die Kirche des Ortes stammt aus dem 14. Jahrhundert. Sie wurde im 15. Jahrhundert zur **Wehrkirche** umgebaut. Der massive Wehrturm ist mit seinen dicken Mauern einer der wuchtigsten in Siebenbürgen. Die Anlage ist doppelt umfriedet und in ihrer Bausubstanz relativ gut erhalten. Leider wird derzeit für die weitere Erhaltung nichts getan, die Anlage steht ungenutzt (mit Ausnahme der Nutzung durch eine Zigeunerfamilie, die sich in den Gebäuden des Außenringes eingerichtet hat) und zerfällt. Wer das Innere der Kirchenburg besichtigen will, muss bei der Gemeindeverwaltung (direkt an der Burg, Sprechzeiten: 10-13 Uhr) nach dem Schlüssel fragen.

Kirchenburg in Homorod (Hamruden)

219 km **Rupea** (Reps), die nächste Station unserer Rundreise, hat ungefähr 8000 Einwohner. Bereits im 14. Jahrhundert war der Ort als Marktflecken bekannt. Die große **Bauernburg**, die über der Stadt auf einem Hügel thront, blieb als Ruine erhalten. Ihre Außenmauern sind neu befestigt. Die Anlage wurde von den Ungarn im 13. Jahrhundert erbaut. Ab ca. 1450 diente sie den in Reps lebenden Siebenbürger Sachsen als Bauernburg und somit als Zufluchtsstätte für die Dorfbewohner. Die letzte Bestimmung der Burg war die eines Waffen- und Munitionsdepots für die rumänische Armee. Die Ruine kann besichtigt werden. Ein 10-minütiger Fußweg führt zu ihr.

*In Bunești
(Bodendorf)*

Abstecher

Eine um 1520 zur **Kirchenburg** ausgebaute romanische Kirche befindet sich in **Dacia (Stein)**. Man gelangt zu ihr, indem man in Rupea der Ausschilderung nach Făgăraş (Fogarasch) folgt. Dacia (Stein) liegt ca. 4 km von Rupea entfernt.

Hinter Rupea steigt die E 60 (DN 13) auf die Târnava-Hochebene an. Wir fahren durch **Fişer** (Schweischer), einem Dorf mit einer **Kirche aus dem 14. Jahrhundert** (im 16. Jahrhundert als Wehrkirche ausgebaut, sehr schöner Renaissancealtar!), durch **Buneşti** (Bodendorf) (Bauernburg, 16. Jahrhundert) und durch **Saschiz** (Keisd). Hier steht eine **Wehrkirche** mit einem einzelstehenden Turm, der dem Stundturm von Schäßburg* nachempfunden wurde. Die Anlage stammt aus dem 15. Jahrhundert).

> *Biere aus Siebenbürgen*
>
> *Entlang der Strecke sieht man immer wieder riesige Hopfenfelder. Das Bier, das heute in Siebenbürgen gebraut wird, schmeckt! Mittlerweile wird es auch wieder exportiert. Man erhält die verschiedenen Marken aber meist nur als Flaschenbier, Fassbier wird selten abgefüllt.*

271 km **Sighişoara***(Schäßburg) ist ein weiterer Höhepunkt der Rundreise. Im „Nürnberg Siebenbürgens" ist man im Mittelalter! Auch Touristen mit wenig Zeit sollten einige Stunden einplanen und die Atmosphäre der Altstadt genießen.

286 km **Apold** (Trappold) ist die nächste bekannte und sehenswerte **Kirchenburg**, die wir erreichen. Der Ort liegt auf der DJ 106 ca. 15 km südlich von Schäßburg. Der Hauptteil der Anlage stammt aus dem Jahr 1504. Noch heute nutzen einige Dorfbewohner Nebengelasse der Wehrkirche als Speckkammern.

Trappolds eindrucksvolle Kirchenanlage ist fast 500 Jahre alt

Durch eine sanfte Berglandschaft fahren wir entlang des Hârtibaciu-Flusslaufes weiter nach Süden. In *Dealu Frumos* **(Schönberg)**, das man nach einem Kilometer auf einer kleinen Straße kurz vor Agnita erreicht, befindet sich eine **Kirchenburg**, die Siebenbürger Sachsen um 1500 bauten.

312 km **Agnita** (Agnetheln) hat eine **Wehrkirche**, die 1409 fertiggestellt wurde. Die vier Wehrtürme sind in Agnetheln erhalten geblieben: der Schmiedeturm, der Böttcherturm, der Schusterturm und der Schneiderturm. Auch in Agnetheln trifft man nur noch auf ein paar alte Deutsche. Sie sind stolz auf ihre Burg und schweifen in ihren Erzählungen schnell in die Vergangenheit ab. Das Heute ist ihnen kaum noch vertraut, die Dorfgemeinschaften und Familienverbände, in denen die Siebenbürger Sachsen über Jahrhunderte hinweg zusammenlebten, sind zerfallen.

372 km **Sibiu*** (Hermannstadt) erreichen wir nach 60 km. Wir durchqueren dabei eine stille Hügellandschaft und folgen hinter **Marpod** wieder dem Flusslauf des Hârtibaciu (Harbach).

*Der Stundturm
von Schäßburg ist
der bekannteste
der Stadttürme*

Route 7: Weinland, Grenzland, Burgenland – Rundreise durch das Siebenbürgen des Mittelalters und des Alltags

Sibiu (Hermannstadt) – Mediaş (Mediasch) –
Moşna (Meschen) – Biertan (Birthälm) –
Sighişoara (Schäßburg) – Târgu Mureş (Neumarkt) –
Turda (Thorenburg) – Alba Iulia (Karlsburg) –
Sebeş (Mühlbach) – Sibiu (Hermannstadt) (362 km)

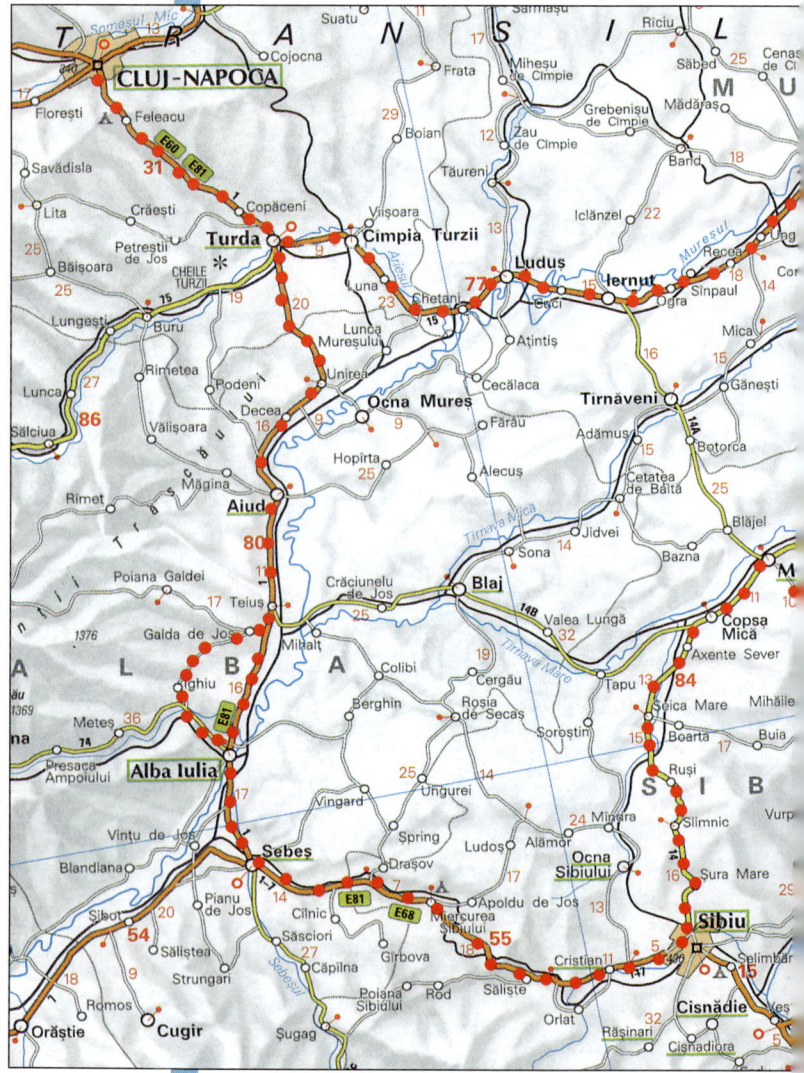

Wein-, Grenz- und Burgenland

*Diese Route verspricht und hält viel. Ausgehend von Hermann-
stadt führt sie zwar nicht (wie Route 6/Siebenbürgen) zu den
touristischen Hochburgen Siebenbürgens, aber sie ist nicht
weniger lohnend. Wir fahren durch die paradiesische, reich
gegliederte Hügellandschaft des Siebenbürgischen Weinlandes und durch malerische Niederungen der Südkarpaten. Eine
Vielzahl von mittelalterlichen Burganlagen zieht den Besucher
in seinen Bann. Kaum ein Dorf, wo keine Fliehburg zu besichtigen ist. Kaum eine Stadt, wo uns keine trutzige Festung ins Mittelalter zurückversetzt. Und wir
begegnen rumänischer Gegenwart, sei es der Industriehölle von
Copşa Micǎ (Kleinkopisch) oder
dem Alltag in den Großstädten.*

Übernachten im Pfarrhaus

Nicht immer sind rumänische Hotels oder
Pensionen nach jedermanns Geschmack.
Auf dieser Route bietet sich in einigen Orten
die Alternative, in evangelischen Pfarrhäusern
zu übernachten. Weil die deutschen Gemeinden geschrumpft sind, stellt die Instandhal-
tung der Kirchen materiell und personell oft
unlösbare Aufgaben. Der Kirchenburgschutz-
verein Siebenbürgen hat deshalb, zunächst
im Bezirk Mediaş (Mediasch), begonnen, in
leerstehenden oder nur zum Teil genutzten
Pfarrhäusern Übernachtungsstätten einzurichten, um mit den Einkünften zur Substanz-
wahrung der Kirchen und Pfarrhäuser beizu-
tragen. Die Herbergen sind preiswert und
sauber. Gedacht sind sie vor allem für
Jugendliche und Besucher Siebenbürgens,
die in Bezug auf die Unterkunft keine sehr
hohen Ansprüche stellen. Wann immer sich
auf unserer Route 7 durch Siebenbürgen
eine solche Übernachtungsmöglichkeit
bietet, wird sie ausdrücklich erwähnt. Die
jeweiligen Angaben zu den Ansprechpart-
nern stehen unter Vorbehalt. Selbstverständlich kann man auch vor Ort fragen.

Übernachtungsstätten, die
dem Kirchenburgenschutz-
verein unterstehen, sind im
Kasten mit einem rotem
Rand markiert

*Die Einkünfte
dienen dem Erhalt
der Wehrkirchen*

**Die Fahrt durch
Siebenbürgen hat
zu jeder Jahres-
zeit ihre Reize**

00 km **Sibiu*** (Hermannstadt) verlässt man zu Beginn der Rundreise auf der DN 14 in Richtung Mediaş (Mediasch).

In **Şura Mare (Großscheuern)**, 8 km hinter Sibiu liegend, steht eine sehr schöne **romanische Kirche** aus dem 13. Jahrhundert. Ihre Befestigungsanlage stammt aus dem 16. Jahrhundert.

In **Slimnic** (Stolzenburg) finden wir Reste einer **Bauernburg**, die im 15. Jahrhundert angelegt und bis zum 17. Jahrhundert ständig ausgebaut und erweitert wurde. Die im gotischen Stil erbaute evangelische Kirche des Ortes stammt aus dem 14. Jahrhundert.

> **Abstecher**
> Wir biegen in Slimnic links ab und haben die Möglichkeit gleich eine Naturseltenheit zu bewundern: die Salzseen von **Ocna Sibiului (Salzburg)**.

Ruşi (Reußen), 7 km hinter Slimnic, hat eine **Wehrkirche** aus dem 15. Jahrhundert, die eine Besonderheit aufweist. Über die Jahrhunderte hat sich der Glockenturm immer mehr zur Seite geneigt.

In **Şeica Mare** (Großschelken), einem Dorf inmitten eines Weinanbaugebietes, steht eine **romanische Kirche** aus dem 13. Jahrhundert, die wie die meisten siebenbürgischen Kirchenbauten als Fliehburg genutzt und entsprechend umgebaut wurde.

Agârbiciu (Arbegen) ist ein Ort, dessen Kirche im 14. Jahrhundert im gotischen Stil errichtet und im 15.-16. Jahrhundert als **Kirchenburg** befestigt wurde.

Axente Sever (Frauendorf) durchfahren wir als nächstes. Die Gemeinde wurde nach einem Revolutionär von 1848 benannt (Axente Sever, 1821-1906). Das Dorf macht seine **Wehrkirche** interessant. Der erhaltengebliebene Kern, eine Hallenkirche, entstand im 14. Jahrhundert. Die Anlage hat einen massiven Verteidigungsturm. An ihrer Westseite findet man eine kleine **romanische Kapelle**. Im 15. Jahrhundert wurde die Kirche mit einer Mauer umgeben, in die Proviantkammern eingebaut waren.

30 km **Copşa Mică** (Kleinkopisch) ist eine Kleinstadt mit ca. 7000 Einwohnern.

Anfang der 90er Jahre erlangte Kleinkpoisch auch im Ausland durch Fernsehreportagen eine traurige Berühmtheit als eine der am schlimmsten verschmutzten Städte Rumäniens. „Schwarze Stadt" wird sie seit der Ceauşescu-Ära genannt, denn Kleinkopisch ist **Zentrum der Erdgasverwertung** des Landes. Hier steht u.a. Rumäniens größte Schwefelsäurefabrik, ein Buntmetallwerk und eine erst 1993 stillgelegte Chemiefabrik, die Kunstkautschuk herstellte und dafür die ganze Stadt mit öligem Ruß überzog. Die Bezeichnung „Schwarze Stadt" war keine Übertreibung, es reichten wenige Stunden Aufenthalt, um den Öl- und Rußfilm am eigenen Leibe zu sehen. Immer noch fehlt es an Kapital, um dringend erforderliche Filteranlagen in die Vielzahl der Industriebetriebe einzubauen. Selbst die Abschaltung des größten Umweltverschmutzers brachte keine spürbare Entlastung.

Ein schräger Kirchturm zieht das Interesse auf sich

Übernachtung:
In Şeica Mică (Kleinschelken) Übernachtungsmöglichkeiten im Pfarrhaus des Dorfes für 17 Personen. Aufenthalts- und Speiseraum, Bad, WC und eine schöne Gartenterasse sind vorhanden.

Copşa Mică, die „Schwarze Stadt", eine zweifelhafte Berühmtheit

Übernachtung
Valea Viilor,
im Pfarrhaus sind 2 Zimmer (6 Betten) zu vermieten (Ansprechpartner: Hans Seywerth, 3156 Valea Viilor Nr. 366).
In Motiş (Mortesdorf), *einem 6 km bachaufwärts von Wurmloch gelegenen Dorf. Im Pfarrhaus 15 Betten, Aufenthaltsraum, Küche, Bad u. WC. (Ansprechpartner: Johann Mantsch, 2400 Sibiu, Piaţa Huet 3, Tel.: 069/515077 oder 069/217951)*
Ighişul Nou (Eibesdorf), *bei Mediaş im Pfarrhaus stehen 15 Betten zur Verfügung, Küche, Bad, WC.*

Abstecher

In unmittelbarer Nachbarschaft von Copşa Mică findet man eine Idylle. 2 km entfernt liegt **Valea Viilor (Wurmloch)**. Hier steht eine der schönsten und vollendetsten Kirchenburgen des Landes. Anfang des 15. Jahrhunderts begannen deutsche Siedler sie zu errichten. Die Wurmlocher **Kirchenburg** verbindet verschiedene Wehrbautypen miteinander. Ihr Chor ist beinahe so hoch wie ein romanischer Kirchturm. Das gotische Nordportal wird durch ein Fallgitter aus Eichenstämmen geschützt. Direkt unter dem Kirchendach führt ein Wehrgang entlang, der von auf Strebepfeilern sitzenden Rundbögen gehalten wird. Geschützt wird die Kirche durch einen mächtigen Mauerring.

Die Wurmlocher Kirchenburg

Der bekannte rumänische Kunsthistoriker George Oprescu schrieb über die Wurmlocher Kirchenburg: „Auch wenn man diesen monumentalen Kirchenbau allein kennen sollte, würde man sich darüber Rechenschaft geben, was es heißt, ein solches Bauwerk aufzuführen, wie viele Elemente harmonisch zusammengefügt werden müssen, um ein solches einheitliches, wirkungsvolles Ganzes zu erzielen. Nicht nur das moralische Antlitz und die Freiheitsliebe der Menschen, die diese Bauten errichtet haben, ist hier deutlich zu erkennen, sondern auch das Kunstgefühl, mit dem sie Bauwerke von der Größe und Schönheit dessen in Vorumloc schufen."

40 km Mediaş (Mediasch) erreichen wir nach 10 km Fahrt durch das Tal, das sich die Târnava Mare (Große Kokel) gebahnt hat. Die Stadt ähnelt in ihrer mittelalterlichen Stadtanlage Sibiu. Alte Festungsruinen und die Margarethenkirche laden zum Besuch in Mediasch ein. Für einen Rundgang durch die Altstadt benötigt man ca. 2 Stunden.

Auch heute ist der Pferdekarren noch ein völlig alltägliches Verkehrsmittel

Von Mediaş aus fahren wir nicht auf direktem Weg nach Sighişoara, sondern wir verlassen die Stadt auf der DJ 14 südöstlich. Der kleine Umweg in die sanfte Hügellandschaft (Podisul Hârtibaciului) lohnt sich auf jeden Fall, denn neben der landschaftlichen Schönheit erwarten uns dort gleich drei imposante mittelalterliche Baudenkmäler.

50 km **Moşna** (Meschen) liegt 10 km südöstlich von Mediaş entfernt und lohnt wegen seiner **Wehrkirche** einen Halt. Kern dieser Kirchenburg ist eine spätgotische Hallenkirche, die in den Jahren 1480-1486 errichtet wurde.

Etwa 5 km hinter Moşna biegen wir links ab und gelangen auf einer schlechten, kleinen Straße (DJ 141 B) über **Richiş** (Reichesdorf) talabwärts nach Biertan.

64 km In **Biertan** (Birthälm) befindet sich einer der wuchtigsten Kirchenbauten Siebenbürgens. Kein Wunder, denn Birthälm war 1572-1868 **Sitz des sächsisch-evangelischen Bischofs** von Siebenbürgen. Das Dorf liegt im Siebenbürger Weinland und hat sich trotz der alles überragenden **Bischofskirche** seinen dörflichen Charakter bewahrt. Die Birthälmer Kirche ist spätgotisch, Anfänge des Renaissancestiles sind jedoch schon sichtbar. Sie entstand 1492-1516. Mit Beginn des 16. Jahrhunderts nahm der Verteidigungscharakter der Kirche immer mehr Gestalt an. Die Anlage wurde mit 3 Mauerringen, 3 Toren und 3 Türmen befestigt. Im Kircheninneren sind vor allem die steinerne, reliefverzierte Kanzel (wahrscheinlich 1515) und das Kirchengestühl im Renaissancestil (1514) sehenswert. Vom Kirchberg aus (den Hauptturm der Kirche kann man besteigen) genießt man einen herrlichen Blick über eine liebliche Berglandschaft und auf das Dorf Birthälm.

In Moşna
Im 1794 erbauten Pfarrhaus werden 4 Zimmer mit 15 Betten sowie ein großer Schlafraum mit 9 Betten vermietet. Küche, Dusche und WC sind vorhanden, auch eine Gartenterrasse kann genutzt werden. Auf Wunsch ist Halb- oder Vollpension möglich.

Früher war Birthälm Bischofssitz, heute ist es nur gemütliches Dorf.Hier steht eine wahrhaft stattliche Kirchenburg

In Biertan
besteht die Möglichkeit, in einem Gästehaus mit 40 Betten (in 2- und 3-Bett-Zimmern, Mansarde für 6 Personen) zu übernachten, Bad, und Speiseraum.

Von Biertan fahren wir 9 km weiter in das nun wieder auf der DN 14 liegende **Şaroş pe Târnave** (Scharosch/ Kokel). Der Ort hat eine **Kirchenburg**, die eine sehr alte Kirche sicherte. Diese Kirche stammt bereits aus dem 13. Jahrhundert.

Dumbrăveni (Elisabethstadt) liegt kurz hinter Şaroş, knapp 1 km nördlich der Hauptstraße. Die Kleinstadt hat 10 000 Einwohner. Erstmals erwähnt wurde der Ort im Jahr 1392. Hier befindet sich ein für diese Gegend untypischer Sakralbau. Es handelt sich dabei um eine im Barockstil erbaute **armenisch-katholische Kirche** aus dem 18. Jahrhundert. Außerdem steht in Dumbraveni ein **Renaissanceschloss**, das der siebenbürgische Fürst Michael Apafy erbauen ließ.

Eine eigene Kirche für die armenische Minderheit

In **Daneş** (Dunesdorf) sind nur noch **Ruinen einer Bauernburg** aus dem 15. Jahrhundert erhalten geblieben. Die zwei Kirchen des Ortes (evangelisch und orthodox) entstanden beide im 18. Jahrhundert.

Die mittelalterliche Schäßburger Altstadt muss man gesehen haben

88 km **Sighişoara*** (Schäßburg) mit seinem burgartigen, malerischen Stadtkern ist das nächste größere Etappenziel unserer Rundfahrt. Nach der Besichtigung (mind. 3 Stunden einplanen) verlassen wir die Stadt auf der DN 13 (E 60) in Richtung Târgu Mureş (Neumarkt).

Die Strecke führt durch eine wunderschöne Landschaft. Wir fahren durch eine von den tiefen Tälern der beiden Kokeln durchfurchte Hochebene, passieren stille Straßendörfer und gelangen schließlich nach Târgu Mureş.

Weine aus Siebenbürgen

Die paradiesische Landschaft zwischen den Flussläufen der Großen und Kleinen Kokel (Târnava Mare und Târnava Mică) wird als Siebenbürger Weinland bezeichnet. Noch vor wenigen Jahren, zur Zeit des Nationalkommunismus, wurde jedes rumänische Produkt als weltweit unschlagbar betrachtet. Das System des Diktators Ceauşescu hatte keinen kritischen Abstand zu sich.

Selbst gute Erzeugnisse machte man durch die Propaganda lächerlich, so auch die Weine: „Auf sonnigen Weinberghängen werden im Herbst reiche Ernten eingebracht, deren bloße Namen bei internationalen Weinwettbewerben schon Bewunderung erregen", tönte es. Solch eine Werbung hatten die Weinbauern nicht nötig. Siebenbürger Weine (Bogeschdorfer, Kokeltaler) sind gut, zumal sie trockener ausgebaut sind als sonst in Rumänien üblich. Hier wird Riesling angebaut, aber auch Pinot Gris, Traminer rosé, Muskat Otonel und Muskateller. Unbedingt zu empfehlen ist ein trockener Muskat.

Den Rumänen macht es Freude, wenn sie ein Fremder fotografiert

143 km **Târgu Mureş** (Neumarkt, ung. Marosvásárhely) ist eine schöne, lebendige, weitgehend ungarisch geprägte Stadt. Zu ihren Sehenswürdigkeiten gehört die berühmte Teleki-Bibliothek.

Die folgende Strecke nach Turda (Thorenburg) führt auf der DN 15 (E 60) zunächst im Tal des Mureş (Mieresch) entlang. Wir fahren durch Ortschaften mit interessanten archäologischen Spuren und vielen mittelalterlichen Baudenkmälern.

In **Cristeşti**, einem Dorf kurz hinter Târgu Mureş, fanden sich Spuren einer dakischen Siedlung, die um 200 n. Chr. datieren.

Sânpaul ist eine Gemeinde mit einer aus dem 14. Jahrhundert stammenden Kirche und einem Schloss (**Schloss Haller**) aus dem 17. Jahrhundert.

In **Iernut** (Radnoten) befindet sich ein **Schloss**, das 1545 im Renaissancestil entstand. Ein venezianischer Architekt (Agostino Serena) baute es 1650-1660 um.

In **Luncani** wurden **Spuren eines römischen Heerlagers** entdeckt. Sehenswert sind hier aber besonders die alte Kirche, die bereits im 13. Jahrhundert erbaut wurde, sowie ein schlossartiges **Herrenhaus** aus dem 15. Jahrhundert.

Câmpia Turzii ist in Rumänien ein geschichtsträchtiger Ort. Hier wurde am 19. August 1601 der walachische Fürst Michael der Tapfere ermordet. In einem Park, direkt am Ufer des Aries, erinnert ein Denkmal an ihn.

Michael den Tapferen kennt in Rumänien jedes Kind aus dem Geschichtsunterricht, in Câmpia Turzii wurde der Fürst ermordet

219 km **Turda** (Thorenburg) hat eine weit in die Vergangenheit reichende, hochinteressante Geschichte. Die Stadt entstand an der Stelle einer dakischen Siedlung, die später als römisches Heerlager genutzt wurde. Unter dem römischen Kaiser Septimus Severus (193-211) wurde das heutige Turda Munizipium. Es entwickelte sich rasch zu einer der größten Städte der römischen Provinz Dacia. Die erste neuzeitliche Stadterwähnung stammt aus dem Jahr 1297.

Thorenburg ist ausländischen Touristen kaum bekannt, aber es ist eine der ältesten siebenbürgischen Städte

Hotel Arieşul**,
Băile Sărate Turda,
Tel.: 064/316844,
(36 Doppelbett-
zimmer, etwas
außerhalb Turdas
gelegen)
Hotel Potaissa*
Str. Republicii 6,
Tel.: 064/311691,
107 Betten, einfach

Thorenburg ist somit eine der ältesten Städte Siebenbürgens. Die Stadt ist vor allem durch ihre Salzvorkommen bekannt. Schon die Römer bauten hier Salz ab. Im 16. Jahrhundert machte der Salzbergbau Thorenburg zu einer reichen Stadt. Die Stadt zählt heute ca. 65 000 Einwohner.

Eine Besichtigung lohnt die **Reformierte Kirche** (Biserica reformată, Str. Haşdeu 1). Sie ist das älteste Bauwerk der Stadt und wurde im 14. Jahrhundert im gotischen Stil errichtet. Die Innenausstattung ist nach einer Renovierung im 18. Jahrhundert teilweise barock. Weiterhin sehenswert ist die **Reformierte Kirche im Viertel Neuthorenburg** (Biserica reformată din cartierul Turda Nouă, Str. Velicicov 12). 1504 im gotischen Stil errichtet, erfuhr sie nachträgliche Umbauten im Barock- und Empirestil.

Abstecher (31 km)

Turda ist auf der Route ein idealer Ausgangspunkt für einen Ausflug nach **Cluj-Napoca*** (Klausenburg), das mit seinem altehrwürdigen Stadtkern ein Muss jeder Siebenbürgentour ist. Nach Cluj gelangt man von Turda auf der DN 1 (E 60/E 81). Nach einer reichlichen halben Stunde ist man in dieser lebendigen Stadt. Zeit für Besichtigungen: 3-4 Stunden.

Turda verlassen wir südlich auf der DN 1 (E 81). Wir folgen der Ausschilderung nach Alba Iulia. Die Straße folgt dem Lauf des Mureş (Mieresch).

255 km **Aiud** (Straßburg) erreicht man nach halbstündiger Fahrt.

Aiud wurde erstmals 1462 als Stadt erwähnt, die Ansiedlung ist jedoch älter. Die alte **Stadtbefestigungsanlage** hat einen vieleckigen Grundriss. Sie entstand im 14.-16. Jahrhundert. Wie in allen siebenbürgischen Städten bauten auch hier die Zünfte die **Stadttürme**, für deren Verteidigung sie dann verantwortlich waren. Der Kürschner-, Fleischer- und Schusterturm sind erhalten. Die Festungsmauern von Aiud sind 1,20 stark. Inmitten der Festungsanlage befindet sich eine dreischiffige **Hallenkirche** mit einem Turm. Während die Kirche im gotischen Stil errichtet wurde, ist ihre Innenausstattung nach einer Erneuerung barock. Ein **Fürstenpalais** (Palatul Princiar) befindet sich im nördlichen Festungsbereich. Das Palais erhielt durch den siebenbürgischen Fürsten Gabriel Bethlen (1613-1629) sein heutiges Aussehen.

Monumentale Hinweisschilder aus den 70er Jahren markieren die Bezirksgrenzen

Hotel Mureşul*, Str. Transilvaniei 3-5, Tel.: 058/581820 (60 Betten, kein Restaurant)

Handarbeit ist auf den Feldern immer noch verbreitet

Die Reformierte Kirche von Teiuş (Dreikirchen)

Mit einem PS zum Einkaufsbummel in die Stadt

Übernachtung: In Valea Lungă (Langenthal), im Pfarrhaus werden 2 Zimmer vermietet. Das Dorf liegt im Siebenbürgischen Weinland. ca. 30 km von Teiuş entfernt

266 km **Teiuş** (Dreikirchen), liegt 11 km hinter Aiud. Im Ort sind drei völlig verschiedene Kirchen zu besichtigen. Die **reformierte Kirche**, eine Wehrkirche, ist die älteste. Sie wurde im 13. Jahrhundert erbaut und bis ins 15. Jahrhundert hinein ständig erweitert. Die **gotische Kirche** von Teiuş stammt aus dem Jahr 1449, und die **orthodoxe Basilika** des Ortes wurde 1597-1616 errichtet.

Drei Kilometer nach Teiuş hat man die Möglichkeit, als Alternative in ein typisches siebenbürgisches Weinbauerndorf zu fahren anstatt geradeaus auf der E 81 nach ca. 25 km Alba Julia (Karlsburg) zu erreichen.

Alternative (ca. 25 km mehr)
Von der Hauptstrecke E 81 biegt eine schmale Straße (DJ 107 H) rechts ab. Nach 3 km erreicht man das Dorf **Galda de Jos** mit einer schönen orthodoxen Kirche aus dem Jahr 1715 und einem Schloss aus dem 17. Jahrhundert. Hier sind wir inmitten des Weinlandes (Ţara Vinului) mit seinen Weinbergen, Obstgärten und malerischen Siedlungen. Der nächste Ort ist **Cricău** (Krakau), hier leben immer noch viele Einwohner vom Weinanbau. Es lohnt sich, in den Ort zu fragen, wer Wein verkauft.

Schnell wird man zur Verkostung eingeladen. In Cricău befindet sich außerdem eine **romanische Kirche** aus dem 13. Jahrhundert. Wer möchte, kehrt von hier aus nicht auf die Hauptroute zurück, sondern fährt durch das Weinland über **Ighiu** (Krakundorf) (Steinbruch mit Funden aus der Römerzeit) und **Şard** (Schard) nach Alba Iulia weiter. Es ist nur ein kleiner Umweg.

Weinverkostung ganz privat möglich

291 km **Alba Iulia*** (Karlsburg) entwickelte sich von einer Dakerstadt zur römischen Kolonie und wurde dann im Mittelalter zur deutschen Siedlung. In Rumänien ist die Stadt vor allem bekannt, weil hier am 1.12.1918 der Anschluss Siebenbürgens beschlossen wurde. Von Alba Iulia führt nun die E 81 (DN1) weiter nach Sebeş, das man nach 15 km erreicht.

Daker, Römer, Deutsche, Ungarn, Rumänen – alle hinterließen in Karlsburg ihre Spuren

306 km **Sebeş*** (Mühlbach), zählt zu den ältesten Städten, die Siebenbürger Sachsen errichteten. Zeit für Besichtigungen: ungefähr 1-2 Stunden. Die Stadt verlassen wir auf der E 68/E 81 (DN 1/DN 7). Wir folgen der Ausschilderung nach Sibiu.

Das Hermannstädter Grenzgebiet
*„Hermannstädter Grenzgebiet" (Marginimea Sibiului) werden die Dörfer, die zwischen dem Sebeş (Mühlbach) und Sibiu (Hermannstadt) südlich der E 68/E 81 wie auf einer Perlenkette aneinandergereiht sind, genannt. Der Grund für diese Bezeichnung ist, dass man die nächsten Dörfer erst wieder südlich des Karpatenkammes, in der Walachei, findet. Die Region bildet eine volkskundliche Einheit. In den Dörfern dieses Grenzgebietes wird auch heute noch mehr als in anderen Orten Siebenbürgens das **Brauchtum** gepflegt. Die Bewohner sind bemüht, die Region auch touristisch aufzuwerten, sei es durch den Ausbau von alten **Wassermühlen** (bei **Săliste** Großendorf) oder durch die Einrichtung kleiner **Dorfmuseen**, zum Beispiel in **Răşinari** (Städterdorf) oder **Galeş** (Gallusdorf). Zu dieser Grenzregion zählen insgesamt 18 Dörfer.*

Langsam entwickelt sich in dieser traditionsverbundenen Region der Tourismus

In der Gegend um Miercurea Sibiului leben seit über 700 Jahren deutsche Volkszugehörige

Deutsche Siedler kauften die Burg von einem ungarischen Adligen

Nach 8 km gelangen wir an einem Abzweig nach Câlnic (Kelling).

Abstecher

Die Bauernburg von **Câlnic (Kelling)** hat eine ganz besondere Geschichte. Der ursprüngliche Wohnturm wurde von Ungarn erbaut und war zunächst Sitz der Gräfen von Kelling. Gräfen waren angesehene ungarische Bauern, denen das Richteramt des Dorfes übertragen wurde. Ende des 13. Jahrhunderts wurde die Gräfenwürde erblich. Der letzte Kellinger Gräf verkaufte 1430 die Burg an die Kellinger Siebenbürger Sachsen. Er wurde dazu gedrängt, denn die deutschen Siedler ließen hier wie auch an anderen Orten nichts unversucht, um sich der unliebsamen ungarischen Neuadligen zu entledigen. Meist geschah das, wie in Kelling, durch den Ankauf ihres Besitztumes, es kam aber auch schon vor, dass die Bauern die Gräfen mit anderen Mitteln „überzeugten", den Ort zu verlassen.

Die Deutschen in Kelling bauten nun den ehemaligen Wohnturm zur Bauernburg aus. Die Fliehburg wurde mit Wehrmauern umgeben. Heute wächst auf ihnen Gras, die ganze Anlage macht aber immer noch einen wehrhaften, stattlichen Eindruck. 1962 wurde die Burg restauriert. Die Burg hat keine geregelten Öffnungszeiten für Besichtigungen, deshalb im Ort nach dem Verwalter fragen.

Bauernburg in Reußmarkt (Miercurea Sibiului)

Die letzten 60 km nach Sibiu führen wieder durch eine Reihe von Dörfern, die die Deutschen durch ihre typischen Gehöfte und die Bauernburgen prägten. Zwei dieser Schutzburgen sehen wir noch in **Miercurea Sibiului (Reußmarkt)** (sie stammt aus dem 15. Jahrhundert), sowie in der Gemeinde **Cristian** (Großau). Von hier aus sind es nur noch wenige Minuten Fahrt nach

362 km **Sibiu***(Hermannstadt), dem Ausgangspunkt der Rundreise.

Route 8: Reise durch Marmatien, das Oascher Land und das Sathmarland (Maramuresch und Crişana)

Vatra Dornei – Borşa – Moisei – Bogdan Vodä – Sighetu Marmaţiei – Satu Mare (Sathmar) – Oradea (Großwardein) (434 km)

Diese Tour ist keine Rundreise. Die Route ist ein Vorschlag besonders für Rumänientouristen, die das Land heimwärts verlassen und noch eine Region kennenlernen wollen, die zu den malerischsten Rumäniens gehört.

Auf Umwegen nach Hause

Ihren Anfang nimmt unsere Tour in der Nordmoldau. Sie führt dann rasch nach Siebenbürgen. Es lohnt sich, beispielsweise nach einem Besuch der weltberühmten Moldauklöster oder nach einem Badeaufenthalt am Schwarzen Meer diesen Umweg in den äußersten Norden Rumäniens zu machen.

Die Maramuresch ist ein bergiger, waldreicher Landstrich voller Vielfalt und ursprünglicher Schönheit. In den Ostkarpaten gibt es viele klare Bergseen, zauberhaft ist die vorkarpati-

Oascher Land und Sathmarland

sche Hügellandschaft, friedlich und einsam liegen die Dörfer. Typisch für die Maramuresch, und noch mehr für das Oascher Land, ist die Holzbaukunst, die über Jahrhunderte hinweg in den Dörfern gepflegt wurde. Weltbekannt sind die Holzkirchen, aber ein Augenschmaus sind auch die vielen alten Bauernhäuser mit ihren kunstvoll geschnitzten Verzierungen und den schweren Holztoren. Überall sind Tradition und Brauchtum noch lebendig. An Sonn- und Feiertagen tragen hier selbst die jungen Leute ihre Trachten, die von Dorf zu Dorf variieren. Typisch ist auch das Schuhwerk. Der „opinca" ist eine Mischung aus Bund- und Schnabelschuh. Er wird fast bis unters Knie gebunden. Sicher, die Maramuresch ist eine der rückständigsten Regionen Rumäniens. Die Menschen aber wirken zufrieden und scheinen im Einklang mit sich und der Natur zu sein. Alles sieht einladend, freundlich und sauber aus. Jeder Besucher wird die Maramuresch, aber auch die Crişana, einen der ältesten ungarischen Siedlungsräume mit vielen interessanten Kulturdenkmälern, schnell ins Herz schließen.

Volkstümliche Traditionen werden in der Maramuresch gepflegt, aber auch landschaftlich und kulturhistorisch ist dieser Teil Rumäniens die Reise wert

Maramuresch und Oascher Land: Waldreichtum, unberührte Landschaften und lebendiges Brauchtum in den Dörfern

00 km Vatra Dornei, ein 17 000 Einwohner zählender Badeort (die Siedlung wurde erstmals im 15. Jahrhundert erwähnt) liegt noch in der Nordmoldau. Seit zwei Jahrhunderten kann man hier Kuren mit dem als außerordentlich heilkräftig geltenden Mineralwasser und Torfschlamm machen. Um die Jahrhundertwende erlebte Vatra Dornei einen regelrechten Investitionsboom. Aus dieser Zeit stammen die schönsten Bauten des Kurortes: das Brunnenhaus „Santinela" und das prachtvolle Casino aus dem Jahr 1898, das hoffentlich vor dem Verfall bewahrt werden kann. Von hier aus folgt die Route zunächst 15 km der DN 17 (E 576).

Die Gebirgsmassive entstanden teilweise aus Vulkanen

In **Iacobeni** biegt dann die Nationalstraße DN 18 links in Richtung Borşa/Sighetu Marmaţiei ab. Sie führt durch das Tal, das sich die **Goldene Bistritz** (Bistriţa) durch die Ostkar-

---

Regionen in Nord- und Nordostrumänien

Die alten verwaltungspolitischen Regionen Marmatien (einschließlich des Oascher Landes) und das Sathmarland sind heute unter den rumänischen Begriffen Maramureş, Oaş und Crişana bekannt. Auch wenn die geografische Regionen, die damit beschrieben werden, nicht völlig identisch mit den ehemaligen verwaltungspolitischen Einheiten sind, werden in der Routenbeschreibung diese rumänischen Namen verwendet, da die Kulturdenkmäler dieses Landstriches in ihrer Bekanntheit eng mit ihnen verknüpft sind (z. B. Maramurescher Holzkirchen).

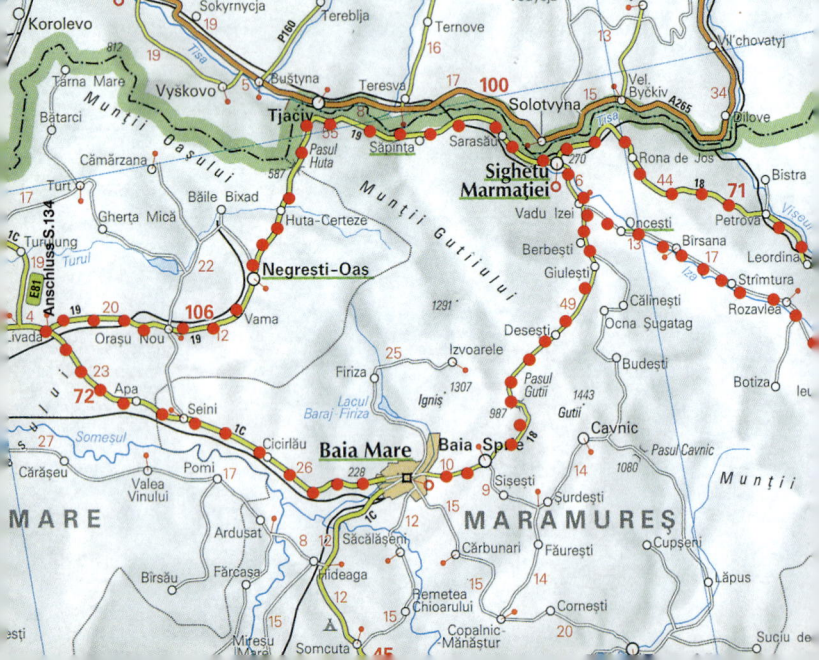

Oascher Land und Sathmarland

paten gebahnt hat. Die ostkarpatischen Gebirge sind meist Bergmassive, die parallel zueinander verlaufen. Viele von ihnen sind vulkanischen Ursprungs.

Ciocănești, ein Dorf 2 km hinter Iacobeni, ist typisch für viele der kleinen Ortschaften, die wir durchfahren werden. Die Häuser mit ihren Holzschindelfassaden sind liebevoll hergerichtet, blumengeschmückt und haben oft folkloristische Verzierungen aus bunten Keramikplättchen.

Auch in **Botoş** und **Cârlibaba,** wo eine neue, hübsch verzierte Holzkirche mit Glockenturm steht, begegnen wir dieser Wohnkultur.

In Cârlibaba gibt es eine recht gute Pizzeria. Das Haus liegt auf einer kleinen Anhöhe rechterhand der Straße.

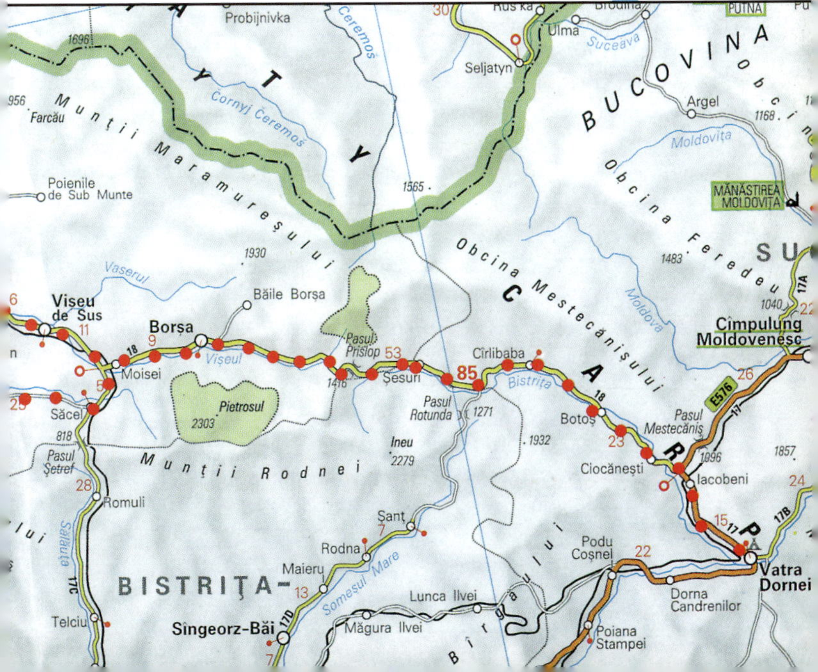

Wir fahren durch eine dicht bewaldete Gebirgslandschaft und überqueren in Serpentinen den **Prislop-Pass** (Pasul Prislop), der in 1416 m Höhe das Rodna-Gebirge für Autofahrer passierbar macht. Hier nimmt die Region der Maramuresch ihren Anfang. Wir sind jetzt in Marmatien, einem Teil Siebenbürgens.

91 km Borşa, eine sich über 15 km entlang der Straße erstreckende Gemeinde gleich hinter dem Prislop-Pass, ist eine ideale Basis für eine Bergtour ins Rodna-Gebirgsmassiv. Aber auch Skifreunde (Skilift vorhanden) oder Besucher, die in diesem gesunden Gebirgsklima noch ein paar Urlaubstage verbringen wollen, kommen auf ihre Kosten. Es gibt einen zweisitzigen Sessellift, der 500 Höhenmeter überwindet und auch Nicht-Bergsteiger die Gebirgslandschaft genießen lässt. Der Touristenkomplex (Statiunea Borşa) liegt gleich am Ortseingang in herrlicher Landschaft. Eine markante, neue Holzkirche ist bereits von weitem erkennbar. Das eigentliche Ortszentrum allerdings ist leider etwas heruntergekommen.

Hotel Cascada**, Statiunea Borşa (100 Betten, schön gelegen) Hotel Ştibina**, Statiunea Borşa (76 Betten, gute Lage, ordentlicher Service)

Für die 2-Tagestour durchs Rodna-Gebirge braucht man etwas Bergerfahrung

Abstecher

Das geologisch und botanisch interessante **Rodnagebirge** ist mit dem **Pietrosul** (2303 m) das höchste Gebirge der Ostkarpaten. Von Borşa aus führt ein markierter Weg (blaues Band, rotes Band, rotes Dreieck) zum Pietrosul (2303 m), dann weiter zum Gropilor-Sattel, zum Gipfel des **Buhăiescu** (2122 m) und schließlich zur Puzdrele-Schutzhütte (1540 m). Von hieraus gelangt man nach ca. 3 Stunden wieder zurück nach Borşa (Markierung: blaues Dreieck). Für diese reizvolle Bergtour durch das malerische, weitgehend unberührte Gebirge braucht man 2 Tage. Die Tour ist nichts für Anfänger! Das Rodnagebirge ist einsam, in Notfällen ist man auf sich allein gestellt.

In **Moisei** verlassen wir die Hauptstraße DN 18. Unsere Route durch die Maramuesch führt nun weiter auf der DN 17 C, allerdings nur für 3 km, bis nach **Săcel.** Hier biegen wir rechts nach **Săliştea de Sus** ab. Die Fahrt nach Sighetu Marmaţiei, dem nächst größeren Ziel der Tour, geht entlang einer kleinen, aber gut befahrbaren Straße (parallel der DN 18) durch das Iza-Tal (Valea Izei). Diese Strecke ist eine der schönsten durch die Maramuresch. In den Dörfern sind viele Häuser Meisterwerke. Die Tore sind aus dicken Eichen- oder Tannenstämmen gearbeitet. Türpfosten und Fensterrahmen tragen die verschiedensten Schnitzereien (Sonnenmotive, Rosetten u.a.). Oft sehen wir die für die Maramuresch so typischen **Holzkirchen.**

Eine der schönsten Straßen durch die Maramuresch

Săliştea de Sus wurde bereits im Jahr 1383 urkundlich erwähnt. Hier stehen zwei **Holzkirchen,** von denen die ältere 1722 erbaut wurde. Die andere Kirche (Biserica din Faţă) stammt aus der zweiten Hälfte des 18. Jahrhunderts, sie hat neben dem Kirchturm einen Glockenturm.

Kirche bei Bârsana

Weiter Blick auf das Iza-Tal

Kurz vor dem Ortseingang von **Dragomireşti** führt links ein schmaler Weg auf eine kleine Anhöhe. Auch hier finden wir zwei **Holzkirchen**, von denen die vordere vor kurzem liebevoll rekonstruiert wurde. Von dem Hügel hat man bei schönem Wetter einen herrlichen Ausblick auf das Tal der Iza.

118 km **Bogdan Vodă** hieß früher Cuhea. Dann erhielt der Ort den Namen des Fürsten Bogdan, der hier, am Rande Siebenbürgens, residierte. 1359 geriet er in Streit mit dem ungarischen König Ludwig II., überquerte die Karpaten ostwärts und gründete das Moldaufürstentum. Die alte Holzkirche von Bogdan Vodă stammt aus dem Jahr 1717. Der schlanke Kirchturm scheint geradezu in den Himmel zu streben. Sehenswert ist im Kircheninneren ein holzgeschnitzter Kronleuchter.

Die Trachten unterscheiden sich von Dorf zu Dorf

Abstecher

Ieud heißt eine wunderschön gelegene Gemeinde unweit von Bogdan Vodă (2 km nach dem Ortsausgang für 3 km nach links abbiegen). In Ieud steht die älteste Holzkirche der Maramuresch. „**Kirche auf dem Hügel**" (Biserica din deal) heißt sie. Die Kirche wurde 1364 errichtet und besitzt somit ein für einen Holzbau phänomenales Alter. Für die rumänische Sprachgeschichte ist die Ieuder Hügelkirche ferner interessant, da hier das älteste Dokument in rumänischer Sprache gefunden wurde, der „**Kodex von Ieud**". Aber auch die zweite Kirche von Ieud ist eine Besichtigung wert. Die „**Kirche im Tale**" (Biserica din vale) wurde 1699 gebaut. Der Turm hat eine Aussichtsplattform. In der Talkirche findet man sehr **schöne Ikonen**.

Österlicher Kirchgang - das orthodoxe Osterfest wird eine Woche nach dem katholischen und protestantischen Osterfest begangen

126 km **Rozavlea** ist die nächste Ortschaft auf der Route. Die Siedlung wurde erstmals 1373 beurkundet. Aus dem Jahr 1760 stammt die Holzkirche des Dorfes, die mit ihrem abgeschrägten Schindeldach und dem hohen Kirchturm ein Musterbeispiel Maramurescher Holzbaukunst ist. Sie befindet sich auf dem Gelände des Dorffriedhofes (schönes Eingangstor), linkerhand der Straße.

Die rumänischen Holzkirchen

Vor allen in Marmatien (Maramuresch, Oascher Land) findet man immer wieder einen Kirchentyp, der sich völlig von dem in Siebenbürgen üblichen unterscheidet: Holzkirchen.

Diese Holzkirchen der Maramuresch sind über die Grenzen Rumäniens hinaus bekannt. Ähnliche Bauten findet man in Europa auch in Skandinavien, insbesondere in Norwegen, in den baltischen Staaten, Russland, Polen und dem Westen der Ukraine. Die Maramuresch ist die südlichste Region Europas, in der man diese Denkmäler der Holzarchitektur findet.

Bei den Holzkirchen der Maramuresch verbinden sich Einflüsse der byzantinischen Architektur sowie der europäischen Kunststile Gotik, Renaissance und Barock mit lokalen, folkloristischen Elementen zu einem ganz eigenen Stil. Die meisten Kirchen sind entsprechend der alten orthodoxen Tradition in Pronaos, Naos und Altarraum dreigeteilt. Die Holzpfeiler und -balken sind reich mit Schnitzereien versehen, die oft eine symbolische Bedeutung haben, wie z.B. das Sonnenrad, der Lebensbaum, Vögel, Schlange und Drache. Am meisten beeindrucken bei den Kirchen jedoch ihre von der Gotik beeinflussten hohen, schmalen Türme, die sich bis zu 60 m in den Himmel erheben.

Die Kirchenbauten reflektieren auch die politischen und sozialökonomischen Bedingungen in der Maramuresch zwischen dem 16. und dem 18. Jahrhundert. Die Holzkirchen wurden von der rumänischen Bevölkerung gebaut. Ihr war es vom ungarischen König per Gesetz verboten, Kirchen aus Stein zu errichten, genauso wie es den meist in feudaler Abhängigkeit lebenden Rumänen nicht gestattet war, Burgen oder andere Befestigungsanlagen zu bauen. So entstand, gewissermaßen als Notlösung, dieser außergewöhnliche Kirchentyp.

Holzkirchen in Rozavlea und Ieud

In **Bârsana** findet man einen hölzernen Kirchenbau aus dem 15. Jahrhundert.

Onceşti liegt malerisch am Flusslauf der Iza. Hier fanden sich **Spuren einer dakischen Siedlung**. In der **blechgedeckten Holzkirche** des Ortes gibt es Fresken zu bewundern,. die noch aus dem Entstehungsjahr der Kirche (1795) stammen.

Sighetu Marmaţiei ist das „Tor" zum **Oascher Land**. Jene Region des heutigen Rumäniens, direkt an der Grenze zur Ukraine liegend, gehört zur Maramuresch, aber hier sind die Dörfer noch ursprünglicher. Eine heile Welt, könnten man denken, wenn man die Bauern mit ihren schweren Ochsenkarren beobachtet.

156 km **Sighetu Marmaţiei** (45 000 Einwohner) ist die nördlichste Stadt des Landes. Es ist eine verschlafene Kleinstadt mit einem schönen historischen Marktplatz, auf dem viele Barockhäuser erhalten sind. Hier kann man auch übernachten.

Abstecher

Wir folgen der DN 18 65 km Richtung Süden mit dem Ziel **Baia Mare.** Im kleinen Dorf **Mänästirea** (18 km von Sighetu Marmaţiei), das zu der Gemeinde Giuleşti gehört, steht ca. einen Kilometer abseits der Chaussee eine **Holzkirche aus dem 17. Jahrhundert**. Es ist die einzige Kirche, bei der sich Reste der Außenmalerei erhalten haben. Die Außenfresken zeigen den Einfluss der moldauischen Kunst in der Maramuresch.

Zwei Holzkirchen aus dem 18. Jahrhundert befinden sich in den Gemeinden Härniceşti und Deseşti, 21 bzw. 23 km hinter Sighetu Marmaţiei. Die Kirche in **Härniceşti** besitzt kostbare Holzikonen. In der Kirche von **Deseşti** ist die Innenmalerei sehr gut erhalten. Von Deseşti sind es noch 42 km bis Baia Mare, wobei man in fast 1000 m Höhe den Gutâi-Pass überquert.

Hinter dem Gutâi-Pass gelangt man von Baia Sprie, nach 9 km in südöstlicher Richtung, über Şişeşti nach **Şurdeşti**. Hier steht eine der bekanntesten Holzkirchen der Maramuresch. Die Kirche stammt aus dem Jahr 1724. Ihr Turm soll mit seinen 54 m der höchste Holzkirchenturm Europas sein.

221 km **Baia Mare** (Neustadt) ist Bergbauzentrum und Industriestadt zugleich. Die Stadt (125 000 Einwohner) wurde erstmalig im Jahr 1329 beurkundet, ihre Geschichte ist seitdem vom Bergbau geprägt. Hier gab es immer schon einen sehr hohen ungarischen Bevölkerungsanteil, heute sind es noch 20 %. Deutsche findet man in Neustadt kaum mehr.

Der **Turm des Stefansdomes** (Turnul Sf. Ştefan, 1376, Piaţa Cetăţii) ist von einer einst mächtigen Kathedrale übriggeblieben. Der Rest wurde im 19. Jahrhundert abgerissen.

Im Oascher Land scheint die Zeit stehengeblieben zu sein

Hotel Marmaţia * *, *Strada Mihai Eminescu 1, Tel.: 062/512241 Fax: 062/515484 (50 Betten)* **Hotel Tisa** *, *Piaţa Libertăţii 7, Tel.: 062/512645 Fax: 062/515484 (82 Betten in Ein- und Doppelbettzimmern, renoviert, sehr gute Lage am Marktplatz)*

Şurdeşti: höchster Holzkirchenturm Europas

Hotel Carpat * * *, *Str. Minerva 16, Tel.: 062/414812, Fax: 062/415461 (5-etagiges neueres Gebäude, 205 Betten, privatisiert)* **Hotel Mineru** * * *, *Piaţa Libertăţii 7, Tel.: 062/416056 (schönes altes Gebäude, zentrale Lage, privat)*

Mächtige Holztore prägen die Dorfbilder

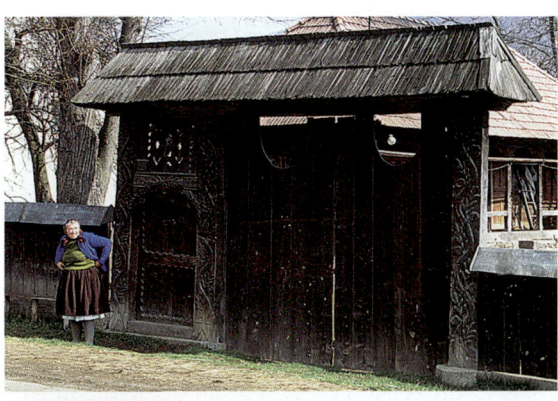

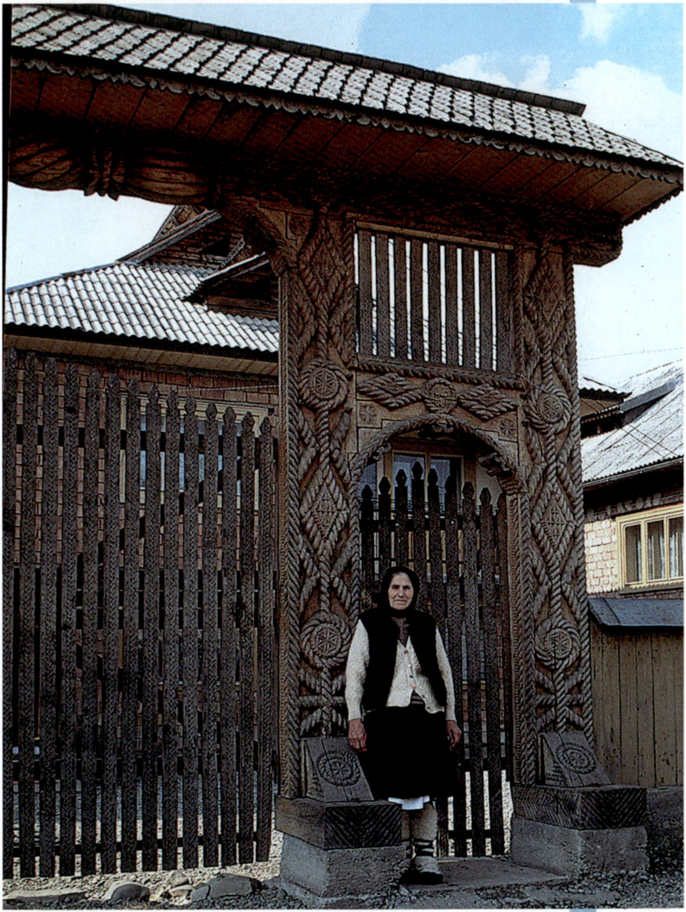

Zum orthodoxen Osterfest wird auf den Friedhöfen die Auferstehung Jesu gefeiert. In Săpânţa ist die ganze Dorfgemeinde in ihren alten Trachten versammelt

Der „lustige Friedhof" von Săpânţa

Oascher Land und Sathmarland

Ebenfalls auf der Piaţa Cetăţii befindet sich eine 1712-1720 im Barockstil erbaute Kirche. Diese **Dreifaltigkeitskirche** (Biserica Sf. Treime) errichteten einst Jesuitenmönche.

Ein Friedhof zum Schmunzeln

Auf unserer Route verlassen wir Sighetu Marmaţiei auf der DN 19. Die Fahrt durch das malerische Oascher Land, die uns an der rumänisch-ukrainischen Grenze entlang der **Tisa (Theiß)** führt, nimmt nun ihren Anfang.

`243 km` **Săpânţa** ist der bekannteste Ort des Oascher Landes. Grund dieser Berühmtheit ist sein „heiterer Friedhof". Die Gräber sind mit kunstvoll geschnitzten und bemalten Holzkreuzen versehen. In Bildern und Reimen werden die Verstorbenen noch einmal mit ihren guten und schlechten Taten lebendig. Die Kreuze stammen aus der Werkstatt des Künstlers Ion Stan Patras. Er lebte bis zu seinem Tod im Jahr 1977 in Săpânţa. Die Werkstatt ist im Ort zu besichtigen. Die Dorfbewohner in Săpânţa sieht man, wie in so vielen Dörfern der Region, oft noch in traditioneller Kleidung. Die Bauern tragen selbstgewebte Hemden, weiße Filzhosen und dunkelgraue Filzwesten mit blauer Einfassung. Die Tracht der Bäuerinnen besteht aus geblümten Röcken, buntbestickten Schürzen, Filz- oder Schafwollwesten und bunten Kopftüchern.

Die Fahrt durch das Oascher Land führt als nächstes über den 640 m hohen **Huta-Pass** nach **Huta-Certeze, Certeze** und schließlich nach Negreşti-Oaş. Immer wieder sieht man die mächtigen Holztore an den Gehöften. Auch bei neueren Häusern wird diese Tradition gewahrt.

Negreşti-Oaş ist das Zentrum des Oascher Landes

`276 km` **Negreşti-Oaş** (13000 Einwohner) ist die größte Stadt der Region und damit sozusagen die Hauptstadt des Oascher Landes. Schöner kann eine Stadt nicht liegen. Malerisch wird sie von den über 1000 m hohen Ausläufern der Ostkarpaten umgeben. Negreşti-Oaş ist eine moderne Stadt, die auch von der Industrialisierung nicht verschont blieb. Es gibt hier ein recht interessantes **Volkskundemuseum** (Muzeul Ţării Oaşului, Str. Victoriei 169), wo Trachten und Gebrauchsgegenstände des Oascher Landes gezeigt werden. Allemal lohnender ist es aber, auf den Besuch des Museums zu verzichten und dafür noch ein paar Dörfer in unmittelbarer Umgebung von Negresti-Oas zu besuchen. Egal, wohin man fährt, ob nach **Bixad** oder nach **Boineşti,** man ist immer wieder beeindruckt von den Menschen und ihren Brauchtum, das sie sich über viele Jahrhunderte bewahrt haben.

`303 km` **Satu Mare** (Sathmar), ist das nächste Ziel der Reiseroute. Die Stadt (112 000 Einwohner) breitet sich zu beiden Ufern des Someş aus. Hier siedelten Ungarn schon im 9. Jahrhundert. Bereits Anfang des 13. Jahrhunderts ist „Zatmar" als Festung und seit 1331 als Stadt urkundlich belegt. Dank seiner Lage an der Handelsstraße nach Böhmen erlebte Sathmar vor allem im 15. und 16. Jahrhundert eine

Hotel Oşanul **
Str. Victoriei 86,
Tel.: 061/851162
Fax: 061/851163
(48 Doppelbettzimmer, 3 Appartements, privatisiert)
Cabana Călineşti,
Călineşti-Oaş,
Str. Barajului,
Tel.: 061/851400
Fax: 061/851163
Der Ort Călineşti-Oaş befindet sich ca. 12 km östlich von Negreşti-Oaş. Die Pension (15 Doppelbettzimmer) liegt sehr schön an einem Berghang der Oascher Berge (Munţii Oaşului).

Zeit der wirtschaftlichen und kulturellen Blüte. Heute ist es eine moderne Stadt. Sehenswert ist im Stadtzentrum die **reformierte Kirche** (Biserica reformată, Piaţa Libertăţii), die 1788-1807 im Barockstil erbaut und nach dem Zweiten Welt-krieg restauriert wurde. Die **römisch-katholische Kirche** (Biserica romano-catolică, gleichfalls Piaţa Libertăţii) ent-stand 1786-1789 im klassizistischen Stil.

Wir verlassen Sathmar auf der DN 19. Die Region, in die wir nun kommen, heißt **Crişana.** Die Flüsse **Crişul Negru** und **Crişul Repede** (Schwarze und Schnelle Kreisch) gaben ihr den Namen. Die Landschaft ist weitgehend eben, die

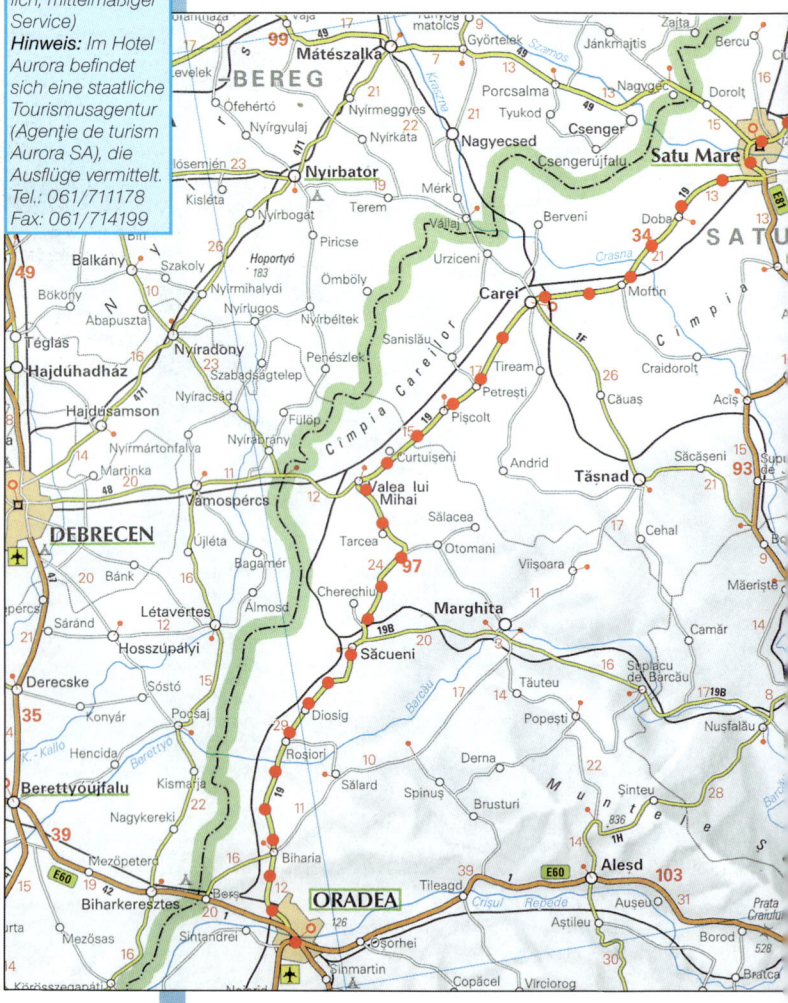

Die Waldseen laden zum Baden ein

Weite Ebenen, fruchtbare Felder und Spuren der Daker und Römer entlang der Strecke

Crişana gehört zur pannonischen Tiefebene. Die ausgedehnten Felder im nördlichen Teil Siebenbürgens verbreiten eine friedliche, beruhigende Stimmung. Besonders im Sommer, wenn die Sonnenblumen auf den riesigen Äckern in voller Blüte stehen, wird die Fahrt zum optischen Genuss. Uns begegnen entlang der Strecke immer wieder Spuren aus dakischer und römischer Zeit sowie mittelalterliche Bauwerke, die daran erinnern, dass die Crişana zu den ältesten Siedlungsräumen des ungarischen Volkes zählt.

Carei (Großkarol), 35 km südwestlich von Satu Mare im westrumänischen Tiefland gelegen, ist eine Kleinstadt mit ca. 25000 Einwohnern. Der Ort wird geprägt vom Schloss der Grafenfamilie Károlyi. 1482 entstand das erste steinerne Wohnhaus der Károlyis, das 1592 als Festung zum Schutz gegen die Türken ausgebaut wurde. 1794 riss man den alten Bau ab und errichtete an seiner Stelle ein Barockschloss. Ein weiterer Umbau Ende des 19. Jahrhunderts im neogotischen Stil resultierte in einer Art Ritterburg. 1996 begann man mit der Restaurierung des Gebäudekomplexes. Das Schloss ist von einem schönen, großzügigen Park umgeben.

In **Săcuieni** finden wir eine schöne **reformierte Kirche**, die im 15. Jahrhundert im gotischen Stil erbaut wurde, sowie eine **römisch-katholische Kirche im Barockstil** (1778). Die heutige Schule der Gemeinde ist in dem ehemaligen **Schloss Stubenberg**, (18. Jahrhundert) untergebracht.

434 km **Oradea*** (Großwardein) mit den Ausflugszielen **Bäile 1 Mai** (Bischofsbad) und **Bäile Felix** (Felixbad) ist die letzte Station der Reiseroute. Von hier aus kann man Rumänien über den Grenzübergang Borş nach Ungarn verlassen.

Route 9:
Rundreise durch das Banat

*Arad – Timişoara (Temeswar) – Reşita
(Reschitza) – Caranşebeş (Karansebesch) –
Hunedoara (Eisenmarkt) – Deva (Diemrich) –
Lipova (Lippa) – Arad (427 km)*

*Das Banat gehörte bis 1920 nicht zu Rumänien. Es war Teil
des ungarischen Königreiches und später der Habsburger
und der k. und k. Monarchie.*

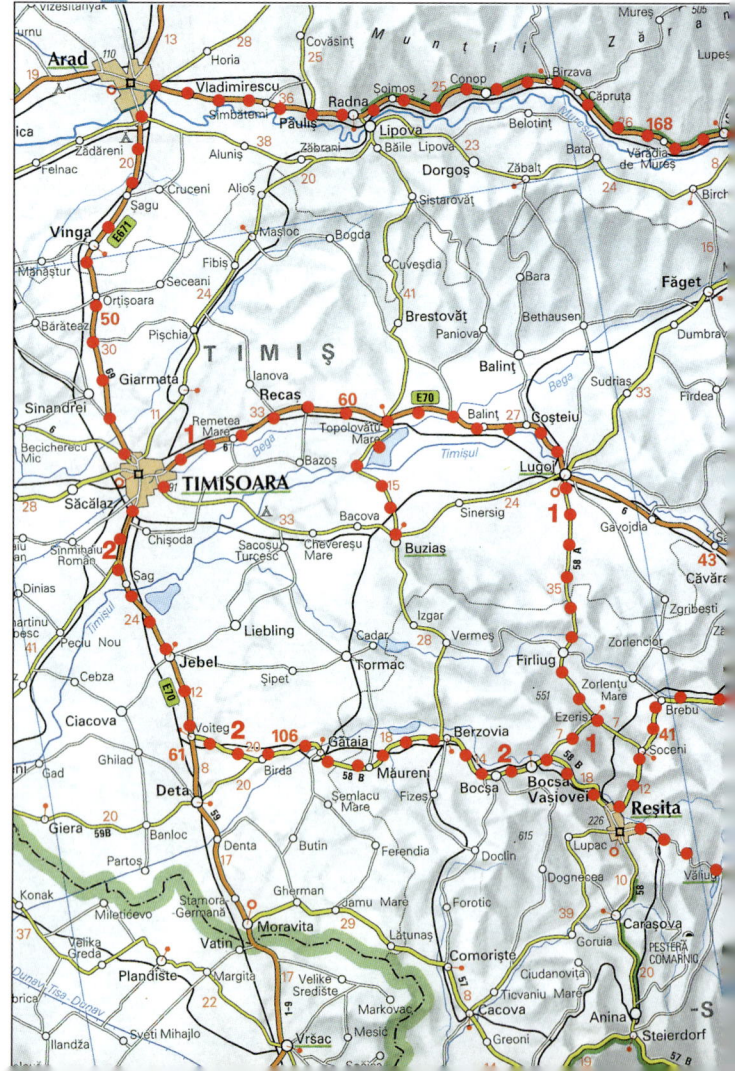

Immer wieder durchfahren wir geschichtsträchtige Orte. Ein Höhepunkt ist dabei zweifellos die alte Hauptstadt Dakiens, Sarmizegetusa. Fruchtbare Ebenen wechseln mit sanften Berglandschaften. Neben den Rumänen leben hier vor allem Angehörige der ungarischen Minderheit. Aber auch Banater Schwaben lernen wir kennen – Deutsche, deren Vorfahren im 18. Jahrhundert in der Region ansässig wurden. Sie haben diesen an Naturschönheiten reichen Landstrich entscheidend mitgeprägt. Die meisten von ihnen sind zwar in den letzten zwei Jahrzehnten nach Deutschland ausgewandert, aber ihre Geschichte, Kultur und Traditionen sind in den Banater Dörfern und Städten verewigt.

Im Banat leben noch immer viele Ungarn

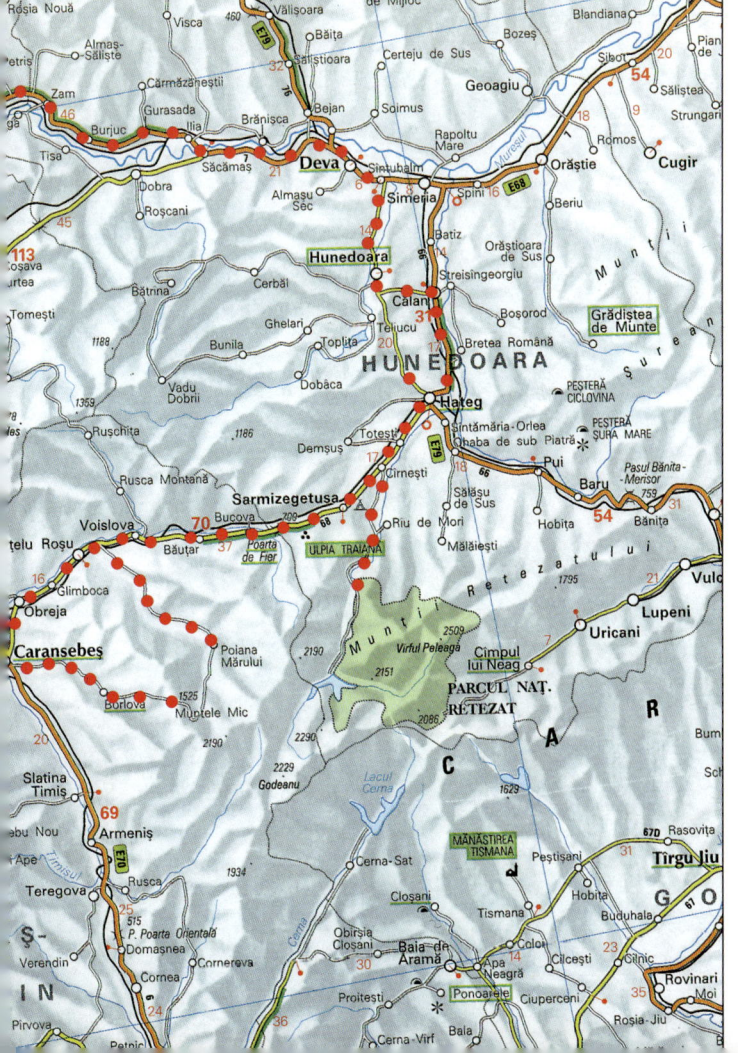

00 km **Arad*** ist der Ausgangspunkt unserer Rundreise durch das Banat. Wir verlassen die Stadt südlich auf der DN 69 (E 671).

Nach 20 km Fahrt erreicht man zunächst das Dorf **Vinga**, ein Ort, in dem eine gewaltige **Kirche aus der Zeit Maria Theresias** aufragt. In diesem Banater Dorf gibt es bis heute noch einen hohen Anteil an bulgarischstämmiger Bevölkerung. Ihre Vorfahren, Bulgaren römisch-katholischen Glaubens, mussten im 18. Jahrhundert ihre Heimat verlassen. Sie flohen aus Glaubensgründen oder vor den Wirren der russisch-türkischen Kriege und wurden im Banat ansässig.

Nach Vinga kommem wir auf der DN 69 nach **Ortişoara.** Die Poststation des Dorfes stammt aus dem Jahr 1860. Von hier ist es noch eine gute halbe Stunde Fahrzeit nach Timişoara, dem ersten größeren Routenziel.

In den barocken Kirchenbauten des Banats spiegelt sich der jahrhundertelange österreichische Einfluss

52 km Timişoara* (Temeswar) mit seinen Sehenswürdigkeiten zu besichtigen, wird einige Zeit in Anspruch nehmen, zumal von hier aus auch interessante Ausflüge in die nähere Umgebung möglich sind.

Alter Friedhof bei Arad

Alternativrouten: Timişoara (Temeswar) – Reşita (Reschitza)

Von Timişoara nach Reşita, dem nächstgrößeren Routenziel, führen zwei Wege. Die Strecke 1 über Lugoj ist landschaftlich reizvoller, dafür ist die Strecke 2 über Jebel - Voiteg - Bocşa schneller zu bewältigen.

Vorschlag 1: Timişoara – Lugoj – Reşita

Wir verlassen Timişoara auf der DN 6, die nach Lugoj führt.

Eine sanfte Landschaft zu beiden Seiten der Strecke

75 km **Recaş** ist eine der ersten Gemeinden auf dieser Strecke durch die Lugoj-Niederung. Diese Ebene wird im Norden durch die Lipova- Höhen (Podişul Lipovei) und im Süden durch die Berglandschaft bei Buziaş begrenzt. Das Dorf **Recaş** lebt vor allen vom Weinbau.

Weiter geht es nach **Topolovăţu Mare**. Von diesem Dorf aus bietet sich ein Ausflug nach **Buziaş** an.

Abstecher

Von Topolovăţu aus sind es 15 km nach **Buziaş**, einem Ort mit knapp 10000 Einwohnern. Mineralquellen und ein günstiges Klima ließen diese malerische, kleine, in eine sanften Hügellandschaft eingebettete Stadt zu einem Heilbad für Herz- und Kreislaufkrankheiten werden. Die Kuranlagen sind allerdings nicht im Top-Zustand.

112 km **Lugoj** (Lugosch) selbst ist die nächstgrößere Stadt (50000 Einwohner) auf unserer Rundreise. Die Stadt liegt am Ufer des Timis, an den Ausläufern der Poiana-Ruscă-Berge. Sehenswert ist eine **Mariä-Himmelfahrts-Kirche**, die in der Mitte des 18. Jahrhunderts von Fischer von Erlach Sohn errichtet wurde. Diese Kirche gehört zu den bedeutenden Barockgebäuden des Banats.

*Hotel Dacia** , Str. A. Macioni 7, Tel.: 056/212740, Fax: 056/314329 (170 Betten) Hotel Tirol**, Str. Salcâmului 15, Tel.: 056/313832, Fax: 056/314193 (27 Doppelzimmer, gut geführt)*

Die zukünftigen Fußballmeister trainieren auf der Dorfwiese

Von Lugoj aus folgt man nun der DN 58 A, die ungefähr 40 km durch die Hügellandschaft von Buziaş über Ezeriş nach Bocşa-Vasiovei führt. Nach

152 km **Reşiţa** (Reschitza) fährt man auf der DN 58 B.

Vorschlag 2: Timişoara – Voiteg – Reşita

Das erste Teilstück dieser Strecke führt auf der DN 59 (E 70) durch ebene Banater Landschaft nach **Voiteg** und dann auf der DN 58 B nach Reşiţa. Nach 50 km erreicht man die Ortschaft Bocşa.

Bocşa ist eine Kleinstadt, die aus drei Dörfern entstand. Sie wurde schon im 16. Jahrhundert beurkundet. „Bocşa" bedeutet auf deutsch „Holzkern (im Meiler)". Bereits 1719 gab es hier eine Köhlerei, mit deren Holzkohlen wurde eine Eisenerzschmelzerei betrieben. Bocşa als Siedlungsflecken ist sehr alt. Hier entdeckte man auch Reste einer Goldmine, die bereits die Römer ausbeuteten. Nachdem wir Bocşa verlassen haben, sind wir in wenigen Minuten in Reşiţa, dem nächsten Etappenziel.

Reşiţa (Reschitza) ist ein mahnendes Beispiel dafür, was die Industrie einer Stadt antun kann. Umweltschutz hat in der rumänischen Wirtschaft keine Rolle gespielt. Verfallende Plattensiedlungen, Industrieanlagen und Schornsteine prägen das Bild der 100 000-Einwohner-Stadt. Reşiţa ist gewissermaßen ein Opfer der reichen Kohle- und Eisenerzvorkommen seiner Umgebung geworden. Schon zur Römerzeit wurde hier nach Metallen geschürft, und seit dem Ende des 18. Jahrhunderts, als Kohle und Eisenerz intensiver abgebaut wurden, ist Reşiţa ein Zentrum der Stahlindustrie. Die ersten **Hochöfen** gingen hier bereits 1771 in Betrieb. In den letzten Jahren wurden jedoch einige Werke, die zu den größten Umweltverschmutzern gehörten, geschlossen, so dass man nicht mehr ständig das Gefühl hat, dass der Schmutz in alle Poren dringt.

*Hotel Bistra**,
Str. Bălcescu 5
Tel. 055/413871
Fax: 055/414854
(57 Betten)*

durch das Banat

Abstecher
Reşiţa ist ein idealer Ausgangsort für Fahrten in das angrenzende **Semenic-Massiv** (Munţii Semenic) der Banater Berge, das zum Wintersportgebiet ausgebaut wurde. Um zum Massiv zu gelangen, folgt man in Reşiţa der Ausschilderung Valiug oder Garâna.

Ein zweiter Ausflug ist von Reşiţa aus nach Secu möglich, er lohnt aber nur im Sommer. Der Ort Secu liegt 10 km von Reşiţa entfernt, in einer waldreichen, hügeligen Gegend, direkt am gleichnamigen Stausee. Hier findet man ein Erholungszentrum mit Übernachtungsmöglichkeiten im Hotel und auf einem Campingplatz.

Noch immer ist Pferd und Wagen das unentbehrliche Transportmittel zum Gemüsemarkt und zur Feldbestellung

Reşiţa verlassen wir auf der DN 58 nordöstlich in Richtung Caransebeş (Karansebesch).

Pältiniş, 35 km hinter Reschitza gelegen, ist ein Ort, wo schon die Römer siedelten. „Caput Bubalis" hieß ihre Siedlung. Sehenswert ist hier vor allem eine **Holzkirche aus dem 17. Jahrhundert**. Sie steht auf dem Kirchberg des Dorfes.

193 km Caransebeş (Karansebesch) liegt am Zusammenfluss des Timiş und des Sebeş. Die Stadt mit heute 30 000 Bewohnern entstand 1484 aus der Vereinigung zweier mittelalterlicher Siedlungen: Caran und Sebeş. Beide wurden erstmals um 1290 erwähnt.

Sehenswert sind in Caransebeş die Reste einer **Festung** aus dem 16. Jahrhundert (Strada Cetăţii) und die **Kirche des Heiligen Georg** (Biserica Sf. Gheorghe), die aus dem 18. Jahrhundert stammt und zu einem Kloster gehörte, das die Türken weitgehend zerstörten. 1796 wurde die Kirche neu aufgebaut.

Die Burg sollte Schutz gegen Osmaneneinfälle bieten

Abstecher

Von Caransebeş aus gelangt man in das Ausflugs- und Skigebiet des **Muntele Mic** (Kleiner Berg). Von hier sind sowohl Tagestouren als auch längere Kammwanderungen möglich. Zum Gipfel des „Kleinen Berges", der mit seinen 1802 m gar nicht so klein ist, sind es eine reichliche Stunde zu Fuß.

Außerdem bietet sich von Caransebeş aus ein Ausflug in das 76 km südlich gelegenen **Băile Herculane (Herkulesbad)** an, ein Kurort, den schon die Römer kannten und in dem später oft der österreichische Kaiser Franz Joseph abstieg.

Wir verlassen Caransebeş auf der DN 68. Nach 20 km sind wir in Oţelu Roşu einer Kleinstadt im Tal der Bistra.

213 km Oţelu Roşu ist das zweitgrößte Eisenverhüttungszentrum im Banat. Auf die 12 000 Einwohner zählende Stadt trifft nichts anderes zu als für die meisten rumänischen Städte, in denen sich Industrie angesiedelt hat – veraltete, heruntergekommene Anlagen weit und breit.

Abstecher

Oţelu Roşu ist als Ausgangspunkt für einen Ausflug nach **Poiana Mărului** bestens geeignet . Das als Luftkurort bekannte Poiana Mărului liegt in einer landschaftlich herrlichen Gegend, direkt am Muntele Mic (Kleiner Berg).

Von Otelu Roşu aus folgt man weiter der DN 68. Wir durchqueren die Karpaten in einer Art Korridor, den sich die Bistra durch die wuchtigen Bergmassive der **Munţii Poiana Ruscăi** und der **Munţii Ţarcului** gebahnt hat.

Die Straße führt nach **Zăvoi**, einem Dorf, in dessen unmittelbarer Nähe **Reste einer römischen Festung** entdeckt wurden.

Wenige Kilometer danach wird die DN 68 zur Pass-Straße. Ungefähr 40 km nach Caransebeş führt sie in 700 m Höhe auf den als **Eisernes Tor Siebenbürgens** (Poarta de Fier a Transilvaniei) bezeichneten Pass.

Gleich nach der Überwindung des Passes wird einem ein **Denkmal** auffallen, das aussieht wie eine riesige Keule. Dieser eiserne Streitkolben erinnert an einen siegreichen Kampf des in Rumänien nationalistisch vereinnahmten siebenbürgischen Fürsten Johannes Corvin gegen die Türken im Jahr 1442. Die Legende berichtet, dass die Türken trotz ihrer Überlegenheit von 60 000 Kriegern geschlagen wurden. Kurze Zeit später sind wir an einem geschichtsträchtigen Ort, in Sarmizegetusa.

248 km Sarmizegetusa – dieser zungenbrecherische Name ist der der **Hauptstadt des ehemaligen dakischen Reiches**. Hier findet man die Ruinen der von den Römern

gegründeten Ortschaft Colonia Ulpia Traiana Augusta Dacia. Sie wurde von Kaiser Trajan in den Jahren 108-110 n.Chr. nach der Unterwerfung der Daker nahe der ehemaligen Hauptstadt Dakiens angelegt.

Kaiser Hadrian gab dem Ort nach 117 den Namen „Colonia Ulpia Traiana Sarmizegetusa". Er fügte also den Namen der ehemaligen dakischen Hauptstadt an, um zu demonstrieren, dass nunmehr mit der römischen Ortschaft die politische Rolle der Hauptstadt Dakiens weitergeführt wird.

Freigelegte Ruinen lassen im Zentrum der Anlage die Fundamente des Forums und des Gebäudes für den Kaiserkult erkennen. Nördlich des ehemaligen befestigten Stadtkerns haben sich die Grundmauern des elliptischen Amphitheaters erhalten. In dessen Nähe wurden außerdem die Überreste mehrerer Kultgebäude und eines Tempels freigelegt.

Nachdem wir Sarmizegetusa verlassen haben, bietet der nächste Ort, **Cârneşti,** die Möglichkeit eines Abstechers in einen bekannten Nationalpark voller imposanter Naturschönheiten.

Mitten in Rumänien ein römisches Amphitheater

Übernachtung möglich!

Abstecher

Kurz hinter Sarmizegetusa biegt von der DN 68 eine schmale Straße nach rechts zum 200 qkm umfassenden Nationalpark des Retezat-Gebirges (Munţii Retezatului) ab. Wir erreichen zunächst Ostrov, ein Dorf mit einer um 1450 aus unbehauenen Steinen gebauten Kirche. Nach Clopotiva, einem schon 1360 beurkundeten Ort, führt dann die Straße direkt in den Nationalpark. Der westliche Teil des Gebirges ist aus Gründen des Naturschutzes völlig gesperrt. Früher war es eines der Jagdgebiete Ceauşescus. Die seenreiche Berglandschaft (ca. 100 Seen) ist ein Paradies für Hochgebirgsfreunde. Seltene Pflanzenarten sind hier genauso zu Hause wie eine artenreiche Fauna.

In den Nationalpark lud einst Ceauşescu zur Staatsjagd

*Der tiefste
Bergsee Rumäniens*

Am günstigsten ist es, zur ca. 15 km von Clopotiva entfernten Baude Gura Zlata zu fahren. Von hier ist der Aufstieg in das Retezat-Hochgebirge mit seiner höchsten Erhebung, dem Peleaga (2509 m) gut möglich.

Zwei Vorschläge für Wanderungen:

1. Von Gura Zlata führt ein Aufstieg zur Baude Gura Apei. Auch mit dem Fahrzeug gelangt man noch bis hierher, allerdings nur über schlimme Schotterwege. Weiter führt ein Weg auf den Zlata und dann weiter zu dem in über 2000 m Höhe gelegenen Zanoaga-See, der mit 29 m der tiefste Gebirgssee Rumäniens ist. Für den Fußweg benötigt man ca. 5 Stunden.

2. Eine zweite Route führt uns von Gura Zlata aus durch das Zlata- und Radeşultal zum Gipfel des Cioaca Radeşului. Weiter geht es dann zum Zanoaga-See, zum Ana-See und schließlich zum größten rumänischen Gebirgssee, dem Bucura-See. Er liegt 2206 m hoch und hat eine Wasserfläche von fast 9 Hektar. Für diese Strecke benötigt ein erfahrener Bergwanderer 8 Stunden. Vom romantisch gelegenen Bucura-See bietet sich ein Aufstieg auf den höchsten Berg des Retezat, den Peleaga (2509 m) an.

Auf der DN 68 führt der Weg weiter nach **Toteşti**, wo es sich erneut lohnt, von der Hauptstrecke abzuweichen.

Abstecher

Densuş ist 6 km von Toteşti (im Dorf links abbiegen!) entfernt. Die Nikolauskirche des Ortes mit ihrem ungewöhnlichen Turm wurde im 13. Jahrhundert erbaut. Der auf den Ruinen eines aus der Römerzeit stammenden Gebäudes errichtet. Der auf dem Kirchenschiff stehende Turm wird von 4 Säulen gestützt, die aus der ehemaligen römischen Festung Colonia Ulpia Traiana Sarmizegetusa stammen sollen. Im Inneren sind Fragmente von Wandmalereien aus dem Jahr 1443 erhalten.

*Das Baumaterial
stammt aus der
alten dakischen
Hauptstadt*

265 km **Haţeg** gab der Karpatenniederung, in der diese 10 000 Einwohner zählende Stadt liegt, ihren Namen.

Abstecher

Das einsam liegende **Kloster Prislop** stammt aus dem 14. Jahrhundert. Die Klostergründung wird einem Mönch namens Nicodim zugeschrieben. Die aus unbehauenen Steinen gebaute Klosterkirche wurde 1564 geweiht.

Zum Kloster gelangt man von Haţeg aus auf der DJ 78 A Richtung Norden fahrend. Bei Silvaşu de Jos biegt ein kleiner Weg nach Silvaşu de Sus ab. Von hier aus ist es ungefähr noch eine Stunde Fußweg.

*Von Haţeg aus führt
auch eine zweite
Straße durchs
Gebirge (Munţii Poi-
ana Ruscăi) nach
Călan. Die Strecke
ist landschaftlich
sehr schön, aber
etwas beschwerlich
zu fahren.*

Wir verlassen Haţeg auf der DN 66 (E 79) und fahren weiter nach Călan.

Călan können wir schnell hinter uns lassen, es hat neben der hier betriebenen Eisenverhüttung nichts zu bieten. Wir biegen im Ort nach links auf die DJ 687 in Richtung Hunedoara (Eisenmarkt) ab.

287 km Hunedoara* (Eisenmarkt) ist durch seine Schwerindustrie von der Umweltverschmutzung heimgesucht wie keine zweite Stadt des Banats. Auf keinen Fall sollte man aber versäumen, das alte **Corvinschloss** zu besichtigen!

Danach geht es weiter in das 15 km entfernt liegende Deva.

302 km Deva* (Diemrich) bietet dem Besucher einige interessante Sehenswürdigkeiten. Nach der Besichtigung kehren wir der Stadt auf der DN 7 (E 68) westwärts den Rücken.

Entlang des Flusslaufes des Mureş (Marosch) führt die Straße zurück nach Arad. Ab und zu bieten sich reizvolle Ausblicke auf das sich rechterhand sanft erhebende **Zarand-Gebirge** (Munţii Zarandului) und auf die südlich des Mureş gelegenen **Lippaer Berge** (Podişul Lipovei), eine leichtgewellte Hügellandschaft. Ansonsten führt die Fahrt durch eine liebliche Landschaft. Die Dörfer machen meist

> *Eisenmarkt sollte man nicht verlassen, ohne das Corvinschloss gesehen zu haben*

Im „Banater Schwabenlied" klingt der Stolz aufs Deutschtum

Die Banater Schwaben sind nationalstolz. Das kommt auch in ihren Volksliedern zum Ausdruck. Adam Müller-Guttenbrunn ist vielen Banater Schwaben heute noch bekannt. Er schrieb Geschichten und Lieder über das Banat. Sein „Banater Schwabenlied", aus dem 1910 in Leipzig erschienenen Band „Die Glocken der Heimat" ist eines der bekanntesten:

*„Es brennt ein Weh, wie Kindertränen brennen,
wenn Elternherzen hart und stief gesinnt.
Oh, dass vom Mutterland uns Welten trennen,
und wir dem Vaterland nur Fremde sind.*

*Von deutscher Erde sind wir abgeglitten,
auf diese Insel weit im Völkermeer.
Doch wo des Schwaben Pflug das Land durchschnitten,
wird deutsch die Erde, und er weicht nicht mehr.*

*Aus einer Wüste ward ein blühend Eden,
aus Sümpfen hob sich eine neue Welt.
Von diesem Land lasst deutsch und treu und reden,
verachten den, der's nicht in Ehren hält.*

*O Heimat, deutschen Schweißes stolze Blüte,
du Zeugin mancher herben Väternot,
wir segnen dich, auf dass dich Gott behüte,
wir stehn getreu zu dir in Not und Tod."*

Eine Fahrt durch das Maroschtal

einen freundlichen Eindruck. Die Straße, die zum Grenz-übergang Arad führt, wurde saniert und ist in einem sehr guten Zustand. Kraterartige Schlaglöcher, unbefestigte Straßenränder mit fehlenden Markierungen, nicht angekündigte, nachts unbeleuchtete Baustellen – all das, was das rumänische Straßennetz zu bieten hat, findet man hier nicht. Die Fahrt ist für jeden Autofahrer ausnahmsweise ein Vergnügen.

Zunächst liegt an unserer Strecke das Dorf **Săcămas.**

Abstecher
Vom Dorf fährt man 7 km in Richtung Lugoj und ist in dem unscheinbaren Örtchen **Lăpuşnic,** das eine sehenswerte Holzkirche aus dem 18. Jahrhundert aufzuweisen hat.

Die nächsten erwähnenswerten Orte auf der ungefähr 170 km langen letzten Strecke nach Arad sind **Ilia**, eine Gemeinde mit **Ruinen einer mittelalterlichen Burg** und **Gurasada**, ein Dorf mit einer eindrucksvollen orthodoxen Kirche. Sie wurde bereits um 1300 auf einem vierpassförmigen Grundriss erbaut und im 18. Jahrhundert erweitert und ausgemalt. Die Wandmalereien im Vierpass, im späten Brâncoveanu-Stil, wurden von Meister Nicolae aus Piteşti ausgeführt. Im Pronaos befindet sich eine lebendige, volkstümliche Darstellung des Jüngsten Gerichts, die dem Meister Ioan aus Deva zugeschrieben wird.

Dann geht es über Dörfer wie **Tătărăşti, Săvârşin** oder **Bârzava** nach **Conop,** das reichlich 100 km von Deva entfernt liegt. Conop kann als **Ausgangspunkt für eine Wanderung** in das Zarand-Gebirge dienen.

Im besseren Zustand wäre Lippa ein wahres Kleinod aus der Zeit der österreichisch-unga-rischen k. und k.-Monarchie

407 km **Lipova** (Lippa) ist eine Kleinstadt mit wechsel-voller Vergangenheit, die vor allem ihrer strategisch günstigen Lage zuzuschreiben ist.

Lipova liegt im M) in seinem Engpass zwischen Zarand- und Lipova-Gebirge. Die Häuser der Stadt (im k. und k.-Stil mit reichen Außenverzierungen), barocke Türme und die lange, gekrümmte Haupt-

Alles, was in den Klöstern gebraucht wird, stammt aus eigener Produktion

straße mit vielen Läden geben ein noch immer schönes, wenn auch verblichenes Bild ab. Ein baugeschichtliches Denkmal Lipovas ist der erhalten gebliebene Teil eines **türkischen Basars** mit seinem breiten, niedrigen Bogengang aus dem 17. Jahrhundert. Die Stadt ist eine Dreifachsiedlung, gebildet aus den Orten Lipova, Radna und Şoimoş. In Radna befindet sich ein Wallfahrtsort, das **Dominikaner-kloster Maria Radna**. Vor allem für die deutsche und ungarische Bevölkerung des Banats war und ist das **Bild der Schwarzen Madonna**, von der gesagt wird, dass sie Tränen vergossen habe, Ziel der Pilgerfahrt.

Die Burgruinen überhalb Lipovas sind die **Ruinen der Schoimoscher Burg** (Cetatea Şoimoş). Von hier hat man einen herrlichen Ausblick auf das Mureş-Tal, aber auch auf die Banater Berglandschaft und auf die Stadt. Die ehemalige Festung thront auf einem steilen Berg über dem Mieresch (Mureş). Die Burg wurde bis 1278 zum Schutz gegen die Tataren errichtet, später diente sie (nach einem Umbau, der von Johannes Corvin veranlasst wurde) als Bollwerk gegen die Türken.

Bǎile Lipova (Bad Lippa) ist direkt mit Lipova verbunden. Der im Tal des Baches Sistarovat liegende ehemals renommierte Kurort, in dem bereits vor 700 Jahren Mineralquellwasser Krankheiten linderte, existiert praktisch nicht mehr. Alles, was von dem Kurbad blieb, ist ein zerfallenes Kurhaus, ein verwilderter Kurpark mit streunenden Hunden sowie ein menschenleerer Kurplatz. Aus Bad Lippa ist ein Geisterort geworden.

Nach weiteren 20 km sind wir zurück in `427 km` **Arad***, der Stadt, wo unsere Erkundungsreise durch das ehemalig ungarische Banat begann.

Die Rumänen sind kälteempfindlich, selbst im Sommer trägt man Mütze.

Mitbringsel für zu Hause: handgearbeitete Strickpullover

Die Dobrudscha

Route 10:
Die rumänische Schwarzmeerküste (Litoral)

Mamaia – Constanţa – Eforie Nord – Eforie Süd – Costineşti – Olimp – Neptun – Venus – Aurora – Jupiter – Saturn – Mangalia – 2 Mai – Vama Veche (70 km)

Die rumänischen Schwarzmeerbadeorte sind am „Litoral", einem etwa 80 km langen Küstenstreifen, aufgereiht. Der nördlichste Punkt dieser „rumänischen Riviera" ist Mamaia; Vama Veche, der Grenzübergang zu Bulgarien, der südlichste.

Der „Litoral" ist die rumänische Riviera

Insgesamt jedoch erstreckt sich die rumänische Schwarzmeerküste über 245 km zwischen dem Donaudelta und der bulgarischen Grenze. Oft gilt sie in Deutschland nur als Zielort für Touristen mit schmalem Reisebudget. Tatsächlich kann man hier sehr preiswert seinen Urlaub verbringen. Das gilt selbst für Kuren und Heilbehandlungen. Aber dies ist längst nicht alles: Rumäniens Küste bietet einzigartige Landschaften, an erster Stelle das geheimnisvolle und ursprüng-

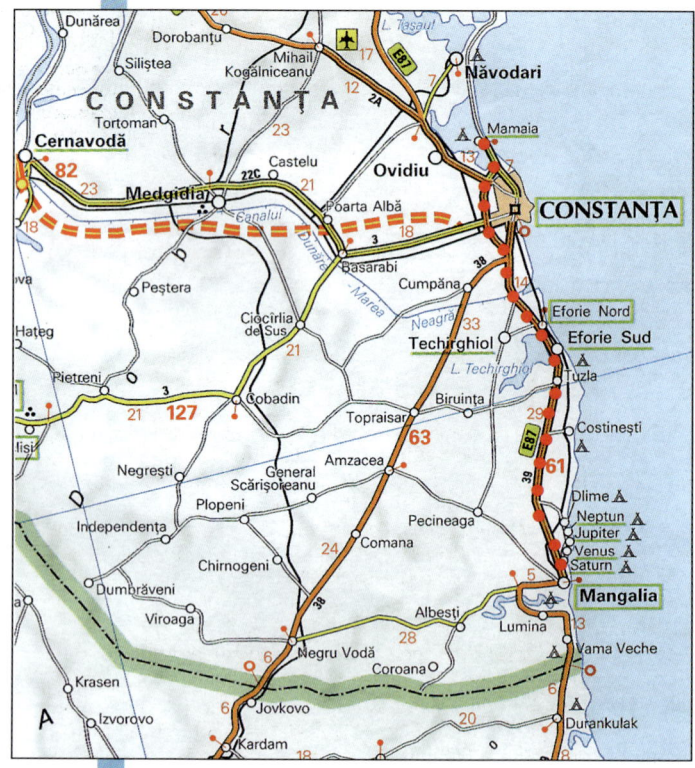

**An der Schwarz-
meerküste findet
man noch
einsame Strände**

liche Donaudelta, und beeindruckende Denkmäler europäi-
scher und rumänischer Geschichte. Wären die geschichtlichen Umstände anders gewesen, hätte die rumänische
Riviera mit ihrem milden Klima, kaum spürbaren Gezeiten,
herrlichen weißen Sandstränden, riesigen Süßwasserseen
gleich hinter der Küste und attraktiven Ausflugsmöglichkeiten
ins Landesinnere als Reiseziel wohl längst mit westlichen
Feriengebieten am Meer konkurrieren können. Um einen
internationalen Standard zu erreichen, muss hier zweifellos
noch sehr viel getan werden. Der aufgeschlossene Besucher
kann aber vor allem in der Vor- und Nachsaison Sonne, See
und Strand in relativer Ruhe und ohne die Aufdringlichkeiten,
die ein voll kommerzialisierter Ferienbetrieb sonst mit sich
bringt, genießen.

In den rumänischen Schwarzmeerorten gibt es mittlerweile
hunderte von Unterkunftsmöglichkeiten. Das Angebot reicht
vom 4-Sterne-Luxushotel bis zum einfach ausgestatteten
Campingplatz. Die meisten ausländischen Touristen buchen
einen Schwarzmeeraufenthalt pauschal bei Veranstaltern wie
Neckermann oder kleineren Anbietern. Hier erfolgt die Unter-
bringung in der Regel in ordentlichen 2-3-Sterne-Hotels, die
direkt am Meer liegen. Meist haben diese Hotels nur
während der Saison (Mai-September) geöffnet. Die in den
nachfolgenden Beschreibungen der Schwarzmeerorte
genannten Hotels und Unterkunftsmöglichkeiten stellen nur
eine kleine Auswahl dar. Die meisten von ihnen sind auch
außerhalb der Saison geöffnet (zur Sicherheit jedoch vor Rei-
sebeginn telefonisch nachfragen).

*Preiswerter Urlaub
an schönen
Stränden.
Rumänien ist auch
touristisch noch ein
Entwicklungsland*

00 km **Mamaia** ist das nördlichste Seebad der Schwarz-meerküste. Es liegt auf einer schmalen, nur 100-300 m brei-ten und 8 km langen Nehrung zwischen dem Schwarzen Meer und dem Siutghiol-See, der über einen reichen Fisch-bestand verfügt. Um 1900 war Mamaia noch ein reines Fischerdorf. Der Fremdenverkehr entwickelte sich allmählich in den ersten 50 Jahren unseres Jahrhunderts. 1940 gab es hier z.B. 500 Übernachtungsmöglichkeiten. In den 60er, 70er und 80er Jahren wurde Mamaia für den Massentouris-mus ausgebaut. Das nördlichste, traditionsreichste und bekannteste Seebad des Litoral, jetzt zu Constanţa* gehörend, bietet neben Sonne und Meer Wassersportmög-lichkeiten und viel Zerstreuung in Diskotheken und Restau-rants. Nach Constanţa fahren Busse, so dass man auch die nahe Hafenstadt gut kennenlernen kann. In der Saison sind in Mamaia Restaurants, Hotels und Diskotheken für viele Geschmäcker und unterschiedlich gefüllte Geldbeutel geöffnet.

Mamaia war schon immer der beliebteste Badeort

Restaurants und Diskotheken in Mamaia

Die Gastronomie in Rumänien ist im Umbruch. Viele Restaurants wer-den oder sind privatisiert, einige schon wieder pleite. Folgende Restau-rants und Diskotheken in Mamaia haben sich jedoch schon seit einiger Zeit gut etabliert und sind in Angebot und Service gut:

Komplex Cleopatra
(Complexul Cleopatra),
Tel./Fax: 041/831237
(Restaurant, Diskothek,
Pizzeria, Bistro, Terrasse)
Club Kastell
(Complex Club Castel),
Tel.: 041/831228,
Fax: 041/831047
(Restaurant, Diskothek,
Terrassen, Tennisplätze)
Restaurant Ambasador
(im Hotelkomplex Ambasador),
Tel.: 041/831340
Restaurant Marea Neagra,
Tel.: 041/831588
(Restaurant mit schönem,
großen Freisitz)

Bistro Mistral,
Tel. 041/831867
(schöne Strandbar
nördlich des Hotels „Rex")
Bingo Europa
(beliebtes Glücksspielrestaurant,
direkt neben dem Hotel „Parc")
Diskothek Enigma
(modernste und beste Diskothek
in Mamaia, ganz am Ende des Ortes)
Daneben gibt eine Unmenge weiterer
Restaurants, Bars und Diskotheken.
In der Saison ist abends in den
meisten Hotels Tanz.

Das Feriendorf von Mamaia:
Eine kulinarische Reise durch
die rumänischen Regionen

Außerdem existiert in Mamaia ein **Vergnügungspark**, der (un-gewollt!) auch für Erwachsene interessant ist: die Karussells, Spiel-automaten und andere klapprige Schausteller-Technik wären in Deutschland, Österreich oder der Schweiz schon längst Museums-stücke. Es lohnt sich auf alle Fälle, dem **Feriendorf** (satul de vacanţa) einen Besuch abzustatten, wo man auf einen Streich die traditionelle Küche in typischen Häusern aller rumänischen Gegenden kennen-lernen kann.

Schwarzmeerküste

**Warten auf Fahr-
gäste – Handar-
beit ist der beste
Zeitvertreib**

Hotel Rex**,**
*Staţiunea Mamaia,
Tel.: 041/831595,
Fax: 041/862292
(eines der besten
u. teuersten Hotels
Rumäniens,
90 Doppelbett-
zimmer, 12 Appar-
tements)*
Hotel Majestic **,**
*Staţiunea Mamaia,
Tel.: 041/831981
(frisch renoviert,
gute Mittelklasse)*
Hotel Parc**,**
*Staţiunea Mamaia,
Tel.: 041/831720
(12-etagiges Hotel
mit fast 400 Betten,
etwas verschlissen,
aber sehr schöne
Lage)*

Der Bulevardul Mamaia führt vom Badeort Mamaia direkt nach Constanţa. Linkerhand befindet sich das weinberankte Gebäude der Constanţaer **Ovidiu-Universität** (Universitatea Ovidiu, Bulevardul Mamaia 124), die einen recht schönen, baumbewachsenen Campus hat.

7 km Constanţa* ist der Dreh- und Angelpunkt der rumänischen Schwarzmeerküste und ihr touristisches Zentrum. Kein Badeurlauber aus den Hotelstädten der Umgebung sollte es versäumen, der von griechischen Siedlern bereits vor 2500 Jahren gegründeten Stadt einen Besuch abzustatten.

21 km Eforie Nord ist der nächste Urlauberort am Litoral. Dem Techirghiol-See, an dem um 1910 das erste Badesanatorium von Eforie gebaut wurde, verdankt Eforie Nord seine Bedeutung als Kurort. Das hochkonzentrierte Salzwasser und der Faulschlamm des Sees werden u.a. zur Behandlung von Rheumatismus, Haut- und Frauenleiden mit Erfolg ein-

*Die Hafenstadt
Constanţa ist
Zentrum der Küste*

Hotel Europa**,**
*Str. Republicii 19,
Tel.: 041/742990
(größtes Hotel des
Ortes, 462 Betten)*
Hotel Delfinul*,**
*Statiunea Eforie
Nord,
Tel.: 041/742630
(460 Betten,
Möglichkeit zur
Heilbehandlung)*
Hotel Belvedere*,**
*Aleea Perla Mării 2,
Tel.: 041/711360
(schöne, meernahe
Lage)*

**Herrliche Villen in
Eforie Nord**

gesetzt. Einer Verjüngungskur soll die berühmte Gerovital-Behandlung gleichkommen.

Bevor der Bauboom zur Errichtung der leidlich bekannten Großhotels in den 60er Jahren einsetzte, wurden in Eforie Nord ruhig gelegene Hotels und schöne Villen gebaut, die man vor allem entlang des Uferboulevards sehen kann. Eforie Nord macht durch diese großzügigen Hotel- und Villenanlagen auch heute noch einen vornehmen Eindruck. Der ungefähr vier Kilometer lange Strand wird durch sechs Steindämme gegen Wind und Wellen geschützt.

Eforie Süd: ältestes Seebad Rumäniens

26 km **Eforie Süd** ist das älteste Seebad Rumäniens. Bereits 1899-1900 wurden hier die ersten Kur- und Erholungseinrichtungen gebaut. Den ca. 2 km langen Strand an der Steilküste erreicht man über Treppen von der Strandpromenade aus, von der man eine herrliche Aussicht über die Küste genießen kann. Es gilt das gleiche wie für Eforie Nord: der Ort ist relativ großzügig angelegt. Selbst die in den letzten Jahrzehnten entstandenen großen Hotelbauten haben ihm seinen Charme nicht nehmen können.

Hotel Ancora**, Str. Faleza 10, Tel.: 041/742938, Fax: 041/741889 (128 Betten, Winterbetrieb nicht garantiert) Campingplätze Olt und Rusalca (in der Nähe des Hotels Crişana)

Wochenmarkt in Eforie Süd. Fangfrischer Fisch stammt meistens nicht aus industrieller Produktion, sondern vom Fischer von nebenan

Costineşti: Paprikaplantage gleich hinter der Küste, unweit vom Touristenrummel geht das Landleben weiter

36 km **Costineşti,** ursprünglich ein kleines Dorf, ist besonders für Junge und Junggebliebene ein beliebtes Ferienziel am Schwarzen Meer. Im Ort sind einige Diskotheken (Ring, Vox Maris), Restaurants und Bars. In Costineşti gibt es zum Glück kaum ausladende Hotelkomplexe, nur kleinere Neubauten, Villen und Holzhäuser, die sich in das Ortsbild einfügen. Der Strand ist herrlich! Er fällt flach ins Meer ab.

45 km **Olimp, Neptun, Venus, Cap Aurora, Jupiter, Saturn** sind die nächsten Orte entlang der rumänischen Riviera. Nördlich von Mangalia reihen sich diese Feriensiedlungen mit Hotelbauten für den organisierten Tourismus aneinander. Neptun ist der eleganteste Ort. Hier hatte Nicolae Ceauşescu seine prunkvolle Ferienvilla. Langsam verbessern die Badeorte mit den außerirdischen Namen ihren Ruf. Die Hotelburgen wurden einst mit mehr oder weniger Phantasie erbaut. Heute ist man hier in der Regel um guten Service bemüht. Die Freizeitangebote nehmen mehr und mehr zu, die Strände werden regelmäßig gesäubert. Wer etwas für seine Schönheit und Gesundheit tun möchte, kann preisgünstig Wasser-, Heilschlamm- oder Gerovitalbehandlungen buchen.

Hotel Admiral**, Staţiunea Costineşti, Tel.: 041/742850 (einziges Riesenhotel des Ortes, fast 700 Betten, Winterbetrieb nicht garantiert)

Hotel Amfiteatru***, Staţiunea Balneo Olimp, Tel.: 041/731456
Hotel Neptun***, Staţiunea Balneo Neptun, Tel.: 041/731020, Fax: 041/731150
Hotel Dana***, Staţiunea Venus, Tel. 041/731503 (88 Doppelzimmer, schöne Anlage)
Hotel Delta**, Staţiunea Jupiter, Tel.: 041/731304 (644 Betten, Winterbetrieb nicht garantiert)

Gerovital-Behandlungen nach Professor Ana Aslan

Gemessen an der Zahl der Kurorte im Land nimmt Rumänien nach Deutschland, Italien, Frankreich und Spanien den 5. Platz in Europa ein.

Jung bis ins Alter: Auch Claudia Cardinale kurte in Rumänien nach der Methode von Professor Ana Aslan.

Vor vielen Jahrhunderten schon ließen sich römische Kaiser in den vulkanischen Heilquellen des jetzigen Bäile Herculane (Herkulesbad) ihre angegriffene Gesundheit restaurieren. Heute bieten einige Badeorte neben den konventionellen Behandlungen mit heilkräftigen Wassern und Schlämmen noch mehr an: eine spezielle Kur mit „Gerovital", die verjüngen oder wenigstens den Alterungsprozess hinauszögern soll. Die Erfinderin der „Gerovital"- und „Aslavital"- Produkte war die Geriatrie-Spezialistin Professor Ana Aslan. Ende der 70er und Anfang der 80er Jahre, bis sich die Versorgungslage mit Lebensmitteln und Energie im Land drastisch verschlechterte, waren die Kuren nach der Aslan-Methode auch für westliche Touristen sehr attraktiv. Sogar Claudia Cardinale hat sich den kundigen Spezialisten im Aslan-Therapiezentrum in Otopeni bei Bukarest anvertraut. Heute versucht man dort, wie im gesamten Kurbereich, Gäste neu- und wiederzugewinnen. An der Schwarzmeerküste werden u.a. in Mangalia Behandlungen angeboten. Unter dem Namen „Gerovital" werden auch verschiedenste Körperpflegeprodukte vertrieben. Die Cremes und Wässerchen sollte man jedoch nicht auf dem Flughafen kaufen, dort kosten sie ein Vielfaches des Handelspreises!

Kurreisen nach Rumänien kann man in Deutschland beim **Reiseveranstalter Kuren und Reisen GmbH** *(→ Praktische Hinweise/Reiseveranstalter) buchen. Der Veranstalter hat langjährige Rumänienerfahrung.*

Im Seebad Neptun

Schwarzmeerküste

58 km In **Mangalia** wurde in den 70er Jahren, wie leider in so vielen Städten des Landes, auf Ceauşescus Geheiß das alte Stadtzentrum niedergerissen, um ein „sozialistisches Stadtbild" zu schaffen. Also ist nun auch Mangalia, die südlichste Stadt an der rumänischen Schwarzmeerküste, von tristen Wohnblocks geprägt.

Nur noch wenige Straßen im Zentrum, in denen einige Bauten ein fast südfranzösisches Gepräge haben, lassen ahnen, wie anziehend diese kleine Stadt einmal gewesen sein muss. In der Zeit zwischen den Weltkriegen war Mangalia eine beliebte Sommerfrische für Künstler und Intellektuelle.

Wie Constanţa hat Mangalia seine Wurzeln im Altertum. Gegen Ende des 6. Jahrhunderts gründeten griechische Siedler die Kolonie Kallatis. Die Stadt entwickelte sich rasch und erreichte ihre Blütezeit im 4. und 3. Jahrhundert v.Chr. Wie Tomis erlebte auch Kallatis schwere Zeiten, so z.B. Ende des 4. Jahrhunderts v.Chr., als es von den Truppen des Perserkönigs Lisimachos zerstört wurde. Unter römischer Herrschaft erfuhr die Stadt wieder einen Aufschwung. Im 6. Jahrhundert, nach dem Rückzug der Römer, wurde die Festung Kallatis von Awaren zerstört. Auf den Ruinen entstanden ein Fischerdorf und ein Hafen, die im 13. Jahrhundert unter dem Namen Pankalia in Urkunden auftauchen. Im 16. Jahrhundert ist dann der heutige Name Mangalia belegt.

Schon am Anfang unseres Jahrhunderts begann man in Mangalia mit archäologischen Ausgrabungen. Es wurden u.a. die Reste der griechischen und römischen Stadtmauern, die Grundmauern einer Basilika und Gräberfelder freigelegt. Im **Archäologischen Museum** (Muzeul de arheologie Kallatis, Str. Mircea cel Bătrân) kann man die erhaltenen Zeugnisse der langen Geschichte Mangalias besichtigen. In unmittelbarer Nähe befindet sich eine Moschee aus dem Jahr 1590. Sie ist von einem alten türkischen Friedhof umgeben.

Das einst südländische Flair von Mangalia ist nur noch zu erahnen, die rigorose Stadtplanungspolitik Ceauşescus trägt auch hier bittere Früchte.

Hotel President ****, Str. Teilor 6, Tel.: 041/755861, Fax: 041/755695 (zentrale Lage, Heilbehandlungen möglich)
Hotel Mangalia ***, Str. Rozelor 35, Tel.: 041/751673 (Heilbehandlungen möglich)
Hotels Zenit, Astra und Orion **, Str. Teilor 7, 9, 11, Tel. 041(751156, 751673, 752052 (3 baugleiche Hotels, gute Lage)

Die Bewohner der Schwarzmeer-dörfer leben vom Tourismus und ihrem Hausvieh

Geheimtipp 2 Mai: ein ursprüngliches Dorf direkt an der Küste

66 km Das kleine Dorf **2 Mai** (Doi Mai) liegt direkt hinter Mangalia. Es ist ideal für Individualurlauber. Bisher vom Massentourismus verschont, hat sich der unmittelbar am Schwarzen Meer gelegene Ort seine Einfachheit und Ursprünglichkeit erhalten.

Seit jeher ist Doi Mai ein Urlaubsort für rumänische Intelektuelle, Politiker und Künstler. Diese Tradition hat sich bis heute erhalten. Die Villen am Ufer des Schwarzen Meeres zeugen davon. 2 Mai hat Naturstrand. Es gibt Dorfkneipen, Restaurant, Diskothek sowie 2 Campingplätze.

Rosemarie Gottschalk – eine engagierte Hamburgerin und ihre Gästevilla in 2 Mai

Viele Einwohner vermieten in 2 Mai privat, wer jedoch anspruchsvoll unterkommen möchte, dem bietet sich eine ganz besondere Möglichkeit. Eine Hamburgerin hat hier eine große Privatvilla in bester Lage errichtet. Rosemarie Gottschalk, die Besitzerin, kam 1990 über ein Entwicklungshilfeprojekt erstmals nach Rumänien. Sie verliebte sich in das Land und seine Menschen und engagierte sich im Tourismusgeschäft. Ihre Gästevilla in 2 Mai bietet Anspruchsvollen und Individualisten Urlaub nach Maß. In ruhiger Lage liegt das Haus, nur durch einen schönen Garten von den Dünen getrennt, direkt am Naturstrand (FKK möglich). Das Haus ist komfortabel ausgestattet, die Zimmer haben Meerblick, die Atmosphäre ist familiär, die Küche vorzüglich. Kinderbetreuung, auch über Nacht, Chauffeur für Restaurantbesuche oder Ausflüge – an alles wurde gedacht. Die Preise sind erschwinglich, ein Appartement für 4 Personen (mit Sonnenterrasse) beispielsweise kostet derzeit ca. DM 60.–. Die Gästevilla wird ganzjährig betrieben. In der Saison empfiehlt sich eine Vorbuchung.

Komfortable Urlaubsvilla unter deutscher Leitung

Ansprechpartner: *Rosemarie Gottschalk, Niendorfer Gehege 3, D-22453 Hamburg, Telefon D-040/588892*

70 km **Vama Veche** ist der südlichste Ort der rumänischen Schwarzmeerküste. Die bulgarische Grenze ist nur noch ein paar hundert Meter entfernt. Der feine Sandstrand von Vama Veche ist wunderschön. Wer im Dorf Vama Veche unterkommen möchte, muss privat ein Zimmer suchen. Aber auch wildes Campen am Strand wird in der Regel toleriert. In den letzten Jahren haben während der Saison immer mehr kleine Restaurants und Kneipen aufgemacht, die sich zu wahren Szene-Treffpunkten entwickelt haben.
Vama Veche ist absolut „in"!

Touristisch nicht erschlossen ist der letzte Ort an der rumänischen Schwarzmeerküste: Vama Veche

Route 11:
Das Donaudelta

Eine der schönsten und beeindruckendsten Landschaften in Rumänien ist das Donaudelta. Eine Region, deren Lebensrhytmus vom Wasserstand der Donau bestimmt wird. Ein Gebiet der Superlative: der jüngste Boden Rumäniens, die vielfältigste Vogelwelt und der größte zusammenhängende Schilfbestand der Erde, der letzte Urwald des europäischen Kontinents etc. etc. Mit 5640 qkm ist es nach dem Wolgadelta das zweitgrößte Delta Europas. Ungefähr zwei Drittel des Donaudeltas gehören zu Rumänien, das andere Drittel liegt auf ukrainischem Gebiet.

Eine Region der Superlative: das Delta

Geschichtsschreiber, Reisende und Geographen des Altertums schrieben bereits über den Strom und seine Mündungen. So bereiste der berühmte Chronist Herodot im 5. vorchristlichen Jahrhundert das Mündungsgebiet der Donau und hinterließ aufschlussreiche Aufzeichnungen über das Delta.

Die Römer hatten zwei Bezeichnungen für die Donau: „Danubius" für den Oberlauf (bis zum heutigen Eisernen Tor), und „Ister" von dort bis zur Mündung

Das Donaudelta ist eine einzigartige, beeindruckende Landschaft. Kein Rumänienbesucher sollte sich diese phantastische Welt des Wassers entgehen lassen.

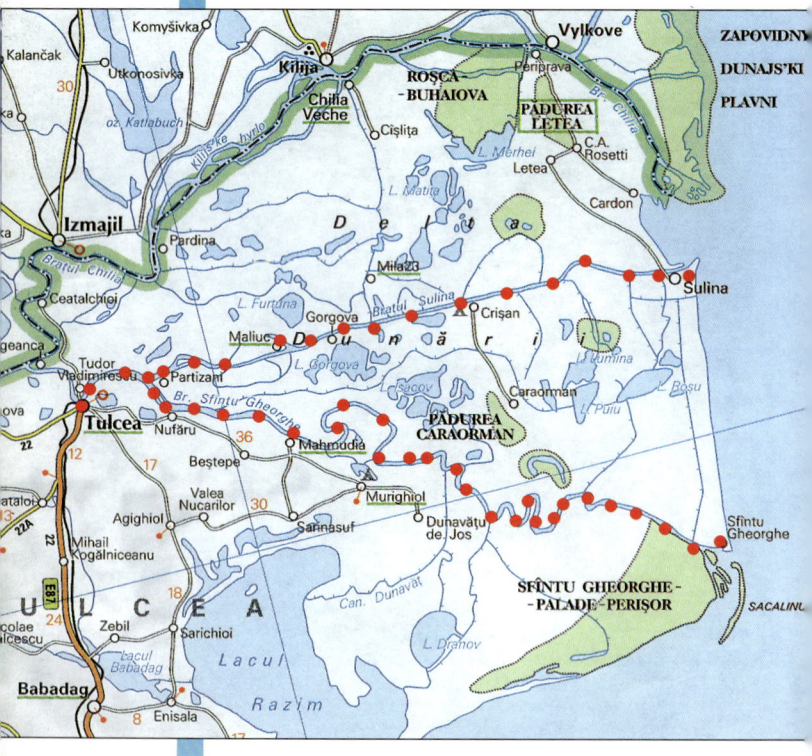

Das Donaudelta

Fischerhütte im Delta

Ein Artenreichtum, wie er in Europa selten noch vorkommt

Im Delta stehen die Wegweiser im Wasser

*Das Donaudelta liegt
in einem tektonisch
unruhigen Gebiet, in
dem sich im Laufe
der Jahrtausende
Hebungen und
Senkungen vollzogen*

Die Entstehung des Donaudeltas

Die Donau hat sich im Verlauf der Jahrtausende verschiedene Mündungen gesucht. Vor „nur" 200 000 Jahren war das Deltagebiet noch eine trockene Region. Die Donau floss vermutlich durch das Karasutal, zwischen den heutigen Städten Cernavodă und Constanţa, ins Schwarze Meer.

Als sich vor rund 100 000 Jahren während einer Eiszeit das Landschaftsrelief änderte, musste sich der Strom einen neuen Weg bahnen. Die Donau umfloss nun in nördlicher Richtung die Höhen des Măcin-Gebirges, vereinigte sich mit den aus Norden kommenden Flüssen und mündete als ein großer Strom noch ohne Teilungen ins Meer. Als das Klima wärmer wurde und der Meeresspiegel anstieg, überflutete die Donau große Teile der Dobrudscha, und riesige Überschwemmungsgebiete – die Balta Brăilei und die Balta Ialomiţei – bildeten sich heraus. Das war auch die Zeit, in der das Delta entstand. Der Fluss teilte sich, und durch die gewaltigen Mengen von Anschwemmungen wuchs das Delta langsam ins Meer hinaus.

*Der Sfântu-Gheorghe
Arm war der
Hauptkonstrukteur
des Deltas*

Die Donau teilt sich heute vor ihrer Mündung ins Meer in drei Arme. Der **Sfântu-Gheorghe-Strom** hat seit fast 2000 Jahren seinen Lauf nicht verändert. Der **Sulina-Arm** ist seit etwa 1000 Jahren stabil, während der jüngste und wasserreichste Mündungsarm, **Chilia**, erst im 19. Jahrhundert richtig aktiv wurde.

Flora und Fauna des Deltas

Die Vegetation des Deltas ist außerordentlich vielfältig. Typisch sind schwimmende Schilfinseln, frei im Wasser treibend oder durch Schilfwurzeln am Grund verankert: die sogenannten **Plaurs**. Sie bestehen aus dichtverflochtenen Schilfwurzeln und Wassergräsern, auf denen sich durch angewehte Erde und Samen eine üppige Vegetation entwickeln kann. Im Durchschnitt sind die Plaurs einen Meter dick, aber es gibt auch sehr starke, stabile Schilfeilande, auf denen sich die Fischer sogar Hütten bauen.

*Die schwimmenden
Schilfinseln waren
ein gefürchtetes
Hindernis für die
Donauschiffahrt*

Nicht nur trockenen, sondern sogar festen Boden hat man im Delta auf den sogenannten „Grinds" (grinduri) unter den Füßen. Die **Grinds**, Längs- und Querwälle, sind Reste von Uferwällen ehemaliger Donauarme von Nehrungen und Dünen früherer Küsten. Auf den großen Grinds sind Fischersiedlungen entstanden, auf den kleineren Erdwällen weiden die **Haustiere**, die sich hervorragend an das Leben am Wasser angepasst haben. Eigentlich sind die Schweine, Kühe, etc, die im Delta weiden, gar keine „Haustiere" im eigentlichen Sinn mehr. Fast das ganze Jahr sind sie draußen, nur bei Überschwemmungen und im strengen Winter holt man sie mit dem Kahn nach Hause. Sie suchen sich ihr Futter selbst und bekommen ohne menschlich-tierärztliche Hilfe ihren Nachwuchs.

Wilde Säugetiere, die im Delta leben, sind z.B. Wildschwein und Fuchs, Hase, Fischotter und Wildkatze.

Nicht nur undurchdringliche, meterhohe Schilfdickichte findet man im Deltagebiet, sondern auch uralte **Wälder**: den Caraorman- und den Letea-Wald. Der letzere, 700 ha groß, gelegen auf dem gleichnamigen Grind, dem größten Festlandsgebiet des Deltas, ähnelt durch seine ungezähmte Vegetation mit Lianen und Schlingpflanzen einem tropischen Urwald. Verschiedene subtropische Pflanzenarten erreichen hier ihre nördlichste Verbreitungsgrenze. Der Wald mit seinen knorrigen, uralten Eichen, Silberpappeln, Ulmen und Linden ist der Lebensraum einer bemerkenswerten **Tierwelt**, ein Paradies für Insekten, Reptilien, Säugetiere und Vögel.

Das **Schilf**, das 250 000 ha des Deltas bedeckt, ist dessen wichtigster und ein äußerst vielseitiger Rohstoff. Es ist Baustoff, Ausgangsstoff für die Herstellung von Matten und Netzen, Heizmaterial. Aus ihm kann Zellulose gewonnen werden, Düngemittel, pharmazeutische Erzeugnisse u.v.a.m.

Die wichtigste Erwerbsquelle für die Bewohner des Deltas sind die **Fische**, vom Karpfen und Donauhering über Hecht, Zander und Wels bis zum wertvollen Stör. Legendär ist die **Vogelwelt** des Deltas. Pelikane, Kormorane, Reiher, Nachtigallen, Schwäne, Wildenten, Haubentaucher – über 300 Arten bevölkern das nahrungsreiche Gebiet.

Nicht immer war das Nebeneinander der menschlichen und der gefiederten Bewohner des Deltas friedlich.

So sahen die Fischer einige Vogelarten nur als große Fischräuber an. Dabei überschätzten sie einerseits beträchtlich die tatsächliche Fischmenge, die z.B. die Pelikane oder Kormorane als Nahrung zu sich nehmen, und übersahen andererseits den Nutzen und die Notwendigkeit der Vögel für das ökologische Gleichgewicht des Deltagebietes. Der Reiher fiel fast völlig der eleganten Damenmode zum Opfer. Seiner prächtigen Federn wegen wurde er in riesigen Mengen abgeschossen. Es war für einige Vogelarten fast zu spät, als man endlich begriffen hatte, was durch sinnlose Jagd zerstört worden war.

In den Jahren 1960-89 wurde versucht, das Delta mit Land- und Forstwirtschaft sowie Fischzucht intensiv wirtschaftlich zu nutzen, wodurch die Deltafläche um tausende Hektar verkleinert wurde. Das blieb nicht ohne negative Auswirkungen für die Tier- und Pflanzenwelt der geschützten Zonen.

Wild- und Haustiere haben sich an das Leben am Wasser und auf schwimmenden Inseln angepasst

Die Mittelmeervegetation im Letea-Wald ist Zugvögeln zu verdanken, die die Samen der südlichen Pflanzen mitbrachten

Im Delta gibt es über 100 Fischarten

Der Mensch konnte es nicht unterlassen, in das natürliche Gleichgewicht des Deltas einzugreifen.

Touren im Donaudelta

Im Delta heißt es, von Auto oder Bus aufs Schiff umsteigen. Vom Tagesausflug mit einem kleinen Motorboot bis hin zu mehrwöchigen Paddelwanderungen ist alles möglich. Informationen über Ausflüge ins Delta erhält man in Reisebüros, größeren Hotels an der Schwarzmeerküste oder in der Stadt Tulcea.

Paddeltouren im Delta nicht leichtfertig unternehmen

> ### *Deltaerkundung auf eigene Faust*
>
> *Wer das Delta mit dem eigenen Paddelboot erkunden möchte, sollte sich vorher bei den rumänischen Touristenämtern in Frankfurt oder Berlin über aktuelle Formalitäten kundig machen. Auf keinen Fall darf man das Vorhaben zu leicht nehmen. So schön das Delta ist, so gefährlich kann es für jemanden sein, der es nicht kennt. Die Orientierung ist ohne gutes Kartenmaterial und ohne Kompass nicht möglich. Auf jeden Fall ist auf einen ausreichenden Wasservorrat zu achten, das Deltawasser kann ungefiltert nicht getrunken werden. Ab ca. 20. Mai tauchen im Delta die ersten **Stechmückenschwärme** auf, das Zelt muss ein völlig **dichtes Moskitonetz** haben. Im Juli ist die Mückenplage abends unerträglich (die Mückenschwärme erscheinen ab 19 Uhr), so dass von Deltaerkundungen auf eigene Faust, d.h. ohne ortskundigen Führer und vorher geklärter Übernachtungsmöglichkeit in diesem Zeitraum dringend abgeraten wird.*

Die Stadt **Tulcea** wird das „Tor zum Delta" genannt. Die Geschichte Tulceas beginnt als eine getische Siedlung. Im 7. Jahrhundert v.Chr. gründeten die Kolonisten aus dem kleinasiatischen Milet hier eine Stadt. Später, während der römischen Herrschaft, wurde daraus die Festung Aegyssus, die

Anlegestelle im Donauhafen von Tulcea

Das Donaudelta

Geschäftige Atmosphäre an Tulceas Uferpromenade

eine große strategische Bedeutung hatte. Hier, vom Donaubogen aus, hatten die Römer die Kontrolle darüber, welche Schiffe ins Landesinnere fuhren. Jahrhunderte später waren es die Türken, die für eine lange Zeit Stadt, Region und Donauschifffahrt kontrollierten. Über die Herkunft des heutigen Namens „Tulcea" gibt es verschiedene Versionen, wahrscheinlich wurde die Stadt nach einem türkischen Bey benannt.

*In Tulcea, gegenüber dem Hotel „Delta" (auf der anderen Seite eines Parks) befindet sich die **Reiseagentur** „Delta", die Bootstrips vermittelt. Aber auch auf der Uferpromenade wird man oft von Fischern angesprochen, die Touristen ihre Boote für Ausflüge anbieten. Unter 5 Stunden lohnt sich ein Ausflug ins Delta kaum, da man die Hauptkanäle erst einige Kilometer befahren muss, ehe man zu den kleinen Nebenarmen gelangt.*

Die Miete für eine kleinere Schaluppe beträgt ca. 10 €/Stunde.

Hotel Delta****,
*Str. Isaccei 2,
Tel.: 040/514720,
Fax: 040/516260
(114 Doppelzimmer, 3 Appartements, sehr ordentlich, gleich am Touristenhafen)*
Hotel Europolis***,
*Str. Păcii 20,
Tel.: 0040/512443
(142 Betten)*
Hotel Egreta**,
*Str. Păcii 2,
Tel.: 040/517103,
Fax: 040/517105
(208 Betten, einfach)*

Die **Uferpromenade** der Stadt ist von Neubauten gesäumt, aber es herrscht ein reges Treiben. An kleinen Kiosken blüht der Handel, am Hafen ist ein ständiges Ankommen und Abfahren. Einen Besuch wert ist das **Deltamuseum** (Muzeul Delta Dunării, Str. Sahia 20), das in seinen verschiedenen Abteilungen die Natur des Deltas, die Geschichte der Region und das Leben ihrer Bewohner behandelt. Ein **Unabhängigkeitsdenkmal** auf dem Tulcea vorgelagerten Hügel „Colnicul Horei" erinnert an den Anschluss der Dobrudscha an den rumänischen Staat nach dem Unabhängigkeitskrieg von 1877/78. In Tulcea gibt es auch eine **Moschee** (Geamia Azizie, Str. 14. Noiembrie 11). Sie stammt aus dem Jahr 1863, als Tulcea noch zum Osmanenreich gehörte.

Die meisten **Tages-Bootstouren** in die phantastische Deltawelt nehmen ihren Ausgang in Tulcea. Von hier führen sie meist über den **Sulina-** oder **Sfântu-Gheorghe-Arm** der Donau in die Verbindungskanäle und die **Alte Donau** (Dunărea Veche). Die nachfolgend beschriebenen Routen (nicht identisch mit der Strecke, die Ausflugsschiffe nehmen)

Baden in der Donau ist wegen der Wasserverschmutzung nicht zum Nachahmen empfohlen. Im Hintergrund das Unabhängigkeitsdenkmal in Tulcea

In der wärmeren Jahreszeit keinesfalls Insektenschutzmittel vergessen.

!

Die Anschwemmungen des Flusses waren die Bausteine des Deltas, die Pflanzen ihr Bindemittel

In Überschwemmungsjahren kann sich die Menge an mitgeschlepptem Flussgeröll mehr als verdoppeln

Deltaexkursionen auf eigene Faust erfordern gute Vorbereitung!

auf dem Sulina- und dem Sfântu-Gheorghe-Arm geben die wichtigsten Orte an den Flussarmen an. Beim Sulina-Arm (besser: Sulina-Kanal) wird die Entfernung vom Meer in Seemeilen gemessen, während sie bei den anderen Donauarmen in Kilometern angegeben wird.

Das Delta – eine Landschaft im Wandel

Die drei Mündungsarme umschließen eine einzigartige, sich ständig verändernde Landschaft. Vier Fünftel des ungefähr fünfeinhalbtausend Quadratkilometer großen Deltas sind ständig mit Wasser bedeckt. Im Jahr schleppt die Donau ca. 70 Millionen Tonnen Anschwemmungen ins Meer, das bedeutet eine Ablagerungsmenge von über 2 Tonnen pro Sekunde. Dies ist der Rohstoff für neuen, durch das Wasser und aus dem Wasser geborenen Boden. Ursprünglich mündete die Donau in einen großen Meerbusen. Im Laufe der Zeit wurden durch die Anschwemmungen des Flusses Teile der Bucht vom Meer abgeschnitten, und in den entstandenen Lagunen bildete sich langsam das Delta heraus. Rumäniens größter See, der Razim-See, und der sich anschließende Sinoie-See, die zum Deltagebiet gehören, lassen deutlich ihre Herkunft als Lagunen erkennen. Wie stark die Donau an der Vergrößerung des Festlandes arbeitet, veranschaulicht der alte Leuchtturm von Sulina der östlichsten Stadt am Fluss. Als der Turm vor anderthalb Jahrhunderten erbaut wurde, stand er unmittelbar an der Meeresküste. Heute steht er mitten in der Stadt. Er ist nur noch eine Touristenattraktion, während ein neuer Leuchtturm an der Sulinamündung seinen Dienst tut.

Von den drei Donauarmen ist der nördlichste, der **Chilia-Arm,** *der größte und wasserreichste – er führt fast zwei Drittel des Donauwassers und formt ein eigenes kleines Delta. Dieser Arm bildet auch die Grenze Rumäniens zur Ukraine.*

Der mittlere, der **Sulina-Arm***, ist für die Schifffahrt tauglich gemacht worden. Nach Beendigung des Krimkriegs im Jahr 1856 war eine „Europäische Donaukommission" gegründet worden, die sich mit der Schiffbarmachung der Donau befasste. Von 1880 bis 1902 dauerten die Arbeiten an der Begradigung des Sulina-Arms, wodurch der Weg zum Meer über 20 km kürzer wurde. Ständig muss der angeschwemmte Donauschlamm ausgebaggert werden, damit eine Mindesttiefe von 24 Fuß (7,32 m) gewährleistet ist.*

Der **Sfântu-Gheorghe-Arm** *ist der älteste Mündungsarm der Donau. In zahlreichen Mäandern windet er sich zum Meer.*

Auf den kleinen Ausflugsbooten wird fangfrischer Wels zubereitet

Die Schiffbarma-
chung der Donau
war für die europäi-
schen Mächte
von strategischem
Interesse

Deltatour entlang des Sulina-Arms

Von **Tulcea** bis zum Hafen **Sulina** am Ende des Sulina-Kanals braucht man mit dem Schiff ca. 4 Stunden. Es verkehren regelmäßig Passagierschiffe auf dieser Strecke, allerdings gelangt man mit ihnen nicht in die kleinen Kanäle und zu den vielen Seen, die das Delta erst so reizvoll machen.

Hinter Tulcea fährt man am Dorf **Tudor Vladimirescu** vorbei, dann an **Mila 35**, einem Fischereizentrum, und gelangt nach ca. einer halben Stunde Fahrt zur Stromgabelung „Ceatalul Sfântu Gheorghe", wo sich der Tulcea-Arm in den Sulinakanal und den Sfântu-Gheorghe-Arm teilt. Hier geht es auf dem Sulinakanal weiter an der **Ilgani-Hütte** auf der linken Kanalseite, dem Dorf **Partizani** rechts und dem Staudamm und der Schleuse des eingedeichten Gebiets Rusca vorbei. Bei Meile 27 beginnt die Flussinsel Ostrovul Maliuc. In der kleinen Ortschaft **Maliuc**, am östlichen Ufer ungefähr bei Meile 24, gibt es ein Touristenhotel. Von Maliuc erreicht man gut den **Fortuna-See**.

Einer der schönsten
Seen
des Deltas ist der
Fortunasee

Die **Alte Donau** (Dunărea Veche), das ursprüngliche Bett des Sulina-Arms, bildet ungefähr die Form eines „M" zwischen den Meilen 9 und 19. Am westlichen Bogen des „M" befindet sich die Fischersiedlung **Mila 23**. In dem über sieben Kilometer langen Fischerdorf **Crişan**, dessen Zentrum ungefähr auf Meile 13 des Sulina-Arms liegt, befindet sich ein Zeltplatz und der Hotelkomplex „Lebăda". Von hier aus lassen sich Entdeckungsfahrten zu den Grinds **Letea** und **Caraorman** mit ihren alten Wäldern unternehmen.

Sulina ist die einzige Stadt im Delta, die östlichste und die niedrigste Rumäniens: sie liegt nur 3,5 m über dem Meeresspiegel. Gegen Überschwemmungen schützt ein 4 km lan-

ger Erdwall. Bereits 950 wurde der Ort urkundlich erwähnt. Genueser Schiffe legten schon im Mittelalter in dem damals Selina genannten Hafenort an. Mitten in der Stadt befindet sich der alte Leuchtturm, der 1802 erbaut und 1870 erneuert wurde.

Einsame Winter in Sulina

Die östlichste Stadt Rumäniens ist nur auf dem Wasserweg zu erreichen. Ist dieser nicht befahrbar, wird es eng für die 7000 Einwohner der Stadt. So geschehen z.B. im Februar 1996, als sich in den für diese Gegend ungewöhnlich kalten Wintertagen auf der Donau eine Eisblockade bildete. Zehn lange Tage waren die Donaustädter vom „Festland" abgeschnitten. Medizinische Notfälle mussten mit dem Hubschrauber ausgeflogen werden. Als das Heizöl zur Neige ging, blieben die Wohnblocks fünf Tage lang ohne warmes Wasser und Heizung. Gegen die Kälte kämpften die Einwohner mit Öfen, die in der Küche stehen und deren Schornsteine den Rauch durch das Fenster hinausleiten.

Deltatour entlang des Sfântu-Gheorghe-Arms

Von **Tulcea** bis zum Städtchen **Sfântu Gheorghe** an der Mündung sind es 113 Kilometer, die man mit einem normalen Schiff in einer Zeit von ca. 7 Stunden zurücklegen kann.

Die erste wichtige Ortschaft auf dieser Strecke ist **Nufăru** am rechten Ufer des Sf.-Gheorghe-Arms. Es ist auch auf dem Landweg zu erreichen. Als nächstes kommt man zu dem Hafenort **Mahmudia**, ebenfalls am rechten Ufer. Vom hohen Flussufer kann man gut das große Knie des Sfântu-Gheorghe-Arms sehen.

Nach Nufăru gelangt man auch zu Lande

Am östlichsten Punkt dieser Flussschleife befindet sich, besser gesagt befand sich, der Fischerort **Uzlina.** Nicolae Ceauşescu ließ sich hier eine prächtige Villa für seine Deltaausflüge bauen, wofür das Dorf zu großen Teilen weichen musste. Bis Sfântu Gheorghe liegen noch **Dunaväţ** und **Ivancea** am gewundenen Lauf des Donauarms. Von Mahmudia bis Ivancea sind es nur 28 km Luftlinie, auf dem Strom fährt man jedoch 66 km! Die Mäander hören bei Ivancea auf, ab dort ist das Flussverlauf relativ gerade.

An der Ortschaft **Sfântu Gheorghe** an der Mündung des Stroms soll schon die Flotte des Perserkönigs Darius vorbeigezogen sein. In Genueser Schriftstücken wird der Ort im 14. Jahrhundert erwähnt.

Unterwegs im Delta: Das Boot als einzig mögliches Transportmittel

Route 12: Reise in eine alte Kulturlandschaft

Constanţa – Mamaia – Histria – Jurilovca – Enisala –
Murighiol – Beştepe – Tulcea – Babadag –
Constanţa (316 km)

Diese Route in den Nordosten der Dobrudscha ist vor allem
durch das Wasser geprägt. Sie führt entlang der Schwarz-
meerküste, zum Lagunenkomplex Razim-Sinoie bis zum
Sfântu-Gheorghe-Strom, dem südlichsten Donauarm. In die-
ser einmaligen und einsamen Landschaft stößt man immer
wieder auf Spuren vergangener Zivilisationen. Von Tulcea,
dem nördlichsten Punkt der Fahrt, geht es über die orienta-
lisch anmutende Stadt Babadag und die Ausläufer der Dob-
rudscha-Hochebene zurück nach Constanţa.

00 km **Constanţa***, das Zentrum, der Dreh- und Angelpunkt der rumänischen Schwarzmeerküste, ist der Ausgangspunkt unserer Rundreise.
Fast nahtlos ist der Übergang zum nur 5 km entfernten
nördlichsten und wohl bekanntesten Seebad des Litoral,

7 km **Mamaia**.
Vorbei an Hotelanlagen, Ferienvillen und Touristenkomple-
xen geht es weiter nach **Mamaia Sat** (12 km), einem ehemaligen Fischerdorf mit weitem Strand und hohen Sanddünen.

21 km Die Stadt **Năvodari** mit ihrem riesigen Industrie-
komplex sollte man möglichst schnell passieren und nicht
darüber nachdenken, welche Auswirkungen die rauchen-
den Schlote auf die Umwelt haben könnten. Von Mamaia-Sat
sind es auf der DJ 226 11 km bis zum Dorf **Corbu**, gelegen
am gleichnamigen See.

Der Badeort
Mamaia
ist über 7 km lang

Auch heute baut
man noch Häuser
mit Ziegelsteinen,
die aus Lehm und
Stroh gefertigt
sind

Über **Săcele** (12 km) geht es noch 8 km weiter, dann zweigt die Straße nach rechts zur Festung Histria ab.

60 km Die Festung **Histria*** (Cetatea Histria) erreicht man nach weiteren 8 km. In einer einsamen Küstenlandschaft befinden sich die Überreste der vor 2500 Jahre gegründeten, einstmals blühenden griechisch-römischen Festung und Handelsstadt. Für die Besichtigung der Ausgrabungsstätte und eines dazugehörigen Museums sollte man mindestens 3 Stunden Zeit einplanen.

Von der Festung Histria fährt man zurück auf die DJ 226 und erreicht über **Histria** und das Fischerdorf **Sinoie** die Gemeinde **Mihai Viteazu** (22 km), wo man nach rechts auf die DN 22 (E 87) einbiegt.

Nach 14 km zweigt eine schmale Straße, die DJ 222, nach rechts ab. Auf dieser Straße gelangt man über die Dörfer **Ceamurlia de Jos**, das eine überraschend große orthodoxe Kirche besitzt, und **Lunca** nach Jurilovca.

Die Häuser in Jurilovca weisen oft Details russischer bäuerlicher Architektur auf

102 km **Jurilovca**, am Lagunensee Goloviţa gelegen, ist ein großes Fischerdorf mit vorwiegend lippowanischer Bevölkerung.

Lippowaner

Die Lippowaner wanderten im 18. Jahrhundert aus dem Dongebiet in Russland aus. Als Altgläubige wurden sie ihrer religiösen Überzeugungen wegen verfolgt. Die Anhänger der Sekte waren fanatisch – unter anderem schnitten sie sich ihre Haare nicht, lehnten das Rauchen ab und weigerten sich, Militärdienst zu leisten. Der Name „Lippowaner" leitet sich wahrscheinlich vom russischen Wort „lipa" - Linde – ab. Man streitet sich darüber, ob die Sekte danach benannt wurde, weil sie sich vor der Verfolgung seitens des Patriarchen und des Zaren in einen Lindenwald flüchtete oder weil ihre Ikonen aus Lindenholz geschnitzt waren. Eine andere Version sieht die Bezeichnung als eine Abkürzung des Namens des Sektengründers Filipov. Ein Teil der Lippowaner zog nach Ostpreußen, aber die meisten siedelten sich im Norden der Dobrogea im Donaudelta an. Sie erhielten sich hier ihren Glauben und ihre russische Muttersprache.

Orthodoxe Kathedrale in Jurilovca. Die Schrift über dem Tor ist russisch.

Kurz hinter dem Dorf erblickt man von der Straße im Westen eine felsige Halbinsel, das **Cap Dolosman**. Schon zu Zeiten der Römer befand sich dort eine Siedlung. Das Cap ist von Jurilovca auch über einen Fußweg zu erreichen.

Von Jurilovca sind es 17 km bis nach

`119 km` **Enisala.** Einen Kilometer von Enisala entfernt, am Ufer des Razim-Sees, ragen auf einem Hügel die Ruinen einer mittelalterlichen Festung auf. Man erreicht sie nur beschwerlich über einen Feldweg, aber die Mühe lohnt sich schon des einzigartigen Ausblickes wegen.

Burg Enisala

Die Festung wurde vermutlich im 13. Jahrhundert von Genuesen, die sich die Kontrolle über den Handel an der Donaumündung sichern wollten, an der Stelle einer älteren byzantinischen Festungsanlage, Heraclea genannt, errichtet. Ende des 14. Jahrhunderts geriet die Festung dann in die Hände der Türken, bis sie dann wegen der Versandung des Golfes ihre Bedeutung verlor, aufgegeben wurde und verfiel. Im Augenblick werden an den Ruinen Befestigungs- und Restaurierungsarbeiten durchgeführt.

`137 km` Die Ortschaft **Agighiol** befindet sich 18 km von Enisala in nördlicher Richtung entfernt. Nahe des Ortes wurde bei Ausgrabungen im Grab eines thrakischen Häuptlings ein reicher Kunstschatz entdeckt. Auch einen Schatz der Natur hat der kleine Ort zu bieten: ein paläontologisches Reservat, wo sich in Kalkschichten aus dem Trias Ammoniten finden. Hier in Agighiol zweigt man nach rechts ab und fährt 30 km bis nach Independenţa.

`167 km` **Independenţa** ist auch unter dem ursprünglichen türkischen Namen, Murighiol, bekannt. Übersetzt bedeutet es soviel wie „Violetter See". In der Nähe der Fischersiedlung befinden sich Salzseen. In einem See wächst im Frühjahr eine violette Algenart, durch die See und Ort zu ihrem Namen kamen. Auf dem salzigen, sumpfigen Boden um die Seen kommen seltene Pflanzenarten vor. Wir sind jetzt bereits mitten im Donaudelta. Man kann sich hier auf dem Zeltplatz von Independenţa einrichten und die einmalige Wasserlandschaft rudernd oder paddelnd erkunden.

Bei **Mahmudia,** einen kleinen Hafenort am Sfântu-Gheorghe-Strom der Donau, befinden sich die **Überreste einer römisch-byzantinischen Festung.**

Beştepe erreicht man nach weiteren 7 km. Hier, südlich des Sfântu-Gheorghe-Armes, erhebt sich in der flachen

Übernachtungs-möglichkeiten:
*Zeltplatz
Independenţa*

Die „Fünf Hügel"
sind schon
von weitem sichtbar

*Die „Fünf Hügel"
von Beştepe*

Deltalandschaft eine Hügelkette, die zum alten Dobrudscha-Gebirge gehört.

Die Türken nannten die bis 242 m hohen Erhebungen „Fünf Hügel" - Beştepe.

Nach 10 km erreicht man die Ortschaft **Nufăru.** In ihrer Nähe, am rechten Ufer des Sfântu-Gheorghe-Arms, befand sich die römische Festung Talamorium, später dann, im 4. Jahrhundert, die Festung Prislava.

203 km In **Tulcea**, einer Donauhafenstadt, von der aus per Schiff Tages- oder Mehrtagestouren in das Donaudelta möglich sind, sind wir nach weiteren 11 km.

Ab Tulcea geht die Route zurück nach Süden.

Argonauten

Auf dem Weg nach Babadag erblickt man im Westen einen runden Hügel, Denistepe. Um ihn rankt sich die Sage, dass die Argonauten, nachdem sie in Kolchis das Goldene Vlies geraubt hatten, hier in einen Donauarm einbogen und bei einem Sturm vor Anker gingen. Sie befestigten ihr Schiff, die Argo, wegen des Unwetters mit einem mächtigen Eisenring an der Felswand. Nach diesem Ring wird man vergeblich suchen, und wie sollte ein Schiff auch in diese trockene kahle Landschaft gelangt sein? Allerdings entbehrt die Legende in diesem Punkt nicht völlig der Wahrscheinlichkeit. Zu der Zeit, als die Argonauten mit ihrer kostbaren Schiffsladung in diesen Gefilden gerudert sein mögen, lag der Wasserspiegel des Meeres wesentlich höher als heute, und auch die Donau nahm einen anderen Verlauf.

Nach 36 km auf der DN 22 (E 87) ist die kleine Stadt **239 km** **Babadag** erreicht. Sie liegt recht malerisch am Fuß des Podişul Babadagului, was ihr den Beinamen „Sinaia der Dobrudscha" eingetragen hat. Gegründet wurde Babadag von Genueser Kaufleuten, die es „Scala Nova" nannten und zu einem blühenden Handelszentrum machten. Jedoch haben die Türken der Ansiedlung den Namen gegeben – Babadag bedeutet „Vater des Berges". Türken stellen heute noch einen beachtlichen Teil der Bevölkerung.

Die **türkische Moschee** stammt aus dem 17. Jahrhundert. Hinter der Moschee befindet sich die Türbe (Grabstätte) des Sari Ialtük. Dem Moscheekomplex ist ein Kunstmuseum angeschlossen, in dem unter anderem schöne Orientteppiche ausgestellt sind.

Auch im 17.Jahrhundert war Babadag ein wichtiges Zentrum in der Norddobrudscha. Hier befanden sich etliche Paläste für türkische Würdenträger

Abstecher

Nordöstlich der Kleinstadt Babadag befindet sich der **Babadag-See**. Er ist wie der Razelm- und der Sinoie-See aus einer Lagune entstanden.

261 km Der Ort **Baia**, 22 km südlich von Babadag, hieß früher Hamangia. Hier wurde bei archäologischen Grabungen eine Statuette, der sogenannte „Denker von Hamangia", gefunden. Sie gehört der Hamangia-Kultur (5.-2. Jahrtausend v.Chr.) an. Dieses frühzeitliche Kunstwerk befindet sich im Bukarester Geschichtsmuseum.

Von Baia aus sind es noch 55 km auf der DN 22 (E 87) zurück zum Ausgangsort

316 km **Constanţa***.

*Moschee in
Babadag*

Route 13
Rundreise durch das Dobrudscha-Gebirge

*Constanţa – Baia – Caugagia – Cerna – Măcin –
Isaccea – Tulcea – Babadag – Constanţa (326 km)*

*Diese Route ist ein „Geheimtipp". Kaum ein Schwarzmeer-
tourist erahnt die ungewöhnliche Landschaft, die man bei
dieser Rundreise durch die nördlichen Hügelketten der Dobrudscha erlebt. Es sind die Überreste uralter Gebirge. Hoch
sind diese Berge nicht mehr, die höchste Erhebung beträgt
nur noch 467 m. Aber sie scheinen so unmittelbar aus der flachen Landschaft emporzusteigen, dass sie befremden und
beeindrucken. Vergessen Sie nicht, einen Picknickkorb mitzunehmen. Die wenigen Restaurants, an denen man in diesem verlassen wirkenden Landstrich vorbeikommt, laden leider kaum zum Verweilen ein.*

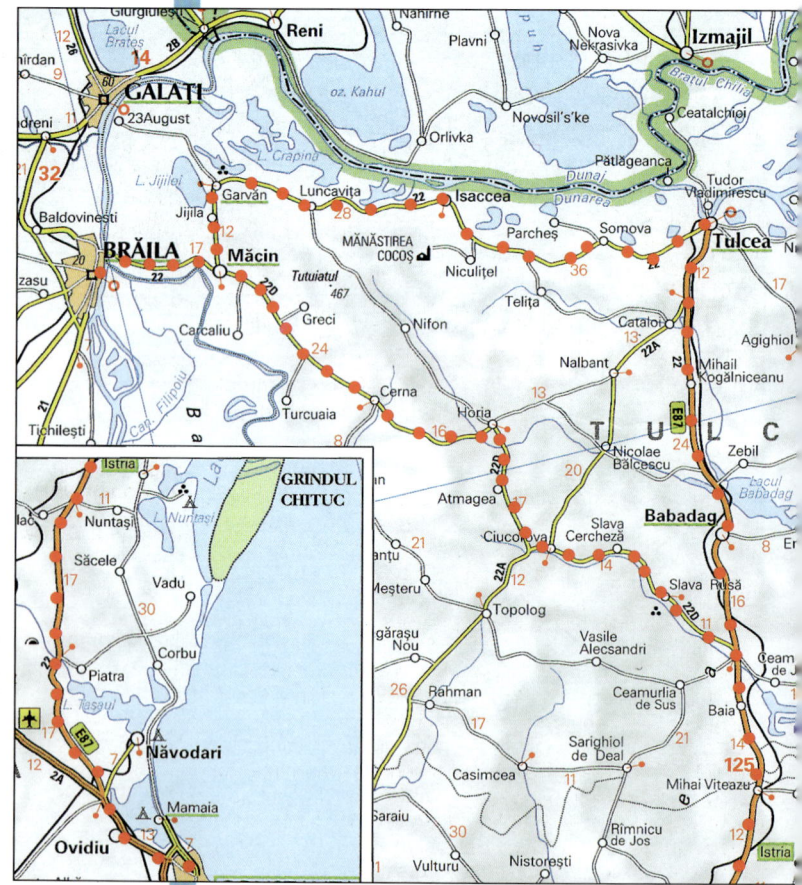

Blick auf die Hügel des Dobrudscha-Gebirges

Die alte Donau bei Hochwasser

00 km **Constanţa*** verläßt man zunächst auf der DN 22 (E 87) in Richtung Tulcea. Nach 73 km biegt man hinter
55 km **Baia** nach links auf die Straße DN 22 D in Richtung Brăila ein.

Der Weg führt durch die Dörfer **Caugagia, Slava Rusă** und **Slava Cercheză,** wo viele Lippowaner leben. Niedrige, kleine Bauernhäuser, z.T. aus Lehmziegeln errichtet oder mit Schilf gedeckt, hier und dort eine orthodoxe Kirche – manchmal geben nur die Stromleitungen einen Hinweis darauf, in welchem Jahrhundert man sich befindet.

Die Hügel sind hier, in den Babadag-Bergen (Munţii Babadagului), mit dichtem Wald bewachsen. Je weiter man in Richtung Norden kommt, desto kahler werden die Erhebungen. Zwischen den Dörfern **Altmagea** und **Horia** überquert man einen kleinen Pass, von dem sich in fast 400 m Höhe ein schöner Blick auf den Gebirgszug eröffnet.

Von Horia geht die kurvenreiche Straße weiter nach **113 km** **Cerna.**

Abstecher

14 km hinter Cerna führt eine Abzweigung in das Örtchen **Greci**. Hier kann man das Auto stehenlassen und eine Bergwanderung in die **Măcin-Berge** (Munţii Măcinului) unternehmen, vielleicht sogar deren höchsten „Gipfel", den Ţutuiatul (467 m), besteigen. Markierte Wanderwege sollte man nicht erwarten – festes Schuhwerk, ein Stock, ein wenig Abenteuerlust und etwas Vorsicht vor Hunden und eventuell Schlangen ist das, was man braucht.

Die alte Donau: eine malerische Landschaft

Weiter geht es die einsame Straße entlang. Manchmal überholt man einen eisenbereiften, von einem Esel gezogenen, zweirädrigen Leiterwagen. Endlose Maisfelder, scheinbar menschenleere Dörfer und die öden, felsigen Hügel schaffen eine seltsam melancholische Stimmung.

Im Städtchen **Măcin** fährt man auf die DN 22 in Richtung Brăila. Dies ist ein besonders romantisches Wegstück entlang der **Alten Donau** (Dunărea Veche).

Abstecher

Um nach **Brăila** zu gelangen, muss man mit der Fähre über die Donau setzen. Interessant ist die ca. 15-minütige Überfahrt, die Stadt selbst bietet nicht allzu viel.

Nach der Fahrt entlang der Alten Donau und einem eventuellen Ausflug in Brăila kehrt man wieder mit der Fähre nach Măcin zurück.

Schnellboot auf der Donau

das Dobrudscha-Gebirge

Vorsicht vor Schlangen in den baumlosen Mäcin-Bergen

Auf der DN 22 Richtung geht die Route weiter in Richtng Tulcea und erreicht nach 23 km die Gemeinde **Luncaviţa.**

Abstecher
In der Nähe **Luncaviţas** (10 km auf einer kleinen Straße nach dem „Buchental" – Valea Fagilor) befindet sich ein Naturdenkmal, eine Bucheninsel von ca. 2 ha Ausmaß. Sie ist der Rest eines ausgedehnten tertiären Buchenwaldes.

Von Luncaviţa sind es noch 17 km bis zur Stadt
177 km Isaccea, einem kleinen Donauhafen. Im Jahr 514 v.Chr. landete hier das Heer des Perserkönigs Darius. Auf seinem (erfolglosen) Feldzug gegen die Skythen war Darius mit seiner Flotte ins Deltagebiet gekommen und flussaufwärts gefahren. Die Perser überquerten die Donau auf einer Schiffsbrücke und zogen weiter gegen die Skythen gen Norden. In der Römerzeit befand sich an diesem Ort die Festung Noviodunum, einer der wichtigsten Stützpunkte der römischen Donauflotte. Von der römischen Festung sind noch Ruinen erhalten. Der heutige Name der Stadt stammt aus der Türkenzeit, er geht auf die Bezeichnung Isak-Köy (Isaaks Dorf) zurück. Isaccea liegt am Fuße der gleichnamigen Hügel, von denen man einen schönen Blick auf die Donau, die hier die Grenze zur Ukraine bildet, und ihre Ufergebiete hat.

Abstecher

Hinter Isaccea erreicht man nach 8 km eine Abzweigung (3 km) zur Gemeinde **Niculiţel.** In diesem malerisch gelegenen Ort, der für seinen Weinanbau bekannt ist, stehen die Ruinen einer frühchristlichen Basilika mit unterirdischer Krypta. In dieser fand man im Jahr 1971 die Skelette vier christlicher Märtyrer – Zoticos, Attalos, Kamasis und Fillipos – vom Anfang des 4. Jahrhunderts n.Chr. Es wird angenommen, dass die vier Christen ihren Märtyrertod in Noviodunum, dem heutigen Isaccea, entweder in der Zeit des Kaisers Diocletian (303-304) oder des Kaisers Licinian (319-324) erlitten. Heute sind die Gebeine der Märtyrer im nahegelegenen Kloster Cocoş bestattet.

Von Niculiţel führt dann eine schmale Straße weiter zu den einsam gelegenen **Klöstern Cocoş** und **Taiţa**, die Mitte des 19. Jahrhunderts errichtet wurden.

Eduard Andrei – ein junger Maler mit großer Zukunft

Der 1971 in Constanţa geborene Eduard Andrei ist eine der herausragendsten Figuren der jungen Generation zeitgenössischer rumänischer Maler. Als er 22 Jahre alt war, wurden seine Werke bereits im berühmten Dalles-Saal der Bukarester Kunstakademie ausgestellt. Heute findet man

seine Arbeiten nicht nur im Constanţaer Kunstmuseum. Auch viele Kunstliebhaber aus Rumänien und dem Ausland erweiterten ihre Privatsammlungen bereits mit „einem Andrei". Seine Bilder sind voller Expressivität. Andrei bevorzugt klare Formen, die er nicht nur bei Landschaftsbildern, sondern auch bei den von ihm oft gemalten Objekten wie Kathedralen, Obelisken oder Türmen kraftvoll und inspiriert umsetzt.

Zur Zeit lehrt Eduard Andrei am Constanţaer Kunstlyzeum. Wer Interesse an seinen Bildern hat, kann sich wenden an: *Eduard Andrei (Tel. 0040-41-549543, auf Englisch) oder Thomas Kunze (Deutschland-0341-3582277, auf Deutsch)*

Wieder auf der DN 22 fährt man 6 km bis zur Abzweigung zum **Kloster Saon** (1881 erbaut) bzw. 7 km bis zur Abzweigung nach **Teliţa** (5 km), die weiterführt zum **Kloster Cilic-Dere** (8 km) aus dem Jahr 1840.

Bis nach

213 km **Tulcea** dem „Tor zum Donaudelta", sind es auf der DN 22 noch 21 km.

Zurück nach Constanţa* führt die relativ ordentliche DN 22 (E 87). Auf dieser letzten Etappe der Rundfahrt lohnt ein Halt in

249 km **Babadag**, einem Städtchen, in dem heute noch viele Türken leben. Von hier aus ist es noch eine gute Fahrstunde nach

326 km **Constanţa***.

Bei Babadag

Die Städte und Orte

Im Zentrum von Alba Iulia (Karlsburg)

Alba Iulia (Karlsburg)

Karlsburg, eine Stadt mit ca. 100000 Einwohnern, liegt im Westen Siebenbürgens am Zusammenfluss von Mureş und Ampoi.

Geschichte

Die Römer erbauten hier ein Castrum in der Nähe der alten dakischen Siedlung **Apulon** und behielten deren Namen bei. Das Castrum entwickelte sich zu einer blühenden Stadt, die erst zum „municipium" und später zur „colonia" sowie zum Gouverneurssitz der dakischen Provinz wurde.

Nach dem Abzug der Römer war die Stadt dem Ansturm der Wandervölker ausgesetzt. Die Slawen gaben ihr den Namen „Bälgrad" – die weiße Stadt. Davon leiten sich die anderen Stadtnamen ab: Weißenburg (deutsch), Alba Iulia (rumänisch) und Gyulafehervar (ungarisch). Im 18. Jahrhundert wurde Weißenburg zu Ehren des habsburgischen Kaisers Karl VI. in Karlsburg umbenannt.

Im Jahr 1241 suchten die Tataren die Stadt heim und zerstörten sie fast vollständig.

Karlsburg war der Ort des ersten siebenbürgischen Landtages, einberufen im Jahr 1291 vom ungarischen König Andreas III., und die Hauptstadt des Fürstentums Siebenbürgen. Im Jahr 1600 ließ der walachische Fürst Michael der Tapfere (Mihai Viteazu), der auch die Moldau und Siebenbürgen in seine Gewalt gebracht hatte, sich in Karlsburg als Fürst aller drei Länder ausrufen. Während der Wirren der kurzzeitigen Vereinigung dieser drei Länder wurde Karlsburg verwüstet. Der Wiederaufbau der Stadt ist wesentlich dem Fürsten Gabriel Bethlen (1613-1629) zu verdanken, der hier auch eine erste wissenschaftliche Akademie gründete. 1658 und 1661 wurde die Stadt wieder von Türkenheeren in Schutt und Asche gelegt.

Am 1. Dezember 1918 fand in Karlsburg die große Nationalversammlung statt, auf der die Vereinigung Siebenbürgens mit Rumänien beschlossen wurde.

Region
Siebenbürgen
Route 7

Daker siedelten hier bereits vor 2000 Jahren

Karlsburg hatte während seiner wechselhaften Geschichte schon viele Namen

Die Fußgänger-zone wurde in den 70er Jahren angelegt

Parkuhren wie hier in Karlsburg sind eher die Ausnahme

Besichtigung

Größte Festung Siebenbürgens

Die Sehenswürdigkeiten Karlsburgs konzentrieren sich auf dem Festungsplateau, das mit der riesigen sternförmigen Festung die Stadt dominiert.

Für Touristen ist Karlsburg keine Stadt der langen Wege, alle Sehenswürdigkeiten befinden sich auf dem Festungsgelände

Die **Festung** (Cetatea) von Karlsburg ist die größte in Siebenbürgen. Der Entwurf, der von Prinz Eugen von Savoyen persönlich gebilligt wurde, stammt von dem Italiener Visconti. Fast ein Vierteljahrhundert dauerte es, bis der 1714 in Angriff genommene Bau, auf dem 20 000 leibeigene Bauern aus der Umgebung fronten, fertiggestellt werden konnte. Die ca. 12 km lange Festungsmauer mit den 7 Basteien umschließen ein Territorium von 70 ha. Drei monumentale barocke Tore, entworfen von dem Wiener Architekten Johann König, gewähren Einlass in die Festung. An ihrer Südseite sind Überreste der vorhergehenden, quadratischen Wehranlage zu sehen, die im 16. Jahrhundert entstand.

Im vorderen Teil des Festungsgeländes steht das Wahrzeichen Karlsburgs, die römisch-katholische **St. Michaels-Kathedrale** (Catedrala romano-catolică), eines der bedeutendsten mittelalterlichen Baudenkmäler Siebenbürgens. Die Baugeschichte dieses Doms erstreckt sich über mehrere Etappen vom 13. bis in das 17. Jahrhundert. Er wurde an Stelle einer während des Tatareneinfalls 1241 zerstörten Kirche gebaut. Meister aus österreichischen, mährischen und ungarischen Bauhütten wirkten in der 1. Etappe (2. Hälfte des 13. Jahrhunderts) der Baugeschichte abwechselnd bei seiner Errichtung. In späteren Jahrhunderten wurden verschiedene Ergänzungen, Veränderungen und Erneuerungen vorgenommen, so dass sich an der Kirche Bauformen der Spätromanik, der Gotik, der Renaissance und des Barock verbinden. Johannes Corvin machte den Dom im 15. Jahrhundert zur Grabstätte des ungarischen Königsgeschlechts der Hunyaden.

Das Wahrzeichen der Stadt: der Dom

In der Nähe des katholischen Doms errichteten die Rumänen 1921/22 die **orthodoxe Kathedrale** (Catedrala reîntegririi) Karlsburgs, nachdem in Folge des Anschlusses von Siebenbürgen an Rumänien in Karlsburg ein orthodoxes Bistum gegründet wurde. Die Kirche trägt den patriotischen Namen „Wiedervereinigungskathedrale".

Der Baukomplex besteht aus Residenzgebäuden, Arkadengängen und einem Eingangsturm. In der Mitte seines rechteckigen Hofes befindet sich die Kathedrale, deren Bauform sich an die walachische Architektur des 16. und 17. Jahrhunderts anlehnt. Die Wandmalereien im Inneren der Kirche sind ein Werk des Malers Costin Petrescu.

Die orthodoxe Kirche ist ein relativ moderner Sakralbau

> **Rumänischer Patriotismus bei der Namensgebung der orthodoxen Kathedrale in Karlsburg**
> *Die nationalistisch geprägte rumänische Geschichtsschreibung sieht in der kurzen Eroberung Siebenbürgens durch den walachischen Fürsten Michael den Tapferen (Mihai Viteazu) im Jahr 1601 die historische Geburtsstunde Rumäniens. Obwohl die damalige Vereinigung von Moldau, Walachei und Siebenbürgen ein nicht einmal einjähriges geschichtliches Zwischenspiel war, bezeichnet man bis heute in Rumänien die Angliederung Siebenbürgens 1918/1920 oft als „Wiedervereinigung". Mit dieser Auslegung der Ereignisse wird eine geschichtliche Entwicklungslinie gezogen, die es so nicht gab. Siebenbürgen war bis 1918 mit dem Königreich Ungarn und später mit der Habsburger Monarchie bzw. der k.- und k.- Monarchie Österreich-Ungarn verbunden.*

Das **Prinzenpalais** (Palatul princiar), gleichfalls im Festungskomplex gelegen, wurde Ende des 14./Anfang des 15. Jahrhunderts als Bischofssitz gebaut. Der Bau wurde mehrere Male zerstört – 1601 von den Truppen des Generals Basta, 1658 und 1662 von türkischen Heeren. Die Österreicher setzten ihn nach 1700 wieder instand und richteten in ihm eine Kaserne ein. Im 16./17. Jahrhundert beherbergte der Palast den Siebenbürgischen Landtag.

Im Gebäude eines ehemaligen Klosters gründete der katholische Bischof Ignatius Bátthyany im Jahr 1772 eine Bibliothek, die jetzt seinen Namen trägt. Die **Bibliothek Batthyaneum** besitzt äußerst wertvolle Drucke und Handschriften, darunter den im 8. Jahrhundert mit Gold auf Pergament geschriebenen „Codex aureus". Im Bibliotheksgebäude ließ Bischof Bátthyany im 18. Jahrhundert auch das erste astronomische Observatorium Siebenbürgens einrichten.

Im Festungsgürtel befinden sich weiterhin die Renaissancebauten des **Palais Apor** und des **Palais Bethlen**.

Ein **Obelisk** erinnert schließlich an drei Führer des Bauernaufstandes von 1784. Sie hießen Horea, Cloșca und Crișan.

Zwei von ihnen, Horea und Cloșca, wurden auf dem „Galgenberg" (Dealul Furnicilor) von Karlsburg aufs Rad geflochten. Der 1937 errichtete Granitobelisk befindet sich im westlichen Teil der Festung.

Oft zerstört und wiederaufgebaut wurde das Prinzenpalais

Die Bibliothek besitzt eine Schrift aus dem 8. Jahrhundert

An den Bauernaufstand von 1784 erinnert ein Obelisk

Praktische Informationen

Telefonvorwahl: 058, von Deutschland: 004058

Hotel Parc***, Str. Primăverii 4,
Tel.: 058/811723, Fax: 058/812130
(neueres Hotel mit 58 Doppelbettzimmern und 2 Appartements, privatisiert)

Hotel Cetate**, Str. Unirii 3,
Tel.: 058/823804 Fax: 058/822152
(großes Hotel mit 250 Betten, mittelmäßiger Service)

Motel „Hanul Cu Berze", Str. Republicii 179,
Tel.: 058/830129; 811063
(gut gelegene Privatpension mit Restaurant)

Eisenbahnagentur (C.F.R.): Str. Moților 3

Ausflüge

– Sântimbru

In der Ortschaft Sântimbru (10 km auf DN 1 nach Norden) siegte 1442 der siebenbürgische Fürst Johannes Corvin in einer Schlacht gegen die Türken. An der Stelle, wo im Kampf eine Kirche zerstört wurde, ließ er ein neues Gotteshaus errichten. In der gotischen Hallenkirche sind Fragmente von Malereien aus dem 15./16. Jahrhundert erhalten.

– Piatra Craivii

Wenn man von Karlsburg 8 km auf der DN 74 entlangfährt und bei Şard (Schard) nach rechts einbiegt, gelangt man in das siebenbürgische „Weinland" (Ţara Vinului), eine alte, landschaftlich reizvolle Weinbaugegend mit den Dörfern Şard (Schard), Ighiu (Krakundorf), Bucerdea Vinoasă und Cricău. 7 km von Cricău (Krakau) entfernt liegt der Hügel **Piatra Craivii**, wo Reste einer großen dakischen Burg entdeckt wurden. Diese Festung ist die Ortschaft Apulon, die schon Ptolemäus im 1. Jahrtausend v.Chr. erwähnt. Außerdem befinden sich auf dem Hügel die Reste einer von Ungarn errichteten mittelalterlichen Burg aus dem 13. Jahrhundert.

Weitere Ausflugsziele

- → Route 7/Siebenbürgen – Sebeş (Mühlbach,)
- Marginimea Sibiului (Hermannstädter Grenzgebiet)

Die Wege übers Land:
Die Elektrizität hat auch das letzte Dorf erreicht.

Arad

*Region
Siebenbürgen
Route 9*

*Arad ist im Banat
die zweitgrößte Stadt*

Die Stadt am Ufer des Mureş (Miersch) ist mit ca. 180 000 Einwohnern die nach Timişoara* (Temeswar) zweitgrößte Stadt des Banats. Die fruchtbare Tiefebene um Arad war schon zur Zeit der Daker und Römer dicht besiedelt. Arad liegt am Flusslauf des Mures. Im Fluss selbst kann man zwar nicht baden, dafür hat die Stadtverwaltung in den letzten Jahren am Ufer eine große Freizeitanlage mit Schwimmbecken, einem Vergnügungspark und vielen Restaurant gefördert. Arad selbst wird 1156 zum ersten Mal urkundlich und dann 1329 als Stadt – civitas – erwähnt. Die Besetzung Arads durch die Türken dauerte von 1552 bis 1686.

*Brücke über
den Mures*

*Sehr schöne
Wandfresken
gibt es in der Arader
orthodoxen
Kathedrale zu sehen*

*Eine sternförmige
Festungsanlage,
die leider nur von
außen zu
bewundern ist*

Besichtigung

Sehenswert sind in Arad zunächst drei Kirchenbauten aus verschiedenen Jahrhunderten.

Die **Serbische Kirche** (Biserica sârbească, Piaţa Sârbească) ist ein wunderschöner Barockbau, der Anfang des 18. Jahrhunderts entstand.

Die **Orthodoxe Kathedrale** Arads (Catedrala ortodoxă, Piaţa Filimon Sârbu) ist ein abgewandelter Barockbau mit Fresken neueren Datums im byzantinischen Stil. Sie befindet sich auf dem Arader **Marktplatz** und wurde 1862 – 65 errichtet.

Unweit des orthodoxen Doms befindet sich auf dem Bulevardul Revoluţiei das Arader **Staatstheater** (Teatrul de Stat), ein Bau aus dem Jahr 1874, in dem heute viele Opern aufgeführt werden.

Vom Theater nicht weit entfernt steht ein scheußliches Beispiel sozialistischer Kunst, das **Heldendenkmal** (Monumentul eroilor patriei, Piaţa Avram Iancu), das 1960 errichtet wurde.

Der dritte eindrucksvolle Arader Kirchenbau ist die ungarische **Römisch-Katholische Kirche** (Biserica romano-catolică, Str. Miron Constantinescu 2). Die Kirche entstand in den Jahren 1902-1904. Auch sie befindet sich in der Nähe des Staatstheaters am Bulevardul Revoluţiei.

Einen Besuch lohnt das **Kloster Simion Stâlpnicul** (Mănăstirea Simion Stâlpnicul, Str. Dunării 172). Es wurde in den Jahren 1760-62 erbaut. In seiner Abtei sind mittelalterliche Kunstgegenstände gesammelt.

Die **Festung** der Stadt (Cetatea Aradului) liegt am linken Ufer des Mureş. Von der Altstadt führt eine Brücke zu ihr (von der Piaţa Avram Iancu die Str. N. Bălcescu entlanggehen!). Der Festungsbau wurde in den Jahren 1762-1783 in Sternform angelegt. Lange Zeit diente er vorwiegend als

Gefängnis. Unter dem wuchtigen Bauwerk befinden sich Reste einer älteren Festung aus dem 13. Jahrhundert. Das Innere der Festungsanlage ist für die Öffentlichkeit nicht zugänglich, da sich hier eine Kaserne befindet.

Praktische Informationen

Telefonvorwahl: 057, von Deutschland: 004057

Hotel Astoria***, Boulevardul Revoluţiei 79-81,
Tel.: 057/281700, Fax: 057/214385

Hotel Parc**, Bulevardul Gen. Dragalina 25,
Tel.: 057/219267, Fax: 057/219627
(Großes, staatliches Hotel, überteuert, aber gut gelegen am rechten Mureş-Ufer. Zur Arader Festung ist es nicht weit.)

Hotel Ardealul**, Bulevardul Revoluţiei 98,
Tel.: 057/280840, Fax: 057/281845
(Das im klassizistischen Baustil errichtete Hotel, in dessen großem Saal z.B. Franz Liszt, Johann Strauß Sohn oder Johannes Brahms Konzerte gaben, ist nicht nur ein Hotel, es gehört zu den bemerkenswerten Bauwerken der Stadt.

Unterhaltung:

Teatrul de stat (Theater/Oper), Bulevardul Revoluţiei 103

Flugagentur (TAROM): Str. Unirii 1, Tel. 057/280777

Flughafen Arad: Tel. 057/252564

Eisenbahnagentur (C.F.R.): Str. Unirii 1

Mönchskloster Bodrog

Ausflüge

– Kloster Hodoş-Bodrog –
Eines der ältesten zur rumänisch-orthodoxen Kirchen gehörenden Klöster befindet sich ca. 15 km südwestlich von Arad. Hodoş-Bodrog wurde erstmals im 12. Jahrhundert urkundlich erwähnt. Das Mönchskloster hat eine sehenswerte Kirche mit einem Barockhelm. Die Außenfresken stammen wahrscheinlich aus den ersten Jahrzehnten des 17. Jahrhunderts.

Weitere Ausflugsziele
→ Route 9/
Siebenbürgen – Vinga
– **Timişoara** (Temesvar)
– **Lipova** (Lippa)

Bräila

Region Walachei
Route 7

Bräila ist Donauhafenstadt und eine der ältesten walachischen Städte

Die knapp über 200 000 Einwohner zählende Stadt liegt landschaftlich sehr reizvoll am Zusammenfluss zweier Donauarme. Bräila bildet sowohl die Grenze der Walachei zur Moldau als auch zur Dobrudscha. Man sieht der Stadt heute kaum mehr an, dass sie zu den ältesten der Walachei zählt.

Geschichte

Ihre erstmalige urkundliche Erwähnung erfuhr die Binnenhafenstadt 1350. Zweimal wurde Bräila zerstört, zunächst brannten sie 1462 die Türken und 8 Jahre später die Armee Stefans des Großen (Stefan del Mare) nieder.

Bräila wurde 1835 offiziell Freihafen, was die Entwicklung des Seehandels begünstigte.

Heute wird die Stadt von der Industrie beherrscht (besonders: Schiffswerften, Schwermaschinenbau).

Besichtigung

Die Straßen in Bräila sind außerordentlich schlecht!

Die turmlose Kirche des heiligen Erzengel war als Moschee geplant

In unmittelbarer Donaunähe konzentrieren sich die Sehenswürdigkeiten der Stadt. Ein außergewöhnliches Bauwerk ist die **Kirche der heiligen Erzengel** (Biserica Sf. Arhangheli, Piaţa Traian 2). Die Strada Impăratul Traian führt von der Donau aus direkt zu dem Platz, wo dieses Bauwerk steht. Die Kirche hat keinen Turm. Grund dafür war ihre eigentliche Bestimmung als Moschee im 17. Jahrhundert, d.h. zur Zeit der türkischen Vorherrschaft. Erst 1836 wurde sie als orthodoxe Kirche geweiht.

Warten auf die Donaufähre in Braila

Der **Stadtpark** (Grădina publică) beginnt nahe der Kirche der heiligen Erzengel. Hier findet man neben den Büsten Kaiser Traians und des in Bräila geborenen Schriftstellers

Brăila

Panait Istrati, außerdem die Ruinen einer Burg aus dem 16. Jahrhundert.

Einen Besuch lohnt schließlich noch die **Griechische Kirche** (Biserica elenă, Calea Călăraşi/die Straße führt von der Piaţa Traian weg), die in den Jahren 1862-1872 entstand. Sehenswert sind hier besonders die Gemälde des bekannten rumänischen Malers Gheorghe Tattarescu.

Parallel zur Donau verläuft die Calea Călăraşi. Hier steht eine griechische Kirche

---

Praktische Informationen

Telefonvorwahl: 039, von Deutschland: 004039

Hotel Belvedere * * *, Str. Independenţei 1,
Tel./Fax: 039/635270 (100 Betten, staatlich)

Hotel Tineretului * *, Calea Călăraşi 56,
Tel.: 039/636480 (72 Betten, relativ ordentlich)

Hotel Traian *, Piaţa Traian 2, Tel.: 039/611404,
Fax: 039/612835 (200 Betten, zentral gelegen)

Tourismusagentur: NET, Piaţa Traian 4,
Tel.: 039/612519, Fax: 039/612353

Eisenbahnagentur (C.F.R.): Piaţa Traian 11

Ausflüge

– **Galaţi** – Die Donauhafenstadt (32 km von Brăila entfernt) liegt bereits in der Moldauregion. Galaţi hat heute 250 000 Einwohner. Leider wurde die Stadt während des Zweiten Weltkrieges und der Zeit kommunistischer Diktatur stark in ihrer Altbausubstanz beschädigt. Heute gilt Galaţi als Stadt mit vergleichsweise hoher Kriminalität.

Sehenswert ist vor allem die **Precista-Kirche** (Biserica fortificată Precista, Str. Grigore Ghica 17). Die von einer Befestigungsmauer umgebene Wehrkirche wurde 1647 erbaut. Noch früher stand hier eine Holzkirche. Die Precista-Kirche vereint verschiedene Stilelemente der Walachei, Siebenbürgens und der Moldau in sich.

Weiteres Ausflugsziel:

→ Route 13/Dobrudscha – Landschaft an der Alten Donau (Dunărea veche)

Die Landschaft an der Alten Donau ist unberührt und faszinierend schön. Die meisten Touristen werden den Ausflug dorthin aber von den rumänischen Touristenzentren Schwarzmeerküste und Tulcea (Donaudelta) aus beginnen. Ausflügler, deren Ausgangspunkt Brăila ist, fahren auf der DN 22 in Richtung Măcin entlang der Alten Donau.

(!) Zur DN 22 gelangt man von Brăila aus nur mit einer Autofähre. Die Karten für die Überfahrt können nicht auf der Fähre gelöst werden, sondern nur an einem kleinen unscheinbaren Kiosk am Fährhafen (direkt am Landesteg der Fähre), den man leicht übersieht.

Braşov (Kronstadt)

Geschichte

Die Geschichte der Stadt (350000 Einwohner) reicht bis zum Anfang des 13. Jahrhunderts zurück, als der Deutsche Ritterorden, vom ungarischen König im Burzenland mit Grund und Boden beschenkt, hier eine Festung gründete. 1271 wird die Stadt erstmals urkundlich erwähnt. Im Jahr 1364 erhielt Kronstadt das Recht, Jahrmärkte abzuhalten. Die Stadt entwickelte sich in der Folgezeit zum größten Markt Siebenbürgens, der Walachei und der Moldau. Die rege Handelstätigkeit sicherte ihr eine gewisse wirtschaftliche Vormachtstellung in Siebenbürgen.

Im Mittelalter war Braşov die bevölkerungsreichste Stadt Siebenbürgens und bis zum 19. Jahrhundert dessen wichtigstes Wirtschaftszentrum.

Braşov ist der östlichste Punkt Europas, den mitteleuropäischer Einfluss jemals direkt erreichte. Die Anlage dieser Stadt und ihre imposanten Bauwerke künden bis heute unverändert davon.

Derzeit wird in Braşov mit deutscher Hilfe viel investiert. Historische Baudenkmäler wurden rekonstruiert, die Stadt erblüht im neuen Glanz.

Besichtigung

Die größte gotische Kirche Südosteuropas steht in Kronstadt

Die **Schwarze Kirche** (Biserica Neagră, Str. Curtea Bisericii negre) ist das Wahrzeichen der Stadt und gleichzeitig der größte gotische Kirchenbau Südosteuropas. Fast ein Jahrhundert dauerte es, von 1384 bis 1477, bis der 89 m lange und 38 m breite Bau mit dem 65 m hohen Turm vollendet war. Ihren Namen erhielt die eigentlich „Unserer Lieben Frauen" geweihten Kirche nach einem verheerenden Stadtbrand im Jahr 1689, der die Kirchenmauern schwärzte und sogar die Glocken schmelzen ließ. Ein Taufbecken aus Glockenbronze, hergestellt vom Meister Jakob aus Schäßburg im Jahr 1472, und ein Fresko über dem Südportal gehören zu den wenigen Objekten, die aus der Zeit vor dem großen Brand datieren. Das spätgotische Fresko, das stark vom Stil der norditalienischen Renaissance beeinflusst ist, zeigt das Wappen des ungarischen Königs Matthias Corvinus und seiner Frau Beatrice von Aragon. Die dreischiffige Hallenkirche hat fünf prächtige Portale, die mit kunstvollen Steinmetzarbeiten im Stil der Spätgotik und der Renaissance verziert sind. Das Innere der Kirche ist mit kostbaren Orientteppichen, die früher die Stühle der Patrizier zierten, ausgestattet. Berühmt ist der Klang der gewaltigen Orgel von 1839 mit über 4000 Pfeifen. Sie ist eine der größten Orgeln in Osteuropa.

Braşov (Kronstadt)

Vor der Schwarzen Kirche stehen das **Honterus-Denkmal** und das **Honterus- Gymnasium.**

> ### Johannes Honterus – der Humanist aus Kronstadt
> *Der Gelehrte, Humanist, Reformator, Buchdrucker und Holzschnitzer Johannes Honterus wurde 1498 in Kronstadt geboren. Er studierte in Wien, lebte in Krakau und in Basel. 1533 kehrte Honterus als ausgebildeter Buchdrucker nach Kronstadt zurück. In der Schwarzgasse druckten er und sein Gehilfe auf einer aus Basel mitgebrachten Druckerpresse protestantische Literatur, die ersten Schulbücher Siebenbürgens, aber auch die erste siebenbürgische Landkarte. Johannes Honterus war Protestant. Durch die Verbreitung von Schriften war er wesentlich daran beteiligt, dass auch Siebenbürgen evangelisch geprägt wurde und schließlich 1572 das Augsburger Glaubensbekenntnis annahm. Außerdem hatte sich Honterus der Aufgabe angenommen, ein Schulwesen zu organisieren. Er gründete 1541 das erste Siebenbürger Gymnasium in Kronstadt.*

Die evangelische **St.-Bartholomäuskirche** (Biserica Bartolomeu, Str. Lungă) ist das älteste Architekturdenkmal der Stadt. Sie wurde um 1270-1280 erbaut.

Den Mittelpunkt der Kronstädter Altstadt bildet der mittelalterliche **Marktplatz**, die Piaţa Sfatului. 1988 begann man, den gesamten Platz aufzureißen und neu zu pflastern. Heute erstrahlt er im alten Glanz. Er wird durch ein Bauwerk aus dem 15. Jahrhundert dominiert, dem **Alten Rathaus** mit dem **Trompeterturm** (Piaţa Sfatului 30). Das ursprüngliche Gebäude gehörte der Kürschnerzunft. Mit dieser schloss die Stadtverwaltung 1420 einen Vertrag ab, in dem das Recht

Ein alter Markt wie aus dem Bilderbuch

Das alte Kronstädter Rathaus und die renovierte Kirche am Marktplatz

Der „Karpatenhirsch" hat eine gute Küche

verbrieft war, über dem Kürschnerhaus einen Versammlungssaal zu bauen. Im Laufe der Zeit wurden viele bauliche Veränderungen vorgenommen, von denen die meisten dem Stadtbrand von 1689 zum Opfer fielen.

Der 58 m hohe **Rathausturm** („Trompeterturm") stammt aus den ersten Jahren des 16. Jahrhunderts und war ursprünglich ein Wachtturm. 1770-1774 wurde das Rathaus im barocken Stil neu hergerichtet. Heute befindet sich hier ein historisches Museum.

Das **Hirscher-Haus,** auch am Marktplatz gelegen, wurde 1545 von der Apollonia Hyrscher, der Witwe des Stadtrichters Lukas Hyrscher, als Gilde- und Zunfthaus erbaut. Der mit Laubengängen versehene Renaissancekomplex ist 70 m lang. Hier befindet sich heute das bekannte Braşover Restaurant „Karpatenhirsch" (Cerbul Carpatin). Es hat eine recht gute Küche.

Die Braşover **Stadtbefestigungen** stammen aus dem 15. bis 16. Jahrhundert. Noch heute zeugen die erhaltenen Teile der alten Verteidigungsanlagen vom mittelalterlichen Kronstadt als einer Stadt mit wehrhaften Mauern, zahlreichen Türmen und Basteien.

Auf der „Warthe", einem Hügel, stehen der halbkreisförmige **Weiße Turm** und der **Schwarze Turm** (Calea Poienii), beide aus dem 15. Jahrhundert.

Im 16. Jahrhundert wurde an der Kreuzung zweier Stadtmauern die **Weberbastei** (Bastionul Ţesătorilor, Str. George Coşbuc 9) errichtet. Die gewaltige, an eine Burg erinnernde dreigeschossige Bastei ist einzigartig im Land. Von den sieben Basteien, welche die Stadt im 16. Jahrhundert besaß, blieb die der Weber am besten erhalten. Sie hat eine ausgezeichnete Akustik. Öfters werden darin Konzerte veranstaltet (im Hotel fragen!).

Östlich der Weberbastei findet man noch Teile der alten **Stadtmauer**, die bis zu zwei Meter stark und bis zu 10-12 m hoch war, sowie die **Seiler**- und die **Tuchmacherbastei**.

Schließlich gehört zu den alten Kronstädter Wehranlagen noch das **Katharinentor** (Poarta Ecaterina, Şirul Beethoven). Das im Jahr 1559 erbaute Tor ist mit dem alten Stadtwappen geschmückt.

Das **Stadtviertel Şchei** ist eines der ältesten Braşovs. Hier lebten vorwiegend Rumänen. Die im Vergleich zum deutschen Teil Kronstadts bescheidenen Häuserzeilen illustrieren die soziale Stellung, die der rumänische Bevölkerungsteil innehatte. Man betritt das Viertel durch das **Şchei-Tor**, das Anfang des 19. Jahrhunderts errichtet wurde.

Ein päpstliches Schreiben bezieht sich schon im Jahr 1399 auf eine orthodoxe Kirche in Şchei. Archäologische Grabungen förderten die Reste einer Holzkirche und einer steinernen Saalkirche zutage.

Das Katharinentor, ein Teil der alten Stadtbefestigung

Der Bau der steinernen Kirche wurde vermutlich auf Veranlassung von Neagoe Basarab im Jahr 1495 begonnen. Stiftungen von walachischen und moldauischen Würdenträgern halfen in der Folgezeit, die Kirche zu erweitern und zu verschönern. Das jetzige Gebäude dieser **Nikolauskirche** (Biserica Sf. Nicolae, Piaţa Unirii 2) entstand im Verlauf des 18. Jahrhunderts. In den 30er Jahren des 18. Jahrhunderts erhielt die Kirche Wandmalereien.

Zur Kirche gehört auch eine **Schule,** die als die erste rumänische Schule gilt. Sie wurde nach der Datierung des Chronisten Radu Tempea im Jahr 1495, zeitgleich mit der Kirche, in Stein erbaut. Ursprünglich lehrte man hier das Kirchenslawische, später dann Rumänisch. Das gegenwärtige Schulgebäude wurde Ende des 16. Jahrhunderts errichtet und um 1760 im Barockstil umgebaut. Zwischen 1556 und 1580 arbeitete hier der Buchdrucker Diakon Coresi, der für die slawische und rumänische Kultur Siebenbürgens bedeutende Druckwerke herstellte.

Der **Schlossberg** (Dealul Cetăţuia) ist ein Geröllberg, auf dem im Jahr 1625 an der Stelle einer älteren Wehranlage eine Festung mit 4 Eckbastionen erbaut wurde. Heute gibt es hier ein Restaurant.

Die Stadt wird von der **„Zinne",** dem Berg Tâmpa, überragt. Von diesem Hausberg Braşovs, 865 m hoch, hat man eine herrliche Aussicht auf die Stadt. Wenn man den Aufstieg zu Fuß scheut, erreicht man die Spitze bequem mit der Drahtseilbahn (tgl. 9-22 Uhr, außer Montag).

Praktische Informationen

Telefonvorwahl: 068, von Deutschland: 004068

Eisenbahnagentur (C.F.R.): Str. Republicii 53

Hotel Aro-Palace * * * *, Bulevardul Eroilor 27,
Tel.: 068/142840, Fax: 068/150427
(rumänisches Luxushotel mit fast 600 Betten, zentral gelegen)

Hotel Capitol * * *, Bulevardul Eroilor 19,
Tel.: 068/118920, Fax: 115834
(großer, häßlicher Kasten mit 368 Betten, staatlich)

Hotel Coroana * *, Str. Republicii 62,
Tel.: 068/144330, Fax: 068141505
(kein Luxus, ein Haus mit Tradition und Flair, absolut zentral)

Hotel Postăvarul *, Str. Politehnicii 2,
Tel.: 068/144330, Fax: 068/141505
(152 Betten, einfach, kein TV)

Jugendherberge: Hostel Transilvania, Str. Lunga 198,
Tel.: 093/383403
(2-, 4- und 8- Bett Zimmer)

Unterhaltung: *Schauspielhaus,* Piaţa Teatrului 1,
Tel.: 068/116154, Karten unter 112160

Musiktheater, Str. Operetei 51, Tel.: 068/115990

Stadtrundfahrten: *Firma „Postăvarul",*
Braşov, Str. Mureşenilor 12,
Tel. 068/142301, Fax: 068/150496 (oder im Hotel fragen!)

Eisenbahnagentur (C.F.R.): Str. Republicii 53

Braşov (Kronstadt)

Ausflüge

Härman (Honigberg)

Fährt man von Braşov 12 km auf der DN 11 in Richtung Nordwesten, erreicht man die Gemeinde Härman (Honigberg) mit einer **Kirchenburg** aus dem 15. Jahrhundert. Im Innenhof der von 7 Wehrtürmen umgebenen Burg befindet sich eine Kirche, die bis auf das Jahr 1240 zurückgeht. Der auffallend hohe Turm (45 m) stammt aus dem 15. Jahrhundert. In das Kirchengebäude sind Vorratskammern eingebaut, die allerdings den lokalen Würdenträgern vorbehalten waren. Die Umfassungsmauern enthalten Zufluchts- und Vorratsräume für die Siedlungsbewohner.

Prejmer (Tartlau)

Zurück auf der DN 11, biegt man auf die DN 10 und erreicht nach 5 km Prejmer (Tartlau). Die gewaltige **Kirchenburg**, die mächtigste im Süden Siebenbürgens, wurde im 15. Jahrhundert geschaffen. Ihr Wehrmauerring ist an der Basis bis zu 5 m stark und erreicht eine Höhe von 12-14 m. Die Innenseite der Umfassungsmauern ist mit fast 300 kleinen Kammern versehen, die in mehreren Stockwerken übereinander liegen. Sie dienten in erster Linie als Vorratskammern, aber in Kriegszeiten wurden sie auch als Unterkünfte benutzt. Die Kirche stammt aus dem 13. Jahrhundert und wurde im 16. Jahrhundert im gotischen Stil umgebaut.

Ferienorte im Prahova-Tal

Von Braşov aus in Richtung Süden erreicht man über Poiana Braşov (Schulerau) die im Prahova-Tal gelegenen Wintersport- und Luftkurorte **Predeal** (25 km) **Buşteni** (37 km) und **Sinaia** (45 km). Sie sind Ausgangsorte für Wander- oder Skiausflüge in das Bucegi-Massiv:

Sinaia

Am elegantesten ist das 800 m hoch gelegene **Sinaia** mit immer noch schönen alten Villen, einem eleganten Casino und würdevollen Hotels. In Lifts, Gondel- und Kabinenbahnen erreicht man bequem die Höhen des **Bucegi-Gebirges**, bis hinauf auf die **Omul-Spitze** (2507 m). Die Stadt hieß bis 1874 Izvor. Erst dann wurde sie nach dem Kloster Sinaia umbenannt, das Schwertträger Mihai Cantacuzino hier 1695 gestiftet hatte. Die Entwicklung der Gemeinde als Ferienort begann in der Mitte des 19. Jahrhunderts, als Straßen- und später auch Bahnverbindungen die Zufahrt erleichterten.

Die Orte im Prahova-Tal gehören zu den bekanntesten Ferienorten in Rumänien, ein Besuch ist lohnend zu allen Jahreszeiten

Herrschaftliche Villen in Sinaia

**Kloster Sinaia –
der Schlosspark
im Winter**

Die größte Attraktion Sinaias ist das **Schloss Peleş**. Dieses malerische Gebäudeensemble wurde 1875-1883 als königliche Sommerresidenz erbaut. König Carol I., ein gebürtiger Prinz von Hohenzollern-Sigmaringen, holte sich mit Peleş ein Stück Deutschland in sein Königreich. Das Schloss mit seiner historisierenden Mischung aus Stein- und Fachwerkbau ist ein Paradebeispiel für die deutsche romantische Architektur. Die Ausstattung der Innenräume ist verschiedenen Stilrichtungen, von der deutschen Renaissance bis zu orientalischer Pracht, nachempfunden.

Die Klosterkirche des 1695 erbauten und nach dem biblischen Sinai benannten **Klosters Sinaia** (Mănăstirea Sinaia, Strada Soarelui) weist eine Vorhalle mit Steinsäulen im Brâncoveanu-Stil auf. Die „Große Kirche" (Biserica mare) und die Zellengebäude stammen aus dem 19. Jahrhundert.

Hotel Mara * * *, Str. Toporaşilor 1a, Platoul Izvor,
Tel. /Fax: 044/110440; 110442
(neuerbautes Hotel mit westlichem Standard; aber der Luxus muss sehr teuer bezahlt werden, nicht zentral)

Hotel International * * *;Str.Avram Iancu 1
Tel.: 044/313851-54, Fax: 044/313855
(schöne Lage)

Hotel Palace * * *, Str. Octavian Goga 2, Tel.: 044/312051, Fax: 044/374633
(sehr schöner Altbau, 250 Betten)

Hotel Sinaia * *, Bulevardul Carol 8, Tel.: 044/311551, Fax: 044/314098
(485 Betten, zentral gelegen)

Villen (Ferienhäuser) unter 044/311853

Schloss Peleş,
Das Märchen-
schloss von Sinaia

Buşteni

Der Ort am Fuß der Steilhänge des Bucegi-Massivs liegt 900 m hoch und war in früheren Jahrhunderten eine Station auf der Straße von Braşov nach Bukarest. Buşteni ist im Sommer ein idealer Ausgangsort für Bergwanderungen und bietet im Winter Skipisten verschiedener Schwierigkeitsgrade. Kabinenbahnen bringen den Besucher bequem auf das Bergplateau.

1 Seilbahn-
   station
2 Hotel Silva
3 Zimmerver-
   mittlung

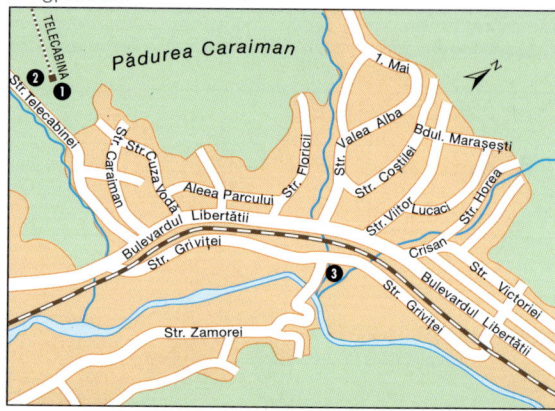

Hotel Silva **, Str. Telecabinei 39,
Tel.: 044/320027; 321412, Fax: 044/320950
(ordentlich, schöne Lage am Fuße des Caraiman, Seilbahn-
station hinter dem Hotel, keine anspruchsvolle Küche im Hotel-
restaurant)

Hotel Zamora *, Str. Ciocârliei 47, Tel. 044/320326 (einfach)
Villen (Ferienhäuser) unter 044/320797
Berghütten unter 044/321817

**Mit der Seilbahn
in das
Bucegi-Massiv**

Braşov (Kronstadt)

Rast an der Bergstation der Seilbahn

Predeal

Mit 1040 m ist Predeal der höchstgelegene Ort Rumäniens. Als Mitte des 19. Jahrhunderts die Zollstelle zwischen der Walachei und Österreich - Ungarn von Breaza nach Predeal verlegt wurde, begann sich die Gemeinde zu entwickeln. Im ersten Weltkrieg wurde Predeal schwer zerstört. In den nachfolgenden Jahrzehnten wuchs der Ort zu einem beliebten Ferien- und Wintersportzentrum.

Der höchstgelegenste Ort in Rumänien ist Predeal

Hotel Orizont * * *,* Str. Trei Brazi 6,
Tel.: 068/255150, 252151, 252767, Fax: 068/152390
(architektonisch gelungener Hotelbau, 300 Betten, staatlich)

Hotel Bulevard *,* Str. Mihail Săulescu 129, Tel.: 068/256022
(schönes altes herrschaftliches Hotel, nur Ein- und Doppelbettzimmer)

Villen (Ferienhäuser) unter 068/152135

Berghütten unter 068/256501

In Buşteni, Sinaia und Predeal gibt es eine Unmenge kleinerer Hotels, Pensionen und Privatquartiere

Weitere Ausflugsziele → Route 6/Siebenbürgen

– **Poiana Braşov** (Schulerau)
– **Râşnov** (Rosenau)
– **Schloss Bran** (Törzburg)
– **Feldioara** (Marienburg)

Bukarest - „Paris des Ostens"

Bukarest

Bukarest ist keine Stadt, die dem Touristen bei der ersten Besichtigung sofort ans Herz wächst. Wie in jeder Großstadt gibt es hier viel Verkehrslärm, Baustellen und Hektik, das aber vor einer seltsam uneinheitlichen, mit Brüchen und Sprüngen versehenen Kulisse. Klein-Paris des Ostens wurde die Stadt einstmals genannt. Warum, das erahnt der heutige Besucher in den Augenblicken, wenn sich ihm der Blick auf einen intakten Straßenzug, auf ein prachtvolles Gebäude, auf eine Allee oder einen Park öffnet.

Region Walachei Routen 1 und 2

Die Hauptstadt Rumäniens hat über 2 Millionen Einwohner

Geschichte

1977 wurde Bukarest von einem schweren Erdbeben erschüttert, das großen Schaden anrichtete. Mehr als durch die Naturgewalt litt die Stadt jedoch in der Folgezeit unter dem Größenwahn des Diktatorenehepaares Nicolae und Elena Ceaușescu. Nach dem Erdbeben kannte der Conducator kein Halten mehr. Über 30 (!) Kirchen ließ er nach 1977 zerstören. Bukarester sagen, dass die Ceaușescus die Stadt als einen großen Baukasten ansahen, in dem sie nach Belieben Gebäude wie Steinchen abreißen, versetzen oder hinsetzen konnten. Dem monströs-monumentalen „Palast des Volkes" und der für Funktionäre geplanten Prachtstraße „Unirii" fiel ein Teil der Altstadt zum Opfer, rücksichtslos wurde eine gewaltige Schneise in die alten Viertel geschlagen.

Die Ceaușescus wünschten sich eine Hauptstadt nach sozialistischem Bilde

Nach der Dezemberrevolution und der Hinrichtung der Ceaușescus 1989 wurden die Arbeiten größtenteils eingestellt. Öde Betonwüsten mit fensterlosen Bauruinen auf unfertigen Straßenzügen sind geblieben. Einen Hauch von Bukarests glanzvollerer Vergangenheit spürt man bei einem Spaziergang auf der Calea Victoriei mit ihren prächtigen Stadtpalästen oder in den Villenvierteln links und rechts der Şoseaua Kiseleff. Wenn man des Großstadtgetriebes müde geworden ist, kann man sich in einen der schönen Bukarester Gärten oder Parks zurückziehen oder die Umgebung der Stadt erkunden, die sowohl dem Naturfreund als auch dem Geschichtsinteressierten vieles bietet.

Der Bau des Ceaușescu-Palastes verschlang Milliarden von Dollar

Mondäne Villen im vornehmen Norden der Stadt

Streunende Hunde

In vielen rumänischen Großstädten gibt es dieses Problem, aber in Bukarest ist es am schlimmsten: streunende Hunde.

Hunderttausende gibt es davon in der Hauptstadt, Tendenz bedrohlich ansteigend. Über 200000 Hundebisse werden von den Krankenhäusern jährlich registriert. Falsch verstandene Tierliebe, die sich in z.T. wütenden Kampagnen gegen geplante Maßnahmen zur Verringerung der Hundezahl äußerte, fehlende Geldmittel für Tierheime und Kastrationen sowie die organisatorische Schwäche der Stadtverwaltung sind die Hauptgründe dafür, dass man der Hundeplage nicht Herr wird. Besonders nachts und in der kalten Jahreszeit können die Hunde, die sich auch in Rudeln zusammenrotten, zu einer echten Gefahr werden. Überlebenstipps für den Großstadtdschungel: 1. besonders nachts Hauseingänge und Höfe, aber auch Grünanlagen meiden, 2. ein griffbereites Abwehrspray (Pfefferspray o.ä.) für die ganz Ängstlichen, 3. ein Stück Brot in der Jackentasche, um damit die Meute zu befrieden, 4. ein alter Zigeuner-Trick: wenn ein Hund aggressiv wird, sich bücken und die Geste des Stein-Aufhebens und -Werfens machen (klappt tatsächlich!), 5. wenn man doch gebissen wird: ab ins nächste Krankenhaus, Tollwut-Impfung!

Das Brâncoveanu- Zeitalter

In der Regierungsperiode des Fürsten Constantin Brâncoveanu (1688- 1714) erlebten Kunst, Wissenschaft und Kultur in der Walachei und ihrer Hauptstadt eine Renaissance. Unter seiner Herrschaft wurde z.B. die erste höhere Schule der Walachei, die fürstliche Akademie des heiligen Sava, gebildet und Buchdruckereien gegründet. Er veranlasste u.a. den Bau der ersten holzgepflasterten Straße der Stadt, des Podul Mogoşoaiei, baute den Fürstenhof in Stein um und errichtete sich ein Schloss in Mogoşoaia. Dem Beispiel des Fürsten folgend, ließen eine Reihe von angesehenen Bojaren, Kaufleuten und Klerikern bemerkenswerte Gebäude errichten, wie z.B. das Colţea-Krankenhaus und die Kirche Fundenii Doamnei.

Nach dem Fürsten wurde auch der Baustil dieser Zeit benannt. Der „Brâncoveanu-Stil" zeichnet sich durch das üppige Dekor aus, mit dem die Gebäude geschmückt wurden. Einheimische Traditionen, Einflüsse aus Siebenbürgen, aus Istanbul und auch aus Italien verschmelzen zu einem eigenständigen Stil. Symmetrisch angeordnete, kompakte Gebäudeteile werden von bewegten plastischen Details wie spiralförmig gewundenen Säulen oder mit Blumen-, Pflanzen- und Tiermotiven geschmückten Balustraden umrahmt.

Die Sage berichtet von einem Schäfer, der die Stadt gründete

Der erste Bukarester war ein Hirte

Romantischer und eingängiger als bronzezeitliche Scherbenfunde ist immer eine Legende zur Stadtgründung. Die Bukarester Sage handelt von einem Hirten mit dem Namen Bucur (der Fröhliche), der seine Schafherde an den Ufern des Flüsschens Dâmboviţa weidete. Das kristallklare Wasser des Flusses, die grünen Auen und die dichten Wälder entzückten ihn so, dass er diesen Ort nimmermehr verlassen mochte, sich am Flussufer niederließ und sich eine Hütte baute. Als frommer Mann begann er auch eine Kirche zu errichten, deren Bau sich wundersam über Nacht vollendete. Das war der Anfang der Stadt, die forthin den Namen des Hirten Bucur, ihres Gründers, tragen sollte.

In einer Schrift von Vlad dem Pfähler wird Bukarest erstmals erwähnt

Seit über 500 Jahren ist der Ort Bucureşti urkundlich belegt – erst Marktflecken, dann Fürstensitz und schließlich Hauptstadt. Die Stadt liegt an den Flüssen Dâmboviţa und Colentina. Hier kreuzten sich Handelsstraßen, die nach Siebenbürgen, Oltenien oder in die Donaustädte führten. Archäologische Funde in vielen Teilen der Stadt bezeugen die Besiedlung des Territoriums seit der Altsteinzeit.

Mit seinem Namen urkundlich belegt ist Bukarest erstmals in einer vom Fürsten Vlad Ţepeş 1459 ausgestellten Urkunde. In dieser wird von einer „Festung Bucureşti" gesprochen, ein Hinweis auf den vom Fürsten vorangetriebenen Bau einer neuen Festung gegen die Türken, die von der Donau heran vorrückten. In der 2. Hälfte des 15. Jahrhunderts begann sich der Marktflecken langsam zur Stadt zu entwickeln. Ţepeş und seine Nachfolger wählten Bukarest als ihre Residenz, so dass der Ort Ende des 15. Jahrhunderts neben Târgovişte zur wichtigsten Residenzstadt der walachischen Fürsten wurde. Das 16. Jahrhundert brachte einen immer stärkeren wirtschaftlichen und politischen Druck des osmanischen Reiches auf die Walachei. Im Laufe des vom walachischen Fürsten Mihai Viteazu angeführten Kampfes gegen die Türken wurde Bukarest im Jahr 1595 kurzzeitig von türkischen Truppen besetzt. Bevor diese die Stadt aufgeben mussten, setzen sie jedoch alles Erreichbare in Brand. Bukarest war verwüstet, und Târgovişte wurde als Fürstensitz wieder vorgezogen – nicht zuletzt auch aus dem Grund, dass es schwerer erreichbar war und so ein von den Türken weniger genau überwachtes Regieren zuließ.

Im Mittelalter war Bukarest eine der Fürstenresidenzen der Walachei

Das 17. Jahrhundert brachte einen Aufschwung in der Stadtentwicklung

Bukarest wurde wiederaufgebaut, und 1625 residierte hier erneut ein Fürst, Alexandru Cuconul. In der 32 Jahre währenden friedlichen und ruhigen Herrschaft des Fürsten Matei Basarab (1632-1654) erlebte die Stadt eine Blütezeit. Die Wirtschaft erholte sich nach den Jahrzehnten der kriegerischen Auseinandersetzungen, das Handwerk nahm einen Aufschwung, Zünfte bildeten sich heraus, eine rege Bautätigkeit kam in Gang, Kunst und Architektur konnten sich entwickeln. 1659 wurde Bukarest zur einzigen Hauptstadt des walachischen Fürstentums. Dem Fürsten Constantin Brâncoveanu, einem Förderer der Kunst und Kultur, verdankt die Stadt einige ihrer schönsten Bauwerke. 1692 erhielt Bukarest eine neue, mit Eichenbohlen ausgelegte Straße, den Podul Mogoşoaiei – heute die Calea Victoriei. Sie wurde bald zur wichtigsten Verkehrsader der Stadt.

Das goldene Zeitalter unter Constantin Brâncoveanu

Nach der Herrschaftsperiode des Brâncoveanu-Nachfolgers Stefan Cantacuzino führte die Hohe Pforte zur Stärkung ihrer erschütterten Stellung die Fanariotenherrschaft ein, die bis 1821 dauern sollte. Die Fanariotenfürsten pressten die Walachei rücksichtslos aus. Trotz der lähmenden Abhängigkeit vom Osmanischen Reich wurde Bukarest im 18. Jahrhundert zu einem wichtigen Handelszentrum Südosteuropas. In Bukarest spielten sich 1821 entscheidende Ereignisse des von Tudor Vladimirescu geführten antitürkischen und antifeudalen Aufstandes ab. Die Erhebung wurde militärisch niedergeschlagen, jedoch erreichte sie indirekt die Abschaffung der Fanariotenherrschaft und die Wiedereinsetzung einheimischer Fürsten. 1848 war Bukarest das Zentrum der Revolution in der Walachei, in der der regierende Fürst Bibescu gestürzt und eine provisorische Regierung eingesetzt werden konnte. Erst das Eingreifen türkischer und russischer Truppen ließ den Aufstand scheitern. Im Jahr 1859 erlebte Bukarest die Wahl von Alexandru Ioan Cuza zum Fürsten der Moldau als auch der Walachei und damit die Geburtsstunde des modernen rumänischen Staates, dessen Hauptstadt es drei Jahre später wurde. 1881 wurde Prinz Karl von Hohenzollern-Sigmaringen zum König Carol I., dem ersten rumänischen König, gekrönt.

Achtung! Fußgänger beachten oft keine Ampel

1862 tritt Rumäniens erstes Parlament in der Hauptstadt Bukarest zusammen

Die 2. Hälfte des 19. Jahrhunderts und der Anfang des 20. Jahrhunderts bedeuteten für die Stadt eine rasche städtebauliche und wirtschaftliche Entwicklung – Industriebetriebe wurden gegründet, Eisenbahnlinien nach Städten wie Giurgiu und Târgoviște in Betrieb genommen, Kunst und Kultur entfalteten sich, es entstanden repräsentative öffentliche Gebäude. Frankreich und seine Hauptstadt Paris waren für die Architekten und Städteplaner dabei das große Vorbild. Im ersten Weltkrieg war Bukarest fast zwei Jahre von den Mittelmächten besetzt.

Seit 1918 ist Bukarest die Hauptstadt des durch Siebenbürgen erweiterten Einheitsstaates Rumänien. In der Zeit zwischen den beiden Weltkriegen wuchs die Stadt weiter. Neue Wohnviertel wurden angelegt, das elektrische Straßenbahnnetz erweitert, neue Hochschulen gegründet etc. Am 23. August 1944 wurde in Bukarest der faschistische Staatspräsident Marschall Ion Antonescu verhaftet. Rumänien, das bisher auf der Seite Hitlerdeutschlands kämpfte, wechselte zu den Alliierten über. Im Dezember 1947 musste König Michael abdanken, und Rumänien wurde zur Volksrepublik.

In den darauffolgenden Jahrzehnten entstanden in Bukarest riesige Neubaugebiete. 1965 begann die Amtszeit Ceaușescus. Fast ein Vierteljahrhundert sollte sie dauern, und in diesen Jahren wurde fast ein Viertel (!) der Altstadt Bukarests restlos und sinnlos zerstört. Während der Revolution im Dezember 1989 gab es in der Hauptstadt schwere Kämpfe, besonders am Fernsehgebäude, auf der Piaţa Romana, der Piaţa Revoluţiei und an der Universität. Noch jetzt zeugen Einschusslöcher an umliegenden Gebäuden von diesen dramatischen Ereignissen.

Die Nachkriegsentwicklung Bukarests – Fortschritt und Größenwahn

Im Bukarest von heute widerspiegeln sich die Veränderungen, die im Land vor sich gehen, besonders deutlich. Auflebende Marktwirtschaft, Relikte aus sozialistischer Zeit, neuer Reichtum und neue und alte Armut zeigen sich bei den Gebäuden und ihren Bewohnern.

Besichtigung

Bukarest ist eine riesige Stadt, aber viele der wichtigsten Sehenswürdigkeiten lassen sich zu Fuß erkunden. Sie konzentrieren sich im wesentlichen an der Calea Victoriei und in dem Viereck, das durch den Bulevardul Mihail Kogălniceanu im Norden, den Bulevardul I.C. Brătianu im Osten, den Bulevardul Unirii im Süden und den Bulevardul Libertăţii im Westen gebildet wird und das die Dâmboviţa diagonal durchfließt. Das letzte, südliche Teilstück der Calea Victoriei verläuft ungefähr in der Mitte dieses Vierecks bis hin zur Dâmboviţa.

In diesem Viertel steht der **Alte Fürstenhof (1)** (Curtea Veche, Str. Maniu), der Nukleus Bukarests. Schon im 14./15. Jahrhundert waren an dieser Stelle alte Befestigungen vorhanden. Während der Herrschaft von Vlad Ţepeş wurde eine mächtigere Festung erbaut, die dem doppelten Zweck – Verteidigungsanlage und Fürstenresidenz – gerecht wurde. In den darauffolgenden Jahrhunderten wurden immer wieder Umbau- und Erweiterungsarbeiten vorgenommen. Im 16. Jahrhundert ließ der Fürst Mircea Ciobanul (der Hirte) einen der Bedeutung der Stadt adäquaten, prächtigen Fürstensitz erbauen, der von seinen Nachfolgern Matei Basarab (1632-1654) und Constantin Brâncoveanu (1688-1714) ausgebaut wurde. Die erhaltenen Mauerreste aus dem 17. Jahrhundert stehen auf Ziegel- und Backsteinmauern aus zwei früheren Jahrhunderten. Auf der Terasse des Fürstenhofes sieht man eine Säule aus der Brâncoveanu-Epoche, deren gewundener Schaft mit Blattranken verziert ist. Bis ins 18. Jahrhundert hinein war der Fürstenhof bewohnt.

Die Fürstenresidenz an der Dâmboviţa

Alter Fürstenhof

Die **Kirche des heiligen Anton (2)** (Biserica St. Anton, Str.
Maniu) steht gleich neben dem Fürstenhof. Der Sakralbau ist
die ehemalige Hofkapelle und die älteste erhaltene Kirche
der Stadt. Gestiftet wurde sie in der Mitte des 16. Jahrhunderts vom walachischen Fürsten Mircea Ciobanul. Die Kirche weist ein für diese Periode typisches Mauerwerk auf, bei
dem durch die Anordnung von Ziegeln und Mörtelschichten
die Illusion von Steinquadern geschaffen wird. Das wunderschöne steinerne Kirchenportal im Brâncoveanu-Stil wurde
1715 unter Fürst Stefan Cantacuzino angefügt. Schlanke
Pilaster mit fein ausgeführten Blatt- und Blumenranken bilden den Rahmen, die Felder über dem Türbogen sind mit
Engelsfiguren ausgemalt. Die Innenmalerei der Kirche
wurde Mitte des 19. Jahrhunderts im klassizistischen Stil
ausgeführt.

*Die Salbungskirche
der Fürsten der
Walachei*

Gegenüber der Kirche befindet sich der **Hanul lui Manuc (3)** (Herberge des Manuc, Str. Maniu), die einzige erhaltene Karawanserei der Stadt. Im alten Bukarest, dem Handelszentrum, gab es zahlreiche große Gasthöfe dieser Art,
die den kaufmännischen Karawanen sichere Übernachtungsmöglichkeiten boten. Als im 19. Jahrhundert die Transportmittel schneller und komfortabler wurden, verschwanden diese Gasthöfe allmählich aus dem Stadtbild. Einzig der
Hanul lui Manuc, der 1808 von dem armenischen Kaufmann
Manuc Bey auf dem Gelände des ehemaligen alten Fürstenhofes erbaut wurde, blieb bestehen. Er liegt mitten im
Zentrum der Altstadt.

*In der Herberge des
Manuc wurden
1812 die Friedens-
verhandlungen im
russisch-türkischen
Krieg geführt*

0   250 m

Ⓜ Metrostation

Ⓜ Museum

© GOLDSTADTVERLAG

Bulevardul Maica Domnului

Bulevardul Ghica Tei

Bulevardul Lacul Tei

Stefan cel Mare

Galati

Parcul Tonola

Bucharest Circus

Alea Circului

Soseaua

Tunari

Barbu Vacarescu

Parcul Sportiv Dinamo

Ⓜ

Polona

Emergency Hospital

Calea Floreasca

Lacul Floreasca

Parcul Floreasca

Iancu de Hunedoara

Caderea Bastillei

Mircea Eliade

Calea Dorobantilor

Piata Dorobantilor

Roma

Washington

Paris

Ana Ipatescu

Emil Pangratti

Alea Alexandru

Ⓜ

Calea

21

Piata Avatorilor

Ⓜ

Bulevardul

Aviatorilor

Piata Victoriei

Maresal C. Prezan

Mincu

Geologisches Museum Ⓜ

Naturhistorisches Museum Ⓜ

Buzesti

22

Ⓜ Bauern Museum

Parcul Herastrau

Soseaua Kiseleff

Dr. Felix

Dr. Segiu

Nicolae Titulescu

24

23

Clucerului

Maresal Averescu

Bulevardul 1. Mai

Alexandru Ioan Cuza

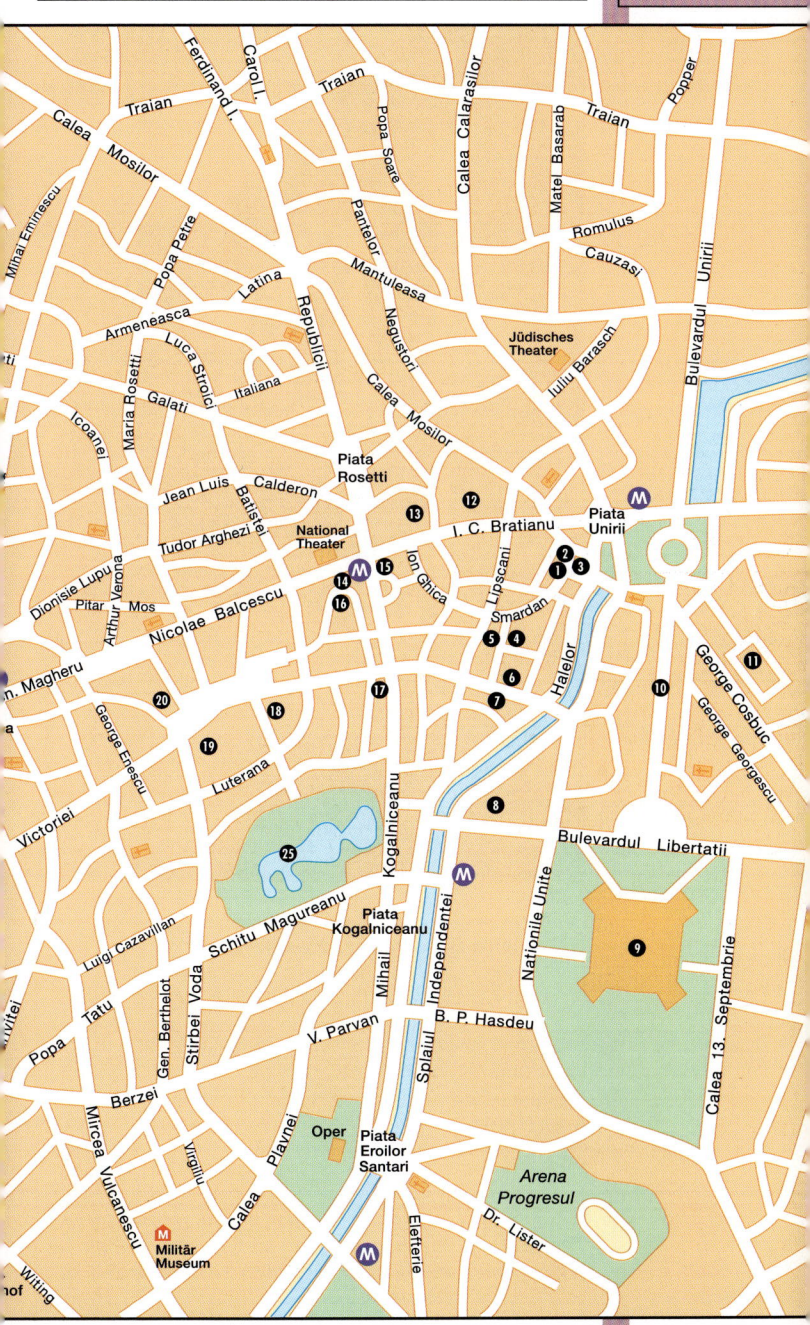

Traian
Calea
Mosilor
Ferdinand I.
Caroli I.
Traian
Popa Soare
Calea Calarasilor
Matei Basarab
Traian
Popper
Romulus
Cauzasi
Bulevardul Unirii

Mihai Eminescu
Popa Petre
Pantelor
Mantuleasa
Negustori
Jüdisches Theater
Iuliu Barasch

Armeneasca
Luca Stroici
Republicii
Latina
Calea Mosilor

Icoanei
Maria Rosetti
Galati
Italiana

Jean Luis
Calderon
Batiste
Piata Rosetti

Tudor Arghezi
National Theater
I. C. Bratianu
Piata Unirii

Dionisie Lupu
Arthur Verona
Pitar Mos
Nicolae Balcescu
Ion Ghica
Lipscani
Smardan
Halelor
George Cosbuc

Bn. Magheru
George Enescu
Luterana
Kogalniceanu
George Georgescu

Victoriei
Piata Kogalniceanu
Independentei
Bulevardul Libertatii

Luigi Cazavillan
Schitu Magureanu
Mihail
B. P. Hasdeu
Nationile Unite

Tatu
Popa
Gen. Berthelot
Stirbei Voda
V. Parvan
Splaiul Independentei

Berzei
Mircea Vulcanescu
Virgiliu
Calea Plevnei
Oper
Piata Eroilor Santari
Eleferie
Arena Progresul
Dr. Lister
Calea 13. Septembrie

Militär Museum

*Im Hanul lui
Manuc*

Das alte Bukarester Handelsviertel

*Im Stadtviertel in der Nähe des Hanul lui Manuc, um die
Strada Lipscani, spürt man noch heute die Marktatmo-
sphäre. Die Straßennamen zeugen von den Händlern
und Handwerkern, die sich hier niedergelassen hatten. In
der* **Strada Lipscani** *(Leipziger Straße), einer der ältesten
Straßen Bukarests, handelten siebenbürgische Kaufleute
mit Waren aus der Messestadt Leipzig. In den umliegenden Gassen waren, streng nach Gewerbe geordnet, die
Handwerker tätig. In der* **Strada Şepcari** *waren die Müt-
zenmacher zu Hause, in der* **Strada Gabroveni** *hatten die
Stoffverkäufer aus Gabrovo ihre Läden, in der* **Strada
Covaci** *fand man die Schmiede, in der* **Strada Blănari** *die
Kürschner etc. Das Flair des alten Handelsviertels hat
sich bis heute bewahrt.*

Gassen im Handelsviertel

Das Gebäude der Herberge verfügt über geräumige Kellergewölbe und ein Erd- und Obergeschoss mit Umlaufterrassen auf der Hofseite. Es umschließt einen weiten Hof, in dem früher Wagen und Tiere abgestellt wurden. In der Architektur des Hanul lui Manuc vereinen sich, wie für die ganze Stadt typisch, orientalische und okzidentale Details. So werden zum Beispiel die orientalisch-balkanischen Holzbalkone von Säulen mit klassischen Kapitellen getragen. Die Anlage des Gasthofs mit Säulengängen und Holzgalerien zeugt auch von der engen Verbindung der Stadtarchitektur mit Klosterbaukunst und dörflichen Traditionen. Der Hanul lui Manuc ist schön restauriert und ein gemütlicher Platz, der mitten in der Stadt zum Verweilen einlädt. Noch heute kann man hier sein Bier trinken, im Restaurant essen oder auch

Nirgends trinkt man in Bukarest gemütlicher Bier

Kuppeln über der Sparkasse

Blätter und Blumen aus Stein

Eine deutsche Bierstube in Bukarest

übernachten. Nicht weit weg von der Herberge des Manuc liegt die **Stavropoleos-Kirche (4)** (Biserica Stavropoleos, Str. Stavropoleos), erbaut 1724 als Kapelle eines Gasthofs. Sie wird von vielen als die schönste Kirche der Stadt bezeichnet. Ihr Stifter war der griechische Mönch Joanikide, der spätere Metropolit von Stavropolis bei Saloniki. Der untere Teil des Kirchengebäudes ist vollständig von Arkaden und Blendarkaden umgeben. Die kunstvollen Steinmetzarbeiten in der Vorhalle zeigen Blumen und Ranken sowie figürliche Darstellungen, zum Beispiel Samson und den Löwen. Die hölzernen Türflügel sind mit feinem Schnitzwerk versehen. Neben den floralen Ornamenten haben die Meister auch Motive aus der Volkskunst verwendet, wie den Halbmond oder die Sonne. Das Kircheninnere und der obere Teil der Außenwände sind mit Malereien überzogen. Bauform, plastischer Schmuck und Malerei verschmelzen bei dieser Kirche zu einem harmonischen Ensemble, das beispielhaft für die walachische Architektur des 18. Jahrhunderts ist.

Fast vis-à-vis der Kirche befindet sich eine der bekanntesten Bukarester Gaststätten, der **Bierwagen (5)** (Gasthaus Carul cu Bere, Str. Stavropoleos). In diesem Restaurant, erbaut um 1875 im neogotischen Stil, hat man das Ambiente einer altdeutschen Bierstube – in idealisierter Weise – nachempfunden. Um die Jahrhundertwende hatte das Restaurant einen Namen als Dichtertreffpunkt. Im Kellergeschoss ist eine Weinstube eingerichtet. Man sollte einen Blick in den „Bierwagen" hineinwerfen, man muss aber nicht unbedingt dort Platz nehmen, denn Küche und Service sind keineswegs erstklassig.

Kommt man von der Strada Stavropoleos auf die Calea Victoriei, stößt man auf das **Nationale Geschichtsmuseum (6)** (Muzeul National de Istorie). Es ist im Gebäude der ehemaligen **Hauptpost** (Palatul Poştelor) untergebracht, das von 1894-1900 vom Architekten Alexandru Savulescu im neoklassizistischen Stil gebaut wurde. Die Schatzkammer des Museums beherbergt einmalige Gold- und Silberobjekte.

Gegenüber dem Museum steht eines der markantesten Gebäude Bukarests, der **Sparkassenpalast (7)** (Palatul Cec, Calea Victoriei). Dieser prächtige Bau, der typische Züge des französischen Akademismus aufweist, entstand 1896 bis 1900 nach Plänen des französischen Architekten Paul Gottereau. Die Kuppeln im Renaissancestil, die die Gebäudeteile überwölben, mit einer dominanten Mittelkuppel, bestimmen gemeinsam mit dem monumentalen Portal die Fassade.

Bevor man das auf dem Stadtplan gedachte „Viereck der Sehenswürdigkeiten" verläßt, sollte man unbedingt noch zur **Mihai-Vodă-Kirche (8)** (Biserica Mihai Vodă, Str. Sapientei) gehen. Diese Kirche im typisch rumänischen Stil des ausgehenden 16. Jahrhunderts wurde von Mihai Viteazu, noch bevor er Fürst der Walachei wurde, um das Jahr 1590 erbaut. Er stiftete sie kurz vor einer Schlacht gegen die Türken, um sich die Gunst des Himmels zu sichern. In der Ceauşescu-Ära wurde die Kirche mitsamt dem Glockenturm an einen anderen Standort versetzt, um für Prestigeneubauten Baufreiheit zu haben. Von der Mihai-Vodă-Kirche aus kann man zum Bulevardul Libertăţii, der westlichen Begrenzung des Vierecks, zurückgehen.

Ceauşescu machte es wahr – „Mit der Kirche ums Dorf"

Ein Palast der Rekorde

Spätere Generationen werden vielleicht einmal nur die Größe und den Prunk des Ceauşescu-Palastes bewundern, ohne gleich an die Opfer zu denken, die das rumänische Volk dafür bringen musste. Nach dem Pentagon ist dieser gigantische Palast das zweitgrößte Gebäude der Welt. Sein Raumvolumen von über zweieinhalb Millionen Kubikmetern entspricht der Quetzalcoatl-Pyramide in Mexiko. Zwergenhaft winzig wirkt der menschliche Körper in den gewaltigen Empfangshallen. Der 900 Räume beherbergende Palast wurde durch ein Team von fast 700! Architekten entworfen. 1982 wurde damit angefangen, einen Teil des historischen Bukarests abzureißen, um Platz für den Palast zu schaffen. Die Bauarbeiten, die 1984 begannen, beschäftigten 20000 Arbeiter in 3 Schichten, 24 Stunden am Tag.

Gewaltig: der Ceauşescu-Palast

Nicht fertiggestellte Häuser entlang des Bulevardul Unirii

Ins Blickfeld rückt nun, unüberschaubar, riesig, der **Parlamentspalast** (Palatul Parlamentului), ehemals das **Haus des Volkes (9)** (Casa Poporului). Heute tagt hier das rumänische Parlament. Der Palast wird die Rumänen noch lange an die Zeit erinnern, als es kaum etwas zu essen gab, als im Winter Heizung und Licht fehlten, aber für des „Landes teuersten Sohn", wie sich Ceauşescu gern nennen ließ, ein Prunkgebäude mit (man kann ja nie wissen !) unterirdischem Bunkertrakt und Spazierweg (!) errichtet wurde. Die Rumänen nannten den monströsen Palast höhnisch – und vor allem heimlich - „Casa victoriei asupra poporului", das „Haus des Sieges über das Volk". Es ist nicht nur ein Gerücht, dass viele Arbeiter, die an den besonders sicherheitssensiblen Teilen des Palastes mitbauten, auf unnatürliche Art und Weise zu Tode kamen. Der Bau verschlang bisher die Unsumme von über 3 Milliarden Dollar. 7000 Räume, auf das luxuriöseste ausgestattet, sollten die Staats- und Parteiorgane beherbergen.

Für deren Diener sorgte Ceauşescu auch: Zum Palast führt der **Bulevardul Unirii (10)** mit großzügig angelegten Neubauten, die der Funktionärsoligarchie vorbehalten sein sollten. Niemand durfte in die Wohnungen einziehen, bevor der Palast fertiggestellt war. Dessen Vollendung unterbrach die Revolution von 1989, und die Appartements wurden an gewöhnliche Wohnungssuchende aus dem Volke vergeben. Da nach dem Sturz Ceauşescus die Bauarbeiten gestoppt wurden, ist auch der hintere Teil des Boulevards (nach der Piaţa Unirii) im wesentlichen unvollendet und dem langsamen Verfall preisgegeben. Dem Palast des Volkes und dem Bulevardul Unirii fielen ganze Teile der Altstadt zum Opfer.

Ein Grab, das niemand finden sollte

Nachdem bei Targovişte das Todesurteil gegen das Ehepaar Ceauşescu, die über 20 Jahre Rumänien diktatorisch regierten, vollstreckt war, konnte man sich über deren Ruhestätte lange nicht einigen. In aller Heimlichkeit wurden sie schließlich auf dem Bukarester Ghencea-Friedhof beigesetzt. Man gönnte den Ceauşescus kein gemeinsames Grab. Ein Weg trennt die beiden Grabstellen, von denen nur die von Nicolae Ceauşescu einen Grabstein hat. Auf dem Grab von Elena Ceauşescu befindet sich ein einfaches Holzkreuz.

Auf dem Friedhof findet man die Gräber der Ceauşescus recht leicht, da viele dorthin pilgern, aus Neugier, aber auch um Blumen und Kerzen an die Gräber zu bringen, aus welchen Gründen auch immer sie ihre Sympathie für die Toten bezeugen.

Südlich des Bulevardul Unirii, auf einer Anhöhe, befindet sich die **Kathedrale des orthodoxen Patriarchats** und der **Patriarchenpalast (11)** (Biserica Patriarhiei/Palatul Patriarhiei, Aleea Dealul Mitropoliei). Die Residenz des Patriarchen war ursprünglich ein Kloster, das Mitte des 17. Jahrhunderts vom Fürsten Constantin Şerban gestiftet wurde. Sein Nachfolger, Fürst Radu Leon, ließ den Bau vollenden und verlegte 1688 den Sitz der walachischen Metropole von Târgovişte nach Bukarest. Die Klosterkirche wurde zur Kathedrale geweiht. Die Bischofskirche aus Curtea de Argeş diente als Vorbild für den Dreikonchenbau. Von den Wandmalereien aus der Entstehungszeit der Kirche ist nur ein Widmungsbild über der Tür des Vorschiffes erhalten. Es zeigt den Kaiser Konstantin mit seiner Mutter Helene. Die Figuren tragen die Züge des Fürsten Radu Leons und seiner Gattin. In der Kathedrale wurde 1881 der erste rumänische König, Carol I., gekrönt. Der Patriarchenpalast wurde Ende des 17. Jahrhunderts erbaut und später erweitert. Aus dem 17. Jh. ist das Eingangstor im Brâncoveanu-Stil erhalten.

An der östlichen Begrenzung des Vierecks, dem Bulevardul Brătianu, steht die **Neue-Heilige-Georgskirche (12)** (Biserica Sf. Gheorghe-Nou, Bulevardul Bratianu), eine der größten Stiftungen des Fürsten Constantin Brâncoveanu. Sie war Teil des Herbergenkomplexes „Hanul Sf. Gheorghe-Nou". Im Pronaos der Kirche befindet sich eine Grabplatte ohne Inschrift. Erst am Anfang unseres Jahrhunderts fand man heraus, dass darunter Fürst Constantin Brâncoveanu selbst begraben liegt. Diese Grabplatte ist zum „Kilometer Null" des Landes bestimmt worden. Dieser Kilometer-"stein" liegt allen Entfernungsangaben von Bukarest aus zugrunde.

Vom Patriarchenhügel hat man einen schönen, weiten Blick auf Bukarest

Die Vorhalle der Neuen-Heilige-Georgskirche im typischen Brâncoveanu-Stil

> ### Der schreckliche Tod Fürst Brâncoveanus
> *Der Tod dieses bedeutenden Herrschers war tragisch: In Konstantinopel ließen die Türken vor seinen Augen erst seine vier Söhne und dann ihn selbst umbringen. Ihre sterblichen Überreste warf man ins Meer. Getreuen des Fürsten gelang es, seine Gebeine zu bergen. In aller Heimlichkeit konnte die Gemahlin des Fürsten sie nach Bukarest bringen und begraben.*

Ein Stück weiter nördlich auf dem Bulevardul Bratianu liegt die **Colţea-Kirche (13)** (Biserica Colţea; Bulevardul Brătianu). Heerführer Mihai Cantacuzino, der Bruder des Fürsten Şerban Cantacuzino, stiftete 1695 die Kirche und ein Spital, das älteste Krankenhaus Bukarests. Die beiden Einrichtungen erhielten nicht den Namen ihres Stifters, sondern den des Grundstücksbesitzers, des fürstlichen Proviantmeisters Colţea. Von den ursprünglichen Gebäuden blieb jedoch nur die Kapelle, 1701/1702 erbaut, erhalten. Die Säulenkapitelle der Vorhalle sind mit Blumen- und Pflanzenmotiven sowie symbolischen Tierdarstellungen – Adler, Pelikan, Wolf, Lamm, Ziege – geschmückt. Das Eingangsportal umrahmen Reliefs mit Blumen- und Pflanzenmotiven. Auf den Säulen des Portals sind die vier Evangelisten mit ihren Symbolen abgebildet. Der Wappenadler der Familie Cantacuzino krönt das Portal. Im Hof des Spitals, das 1888 neu erbaut wurde, steht ein Denkmal des Stifters Mihai Cantacuzino, das vom Bildhauer Karl Storck (1826-1887) geschaffen wurde.

Eine wohltätige Stiftung aus dem 17. Jahrhunderts

Auf dem **Universitätsplatz** erinnert ein Kreuz an die jungen Leute, die sich am 21. Dezember 1989 auf der Barrikade der Übermacht des Ceauşescu-Militärapparates stellten und ihr Leben opferten. Das monumentale **Universitätsgebäude (14)** wurde von 1857- 1869 erbaut.

Das Haus der Armee

Schräg gegenüber befindet sich das elegante **Palais Şuţu (15),** das heute das Museum für Stadtgeschichte beherbergt. Dieses Stadtpalais, das 1833/34 für den Hofmarschall Şuţu errichtet wurde, war in der 2. Hälfte des 19. Jahrhunderts ein Mittelpunkt des gesellschaftlichen Lebens.

Geht man auf dem Boulevard Mihail Kogălniceanu weiter in Richtung Calea Victoriei, befindet sich in einer Seitenstraße auf der rechten Seite das **Institut für Architektur „Ion Mincu" (16)** (Institutul de Arhitectură „Ion Mincu", Str. Biserica Enei). In der Architektur des Gebäudes aus den 20er Jahren unseres Jahrhunderts werden Elemente des Stils der Brâncoveanu-Epoche aufgegriffen.

Biegt man vom Boulevard Mihail Kogălniceanu wieder in nördlicher Richtung auf die Calea Victoriei ein, erhebt sich auf der linken Seite das **Haus der Armee (17)** (Casa Centrală a Armatei, Calea Victoriei). Wie viele Bukarester Gebäude vom Ende des 19./Anfang des 20. Jahrhunderts ist das Haus der Armee, 1921 errichtet, im neoklassizistischen Stil gehalten. Genutzt wird es als Offizierskasino mit Konferenzsälen und Restaurants. Die 21 m hohe Fassade öffnet sich mit einer großen Terrasse zur Calea Victoriei und ist durch eine machtvollen Reihe korinthischer Säulen gegliedert. Die Rundecken des Gebäudes erinnern an alte Basteien.

Auf der Calea Victoriei ist Bukarest das „Paris des Balkans"

Weiter entlang auf der Calea Victoriei kommt man zur **Creţulescu-Kirche (18)** (Biserica Creţulescu). Sie wurde 1722 vom Großkanzler Iordache Creţulescu und seiner Gemahlin, einer Tochter des Fürsten Brâncoveanu, gestiftet. Die Fassade der schlanken Kirche mit den schön proportionierten Türmen ist in ihrer Form und durch ihre Wandmalereien mit den bewegten, überschlanken Figuren ein typisches Beispiel für den späten Brâncoveanu-Stil.

Die Creţulescu-Kirche

Der Calea Victoriei weiter folgend, erreicht man den **Platz der Revolution** (Piaţa Revoluţiei). Unübersehbar sind hier heute noch die Spuren der Kämpfe in den Revolutionstagen des Dezembers 1989.

Der neoklassizistische Bau des **Königspalastes (19)** (Palatul Regal), hufeisenförmig angelegt mit einem Zentral- und zwei Seitenflügeln, erhielt nach mehreren früheren Umbauten vom Architekten Nenciulescu in den Jahren 1930-37 seine endgültige Gestalt. In einem Flügel des Gebäudes ist das **Kunstmuseum** mit verschiedenen äußerst sehenswerten Sammlungen von Gemälden, graphischen Arbeiten und kunsthandwerklichen Gegenständen untergebracht. In der **Nationalgalerie** ist die rumänische Kunst vom Mittelalter bis zur Gegenwart repräsentiert. Die Universalgalerie beherbergt bedeutende Werke von Tizian, El Greco, Rembrandt, Rubens, Renoir, Picasso u.v.a.

An der Ostseite des Platzes befindet sich die Bukarester **Universitätsbibliothek**, die nach ihrer starken Beschädigung während der Revolution von 1989 derzeit wieder aufgebaut wird.

Piaţa Revoluţiei – der Revolutionsplatz

Rund um diesen sich von der Calea Victoriei öffnenden Platz spielten sich in den Tagen der rumänischen Revolution im Dezember 1989 dramatische und blutige Ereignisse ab. Die Zentrale Universitätsbibliothek an der Ostseite des Platzes brannte völlig aus. Gegenüber des Königspalastes befindet sich das ehemalige Gebäude des Zentralkomitees der Kommunistischen Partei. Auf dessen Balkon hielt Nicolae Ceauşescu am 22.12.1989 seine letzte Rede. Als die unten versammelte Menge ihn auspfiff, warf er die Hände in einer Mischung aus Verachtung und Resignation in die Höhe. Zu diesem Zeitpunkt konnte er wohl noch nicht ahnen, dass seine folgende Flucht mit einem Hubschrauber in einer Irrfahrt durch das Land, Gefangennahme, Verurteilung und schließlich Exekution enden würde.

Nur wenige Schritte abseits von der Calea Victoriei ist das **Athenäum (20)** (Ateneul Român) gelegen. Das markante Gebäude im Stil des klassizistischen Eklektizismus nach französischem Vorbild wurde 1885-88 aus öffentlichen Spenden gebaut. Ursprünglich war es der Sitz der literarischen Gesellschaft „Ateneul Român", die 1865 „zur Verbreitung von Wissenschaft und Kultur im Volk" gegründet worden war. Den Rundbau des Athenäums mit einer Säulenvorhalle, die an griechische Tempel erinnert, krönt eine dem Barock nachempfundene Kuppel. Von der kreisförmigen Eingangshalle mit 12 Roheisensäulen im dorischen Stil führen gewundene Treppenaufgänge in das Obergeschoss, wo sich der Kuppelsaal befindet. Dieser ist mit monumentalen Wandmalereien des Malers Costin Petrescu ausgestattet, die Szenen der rumänischen Geschichte darstellen.

Eine ausgezeichnete Konzertakustik

Der 16 m hohe, runde Saal verfügt über eine wunderbare Akustik, die ihn zu seinem heutigen Zweck prädestiniert: Hier finden die Konzerte des Symphonieorchesters „George Enescu" statt.

Weiter nördlich auf der Calea Victoriei befindet sich auch das **George-Enescu-Museum (21)** (Muzeul George Enescu, Calea Victoriei 141), das diesem bedeutendsten rumänischen Komponisten gewidmet ist. Das Museum ist in einem anmutigen Gebäude im französischen Barockstil untergebracht, das Anfang des 20. Jahrhunderts erbaut wurde.

Auf dem **Victoria-Platz** (Piaţa Victoriei), von dem die wichtigsten Straßen der Stadt strahlenförmig abgehen, befindet sich der Sitz der Regierung.

Die nördliche Verlängerung der Calea Victoriei ist die Şoseaua Kiseleff. Hier, in einem parkähnlichen Gelände, findet man eines der interessantesten Restaurants der Hauptstadt, das **Restaurant „Doina" (22)** (Restaurantul Doina, Şoseaua Kiseleff 4). Vom Architekten Ion Mincu entworfen, sollte es eigentlich als „Rumänisches Wirtshaus" im Rumänischen Pavillon auf der Pariser Weltausstellung 1889 stehen. Für die Ausstellung konnte das Restaurant allerdings nicht mehr ausgeführt werden. Bei diesem Gebäude sind typische Elemente der traditionellen rumänischen Architektur verarbeitet worden, wie z.B.

Essen in altrumänischem Ambiente

Der Triumphbogen

Arkaden auf geschnitzten Holzsäulen. Ein Essen im Restaurant lohnt wegen Ambiente und Küche. Es verkehrt ein anspruchsvolles Publikum, entsprechend sind auch die Preise.

Am Ende der Şoseaua Kiseleff befindet sich der Bukarester **Triumphbogen (23),** der seinem Pariser Vorbild stark ähnelt. Er ist den Gefallenen des I. Weltkrieges und den Siegen der rumänischen Armee gewidmet. Im Jahr 1918 wurde er aus Holz, dann 1922 aus Gips errichtet, bis er 1935/36 vom Architekten Petre Antonescu in die heutige Form gebracht wurde.

Im Herăsträu-Park

Bukarest besitzt viele Parks und Gärten. Hier im Norden der Stadt, gleich gegenüber dem Triumphbogen, beginnt der mit 187 ha größte Park Bukarests, der **Herăsträu-Park** (Parcul Herăsträu) am gleichnamigen See. Ein Spaziergang hier, besonders an einem schönen, warmen Abend, ist ein Vergnügen.

Im Park befindet sich ein **Dorfmuseum (24)** (Muzeul Satului). Dieses schöne Freilichtmuseum zeigt ca. 300 authentische Gebäude aus Dörfern aller Landesteile, die entsprechend ihrer geografischen Herkunft entlang baumbestandener „Dorfstraßen" angeordnet sind. Die Gehöfte verfügen über alle Nebenbauten wie Scheunen und Ställe und sind mit Originalgegenständen eingerichtet.

Eisverkäuferin im Herăsträu-Park

Das Dorfmuseum

Einer der Wegbereiter der Gründung des Dorfmuseums war der rumänische Historiker und Schriftsteller A. Odobescu, der auch einer der Pioniere der rumänischen Archäologie war. Bereits in der Mitte der 60er Jahre des 19. Jahrhunderts wurden auf seinen Vorschlag auf verschiedenen Ausstellungen, so z.B. auf der Pariser Weltausstellung 1865, Beispiele bäuerlicher Wohnkultur gezeigt.

In Bukarest wurde 1875 die erste Kollektion von Volkstrachten im Nationalmuseum ausgestellt. 1906 erhielt die Hauptstadt dann ein Museum für Ethnographie und nationale Kunst.

Bekannte rumänische Kunst- und Kulturschaffende dieser Zeit setzten sich für die Schaffung eines speziellen Museums ein, das ausschließlich dem Leben auf dem Dorfe vorbehalten sein sollte.

1936 konnte dann der Soziologe Dmitrie Gusti (1880-1955) das Museumsprojekt verwirklichen. Professor Gusti organisierte eine wahre Kampagne zur detaillierten Erforschung des dörflichen Lebens, der Dialekte der Bauern, ihrer Arbeit und ihrer Feiertage. Forschungsteams, zusammengesetzt aus Studenten, rumänischen Experten und ausländischen Wissenschaftlern, zogen auf Wagen durchs Land und stellten einen sehr genauen Überblick über die dörflichen Traditionen zusammen.

Der Standort in der Nähe des Herästräu-Sees, den die Stadtväter damals dem Museum zuwiesen, war, wie berichtet wurde, von Unkraut überwuchertes Brachland. Architekten, Zimmerleute, Schreiner, Maler etc. machten sich daran, ein Modell des ländlichen Rumäniens zu errichten. Ein einziges Dorf sollte aus den vielen Dorfhaushalten, die aus ihren Ursprungsorten hergebracht worden waren, entstehen. Eine Aufgabe, die an ein überdimensionales Lego-Spiel erinnert. Häuser aus dem Oascherland, aus riesigen Eichenbalken von mehr als einer halben Tonne Gewicht gebaut, Häuser aus der Dobrudscha, Oltenien, aus der Maramuresch, die beeindruckende Kirche aus Dragomireşti mit ihrem 17 m hohen Turm, Bauernhäuser aus dem Banat, dem Apuseni-Gebirge, dem Donaudelta und aus der Steppe von Bărăgan – alles wurde gewissenhaft Stück für Stück am Originalstandort abgetragen und in Bukarest wiederaufgebaut. Die Frauen der Handwerker kümmerten sich darum, dass alle Haushaltgegenstände ihren angestammten Platz erhielten. Die gründliche, zehnjährige Vorarbeit hatte sich gelohnt. In einer Rekordzeit von weniger als zwei Monaten konnte das Dorfmuseum errichtet werden.

Der **Cişmigiu-Garten (25)** (Grădina Cişmigiu, Bulevardul
Mihail Kogălniceanu) ist das grüne Kleinod in Bukarest. Der
mitten in der Stadt gelegene, 17 ha große Garten wurde
1860 vom deutschen Landschaftsarchitekten C.W.F. Meier
angelegt. Auf dem kleinen See im Park kann man rudern, es
gibt ein Restaurant und ein „Rondell der Schriftsteller" mit
Büsten bekannter Literaten.

Auch der **Park der Jugend** (Parcul Tineretului, Bulevardul
Tineretului) ist eine der grünen Lungen der Stadt. Früher war
hier ein riesiges Zigeunerlager. Unter Ceauşescu entstand
dann der Park für die Jugend, der heute noch lebhaft
genutzt wird. Wenn das Wetter es erlaubt, sind hier Tausende junger Leute unterwegs. Aber der Park ist auch zu
einem Ort der Trauer geworden. Im westlichen Teil des Par-
kes ist ein Friedhof entstanden. Hier wurden die Gefallenen
der 89er Revolution bestattet.

Etwas abseits unserer Hauptroute durch die Stadt befindet
sich die **Kirche Fundenii Doamnei** (Biserica Fundenii
Doamnei, Şoseaua Fundeni). Zur Zeit ihrer Gründung lag die
Kirche, auch sie eine Stiftung der Familie Cantacuzino, noch
außerhalb der Stadtgrenzen, auf dem Gut des Heerführers
Mihai Cantacuzino. Sie war eine der ersten Kirchen, die mit
reichem Stuckwerk verziert wurde. Im typischen Brâncoveanu-Stil überzieht es die Fassade. Neben den üblichen Blumen und Blättern gibt es auch Brunnen, Pfauen, und einen

von Zypressen umgebenen persischen Palast – ein deutli-
cher Hinweis darauf, dass orientalische Meister am Werk
waren.

Unweit der Kirche liegt das **Schloss Ghica** (Str. Doamna
Ghica 5). Am nördlichen Stadtrand, in der Nähe des Tei-
Sees, ließ es Fürst Ghica 1822 als Sommerresidenz
errichten. Das schön in einem Park gelegene Gebäude ist
das bedeutendste Bauwerk Bukarests im italienisch-klassizi-
stischen Stil. Auch die Schlosskapelle von 1833 ist im
klassizistischen Stil gebaut.

Das älteste erhaltene Profangebäude Bukarests, erbaut 1760, ist das **Melik-Haus** (Casa Melik, Str. Spătarului 20). Seine Bauweise mit dem hohen Souterrain und der Veranda lehnt sich an die traditionelle Dorfarchitektur an.

Auf einer Anhöhe im Nordosten der Stadt, am gleichnamigen See, liegt das **Kloster Plumbuita** (Mănăstirea Plumbuita, Str. Plumbuita 58). Der Bau wurde unter Fürst Petru Vodă cel Tânăr (1559-1568) begonnen. Der Volksmund gab dem Kloster seinen Namen, Plumbuita, - „das Verbleite, das Bleierne", da die Klosterkirche mit verbleitem Blech gedeckt war. Ende des 15. Jahrhunderts war im Kloster eine Druckerei untergebracht, in der das erste in Bukarest gedruckte Buch hergestellt wurde. Nach der türkischen Besatzung Bukarests 1595 waren die Klostergebäude stark in Mitleidenschaft gezogen. Fürst Matei Basarab ließ es zum Andenken an einen in Klosternähe erfochtenen Sieg gegen einen rivalisierenden Fürsten wieder instandsetzen und im Gelände ein Fürstenhaus (1647) erbauen.

Ausflüge

Schloss Mogoșoaia

Das rostrote Schlösschen 15 km nordwestlich der Stadt sollte man unbedingt besuchen. Es verkörpert die Baukunst der Epoche des Fürsten Brâncoveanu. Der Fürst ließ 1688 die Kapelle und 1702 – anstelle eines älteren Gebäudes – das Sommerschloss errichten. Die Gartenfassade des Schlosses ist einem kleinen See zugewandt. Die Gewölbe und Arkaden der Loggia ruhen auf reichgemeißelten, mit Tier- und Pflanzenmotiven verzierten Säulen. Auch der Turm an der entgegengesetzten Fassade ist mit üppigen Steinmetzarbeiten versehen. In der Architektur des Schlosses verschmelzen, wie für den Brâncoveanu-Stil typisch, verschiedene Stilelemente aus einheimischer, italienischer und türkischer Tradition. Die Innenräume waren früher mit Wandmalereien geschmückt, die Szenen aus der Regierungszeit des Fürsten Brâncoveanu zeigten. Im 19. und 20. Jahrhundert erfuhr das Schloss einige äußere Umbauten, die jedoch den Gesamteindruck nicht wesentlich beeinträchtigten. Im Palast werden wechselnde Ausstellungen gezeigt. Der idyllische Park ist ein beliebtes Ziel für Familienausflüge, die meist mit einem ausgedehnten Picknick auf der Wiese verbunden werden. Außerhalb der Hofmauern steht eine schöne, kleine Kirche, die 1688 von Constantin Brâncoveanu gestiftet wurde.

Sommerschloss aus der Brâncoveanu-Epoche am Stadtrand

Am Seeufer sieht man die Paläste der Neuzeit entstehen: die Villen derer, die es in Rumäniens Marktwirtschaft geschafft haben.

Buftea

18 km nordöstlich von Bukarest, auf der Strecke nach Ploiești, befindet sich die Gemeinde Buftea. Der Buftea-See, vom Fluss Colentina gebildet, und der ihn umgebende ausgedehnte Wald sind populäre Ausflugsziele der Bukarester. In der Nähe des Strandbades befindet sich das **Palais Știrbei**, die Sommerresidenz des Fürsten Barbu Știrbei, erbaut Mitte des 19. Jahrhunderts.

Căldăruşani

Der See und der Wald von Căldărusani, 28 km nördlich von Bukarest, bilden die malerische Kulisse für das auf einer Halbinsel im See gelegene **Kloster Căldăruşani.** Das Kloster wurde Anfang des 17. Jahrhunderts von Fürst Matei Basarab gestiftet. Von der Originalmalerei in der Kirche sind die Votivbilder erhalten geblieben, die den Fürsten und seine Gattin darstellen.

Pasărea

In der Nähe des Dorfes, 29 km östlich von Bukarest, erstreckt sich der Pustnicul-Wald, dessen Baumbestand von Eichen dominiert wird. Das **Kloster Pasărea**, am Ufer des gleichnamigen Sees, wurde erst Anfang des 19. Jahrhunderts gegründet.

Weitere Ausflugsziele → Route 2/Walachei
– Snagov – Afumaţi

Restaurants in der rumänischen Hauptstadt

Bukarest ist keinesfalls mehr, wie noch vor wenigen Jahren, eine kulinarische Wüste. Neben rumänischen Restaurants mit traditioneller Küche gibt es eine Vielzahl von ausländischen Nationalitätenrestaurants, und ständig kommen neue hinzu. Die bekanntesten und traditionsreichsten rumänischen Restaurants sind „Doina", „Bierwagen" „Hanul lui Manuc". Die nachfolgend genannten Restaurants sind keineswegs eine erschöpfende Auswahl, nur eine Anregung.

Restaurant „Balada", *(Hotel Intercontinental, 21. Stock) Bulevardul N. Bălcescu 4, Tel.: 01/2107330 (internationale Küche)*

Bistro „Ateneu", *Str. Episcopiei 3,
Tel.: 01/3134900 (gute französisch-rumänische Küche in der Nähe vom Athenäum und dem Hilten Hotel)*

Restaurant „Brădet", *Bulevardul Carol Davila 60,
Tel.: 01/4108215 (libanesische Küche)*

Restaurant „Casa Vernescu", *Calea Victoriei 133,
Tel.: 01/2310220 (exzellente intern. Küche in luxuriösem Ambiente)*

Restaurant „Aquarium", *Str. Alecu Russo 4, Tel.: 01/2112820 (teure, aber auch ausgezeichnete italienische Küche)*

Restaurant „Il Gattopardo", *Calea Victoriei 115,
Tel.: 01/6597428 (Spitzen-Italiener in traumhaften Ambiente: in einer prunkvollen Villa, die heute Haus des Schriftstellerverbandes ist)*

Restaurant/Pizzeria „Casa Veche", *Str. George Enescu 15-17,
Tel.: 01/3157897 (sehr gute Pizza zu vernünftigen Preisen)*

Bistro de l´Institut Français, *B-dul Dacia 77, Tel.: 01/2301213 (das Gebäude des Institut Fran̦cais und die französisch-raffinierte Küche des Bistros sind unbedingt einen Besuch wert)*

Restaurant „La Mama", *Str. B. Vacarescu 3,
Tel.:2124086 (rumänische Küche wie „bei Muttern")*

Restaurant „Carioca", *B-dul Dacia 97,
Tel.: 01/2106086 (internationale Küche, im Sommer im Garten!)*

Restaurant „Zhu Yuan", *Str. Blănari 14, Tel.: 01/3156494 (gute chinesische Küche im alten Handelsviertel)*

Restaurant „Picolo Mondo", *Str. Clucerului 19,
Tel.: 01/6655755 (arabische und europäische Küche)*

„Die Deutsche Kneipe", *Str. Stockholm 9,
Tel.: 01/6792363 (gutbürgerliche deutsche Küche)*

Restaurant „Zum Alten Fritz", *Str. Marasesti 63,
Tel.: 01/3374428 (deutscher Wirt, deutsche Küche)*

Praktische Informationen

Telefonvorwahl:
01, von Deutschland: 00401

**Botschaften der Bundesrepublik
Deutschland, Österreichs und der
Schweiz:** → Reiseinformationen

Hotels:
Die Hotelpreise in Bukarest bei den
5- bis 3-Sterne-Häusern sind exorbitant.
Unsere Tipps sind das „Triumf" und der
„Hanul lui Manuc", die noch in staatli-
cher Hand sind. Man muss dort Abstriche an Ausstattung und Service
machen, aber beide Mittelklasse-Hotels
sind gut gelegen und mit 60 € für ein
Doppelzimmer bezahlbar.

Hotel Athenee Palace * * * * *,
Str. Episcopiei 1-3,
Tel.: 01/3033777, Fax: 01/3152121
(modernster Luxus in historischen
Mauern, im Herzen der Stadt)
DZ ab 300 €
Hotel Intercontinental * * * *,
Bulevardul Nicolae Bălcescu 4,
Tel.: 01/3102020, Fax: 01/3120486
(1970 in Zusammenarbeit mit der „Inter-
continental"-Hotelkette erbautes staatli-
ches Luxushotel, mit 80 m höchstes
Gebäude Bukarests, fast 900 Betten,
absolut zentral gelegen), DZ ab 320 €
Hotel Continental * * * *,
Calea Victoriei 56,
Tel.: 01/6385022, Fax: 01/3120134
(elegantes Gebäude mit nur 53 Betten,
sehr zentral, staatlich), DZ ab 200 €
Hotel Bucuresti * * * *,
Calea Victoriei 63-81,
Tel.: 01/3133525, Fax: 3120927
(äußerst zentral, über 800 Betten, aber
kein architektonisches Kleinod)
DZ ab 225 €
Hotel Sofitel * * * *,
Bulevardul Expoziţiei 2,
Tel.: 01/2243000, Fax: 01/2115688
(neues Hotel der Luxusklasse im World
Trade Centre), DZ ab 285 €
Hotel Ambasador * * *,
Bulevardul Magheru 8-10,
Tel.: 01/3159080, Fax: 3123595
(architektonisch interessantes Hotel aus
den 30er Jahren, ca. 400 Plätze),
DZ ab 135 €
Hotel Helvetia * * *,
Piaţa Aviatorilor 13,
Tel.: 01/2230566, 2228122,

Fax: 01/2230567 (empfehlenswertes
kleines privates Hotel mit 60 Plätzen, in
der Nähe des Herăstrău-Parks),
DZ ab 190 €
Hotel Bulevard * * *,
B-dul Regina Elisabeta 1,Tel.:
01/3153300, Fax: 01/3123923 (sehr
zentral gelegenes, würdiges altes Hotel,
178 Plätze), DZ ab 75 €
Hotel Casa Victor * * *,
Str. Câmpia Turzii 44,
Tel. 01/2225723, Fax: 01/2229436
(privates Kleinsthotel mit 7 Plätzen, in
sehr schöner, ruhiger Villengegend)
DZ ab 70 €
Hotel Triumf *,
Soseaua Kiseleff 12,
Tel: 01/2223172, Fax: 2232411
(ruhig gelegener schlossähnlicher Bau,
ehemals von kommunistischer Partei
genutzt), DZ ab 60 €
Hanul lui Manuc *
Str. Franceza 62-64,
Tel.: 01/3131415, Fax: 01/3122811
(in alter Karawanserei mit wunderschö-
nem Innenhof, absolut zentral)
Hotel Carpaţi *
Str. Matei Milo 16,
Tel.: 01/3150140, Fax: 01/3121857
(zentral, preiswertere Räume mit
Bad/Toilette im Korridor)
Hotel Marna
Str. Buzeşti 3,
Tel.: 016056820, Fax: 01/3129455
(nicht weit vom Nordbahnhof entfernt,
sauber)
Hotel Dunărea *,
Calea Griviţei 140,
Tel.: 01/2229820, Fax: 01/2229822
(in der Nähe des Nordbahnhofs gele-
gen, relativ preiswert)

Touristen-/Jugndherberge
Villa Helga
Str. Salcâmilor 2, Tel./Fax: 01/6102214
1 Übernachtung pro Person 12 €

Privatzimmervermittlung:
O.N.T.-Carpaţi, Bulevardul Magheru 7,
Tel.: 01/6140759, Fax: 01/3120915
rent@flat
Tel./Fax: 01/3365629
(Private Appartements in der Stadt ab
25 €/Tag Bed&Breakfast ab 20 €/Tag)

Tourismusagenturen (Auswahl):
ONT-Carpaţi, Bulevardul Magheru 7,
Tel.: 01/6140759, 6136806,
Fax: 01/3120915
Panda Travel Agency, Str. Paris 36,
Tel.: 01/6338103, Fax: 01/2120425
Vacanta, Bulevardul Unirii 27,
Tel.: 01/6149594, 6120918
Fax: 01/6120918
Magellan Tours,
Bulevardul Magheru 12-14,
Tel. und Fax: 01/2104903
Paralela 45 Travel and Tours,
Bulevardul Regina Elisabeta 7
Tel.: 01/3111959
Fax: 01/3122774
Double T Turism Transport,
Calea Victoriei 2,
Tel.: 6133642, Fax: 01/6158166

Flughäfen:
Flughafen Bucureşti-Otopeni
(internationaler Flugverkehr),
Tel.: 01/2120138 (Zentrale), 01/21602
(Information)
Flughafen Bucureşti-Băneasa
(Inlandverkehr), Tel.: 01/6335392

Flugagenturen:
Lufthansa, Bulevardul Magheru 18,
Tel.: 01/3157575, Fax: 01/3120211
Austrian Airlines, Bulevardul Bălcescu 7,
Tel.: 01/3120545, Fax: 01/2228391
Swissair, Bulevardul Magheru 18,
Tel.: 01/3120238, Fax: 01/3120240
Tarom, Str. Brezoianu 10,
Tel.: 01/3142520; 3134295
Malev, Str. George Enescu 3,
Tel.: 01/3120427, Fax: 01/3120428

Eisenbahnagentur (C.F.R.):
Str. Brezoianu 10
Tel.: 01/3132642

Museen (Auswahl):
Nationales Geschichtsmuseum
(Muzeul Naţional de Istorie a României,
Calea Victoriei 12)
über 600 000 Exponate, die die rumäni-
sche Geschichte dokumentieren;
täglich 10-18 Uhr
Nationales Kunstmuseum
(Muzeul Naţional de Artă),
Calea Victoriei 49-53,
in einem Flügel des ehemaligen Königs-
palastes) - viele verschiedene
Sammlungen
Museum der Kunstsammlungen
(Muzeul Colecţiilor de Artă, Calea Victo-
riei 111) eine Ausstellung der besten

Stücke aus privaten Kunstsammlungen;
täglich außer Mo/Di 10-18 Uhr
Kunstmuseum „Ing. D. Minovici"
(Muzeul de Artă Veche Apuseană „Ing.D.
Minovici", Str. D. Minovici 3)
Kunstobjekte aus dem 16. und 17. Jahrhun-
dert in einem schönen Gebäude im Stil der
englischen Gotik;
täglich 9-17 Uhr
*Geschichts- und Kunstmuseum der Stadt
Bukarest*
(Muzeul de Istorie si Artă a Municipiului
Bucuresti, Bulevardul Brătianu 2)
Archäologische Fundstücke, Münzen, Waf-
fen etc., alles was mit Stadtgeschichte zu
tun hat, einschließlich der Urkunde von
Vlad Ţepeş, in der die Stadt zum ersten Mal
erwähnt wird;
täglich 9-17 Uhr
Dorfmuseum
(Muzeul Satului, Şoseaua Kiseleff 28-39)
Freiluftmuseum mit Bauernhäusern aus
dem ganzen Land;
täglich 10-19 Uhr
Museum des rumänischen Bauern
(„Muzeul Ţaranului Român", Sos. Kiseleff 3)
hervorragend gestaltetes Museum zum
Leben und Glauben der Landbevölkerung,
war Europäisches Museum des Jahres
1996.
Nationales Cotroceni-Museum
(Muzeul Naţional Cotroceni, Bulevardul
Geniului 1, Tel.: 01/2211200)
frühere Königsresidenz, in einem Flügel
befindet sich jetzt der Präsidentensitz;
Besichtigung nur nach Voranmeldung
George-Enescu-Museum
(Muzeul G. Enescu, Calea Victoriei 141)
Ausstellung über den großen rumänischen
Komponisten;
täglich 10-17 Uhr

Mietwagen:
Avis – Str. Sanzio 1,
Tel.: 01/2104344/46/48, Fax:
01/2106912,
auf Flughafen Otopeni: Tel.: 01/2300057,
auch in Hotels Hilton, Intercontinental
Hetrz – B-dul Regina Maria1,
Tel.: 01/3372910, Fax.: 01/3373866,
auf Flughafen Otopeni: 01/2014954, Fax:
01/2014955
Budget – Str. Mihai Eminescu 50-54, ap.2,
Tel.: 2102867, Fax: 01/2102995
Europcar – B-dul Magheru 7,
Tel.: 01/3131540, Fax: 01/2243523

Öffentliche Verkehrsmittel:
Metro: Geöffnet von 5.00-24.00 Uhr, gerin-
ger Fahrpreis

Metroplan Bukarest

Straßenbahn/Bus: Fahrkarten gibt es an Kiosks zu kaufen. Sie sind bei Fahrtantritt zu entwerten.

Taxis: Unbedingt darauf achten, dass Taxometer vorhanden bzw. in Betrieb ist, bei längeren Strecken (z.B. zum Flughafen) Fahrpreis vorher aushandeln. Empfehlenswerte Taxigesellschaften: Alfa (Tel.: 01/9481), Cristaxi (Tel.: 01/9461)

Unterhaltung: Ob Theater oder Disco, Varieté oder Spielkasino, Karaoke oder Erotikshow – das Nachtleben der rumänischen Hauptstadt ist mittlerweile schillernd und vielfältig geworden.
Hier nur eine sehr kleine Auswahl:

Theater/Konzert: *Nationaltheater* (Teatrul National „I.L. Caragiale"), Bulevardul N. Bălcescu 2
Rumänische Staatsoper (Opera Romana, Bulevardul Kogălniceanu 70
Operettentheater (Opereta), Bulevardul N. Bălcescu 2
Kleines Theater (Teatrul Mic), Str. Constantin Mille 16
Athenäum (In dem Konzertsaal gastiert die nationale und internationale Prominenz. Sitz der Staatl. Philharmonie „George Enescu", Str. Constantin Exarhul 2)
Jüdisches Theater (Teatrul Evreiesc), Str. Barasch 15

Diskotheken: *Vox Maris International*, Calea Victoriei 155
Disco Club Atlantic, Bulevardul Mircea Eliade 16
Music Factory, Calea Florească 101
Salsa You & Me, Str. 11 Iunie 51
Sing-Sing, Bulevardul Aviatorilor 108

Nachtklubs: *Carioca*, Bulevardul Dacia 97
Last Night Club, Calea Florească 113
Night Club Inter, Bulevardul N. Bălcescu (Hotel Intercontinental)

Casinos: *Casino Bucharest*, Bulevardul N. Bălcescu 4 (Hotel Intercontinental)
Princess Casinos, Bulevardul Republicii 8
Casino Victoria, Calea Victoriei 174
Casino Bucur, Str. Poenaru Bordea 2

Das Nationaltheater

Buzău

Buzău ist eine Industriestadt mit ca. 116000 Einwohnern. In der Region wird – wenn auch nur noch in geringen Mengen – Erdöl gefördert.

Seit dem 16. Jahr-hundert orthodoxer Bischofssitz

Geschichte

Das heutige Buzău fand als alte Siedlungsstätte der Daker erstmalig vor über 1600 Jahren Erwähnung. Im Mittelalter war Buzău, das 1431 Stadtrecht erhielt, aufgrund seiner günstigen Lage an der Kreuzung der moldauischen und siebenbürgischen Handelswege ein wichtiger Marktflecken. Zu Beginn des 16. Jahrhunderts wurde die Stadt orthodoxer Bischofssitz.

Besichtigung

Der **Bischofssitz** (Complexul Episcopiei) in der Aleea Episcopiei 1-3 ist ein Komplex aus drei Gebäuden. Die alte **Bischofskirche** aus dem Jahr 1504 wurde vom Fürsten Matei Basarab 1649 neu errichtet. Ihre Ikonen sind sehenswert. Architektonisch interessant sind weiterhin das **theologische Seminar**, das hier in den 30er Jahren des 19. Jahrhunderts (1836-1838) im klassizistischen Stil entstand, sowie der 1710-1712 unter Constantin Brâncoveanu erbaute **Fürstenpalast**. Er verfügt über eine große Bibliothek und Gemälde von Gheorghe Tattarescu.

Stadtverwaltung sitzt in einem Palast

Die Buzăuer Kommunalverwaltung selbst verdient vielleicht keine Bewunderung (der Straßenzustand in der Stadt ist erbärmlich!), wohl aber ihr Verwaltungsgebäude. Das **Rathaus** (Palatul Comunal, Str. Unirii 178) ist ein monumentaler Bau, der zu Recht Palast genannt wird. Entstanden ist das schlossartige Bauwerk 1900-1903. Sein Stil erinnert bewusst an die Brâncoveanu-Periode.

Praktische Informationen

Telefonvorwahl: 038, von Deutschland: 004038

Hotels:

Hotel Pietroasa * *, Piaţa Daciei 1,
 Tel.: 038/412033, Fax: 038/710942
(180 Betten in Ein- und Zweibettzimmern)

Hotel Crâng * *, Str. Spiru Haret 6,
Tel.: 038/433366, Fax: 038/426223 (50 Zimmer)

Ausflüge

Schlammvulkane bei Berca (Vulcanii noroioşi)
Einer ganz eigenartigen, unwirklich und unheimlich anmutenden geologische Erscheinung begegnen wir in den Schlammvulkanen (vulcanii noroioşi) in der Nähe des Dorfes Berca, ca. 30 km von Buzău entfernt. In dem Naturschutzgebiet, das man vor allem bei feuchter Witterung sehr vorsichtig oder am besten mit einem Ortskundigen betreten sollte, entweichen Erdölgase aus einem tonartigen Boden. Die

Buzău

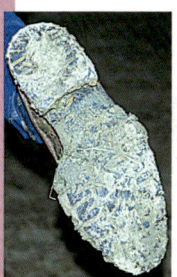

Beim Besuch der Schlammvulkane an festes Schuhwerk denken! Der Weg ist beschwerlich

dadurch entstandenen kleinen Miniaturvulkane bilden bis zu 4 m hohe Krater, in denen der Schlamm ständig in Bewegung ist. Diese einzigartige, gruselige und fast vegetationslose Landschaft könnte der Drehort für Science-Fiction-Filme sein. Umgeben von vollkommener Stille hört man nur das ständige leise Glucksen der Schlammvulkane.

Es gehört allerdings einiges an Durchstehvermögen dazu, um dieses Gebiet zu erreichen: Zu dem Dorf **Berca** gelangen wir von Buzău aus nach ca. 25 km auf der DN 10. In dem Ort **Sătuc**, hinter **Cândeşti**, biegt eine Straße rechts nach Berca ab. Im Dorf führt hinter dem Markt, an einem Kiosk, links eine Straße zu den Vulkanen. Ein Schild weist zu den „Pâclele mici". Von dieser Einmündung aus sind es noch genau 8,5 km bis zu den Schlammvulkanen. Diese Strecke muss allerdings auf einer schlechten, geschotterten Straße, einem besseren Feldweg ähnlich, absolviert werden. Mehr als Schritttempo ist meist nicht möglich. Eine Ausschilderung existiert nicht. Schon hier mutet die Landschaft eigenwillig an, die Fahrt auf dem Schotterweg bietet einen Ausblick auf baumlose Hügelketten. Ab und zu sieht man

(!) Bei einer Fahrt durch die Walachei sollte man sich das Schauspiel, das die Schlammvulkane bei Berca bieten, nicht entgehen lassen. Unvergessliche Eindrücke sind garantiert! Unbedingte Vorsicht jedoch bei feuchtem Wetter! Das Auto wird hier auf eine harte Probe gestellt

Unwirklich und
geheimnisvoll: die
Schlammvulkane
bei Berca

entlang des Weges, wie hier mittels kleiner, schon alters-schwacher Pumpen Erdöl gefördert wird. Man folgt dem Hauptweg 7 km, bis linkerhand in ca. 1 km Entfernung ein kleines Dorf zu sehen ist. Gleich danach gabelt sich der Weg. Man fährt jetzt nicht nach links in Richtung Dorf, sondern biegen nach rechts ab. Von hier aus sind es genau 1,5 km auf noch schlechterer Straße zu einer Art Lagerplatz für verschiedene technische Geräte zur Ölförderung. Gleich zu Beginn steht ein kleines Wachthäuschen. Hier lassen wir das Auto stehen. Nach links führt der Weg nach oben direkt zum Vulkangebiet, das nach ca. 300 m beginnt.

Vom Hinweisschild sind es noch ca. 300m zu Fuß

Kloster Ciolanu

Von Buzău führt die Strecke zunächst nach **Măgura**. Der Ort liegt auf der DN 10 wenige Kilometer hinter der oben beschriebenen Abzweigung nach Berca. Măgura ist ein sich über Kilometer hinstreckendes Straßendorf. Ungefähr 100 m nach dem Ortsausgang geht es 8 km Richtung Norden. Die Straße zum Kloster ist im Ort ausgeschildert.

Reizvoll liegt das Kloster Ciolanu an einem Berg

Das aus dem 16. Jahrhundert stammende Kloster liegt landschaftlich sehr schön am Fuße eines Berges. Die Klosterkirche wurde 1828 neu errichtet.

Râmnicu Sărat

Die kleine Stadt (32 000 Einwohner) erreicht man nach 33 km auf der DN 2 (E 85) in Richtung **Focşani** bzw. **Bacău**. Râmnicu Sărat wurde 1431 erstmalig genannt. Erwähnenswert ist in der Stadt die **Himmelfahrts-Kirche** (Biserica Adormirea) aus dem Jahr 1697, mit Wandmalereien von Pârvu Mutu.

Frasin-Wald/Spătaru-Wald

Wanderfreunde kommen bei Buzău auf ihre Kosten. Um Buzău herum findet man ausgedehnte und unter Naturschutz stehende Waldgebiete, z.B. den Frasin-Wald (Pădurea Frasin), ein fast 200 ha großer Eschenwald, nur 4 km von Buzău entfernt. Der Spătaru-Wald (Pădurea Spătaru) umfasst die Fläche von 380 ha und hat einen schönen, alten Eichenbestand.

Die riesigen Wälder bei Buzău sind Ausflugsziele für Wanderfreunde

Siriu-Gebirge

Wer das Gebirge liebt, braucht von Buzău aus nur der DN 10 zu folgen. Die Straße führt direkt in weitgehend unberührte Karpatenlandschaft. Das Siriu-Gebirge mit seiner höchsten Erhebung von 1657 m lädt zum Bergwandern ein. Wir folgen der kurvenreichen Strecke der DN 10 zunächst entlang der Buzău bis **Siriu**. Der Ort Siriu selbst ist von der Industrie dominiert. Unser eigentliches Ziel, **Gura Siriului**, liegt nur 3 km dahinter.

Ein großartiges Karpatengebirge in völliger Abgeschiedenheit: das Siriu

Von dem kleinen Ort kann man schöne Gebirgswanderungen unternehmen. Für die Strecke Buzău-Gura Siriului braucht man mit dem Auto gute 2 Stunden.

(!) Vorsicht, die Strecke von Siriu nach Gura Siriului ist stark steinschlaggefährdet

Region Walachei
Route 1

Das malerisch von Bergen umrahmte Câmpulung Muscel war im 14.Jahrhundert Residenzstadt

Câmpulung Muscel

Câmpulung war früher einmal Hauptstadt eines vorstaatlichen walachischen Gebildes. Erstmals um 1300 urkundlich erwähnt, wurde es 1330 für kurze Zeit die Residenzstadt der walachischen Fürsten. Die malerisch am Fuße des Iezergebirges gelegene, hübsche Kleinstadt (ca. 40 000 Einwohner) blickt nach dem kurzen Intermezzo als Fürstenresidenz auf eine Geschichte zurück, die besonders im 17. und 18. Jahrhundert weitgehend durch die Türken geprägt war. Mehrfach wurde die Stadt durch Kämpfe mit osmanischen Truppen stark beschädigt und im Jahr 1737 durch einen verheerenden Brand fast völlig zerstört.

Ein Zentrum der rumänischen Kultur

Geschichte

Für die rumänische Geschichte ist Câmpulung Muscel aber nicht nur als ehemalige Fürstenstadt bedeutsam. Von hier stammt auch eines der ältesten Schriftstücke in rumänischer Sprache. Es handelt sich dabei um einen Brief eines gewissen Neacşu an den Stadtrichter von Braşov, Johannes Benkner, aus dem Jahr 1521. Auch später war die Stadt Zentrum rumänischer Kultur. 1669 entstand in Câmpulung eine der ersten walachischen Schulen, in denen Rumänisch unterrichtet wurde. Seit Mitte des 17. Jahrhunderts gab es im Kloster der Stadt eine Druckerei.

Das Kloster Negru Vodă – zerstört durch Erdbeben und Türkenangriff

Besichtigung

Die zweifellos bekannteste Sehenswürdigkeit der kleinen Stadt ist der **Klosterkomplex Negru Vodă** (Mănăstirea Negru Vodă, Str. Negru Vodă, direkt neben dem Lyzeum der Stadt). Das noch funktionierende Mönchskloster wurde 1310-1352 erbaut und steht damit im Zusammenhang

Das Kloster Negru Vodă

mit der Entwicklung Câmpulungs zur ersten walachischen Hauptstadt. Nach einem schweren Erdbeben (1628) ließ Fürst Matei Basarab in den Jahren 1635-1637 die Klosterkirche neu aufbauen. Sie erhielt einen 35 m hohen Glockenturm. Die ganze Anlage wurde noch mit einer Umfassungsmauer aus Holz umgeben,

die 1712 durch eine Steinmauer ersetzt wurde. Matei Basarab ließ außerdem den Fürstenhof anbauen, ein schönes einstöckiges Gebäude mit Arkaden und Holzschindeldach. An der Außenwand des Arkadenganges sind noch Reste der Originalverzierungen zu sehen. Nach seiner teilweisen Zerstörung durch die Türken erhielt der Klosterkomplex seine heutige Gestalt durch Wiederaufbau- und Renovierungsarbeiten, die 1827-1832 der Architekt Franz Wallet leitete.

Die Stadthonoratioren schworen ihren Diensteid doppelt – in der Kirche und vor dem Eidkreuz

Als Zeichen für die Selbstverwaltung der Stadt steht das sogenannte **Eidkreuz** (Crucea jurǎmântului, Piaţa jurǎmântului). Vor dem Kreuz, das seit 1674 existiert, mussten Richter und Stadtbedienstete ihren „Diensteid" ablegen.

Die Geschichte der Câmpulunger **Fürstenkirche** (Biserica domnească, Str. Republicii 12) ist symbolhaft für die Geschichte des mehrfach zerstörten Câmpulung. 1565/66 erbaut, musste sie nach der Zerstörung durch die Türken im Jahr 1721 wiedererrichtet werden. Bis zum Ausgang des 18. Jahrhunderts bestand in ihrer unmittelbaren Nähe eine Fürstenschule, die von den Priestern der Kirche betreut wurde.

Die Priester der Fürstenkirche lehrten an der Fürstenschule

Unbedingt sehenswert ist die römisch-katholische **Jakobskirche** (Biserica Sf. Iacob, Str. Mihai Eminescu). Turm und Kirchenschiff sind voneinander getrennt. Die Kirche wurde nach ihrer Zerstörung durch die Türken 1730 neu aufgebaut. Katholische Gottesdienste finden noch heute statt.

Praktische Informationen

Telefonvorwahl: 048, von Deutschland: 004048

Hotels:

Hotel Unic * *, Piaţa Jurǎmântului 2,
Tel.: 048/811687 (15 Doppelbettzimmer)

Hotel Muscelul *, Str. Negru Vodǎ 164, Tel.: 048/812400
(180 Betten, gute Lage, preiswert und ordentlich)

Ausflüge

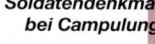

Iezergebirge (Munţii Iezerului)
Der Ausflug ist eine Empfehlung für hochgebirgserfahrene Wanderer.

Das Iezergebirge ist touristisch kaum erschlossen. Es kann passieren, dass man tagelang niemandem begegnet. Wie überall in den Karpaten sind auch hier noch Wölfe und Braunbären zu Hause.

Von Câmpulung aus folgt man der DJ 734 in nördlicher Richtung. Über **Lereşti** gelangt man nach 21 km nach **Voina**. Voina liegt direkt am Fuße des imposanten Iezer-Bergmassives. Hier bietet eine Schutzhütte einen idealen Ausgangspunkt für Bergtouren zum **Iezersee** (Zugang zunächst über eine Forststraße, dann ca. 5 Stunden Fußweg), zum **Păpuşa** (2391 m) oder zum **Iezerul Mare** (2462 m). Aber auch Nicht-Bergsteigern bietet sich von Voina aus ein unvergesslicher Anblick auf das Gebirge.

(!) Am Iezersee gibt es eine steinerne Notunterkunft!

Strecke: Câmpulung – Dragoslavele – Podu Dâmboviţei – Bran – Râşnov (Rosenau)
Eine serpentinenreiche Straße (DN 73) führt durch eine malerische Gebirgslandschaft. 10 km hinter Câmpulung befindet sich ein mächtiges, terrassenförmig an einem Berghang erbautes **Heldendenkmal** (Mausoleul Eroilor), das an die im Ersten Weltkrieg gefallenen rumänischen Soldaten erinnert. Die Straße von Câmpulung nach Bran war eine umkämpfte Frontlinie. Auf der ersten Terrasse des Monuments findet man eine Ausstellung zur Geschichte des Weltkrieges, in der u.a. relativ authentisch ein Schützengraben nachgebildet wurde.

Soldatendenkmal bei Campulung

Câmpuling Muscel

*Figurenensemble
an der Strecke
nach Podu
Dâmboviţei*

*In der Marien-
kirche von
Drăgoslavele*

Die 23 km hinter Câmpulung pittoresk gelegene Ortschaft **Drăgoslavele** wurde erstmals im
14. Jahrhundert erwähnt. Sehenswert ist seine
Marienkirche (rechterhand der Straße). Sie
wurde 1661 gebaut und ist eine Stiftung des Fürsten Vodă Ghica. Im Ersten Weltkrieg diente sie
den deutschen Truppen kurzzeitig als Gefangenenlager.

Weiter führt die Strecke dann nach **Podu Dâmboviţei**. Auffallend sind mehrere Figurenensem-
bles entlang der Strecke. Die Plastiken stammen
von rumänischen Künstlern. Nach der Überquerung des Bran-Passes (Pasul Bran, 1290 m) ist
man im alten Siebenbürgen. **Bran** (Törzburg)
und **Râşnov** (Rosenau) verdienen unbedingt
einen Besuch.

*Von Câmpulung bis zum
Bran-Pass bieten vor sehr
vielen Gehöften die Bau-
ern vorzügliche Käsepro-
dukte zum Kauf an. Emp-
fehlenswert sind die
geräucherten Kuh- und
Schafskäse (caşcaval de
vacă, caşcaval de oaie)
sowie ein in Fichtenrinde
eingenähter Weichkäse
(brânză de burduf) (sehr
aromatisch!), eine ganz
besondere Spezialität der
Region.*

Weitere Ausflugsziele
→ **Route 1/Walachei**

– Curtea de Argeş
– Târgovişte

*Klausenburg
(Kolószvar)
ist eine weitgehend
von Ungarn
geprägte Stadt*

Cluj-Napoca (Klausenburg)

Die 310000-Einwohner-Stadt Cluj (ung.: Kolozvár, deutsch: Klausenburg) ist geprägt durch Jahrhunderte ungarischer und deutscher Besiedlung. Schon zu Zeiten der Daker befand sich auf dem heutigen Stadtgebiet die Siedlung Napoca, die unter den Römern zuerst zum Munizipium, dann zur Kolonie wurde. In der Ceauşescu-Ära erhielt Cluj den Beinamen Napoca, um die dakisch-römischen Wurzeln der Stadt zu verdeutlichen und somit den Anspruch Rumäniens auf die Stadt zu betonen. Nichtsdestotrotz ist Klausenburg bis heute ein Zentrum der Ungarn in Siebenbürgen.

Heute macht Klausenburg den Eindruck einer lebendigen und pulsierenden Stadt mit studentischem Flair.

Geschichte

Im mittelalterlichen ungarischen Königreich entwickelte sich die Stadt im Schutze einer königlichen Burg zum Verwaltungs- und Militärzentrum. Eine Urkunde erwähnt im Jahr 1213 diese Königsfestung, die während des Tatarensturms 1241 zerstört wurde.

1405 gewährte der ungarische König Sigismund von Luxemburg den ungarischen und deutschen Bürgern das Recht, Wehranlagen zu bauen. Die Stadt wurde von mächtigen Festungsmauern, Türmen und Basteien umgeben, die sich mit dem Wachstum der Stadt ausdehnten. Im 15. Jahrhundert entwickelte sich Klausenburg zu einer der wichtigsten siebenbürgischen Städte mit wohlhabenden Zünften und regem Handel mit ganz Europa. Seit 1580 ist Klausenburg Universitätsstadt.

Besichtigung

*Eine Universitäts-
stadt
mit pulsierendem
Leben*

Von den alten Festungsanlagen um die Altstadt am rechten Somesufer sind nur noch die **Schneiderbastei** (Bastionul croitorilor, Strada Făcliei) aus dem Jahr 1629 und einige Mauerreste erhalten.

Cluj-Napoca (Klausenburg)

Der stattliche Bau der **reformierten Kirche** (Biserica reformată, Str. Mihail Kogălniceanu), im gotischen Stil Ende des 15./Anfang des 16. Jahrhunderts entstanden, befindet sich gleich neben den Resten der Festungsanlagen. Die schöne geschnitzte Renaissancekanzel stammt aus dem Jahr 1646. Vor der Kirche steht eine Kopie des Prager **St. Georg-Reiterstandbildes.**

Zentrum der Altstadt ist der Platz der Freiheit (Piaţa Libertăţii). Auf diesem Platz befindet sich die älteste Kirche der Stadt, die gotische **Michaelskirche** (Biserica romano-catolică Sfântu Mihail, Piaţa Libertăţii). Erstmals erwähnt wurde die Kirche 1348/49, als ein päpstlicher Ablassbrief den Förderern des Kirchenbaus Vergebung ihrer Sünden gewährte. Ungefähr zwei Jahrhunderte dauerte es, bis die dreischiffige Hallenkirche fertiggestellt war. In der ersten Bauphase in der 2. Hälfte des 14. Jahrhunderts wurden der Hauptchor und die Seitenapsiden errichtet. Besonders interessant sind die Steinmetzarbeiten an den Kapitellen, die in ähnlicher Form auch in Süddeutschland, Wien und Budapest zu finden sind. Die die Kapitelle schmückenden Figuren verkörpern den Sündenfall, nützliche Arbeit und geistige Betätigung, symbolisiert z.B. in den Gestalten eines melkenden Ziegenhirtes, einer Frau mit Gebetbuch, eines Steinmetzen, eines Lehrers oder eines Studenten. Das charakteristische rechteckig gestufte Portal an der Nordwand stammt aus dem 1. Drittel des 15. Jahrhunderts. 1528 wurde das bemerkenswerte Renaissancesakristeiportal gefertigt, das mit dem Stadt- und Stifterwappen versehen ist. Die bewegten Formen des plastischen Zierrats seiner Pfeiler sind typisch für süddeutsche und österreichische Werkstätten. Von den Wandmalereien aus dem 15. Jahrhundert haben sich nur Reste erhalten. Für die Kirche waren zwei Türme an der Westfassade geplant, von denen jedoch nur

Die Universitätsstadt Klausenburg ist gut mit Restaurants, Bars und Kneipen, aber auch mit Kulturinformation versorgt

der Nordwest-Turm ausgeführt wurde. Wahrscheinlich wurde dieser dann im 18. Jahrhundert nach einem Erdbeben abgetragen. Der heutige Kirchturm stammt aus dem 19. Jahrhundert. Von der Inneneinrichtung ist die monumentale Barockkanzel, geschaffen von den deutschen Bildhauern Nachtigall und Schuhbauer in der Mitte des 18. Jahrhunderts, besonders erwähnenswert.

Vor der Kirche, auf der Piaţa Libertăţii, steht das **Reiterstandbild König Matthias Corvins,** ein Werk des Bildhauers I. Fadrusz aus dem Jahr 1902. Das Modell der Statue erhielt 1896 auf der Pariser Weltausstellung den Großen Preis.

Der älteste erhaltene Profanbau der Stadt ist das **Matthias-Corvin-Haus** (Casa Matei Corvin, Str. Matei Corvin 6). 1443 wurde hier der ungarische König Matthias Corvin geboren. Ursprünglich im gotischen Stil erbaut, erhielt das Haus bei einer späteren Erneuerung Elemente der Renaissance-Architektur. Heute ist in Corvins Geburtshaus eine Kunstakademie untergebracht.

Das **Kunstmuseum** (Muzeul de artă/fost palatul Bánffy, Piaţa Libertăţii) der Stadt ist im ehemaligen **Bánffy-Palast** untergebracht. Dieses mit Bildhauerarbeiten üppig verzierte Bauwerk im spätbarocken Stil wurde 1774-1785 als Residenz des Grafen Georg Bánffy gebaut.

Cluj-Napoca (Klausenburg)

Das **Dominikanerkloster** (Mănăstirea dominicană/ Liceul de muzică, Piaţa Muzeului), in dem heute eine Musikschule untergebracht ist, wurde erstmals 1428 erwähnt. In der Mitte des 15. Jahrhunderts begann man, es mit der finanziellen Unterstützung Johannes Corvins und später seines Sohnes, Matthias Corvin, umzubauen. Das Refektorium des Klosters ist ein Beispiel für hochgotische Architektur.

Rumänisches Nationaltheater in Klausenburg

Praktische Informationen

Telefonvorwahl: 064, von Deutschland: 004064

Hotels:

Hotel Vila Alba***, Str. Emil Racoviţa 22,
Tel.: 064/1432071 (kleines, gut geführtes Haus mit 16 Betten)

Hotel Victoria***, Bulevardul 22 Decembrie 54,
Tel.: 064/ 197963, Fax: 064/197573
(komfortabel, 135 Betten, zentrale Lage)

Hotel Continental**, Str. Napoca 1,
Tel.: 064/191441, Fax: 064/193977 (87 Betten)

Hotel Melody*, Piaţa Unirii 29, Tel.: 064/197465,
Fax: 064+193468 (84 Betten, einfach, beste Stadtlage)

Hotel Vlădeasa*, Str. Gheorghe Doja 20,
Tel.: 064/118491 (ganz einfache Zimmer)

Tourismusbüro: „Km 0", Piaţa Unirii 11,
Tel.: 064/191114, Fax: 064/196557

Flugagentur (TAROM): Piaţa Mihai Viteazul 11, Tel.:
064/432524

Eisenbahnagentur (CFR): Piaţa Libertăţii 9

Unterhaltung:

Rumänisches Nationaltheater/Oper, Piaţa Avram Iancu 24
Ungarisches Theater/Oper, Str. E. Isac 26-28

Ausflugsziel → Route 7/Siebenbürgen
– **Turda** (Thorenburg)

Region
Dobrudscha
Routen
10, 12 und 13

Constanţa (Konstanza)

Die Hafenstadt Constanţa ist der Mittelpunkt der rumänischen Schwarzmeerküste, der bedeutendsten Touristenre-
gion des Landes. Wie überall in Rumänien muss man sich
auch in Constanţa zunächst durch die in der Ceauşescu-Ära
errichteten Neubauviertel quälen, ehe man die Altstadt
erreicht. Hier erahnt man immer noch das einstige Flair der
Stadt. Griechische Wurzeln, römische Geschichte und
orientalischer Einfluss vermischen sich im heutigen
Constanţa mit der Atmosphäre einer Hafenstadt, rumänischen Alltagsproblemen und den teilweise liebenswert-hilf-
losen Versuchen, internationale Reputation als Reiseziel zu
erlangen.

*An der Kreuzung
des Tomis-Boule-
vards mit der
Geschäftsstraße
Ştefan cel Mare*

Constanţa (Konstanza)

Die Stadt strahlt eine ganz eigene Atmosphäre aus. Man spürt, dass der Orient nicht fern ist. Unübersehbar ist auch der Aufbruch, in dem sich Constanţa derzeit befindet. Neugegründete Restaurants, Bars, Diskotheken und Terrassencafés beleben das Stadtbild. Junge Leute begegnen dem Besucher selbstbewusst und weltoffen. Die Straßen der Altstadt vermitteln südländischen Charme. Das alles trägt dazu bei, dass die Tristesse und der Verfall, die die kommunistische Epoche auch hierher gebracht hat, ein wenig in den Hintergrund treten. Constanţa, das ist zu hoffen, wird in einigen Jahren für Ausländer wieder ein begehrtes Urlaubsziel sein. Aber auch jeder Besucher, der schon heute aufgeschlossen und interessiert in diese Stadt kommt, wird sie ins Herz schließen.

Der Stadtstrand von Constanţa

**Im archäolo-
gischen Park**

*Vor über 2000
Jahren gehörte das
heutige Constanța
zu einer Kette
griechischer
Siedlungen an der
Schwarzmeerküste
Die Griechen
nannten das
Schwarze Meer
„Pontos Euxeinos" –
das gastfreundliche
Meer*

*Obwohl der Dichter
Ovid seinen
Verbannungsort
verabscheute,
lernte er die
Sprache
der einheimischen
Geten*

Geschichte

Griechische Kolonisten aus Milet gründeten vor zweieinhalbtausend Jahren, im 6. Jahrhundert v.Chr., auf dem Boden des heutigen Constanța die Hafenstadt Tomis. Ihre erste Blütezeit erlebte sie im 3. vorchristlichen Jahrhundert. Nachdem sich 72 v.Chr. die griechischen Städte an der Schwarzmeerküste erfolglos mit dem persischen König Mithridates gegen das römische Imperium verbündeten (Pontischer Bund), gelangten zum ersten Mal römische Truppen unter dem Kommando von Lucullus Varo in das Küstengebiet. Die Römer blieben siegreich und besetzten Tomis wie auch die anderen griechischen Ortschaften am Pontos Euxeinos, dem Schwarzen Meer, für einige Jahre.

In der Mitte des ersten vorchristlichen Jahrhunderts fiel Tomis unter die Herrschaft des Dakerkönigs Burebista, bis es dann 29 v.Chr. unter römische Herrschaft geriet.

Die Kenntnis der Geschichte von Tomis in den ersten Jahren unseres Jahrtausends verdanken wir vor allem dem römischen Dichter **Publius Ovidius Naso** (43 v.Ch.-17 od.18 n.Ch.). Ovidius musste auf Befehl des Kaisers Augustus Rom verlassen und verbrachte die letzten Jahre seines Lebens, von 8-17 od.18 n.Chr., im Exil in der Stadt Tomis. Hier schrieb er seine Werke „Tristia" (Klagelieder) und „Epistulae ex Ponto" (Briefe vom Schwarzen Meer), die auch von seiner Sehnsucht nach dem fernen, warmen und zivilisierten Rom künden.

Die blühende und reiche Stadt Tomis wurde im 2. Jahrhundert zur Metropole am Schwarzen Meer und damit zum politischen Mittelpunkt des Pontischen Bundes, eines Bündnisses der Schwarzmeerstädte Tomis, Callatis, Histria, Dionysopolis (heute: Constanța, Mangalia, Histria und Varna).

Mitte des 3. Jahrhunderts, als die römische Macht durch die Aufgabe der Provinz Dakien bereits geschwächt war, fügten heftige Angriffe der Goten der Stadt schwere Zerstörungen zu. Große Anstrengungen wurden am Ende des 3. und zu Beginn des 4. Jahrhunderts unternommen, um Tomis wiederherzustellen. Zu dieser

Constanţa (Konstanza)

Zeit entstanden bemerkenswerte Bauwerke: ein öffentliches Gebäude mit kunstvollem Mosaikfußboden, Thermen, Wohnviertel mit gepflasterten Straßen, Tore, Kanalisation u.a. In der gleichen Periode wurde eine Stadtmauer errichtet, die in der Folgezeit mehrfach erneuert wurde, das letzte Mal im 6. Jahrhundert.

Zwischen dem 4. und 6. Jahrhundert war die Stadt Bischofssitz, wovon die Überrreste christlicher Bauwerke und vier großer Basiliken zeugen. Verheerende Auswirkungen für Tomis hatten während des 6. Jahrhunderts und zu Beginn des 7. Jahrhunderts die Angriffe slawischer und awarischer Stämme.

In den öffentlichen Gebäuden zeigte die Hafenstadt ihren Wohlstand

Byzantinische Schriftsteller erwähnen die Stadt im 9. Jahrhundert erstmals unter dem Namen Constantia oder Constana. Auch auf mittelalterlichen byzantinischen und genuesischen Seekarten ist die Hafenstadt verzeichnet.

Ein halbes Jahrtausend war die Stadt türkisch

Kaum eine Bedeutung hatte Constanţa, nun Köstendje genannt, in den fünf Jahrhunderten der osmanischen Herrschaft. Bis in die Mitte des 19. Jahrhundert verharrte die Stadt in Lethargie. Erst der Beginn des Hafenausbaus, der vom Sultan Abdül Mecit Mitte des 19. Jahrhunderts veranlaßt wurde, und der Bau einer Eisenbahnlinie Constanţa - Cernavodă schufen die Voraussetzungen für einen Aufschwung in der Stadtentwicklung.

Im Jahr 1878 gelangte die Dobrudscha zu Rumänien. Constanţa wurde zur Bezirkshauptstadt und zum größten Hafen des Landes.

Nach 1945 entwickelte sich Constanţa zu einer der wichtigsten Städte Rumäniens.

Das Jugendstil-Casino

Besichtigung

Einen Stadtrundgang in Constanța sollte man auf der Halbinsel beginnen, auf der die antike Stadt Tomis lag. Hier erhebt sich die Steilküste bis zu 30 m über das Meer und bildet eine natürliche Verteidigung gegen Angriffe von der See. Reste der Wehrmauer der Stadt kann man noch zwischen dem alten Hafen und dem Bulevardul Ferdinand sehen.

Die Reste der römischen Umfriedungsmauer auf dem Bulevardul Ferdinand stammen aus dem 3.Jahrhundert u.Z.

Der **archäologische Park (1)** (Parcul arheologic, Bulevardul Ferdinand) stellt inmitten seiner Grünanlagen Fundstücke aus der antiken Periode der Stadt aus: Vorratsgefäße, Säulen, Friese, Gesimse etc. Auf der Mauer des benachbarten Hauses ist eine „archäologische Landkarte" der Dobrudscha angebracht, die dem Betrachter die dichte Besiedlung des Landstriches in griechisch-römischer Zeit vor Augen führt.

In der heutigen Altstadt Constanțas ist die **Piața Ovidiu (2)** (Ovidiusplatz) das Zentrum. Hier steht das schöne Gebäude des **archäologischen Museums (3)** (Muzeul arheologic, Piața Ovidiu 12), das durchaus einen Besuch wert ist. In der

Die Statue des Ovid vor dem Archäologischen Museum

Constanţa (Konstanza)

Str. Dacia
Str. Sarmisegetuza
Str. Mihai Dumitru
Str. Griviţei
Str. Stefan cel Mare
Str. Cuza Vodă
Bulevardul Ferdinand
Str. Traian
Str. V. Alecsandri
Bulevardul 1 Mai
Str. Remus Opreanu
Bulevardul Carpaţi
Bulevardul Elizabeta

Bulevardul Tomis
Str. Mircea cel Bătrân

G. Enescu
Str. Mihai Viteazul

Schwarzes
Meer
Strand
Touristenhafen

0   200 m
© GOLDSTADTVERLAG

1 Archäologischer Park
2 Ovidius-Platz
3 Archäologisches Museum
4 Museum des Römischen Gebäudes mit Mosaikfußboden
5 Statue des Ovidius
6 Große Moschee
7 Orthodoxe Kathedrale „Peter und Paul"
8 Casino
9 Genueser Leuchtturm
10 Griechische Kirche
11 Volkskunstmuseum
12 Kunstmuseum
13 Staatstheater
14 Theater „Fantasio"
15 Aquarium

„Schatzkammer" des Museums sind die äußerst wertvollen Statuen ausgestellt, die bei Ausgrabungsarbeiten gefunden wurden. Die wohl bekannteste von ihnen ist die Schlange Glykon. Diese fein gearbeitete, in der Welt einzigartige Marmorskulptur stellt ein Fabelwesen mit dem Körper einer Schlange, dem Maul eines Schafes und den Haaren einer Frau dar.

Neben dem Archäologiemuseum, ein wenig zurückversetzt, befindet sich das **Museum des Römischen Gebäudes mit Mosaikfußboden (4)** (Edificiul roman cu mozaic, Piaţa Ovidiu). Bei Ausschachtungsarbeiten legte man 1959 an der westlichen Steilküste eine Mauer und einige Mosaikscherben frei. Dieser Fund führte zu fast zehnjährigen archäologischen Forschungs- und Konservierungsarbeiten,

Das Archäologiemuseum birgt wertvolle Schätze

**Die große
Moschee**

*Eine Taube ist das
einzige Tiermotiv
des Mosaiks –
ein Suchbild!*

die auf der Steiluferterrasse die Reste eines großartigen
öffentlichen Gebäudes aus dem 3./4. Jahrhundert freileg-
ten. Die Fassade des über 100 m langen Baus war mit
weißen und farbigen Marmorplatten verkleidet. Den Fußboden einer riesigen Halle schmückte ein ungefähr 2000 m²
großes Mosaik, das wahrscheinlich im 5./6. Jahrhundert
gefertigt wurde und von dem etwa 850 m² bis heute erhalten sind. Der Besucher kann sich in der Betrachtung der
kunstvoll verschlungenen, vielfarbigen geometrischen und
floralen Motive des Mosaiks regelrecht verlieren.

Vor dem Archäologiemuseum steht die **Statue des
Publius Ovidius Naso (5),** das Werk eines italienischen
Bildhauers aus dem Jahr 1887. Aus dem Luxus Roms ver-
bannte der Kaiser Augustus den Poeten Ovid in das raue
Klima und Leben der Hafenstadt in der römischen Provinz.
Waren es die freizügigen und provokativen Verse des Dichters, war es vielleicht ein Techtelmechtel mit einer Enkelin des
Kaisers – genau weiß man es bis heute nicht, warum Ovid
der Zorn des Imperators traf. Neun Jahre, bis zu seinem Tod
im Jahre 17, verbrachte der Dichter in seinem Verbannungsort Tomis.

Constanţa (Konstanza)

Am Ovidiusplatz beginnt die Strada Arhiepiscopiei. Hier befindet sich die **Große Moschee (6)** (Moscheea Mare), gebaut 1910 anstelle einer alten Dschami. Innen ist die Moschee mit farbenfrohen Arabesken geschmückt. Vom 50 m hohen Minarett hat man einen schönen Ausblick über die Stadt und den Hafen.

Die Große Moschee ist eine Kopie einer Moschee in Anatolien

Nur ein paar hundert Meter weiter steht die **orthodoxe Kathedrale „Peter und Paul" (7)** (Catedrala ortodoxă, Str. Arhiepiscopiei) aus dem Jahr 1884. Neben der Kathedrale brachten Ausgrabungen Grundmauern von Häusern des antiken Tomis zu Tage.

Von dieser Stelle sind es nur noch ein paar Schritte bis zur Uferpromenade und dem imposanten Gebäude des **Casinos (8)** (Cazinoul). Sieht man das prächtige Jugendstilgebäude im Sonnenlicht an der Uferpromenade, wirkt es fast wie eine Fata Morgana, so fremd und eigenartig ist es für die Stadt und ihre Umgebung. Constanţa verdankt sein Casino dem ersten rumänischen König, Carol I., der aus der Hafenstadt auch einen mondänen Badeort machen wollte. Das elegante Gebäude im Stil des Art Nouveau wurde in den Jahren 1907-1910 von dem aus Rumänien stammenden und in Paris ausgebildeten Architekten Daniel Renard errichtet. Glücksspiele sind heute im „Cazino" nicht mehr möglich, das Gebäude beherbergt eine Disko und ein Restaurant, die den Anspruch auf Exklusivität erheben. Unbedingt sollte man einen Blick in das Innere des Casinos werfen – Pracht und Luxus der alten Zeit!

Die Peter-und-Paul-Kathedrale

Folgt man weiter der Uferpromenade, vorbei an einer Statue, die an den Nationaldichter Eminescu erinnert, gelangt man zum großen klassizistischen Bau der Hafenkommandantur, neben dem der kleine **Genueser Leuchtturm (9)** (Farul Genovez) steht. Es gehört ins Reich der Legende, dass der Turm im Mittelalter von Genuesen gebaut wurde. Errichtet wurde er erst im 19. Jahrhundert von der englischen Gesellschaft, die den Hafen ausbaute. Die Uferpromenade endet am kleinen **Touristenhafen** der Stadt.

Die **griechische Kirche (10)** (Biserica greacă, Str. Mircea cel Bătrân) wurde 1863-65 von der griechischen Bevölkerungsgruppe mit der Erlaubnis des türkischen Sultans gebaut.

Es lohnt sich auch einfach so durch die Stadt zu bummeln. Auf der Halbinsel und im Zentrum haben sich viele Straßenzüge mit schönen kleinen Stadthäusern und Villen erhalten. Leider sind viele davon in einem erbarmungswürdigen Zustand. Es gehört nicht viel Phantasie dazu, sich vorzustellen, wie die Stadt in ihren Glanzzeiten ausgesehen hat – und wie sie vielleicht wieder aussehen könnte.

Die Hauptstraße Constanţas ist der **Tomis-Boulevard** (Bulevardul Tomis), der sich vom Ovidius-Platz bis weit in die neuen Wohnviertel im Norden der Stadt hinzieht. Hier befindet sich das **Volkskunstmuseum (11)** (Muzeul de artă populară) und das sehenswerte **Kunstmuseum (12)** (Muzeul de artă). Es besteht seit den 60er Jahren. Die Sammlung wurde von der Constanţaer Kunsthistorikerin Dr. Florica Cruceru liebevoll zusammengestellt und enthält vor allem zeitgenössische rumänische Kunst. Florica Cru-

*Das Volkskunst-
museum*

ceru war bis 1985 Direktorin dieses Museums. In dem
Staatlichen Theater (13) (Teatrul de Stat) finden regelmäßig Sinfoniekonzerte und sympathisch konventionelle
Opernaufführungen statt. Das **Teatrul Fantasio (14)** auf
dem Bulevardul Ferdinand bietet Musikrevuen und Lust-
spiele, im **Kulturhaus** (Casa de Cultură, Bulevardul A.
Lăpuşneanu) werden durch das Ensemble „Oleg Danovski"
ausgezeichnete Ballette aufgeführt.

Die Hafenstadt Constanța besitzt ein **Marinemuseum** (Str.
Traian 53), ein **Aquarium (11)** mit Meeres- und Deltafischen
(Bd. Carpați. gegenüber dem Casino) und ein **Delphina-
rium,** in dem Delphindressuren gezeigt werden (Kreuzung
Bulevardul Mamaia/Str. Soveja, im Norden der Stadt).

Die meisten **Geschäfte** haben sich auf der Strada Ştefan
cel Mare und dem Bulevardul Tomis angesiedelt. Hier findet
man Boutiquen und Parfümerien ebenso wie ein Kaufhaus
und viele kleinere Läden.

*Einkaufen auf der
Str. Ştefan Cel Mare
und dem Bulevardul
Tomis*

Ausflüge

Cheia

Von Constanţa aus erreicht man das Dorf nach knapp 40 km zunächst auf der DN 2 A (Richtung Bukarest). In Mihail Kogălniceanu (hier befindet sich der Flughafen Constanţas) biegt man eine kleine, aber recht ordentliche Straße nach rechts ab. Bei Cheia befinden sich in einer reizenden Hügelland-schaft (Podişul Casimcei) wunderschöne und interessante Felsformen, die an einen Cañon erinnern. Idealer Platz für ein Picknick!

Basarabi

Die Reiseveranstalter von Pauschalreisen haben oft Wein-proben in Murfatlar im Programm

Murfatlar – eines der bekannten Weingüter Rumäniens

Vom Stadtzentrum Constanţas sind es nur 18 km auf der DN 3 bis nach Basarabi. Unter diesem Namen ist die Gemeinde kaum bekannt, während der andere – Murfatlar – dem Wein-trinker nicht unbekannt sein wird. Schon die an der Schwarz-meerküste siedelnden Griechen bauten auf den sonnigen Hügeln Reben an. Bei einer Weinprobe auf dem Weingut kann man die edlen Tropfen verkosten. Informationen zur Weinverkostung erhält man beim „Punct turistic Murfatlar", Tel.: 041/2343339. In Basarabi befindet sich ein hochinter-essantes mittelalterliches Denkmal: sechs in den Kreidefel-sen gehauene Kirchen aus dem 9.-11. Jahrhundert. Sie wur-den 1957 zufällig beim Kreideabbau entdeckt. Leider ist der Höhlenkomplex, obwohl er gesichert und zugänglich gemacht wurde, nicht für Besucher geöffnet. Aber freundli-ches Bitten und ein entsprechendes „Eintrittsgeld" bei der

Constanţa (Konstanza)

*Bei der Einweihung
des neuerrichteten
Monuments war
1977 „Coducator"
Ceauşescu persön-
lich anwesend, die
römische Traians-
säule passte in sein
nationalistisches
Geschichtsbild*

Familie, die am Komplex wohnt und ihn bewacht, könnten
die Türen öffnen. Der Weg zu den Kirchen im Felsen ist nicht
zu verfehlen: in Basarabi links Richtung Calarasi abbiegen,
dann sieht man nach wenigen hundert Metern einen markanten Vorbau mit schrägem Dach am Kreidehügel.

In der Nähe von Basarabi ist ein Waldsteppengebiet (Richtung Călăraşi zum Naturschutzgebiet erklärt worden. Hier
gedeihen seltene Pflanzen wie die Steppenpfingstrose oder
die wilde Hyazinthe.

Adamclisi

Fährt man von Basarabi weiter auf der DN 3 durch die fast
baumlose, sanft hügelige Landschaft, gelangt man nach 42
km in das Dorf **Adamclisi**. Inmitten der endlosen Felder ragt
hier ein römisches Siegesdenkmal auf. Kaiser Traian ließ es
zur Erinnerung an die zwei großen Kriege des römischen
Imperiums gegen die Daker unter König Decebal errichten.
Im Jahre 105 u.Z. tobte die entscheidende Schlacht, in der
5000 römische Soldaten – für diese Zeit eine gewaltige Zahl
von Opfern – ihr Leben ließen. Wie viele dakische Krieger fielen, ist nicht überliefert. Das Denkmal, das 109 eingeweiht
wurde, ist über 20 m hoch und hat einen Umfang von 95 m.
Auf den Basreliefs sind Schlachtszenen, Krieger, Gefangene
etc. dargestellt. Es waren keine namhaften Künstler am
Werk. Vielleicht waren es einheimische Handwerker, vielleicht talentierte römische Legionäre, die das Denkmal
schufen. Als sich die Römer aus ihrer Provinz Moesia zurückzogen, geriet der Sinn des Monuments im Laufe der Jahrhunderte in Vergessenheit. Das Denkmal verfiel, die einhei-

mische Bevölkerung verwandte die Steine zum Häuserbau. Die Türken nannten den großen Steinhaufen, der entfernt an eine Kirchenkuppel erinnert, „adamkilise" - Kirche des Menschen. Erst im 19. Jahrhundert wurde die Wissenschaft auf die Ruine aufmerksam und ihre Bedeutung wieder entschlüsselt. Das Monument von Adamclisi wurde 1977 rekonstruiert. Im sozialistischen Rumänien sollte es den Ursprung des rumänischen Volkes aus der Verbindung zwischen den einheimischen Dakern und den römischen Kolonisten versinnbildlichen. Südöstlich des Denkmals fand man Reste der römischen Siedlung Tropaeum Traiani. Teile der Außenmauer, Gebäuderuinen und die Überreste zweier Basiliken sind unter freiem Himmel zu besichtigen.

Istanbul

Eine Fahrt in das alte Konstantinopel ist zwar kein Ausflug in die nähere Umgebung Constanţas, aber per Schiff ist die türkische Weltstadt recht schnell zu erreichen, mit einem Schnellboot sogar in nur 6 Stunden. Die Schiffsverbindungen nach Istanbul sind von der Nachfrage abhängig. Erkundigen Sie sich am besten in einem Reisebüro. Istanbul mit seinen Moscheen, Sultanspalästen, Museen, türkischen Bädern und Restaurants ist die Reise wert. Als einzige Stadt der Welt liegt Istanbul auf zwei Kontinenten. Die mächtige Bosporusbrücke verbindet Europa mit Asien.

Weitere Ausflugsziele → Routen 10-13/Dobrudscha
- Donaudelta
- Histria
- Dobrudscha-Gebirge
- Enisala
- Babadag
- Küstenorte am Schwarzen Meer

Essen in Constanţa

Auch wer vielleicht in einem der großen Hotels in Mamaia oder den anderen Seebädern des Litoral untergebracht und verpflegt wird, sollte unbedingt einmal abends nach Constanţa kommen und die Hafenstadtatmosphäre auf sich einwirken lassen. Einige Empfehlungen, wo man gut essen und sitzen kann:

*– **Les Marines**, Str. Ştefan cel Mare 19*
(erstes Haus am Platze, hier trifft sich die Geschäftswelt und die Jeunesse dorée, reichhaltige Speisekarte)

*– **Les Barons**, Bulevardul Tomis 78*
(nette Bedienung, solides Essen in reicher Auswahl)

*- **Tirbuşon**, Str. I.G. Duca 21A*
(intime Atmosphäre, gute Küche, nette Bedienung)

*– **Terasa „Safari"**, Str. Karatzali 1*
(die Straße rechts der griechischen Kirche bis ans Ende gehen – der Weg lohnt sich, von der Terrasse herrlicher Blick auf Stadt, Strand und Meer)

– **Le Gavroche**, *Portul Tomis*
(vertäutes Schiff im Becken des Touristenhafens, gutes Essen und Meeres-Feeling an Deck)
– **Irish Pub**, *Str. Stefan cel Mare 1*
(echtes Guinness, manchmal Life-Musik, gutes Essen)
– **Soleta**, *Str. Mircea cel Batrân 49-51*
(gute libanesische Küche in post-sozialistischem Ambiente)
– **Cazino**, *Bulevardul Elisabeta 2 (Nachtleben!, im Sommer außerdem herrliche Terrasse mit Meerblick)*
– **Touristenhafen** – *direkt auf der Hafenmole befindet sich das kleine Restaurant „On Plonge", das fangfrischen Fisch anbietet*
– **Euxin**, *Str. Ştefan Cel Mare 44 (es verkehren hier viele Einheimische, preiswert, netto Bedienung)*

Praktische Informationen

Telefonvorwahl: 041, von Deutschland: 004041
Hotels:
Hotel Guci * * *, Str. Răscoala din 1907 23
Tel./Fax: 041/638426
(absolut zentrales Stadthotel, 1998 eröffnet, überteuert: Doppelzimmer ca. $ 150)
Hotel Intim * * *, Str. N. Titulescu, 9,
Tel.: 041/617814
(Das ehemalige „Hotel Angleterre" hat bereits den Nationaldichter Eminescu beherbergt. Es liegt ruhig und zentral in der Altstadt und hat sich die Eleganz der Ausstattung im wesentlichen bewahren können.)
Hotel Palace * *, Str. Remus Opreanu 5-7,
Tel.: 041/614696, Fax: 041/617532
(großes altes Hotel in erstklassiger Altstadt-Lage mit Blick aufs Meer, einige Zimmer völlig neu ausgestattet)
Hotel Sport * *, Str. Cuza Vodă 2, Tel.: 041/617558,
Fax: 611009 (moderne Zimmer mit sportlichen Doppelstockbetten, direkt am Meer, sehr zentral gelegen)
Hotel Astoria * *, Str. Mircea cel Bătrân 102, Tel.: 041/618212
(ordentlich, sehr zentral gelegen)
Hanul Balcan, Str. Ştefan cel Mare 84,
Tel.: 041/661974, Fax: 041/661974
(einer Karawanserei ähnelnde urige Herberge mit einfacher Ausstattung, Restaurant im Innenhof)
Tourismusagenturen:
Danubius Travel Agency, Bulevardul Ferdinand 22 und Piaţa Ovidiu, Tel.: 0041/619481, Fax: 041/618010
Nouvelles Frontieres Simpa Turism, Str. Rascoalei 9,
Tel.: 041/660468, 660064, Tel./Fax: 0041/664403
Eisenbahnagentur (C.F.R.): Str. Vasile Canarache 4 (hinter dem Archäologiemuseum), Tel.: 041/614960
Flugagenturen: TAROM, Str. Ştefan cel Mare 15, Tel.: 662632
Flughafen: „M. Kogălniceanu", Tel.: 041/662582, 663093
Unterhaltung:
Teatrul Liric (Opern, Konzerte), Str. Mircea cel Bătrân 97, Kartenverkauf: Bulevardul Tomis 97
Teatrul de Balet (Balletttheater) - Vorstellungen meist in der *Casa de Cultură* (Kulturhaus), Bulevardul A. Lăpuşneanu 101
Teatrul de Revistă „Fantasio", Bulevardul Ferdinand 11
Teatrul de Păpuşi (Puppentheater), Str. Aristide Karatzali 16

Craiova

Die am Fluss Jiu gelegene Stadt steht nach Größe und Bedeutung in der Walachei gleich hinter Bukarest und Ploieşti. 280 000 Menschen leben hier. Die Stadtrandgebiete werden von Industrie (viel Chemie!) dominiert, erst auf den zweiten Blick erschließt sich dem Touristen die Stadt mit ihrer langen, vielfältigen Geschichte von ihrer interessanten Seite.

Geschichte

Schreckliche Plünderung durch die Osmanen Anfang des 19. Jahrhunderts

Erstmals erwähnt wurde Craiova im Jahr 1446, erste Wohnspuren verweisen aber darauf, dass hier bereits im Neolithikum Menschen siedelten. Seit dem 15. Jahrhundert war Craiova Hauptresidenz der oltenischen Fürsten. Stadtrecht erhielt Craiova im 16. Jahrhundert. Drei Jahrhunderte später, im Jahr 1801, wurde die Stadt fast völlig durch die Türken ausgeplündert.

Besichtigung

Einen Stadtrundgang kann man an der **Universität** (Str. Alexandru Ioan Cuza 13) beginnen. Mit ihrer imposanten Eingangshalle entstand das Gebäude der heutigen Universität nach Plänen des Architekten Ion Soculescu im Jahr 1890. Der Baustil erinnert an klassizistische Vorbilder. Bis 1966 diente der Bau als Justizgebäude.

Eines der schönsten Gebäude der Stadt ist die Universität

Das **Nationaltheater** (Teatrul National, Str. Alexandru Ioan Cuza 11) befindet sich gleich neben der Universität. Es wurde 1854 eröffnet.

Wir folgen der Str. A.I. Cuza weiter durch die Craiovaer Altstadt bis zur Calea Unirii und gelangen zum **Kunstmuseum** (Muzeul de Artă, Calea Unirii 15). Die hier untergebrachte Kunstsammlung ist beachtlich. Man findet hier nicht nur Werke rumänischer Künstler (N. Tonitza, N. Grigorescu, G.

Eine Gruppe von Roma in ihrer traditionellen Kleidung

Petraşcu, S. Luchian u.a.), sondern auch Gemälde der holländischen, flandrischen, französischen und italienischen Schule. Das Museum besitzt weiterhin Werke des weltbekannten rumänischen Bildhauers Constantin Brâncuşi. Neben seinem berühmten „Kuss" sind auch eine Reihe seiner Jugendarbeiten zu sehen.

Nächster Höhepunkt unseres Stadtrundganges ist die **Residenz der Bane Olteniens** (Casa Baniei, Str. Matei Basarab 14). Man folgt vom Kunstmuseum aus der Calea Unirii bis auf Höhe des Hotels Minerva und biegt dann nach rechts ab. Der Adelssitz, der zur Zeit der Herrschaft des Fürsten Constantin Brâncoveanu gebaut wurde, zählt zu den interessantesten Gebäuden der Stadt. Heute sind in ihm zwei Museen untergebracht (Völkerkundemuseum, Museum für oltenische Geschichte).

Die **Kirche des heiligen Demetrius** (Biserica Sfântul Dumitru, Str. Matei Basarab 32) ist ein schöner Bau aus dem Jahre 1651. Ihr Stifter war der walachische Fürst Matei Basarab. Ende des 19. Jahrhunderts wurde die Kirche mit dem gleichen Grundriss neu errichtet.

Von kulturhistorischer Bedeutung ist die **Obedeanukirche** (Biserica Obedeanu, Str. Timiş). Die nach ihrem Erbauer Constantin Obedeanu benannte Kirche wurde 1753 fertiggestellt. In ihr war eine der ersten rumänischen Schulen untergebracht.

Abschließemd sei noch auf den **Volkspark** (Parcul Poporului) der Stadt hingewiesen. Man erreicht ihn, indem man die Altstadt Craiovas verlässt und der Calea Unirii fast bis zu ihrem Ende folgt. Die landschaftsarchitektonischen Pläne für diesen Park mit seinen breiten Alleen und einem See wurden auf der Pariser Weltausstellung (1900) mit einer Goldmedaille ausgezeichnet.

Eine landschaftsarchitektonisch reizvolle Parkanlage

Ausflüge

Branişte/Kloster Jitianu

In unmittelbarer Nähe des 3 km von Craiova entfernten Dorfes Branişte liegt das romantische **Kloster Jitianu**. Es wurde im 16. Jahrhundert gebaut und 1701 mit einem wuchtigen Glockenturm ergänzt. Letztmalig restauriert wurde das Kloster im 19. Jahrhundert. Heute können hier einige Klosterzellen besichtigt werden.

Das Dorf Branişte erreicht man, indem man zunächst 2 km auf der DN 56 (E 79) Richtung Calafat fährt. Dort biegt links eine Straße zum Dorf ab.

Weiteres Ausflugsziel → Route 3/Walachei

– Strehaia

Praktische Informationen

Telefonvorwahl: 051, von Deutschland: 004051

Hotels:

Hotel Jiul***, Calea Bucureşti 1-3,
Tel.: 051/415655, Fax: 051/412462
(400 Betten, interessantes „sozialistisches Design", staatliches Hotel, mittelmäßiger Standard und Service)

Hotel Parc***, Str. Bibescu 16,
Tel. 051/417257, Fax: 051/418623 (86 Betten, privatisiert)

Hotel Minerva*, Str, Mihail Kogălniceanu 1-3,
Tel.: 051/413300, (nichts für Anspruchsvolle!)

Tourismusagenturen: *Euroturist,* B-dul Titulescu 18,
Tel./Fax: 051/193447

Palace Tour, str. Unirii Bl.1, Tel.: 051/411022, Fax:051/410101

Eisenbahnagentur (C.F.R.): Piaţa Unirii

*Ein Höhepunkt
einer
Rumänienreise ist
Curtea de Argeş*

Curtea de Argeş

Niemand, der Rumänien kennenlernen will, kommt an Curtea de Argeş vorbei. Die Stadt ist für Rumänen ein Wallfahrtsort. Besonders während der hierzulande üblichen dreimonatigen Schulferien im Sommer ist die alte walachische Residenzstadt ziemlich überlaufen. Das sollte aber niemanden abhalten, Curtea de Argeş zu besuchen.

Die Stadt ist mit ihren 30000 Einwohnern nicht groß, aber sie atmet Geschichte.

Heute ist Curtea eine Touristenstadt, in die jährlich zehntausende Besucher kommen.

Geschichte

In den 30er Jahren des 14. Jahrhunderts wurde Curtea zur walachischen Hauptstadt. Als eine Art Verwaltungszentrum eines vorstaatlichen walachischen Gebildes ist der Ort bereits seit dem 13. Jahrhundert urkundlich belegt. Bis ins 15. Jahrhundert blieb Curtea de Argeş die Hauptresidenz der walachischen Fürsten. Gleichzeitig war sie Metropolitensitz. Danach zog es die Fürsten mehr und mehr nach Târgovişte. Diese Hauptstadtverlagerung bedeutete für Curtea de Argeş eine wesentliche Zäsur. Die Bedeutung der Stadt nahm zusehends ab, Mitte des 19. Jahrhunderts gab es hier nicht einmal mehr 180 Wohnhäuser.

Besichtigung

Die wichtigsten Sehenswürdigkeiten der Stadt erreicht man problemlos zu Fuß.

Wer die Bischofskirche zum ersten Mal sieht, fühlt die Nähe und den Einfluss des Orients.

Inmitten eines Parks steht eines der imposantesten Bauwerke von Curtea de Argeş, die **Bischofskirche** (Biserica episcopală, Str. Republicii 1). Die Kirche ist eines der berühmtesten Baudenkmäler Rumäniens. Sie entstand

Die Ruinen des Fürstenhofs

während der Regentschaft von Neagoe Basarab und wurde 1517 fertiggestellt. Vorher stand an ihrer Stelle eine Metropolitenkirche aus dem 14. Jahrhundert. Besonders beeindruckend sind die überaus reichen plastischen Verzierungen der Fassaden mit türkisch-arabischen und kaukasischen Mustern. Die Innenmalereien des Sakralbaues stammen vom walachischen Kirchenmaler Dragomir, der sie zwischen 1517 und 1526 schuf. In den Jahren 1875-1887 wurde die Kirche unter der Leitung des französischen Architekten Lecomte de Nouy vollkommen restauriert. Im Pronaos der Kirche befinden sich mehrere Grabsteine, darunter die des Stifters Neagoe Basarab, die mit traditionellen geometrischen Motiven geschmückt sind, und der Grabstein des Fürsten Radu de la Afumaţi (16. Jahrhundert), der den Fürsten hoch zu Ross darstellt. Seine letzte Ruhe fand hier auch der erste rumänische König Carol I., ein Hohenzollernprinz.

Grabstätte des ersten rumänischen Königs

Manole-Brunnen heißt der an den Baumeister der Bischofskirche erinnernde Brunnen, der unweit der Kirche im Park steht. Der sagenumwobene Meister Manole wird in vielen Volksballaden besungen. Er opferte seine junge schöne Frau, ließ sie einmauern, um den Bau der Kirche vollenden zu können.

Unweit des Manole-Brunnens befindet sich ein kleines Restaurant

Vom **Fürstenhof** (Curtea domnească, Str. Negru Vodă) der Stadt sind leider nur Ruinen übriggeblieben. Dieser Komplex war nach der kurzen Residenzzeit der walachischen Fürsten in Câmpulung die erste dauerhafte walachische Fürstenresidenz. Sie entstand um 1330.

Gleich neben den Ruinen des alten Fürstenhofes stehend, gilt die schlicht-schöne **Fürstenkirche des heiligen Nikolaus** (Biserica domnească Sf. Nicolae, Str. Negru Vodă) als ältester monumentaler Kirchenbau der Walachei. Unverkennbar sind die Einflüsse des byzantinischen Baustils. Der Bau der Fürstenkirche begann um 1340 und soll ca. 15 Jahre später beendet worden sein. Im majestätisch groß wirkenden Innen-

Der älteste walachische Sakralbau ist die Fürstenkirche von Curtea

Die Fürstenkirche des heiligen Nikolaus

raum sind beeindruckende Fresken aus dem 14. Jahrhundert, die ältesten erhaltenen Beispiele dieser Kunstgattung in der Walachei, zu sehen. So wie die Architektur der Kirche bis zum Ende des 16. Jahrhunderts als Vorbild für andere Kirchenbauten in der Walachei diente, waren die Wandfresken schulbildend für die Ikonenmalerei.

Ausflüge

Vidrarustausee (Lacul Vidraru) Der See liegt in den waldreichen Ausläufern des Fogaraschgebirges. Von Curtea de Argeş aus gelangt man auf der DN 7 C in nördlicher Richtung zum Stausee.

Kurz vor dem See sieht man auf dem Gipfel des Berges Caprioara eine **Burgruine**. Dabei handelt es sich um die Poienari-Festung (Cetatea Poienari) aus dem 15. Jahrhundert. Die Überreste wurde 1967 befestigt.

Weitere Ausflugsziele → Routen 1 und 3/Walachei sowie 5/Siebenbürgen
– Brădetu
– Retevoieşti
– Kloster Aninoasa
– Piteşti
– Râmnicu Vâlcea
– Fogaraschgebirge (Muntii Făgăraşului)

Praktische Informationen

Telefonvorwahl: 048, von Deutschland: 004048

Hotels/Übernachtung:

Hotel Posada * *, Bulevardul Basarabilor 27-29, Tel.: 048/711801, Fax: 048/711802 (254 Betten, recht ordentlich)

Han Albeşti, Albeşti (Gemeinde, auf der DN 7 C ca. 8 km von Curtea de Argeş entfernt, einfacher, preiswerter Gasthof)

Camping „San Nicoara", Str. Plopiş 13, Tel. 048/713726 (für rumänische Verhältnisse gut ausgestatteter Campingplatz direkt in Curtea de Argeş auch Zimmervermietung)

Deva (Diemrich)

Die im Mureş-Tal zwischen dem Siebenbürgischen Erzgebirge (Munţii Metaliferi) und den Bergen des Poiana-Ruscă-Gebirges gelegene Stadt entwickelte sich seit dem 13. Jahrhundert im Schutz einer Burg, von deren Ruine man heute noch einen schönen Rundblick auf Stadt und Umgebung hat.

Geschichte

In der Ceauşescu-Zeit musste Diemrich einschneidende Veränderungen über sich ergehen lassen, die nicht zum Vorteil der Stadt waren. Die Architekten und Stadtplaner taten alles, um die alte Bausubstanz der Stadt fast vollkommen zu schleifen und an deren Stelle „Blocuri" - Neubaublöcke – zu errichten, die heute schon wieder zu zerfallen scheinen. Damit wollte man den Ansprüchen an eine „neue, sozialistische Stadt" genügen. Das Ergebnis ist entsprechend deprimierend.

Besichtigung

Einen schönen Blick auf das Siebenbürgische Erzgebirge hat man von der **Burgruine** (Cetatea, Dealul Cetăţii). Die 1269 erstmals beurkundete Burg wurde im 13. Jahrhundert durch den siebenbürgischen Fürsten Johannes Corvin umgebaut. Der Vater des späteren ungarischen Königs Matthias Corvin machte aus der Festung ein Residenzschloss. Eine Explosion im Jahr 1849 zerstörte die prächtige Burg. Heute sind von ihr nur noch wenige Reste erhalten.

Das **Franziskanerkloster** (Mănăstirea franciscană, Str. Mănăstirii 12) hatte Glück, es fiel der zerstörerischen Stadtplanung in den 60er bis 80er Jahren nicht zum Opfer. Die schöne Barockkirche des Klosters stammt aus dem 18. Jahrhundert.

Ausflüge

Criscior

Der Ort liegt 3 km östlich der 20 000-Einwohner-Stadt **Brad**. Brad erreicht man von Diemrich aus nach ca. 30 km auf der DN 76 (E 79) in Richtung Norden. In Criscior befindet sich einer der ältesten Kirchenbauten Siebenbürgens. Der Sakralbau stammt aus dem Jahr 1390. Erhalten blieben auch Reste eines Wandbildes, das um 1410 entstanden ist.

Weitere Ausflugsziele
→ **Routen 7 und 9/Siebenbürgen**

– **Alba Iulia** (Karlsburg)
– **Sebeş** (Mühlbach)
– **Hunedoara** (Eisenmarkt)

Praktische Informationen

Telefonvorwahl:
054, von Deutschland: 004054

Hotels:

Vila Decebal * * * *, Str. Lucian Blaga 1
Tel.: 054/617499, Fax: 054/219245
(fein und klein mit nur 6 Einbettzimmern, ruhig glegen)

Hotel Decebal * * *,
Str. 1. Decembrie 1918 37 a,
Tel.: 054/212413, Fax: 054/219245
(35 Zimmer, relativ ordentlich)

Hotel Deva, Str. 22. Decembrie 110,
Tel.: 054/211290, Fax: 054/615873

Hotel Dacia *,
Piaţa Unirii 3, Tel. 054/214730,
(preiswert, gutgelegen nahe der Burghügel, 56 Zimmer, einfach)

Drobeta-Turnu Severin

Drobeta-Turnu Severin hat aufgrund seiner fast zweitausendjährigen Geschichte viel zu bieten. Drobeta (der Name stammt von den Dakern) war vom 2. bis 7. Jahrhundert n.Chr. ein römisches Militärzentrum. Aus dieser Zeit stammen zahlreiche Monumentalbauten, deren Überreste heute teilweise zu besichtigen sind. Im 5. Jahrhundert wurde Drobeta von den Hunnen zerstört, der römische Kaiser Justinian (527-565) ließ die Stadt, die nach dem Rückzug der Römer aus Dakien als Brückenkopf an der Donau unter römischer Herrschaft blieb, jedoch wieder aufbauen. Im Mittelalter wurde Drobeta als Turnu Severin bekannt. Dieser Name stand für „Festung nördlich der Donau".

Die Spuren der Römer sind hier allgegenwärtig

In der türkischen Periode verfiel die Stadt vollkommen

Die weitere Geschichte der Stadt war wechselhaft und durch ungarischen und türkischen Einfluss geprägt. 1524 besetzten die Türken die Stadt, sie zerfiel in der Folgezeit zunehmend.

Erst im 19. Jahrhundert erlebte Turnu Severin einen erneuten Aufschwung. Ein Donauhafen und mehrere Schiffswerften entstanden.

Besichtigung

Keine Stadt der langen Wege – die Sehenswürdigkeiten findet man dicht beieinander am Donauufer

Die wichtigsten Sehenswürdigkeiten der Stadt liegen dicht beieinander, direkt am Ufer der Donau (nahe des Bulevardul Dunării). Hier wurde ein Stück römische Geschichte geschrieben. Weit über die Grenzen Rumäniens hinaus bekannt sind die **Ruinen der Traiansbrücke** (Podul lui Traian). Die ehemalige Donaubrücke wird auch als Brücke des Apollodorus von Damaskus bezeichnet, der als Architekt 103-105 n.Chr. diesen Flussübergang erbaute. Die Brücke ist als Abbildung sogar auf der Traianssäule in Rom zu sehen. In Drobeta-Turnu Severin sind an beiden Donauufern Reste der Brückensäulen erhalten.

Weltberühmt – die Brücke des Apollodorus von Damaskus

In unmittelbarer Nachbarschaft findet man die **Ruinen der römischen Festung (Castrum).** Das römische Heerlager mit einer Größe von 125x 139 m hatte 4 Wachttürme. Überreste der Anlage sind freigelegt, darunter der Justinianturm aus dem 6. Jahrhundert.

Archäologen fanden westlich der ehemaligen Festung römische Bäder. In den **Ruinen der römischen Thermen** (Ruinele termelor romane) sind die Warmwasserbecken und das Schwimmbecken noch erkennbar.

Die römischen Bäder stammen aus dem 2.Jahrhundert n.Chr.

Von der **mittelalterlichen Festung** (Cetatea medievală, Bulevardul Dunării) der Stadt blieben nur Reste erhalten. Der Festungsbau aus dem frühen Mittelalter wurde 1524 von den Türken zerstört. Zu sehen sind heute eine Außenmauer mit Ecktürmen, die Mauer des Innenhofes mit Türmen und die Grundmauer der Burgkapelle.

Ausflüge

Eisernes Tor (Porţile de fier/bei Orşova)

Der Donaulauf am Eisernen Tor bot früher ein unvergessliches Schauspiel. Der Fluss bahnte sich zwischen den hohen Felsen der Karpaten einen Weg. An diesem einmaligen Gebirgsdurchbruch baute Rumänien, gemeinsam mit dem damaligen Jugoslawien, einen an kommunistischem Größenwahn kaum zu überbietenden Koloss von Wasserkraftwerk. Der Stausee überflutete die alte römische Stadt Orşova und eine Donauinsel vollkommen. Durch die Stauung der Donau erleichtert man jedoch die Schiffahrt auf dem zuvor an Strudeln und Riffen reichen Flussabschnitt. Die Staumauer ist 441 m lang und 55 m hoch. Auf dem Staudamm entlang führt die Straße nach Serbien. In **Gura Văii** befindet sich der Hauptkomplex des Kraftwerkes. Hier gibt es auch ein kleines Museum zur Geschichte des Kraftwerks.

Orşova, Dubova und Donau-Durchbruch

Nachdem man einen Eindruck von dem Kraftwerkbau erhalten hat, lohnt es sich auf jeden Fall, mit dem Auto vom Eisernen Tor aus in Richtung Orşova, Dubova sowie ein paar Kilometer darüber hinaus zu fahren. Das heutige Orşova ist die „Zweitauflage" des alten Orşova, das vom Stausee überflutet wurde. Die Bewohner wurden umgesiedelt. Von Dubova aus bietet sich ein Ausflug in das Tal Valea Satului an, wo zahlreiche Wasserfälle das Kalkgestein herunterstürzen.

Von Drobeta-Turnu Severin bis Pescari verläuft die DN 57 entlang des **Donau-Durchbruchs** – des Flussabschnitts zwischen den Karpaten und dem Balkan. Es ist eine landschaftlich äußerst reizvolle und abwechslungsreiche Strecke. Der Strom schuf sich dramatische Engpässe, von denen der Große und der Kleine Kasanpass die schönsten sind. Die aufgestaute Donau variiert in ihrer Breite von 1000 m bis zu nur 170 m in den Kasanpässen. Die Steilhänge in den Pässen erreichen Höhen bis fast 500 m.

Nicht immer ist die Donau ein friedlich fließender Strom

Größenwahnsinnig, aber trotzdem beeindruckend

Unvergeßliche landschaftliche Impressionen entlang des Donaulaufes

Eigentlich gehört Herkulesbad zum Banat. Wegen der guten Verkehrsan-bindung an Drobeta-Turnu Severin erfolgt jedoch die Beschrei-bung an dieser Stelle.

Bǎile Herculane (Herkulesbad)

Der älteste rumänische Kur- und Badeort ist von Drobeta-Turnu Severin, zunächst auf der DN 6 und dann 3 km auf der DN 67 B fahrend, leicht zu erreichen.

Herkulesbad kann auf eine über 2000 Jahre alte Badetra-dition zurückblicken. Der romantisch im Cerna-Tal gelegene Kurort wurde von den Römern gegründet, die ihm auch sei-nen Namen gaben: die bis 55°C heißen, schwach radioakti-ven Quellen verleihen angeblich herkulische Kraft. Unter den Habsburger begann man im 18. Jahrhundert mit der Wiederbelebung und dem Ausbau des Badebetriebs. Ab Anfang des 19. Jahrhunderts entwickelte sich Herkulesbad zu einem Kurort mit europäischem Ruf. Leider befindet sich heute das historische Zentrum des Kurortes, der einst als der schönste des Landes galt, in einem fortgeschrittenen Zustand des Verfalls. Einige wenige restaurierte Gebäude können nicht darüber hinwegtäuschen, dass es noch lange dauern wird, bis Herkulesbad früheren Glanz wiedergewin-nen wird. Das Potential dafür ist vorhanden. Der Kurpark, das im Stil des österreichischen Barocks gebaute ehemalige Casino, die Badeanstalten und herrschaftlichen Hotels las-sen das habsburgeische Flair noch erahnen. Es muss inve-stiert werden, wer dies aber machen soll, steht in den Ster-nen.

(Kuranweisungen: Trink- und Badekuren gegen Rheuma, Störungen des peripheren Nervensystems, Stoffwechsel-krankheiten, Hautleiden, Erkrankungen der Luftwege, Kreis-laufstörungen; ganzjähriger Kurbetrieb)

In Herkulesbad kurten bereits die Römer

Bis heute erhalten geblieben: österreichischer Charme

Weitere Ausflugsziele
→ **Route3/**
Walachei
– Târgu Jiu
– Tismana
– Strehaia

Praktische Informationen zu Herkulesbad
Hotels:
Vila Belvedere * * * *, Str. N. Stoica Haţeg 6,
Tel.:055/560885, Fax: 055/560884 (feine Adresse)
Hotel Dacia * *, Str. Complexelor Sanatoriale 2,
Tel.: 055/560818, Fax: 055/560481 (riesiger Kurkomplex mit über 1000 Betten)
Hotel Hercules * *, Str. Zavoiului 7,
Tel.: 055/560880, Fax: 055/560454 (518 Betten)
Hotel Apollo *, Piaţa Hercules 4,
Tel.: 055/560688 (371 Betten, einfach)

Praktische Informationen zu Drobeta-Turnu Severin
Telefonvorwahl: 052, von Deutschland: 004052
Hotels:
Hotel Parc * * *, Str. Republicii 2,
Tel.: 052/312851, Fax: 052/316968 (Hotelkasten mit 260 Bet-ten, sehr gute Lage an der Donau, alle Sehenswürdigkeiten der Stadt sind von hier aus zu Fuß zu erreichen, staatlich)
Hotel Traian * *, Bulevardul Tudor Vladimirescu 74,
Tel.: 052/311760, Fax: 052/311749 (352 Betten)
Hotel Tineretului *, Str. Crişan 25, Tel.: 052/225635 (einfach)
Eisenbahnagentur (C.F.R.): Str. Decebal 43

Histria

Geschichte

Im Jahre 657 v.Chr. gründeten griechische Siedler aus Milet die nach dem nahen Fluss, der Donau, benannte Stadt Istros, das spätere römische Histria. Die Lage der Stadt war äußerst günstig.

Griechen gründeten im 7. vorchristlichen Jahrhundert die Stadt

Sie befand sich an einer für die Schifffahrt geeigneten Bucht, in der Nähe der Donaumündung, und in der Umgebung gab es fruchtbare, für die Landwirtschaft geeignete Böden. Grabfunde bestätigen, dass die Griechen von Anfang an die Zusammenarbeit mit der einheimischen Bevölkerung suchten. Die Geten, die das Territorium bewohnten, wurden durch die Griechen aus dem Hinterland an die Küste gezogen.

Histria erlebte sein goldenes Zeitalter im 6. vorchristlichen Jahrhundert. Der Aufschwung der Stadt führte zur Entstehung weiterer Küstensiedlungen. So wurde in der 2. Hälfte des 6. Jahrhunderts v.Chr. durch milesische Kolonisten die Stadt Tomis - das heutige Constanța - gegründet. Ein wichtiges Zeugnis für den Aufschwung der Stadt Histria ist die Münzprägung. Die ersten Bronzemünzen der Stadt, die mit einem Vierspeichenrad versehen waren, wurden wahrscheinlich gegen Ende des 6. Jahrhunderts v.Chr. herausgegeben. Später prägte Histria Silbermünzen mit einem Adler und einem Delphin als Stadtwappen. Solche Münzen wurden bis tief in das Moldaugebiet hinein gefunden - sie bezeugen einen lebhaften Warenaustausch. Über Histria, teilweise auch über die Hafenstädte Tomis und Kallatis, wurden Produkte der Ägäis wie Wein, Öl oder Luxusgegenstände eingeführt. Nach Griechenland gingen z.B. Getreide, Honig, Wachs und als ganz wichtige Ware auch Sklaven.

Mit dem 4. Jahrhundert v.Chr. wurde jedoch die Lage der griechischen Städte an der westlichen Schwarzmeerküste schlechter. So erschwerten z.B. die immer häufigeren Angriffe der Barbaren die Landwirtschaft. Die Städte hatten Mühe, die Getreideversorgung zu sichern.

Trotz verschiedener wirtschaftlicher und politischer Probleme brachte das griechische Histria eindrucksvolle kulturelle Leistungen hervor. Seine kulturellen Beziehungen reichten bis in das ptolemäische Ägypten.

Im 1. Jahrhundert v. Chr. traten die griechischen Schwarzmeerstädte dem pontischen Bund gegen die Römer bei. Dem Bündnis war aber kein Erfolg beschieden. Der römische Feldherr Lucullus Varo eroberte Stadt für Stadt an der Westküste des Schwarzen Meeres. Die römische Herrschaft in diesem Gebiet funktionierte zuerst unter Fortbestand einer relativen Freiheit für die griechischen Städte. Es ist nicht ganz sicher, wann Rom die direkte Herrschaft über die Dobrudscha übernahm; es geschah auf jeden Fall zur Zeit des Kaisers Augustus und noch vor dem Jahr 8 n.Chr., in dem der Dichter Publius Ovidius Naso (→ Ovid) nach Tomis verbannt wurde.

Vom 1.-3. Jahrhundert n.Chr. erlebte Histria eine erneute Blüte. Mitte des 3. Jahrhunderts zerstörten allerdings Angriffe der Karpo-Goten große Teile der Stadt. Der Wiederaufbau blieb bescheiden und hielt sich in den Grenzen der großen Umfassungsmauer. Bedeutend wurde die Stadt noch einmal unter den römischen Kaisern Konstantin (306-357) und Justinian (527-565).

Römische Herrschaft am Schwarzen Meer. Die Stadt wurde im 7. Jahrhundert aufgegeben, weil ihr Hafen versandete

Eine zunehmende Versandung des Hafenbeckens und ständige Angriffe der Wandervölker führten zur Aufgabe und zum Verfall der Hafenstadt. Letzte Besiedlungsspuren stammen aus dem 7. Jahrhundert.

Besichtigung

Auf der gut ausgebauten DN 22 (E 87), die Constanţa mit Tulcea verbindet, erreicht man ca. 50 km hinter Constanţa die Abzweigung zur „Cetatea Histria". Die Fahrt zur Ruinenstadt führt dann über abgelegene Dörfer und schließlich durch ein Sumpf- und Seengebiet, in dem der Naturinteressierte und Vogelkundler ausgiebige Studien machen kann.

Nähert man sich Histria, sieht man zuerst das **Gebäude des Museums,** das, einsam in der Landschaft stehend, von der Ferne an eine Maschinenhalle für landwirtschaftliche Geräte erinnert. Es entpuppt sich dann jedoch als eine lichte Hülle für archäologische Fundstücke, die dem Besucher die hohe Kultur Histrias vor Augen führen.

Vom Museum führt der Weg zu den **Ruinen der Festung.** Es ist außerhalb der Saison ein stiller, verlassener Ort, an dem man, wenn man möchte, in die Vergangenheit eintauchen kann. Immer wieder beeindruckend - vor dem Hintergrund der Einöde, in der sich die Ruinenstadt befindet - sind z.B. die Überreste römischer Badekultur. Die **Thermen Histrias** sind in ihrer Anlage und Funktion noch gut erhalten und erkennbar. Da ist der Hauptsaal (Palestra), von dessen kunstvollem Fußbodenmosaik ein Teil schön konserviert ist, die Kleiderablage (Apodyterium), der Warmwasserraum und das Dampfbad (Tepidarium und Laconicum), sowie der Heißwasserraum und das Kaltwasserbecken (Caldarium und Frigidarium). Die Thermen wurden am Ende des 1. Jahrhunderts an die alte hellenistische Festung angebaut. Nach der Zerstörung durch die Goten im 3. Jahrhundert blieben sie eine Zeitlang geschlossen, bis sie im 4. Jahrhundert wieder instandgesetzt und als öffentliche Thermen in Betrieb genommen wurden.

DIE FESTUNG HISTRIA ALLGEMEINE ANSICHT

1.- UMFASSUNGSMAUER REIN (3-6 U.Z.) 2.-HAUPTTOR UND INNENHOF. 3.-MARKTPLATZ DER SPÄTEREN FESTUNG 4.- CHRISTLICHE BASILIKA MIT KRYPTA (6 JH. U.Z.) 5.-BASILIKA AUS DEN JH. 5-6 U.Z.) 6.-STRASSE, DIE ZU DEN THERMEN FUHRT. 7.-AN DER FESTUNGSMAUER GEBÄUTE RÖMISCH BYZANTINISCHE WOHNUNGEN. 8.- ÖFENTLICHE GEBÄUDE VON GROSSEN DIMENSIONEN UND DER ZUGANG ZUM GROSSEN TURN. 9.-DER GROSSE VERTEIDIGUNGSTURM DER FESTUNG. 10.- ÖFFENTLICHE BASILIKA (JH. 5-6 U.Z.). 11.-AN DER FESTUNGSMAUER GEBÄUDE BASILIKA 12.-HANDELSGEBÄUDE (TABIRNAE) 6. JH. U.Z. 13.-PLATZ MIT PORTIKUS. 14.- RÖMISCHE BÄDER (THERMEN) 15.-WIRTSCHAFTSVIERTEL. 16.-DAS KLEINE TUR DER RÖMISCHEN MAUER UNE DIE STRASSE FÜR FUSSGÄNGER. 17.-18.-DAS OSTVIERTEL (DOMUS) 19.- DIE GEHEILIGTE ZUNE (GRIECHISCHE TEMPEL). 20.-DER KLEINE TURM DER UMFASSUNGSMAUER. 21.-AUS ERDER ERRICHTETE SCHUTZWÄLLE (6. JH. U.Z.). 22.-DIE HELLENISTISCHE UMFASSUNGSMAUER.

Weiterhin sehenswert sind die alten **Umfassungsmauern der Festung,** die aus unterschiedlichen Zeiträumen stammen (7. Jahrhundert v.Chr. - 5. Jahrhundert n. Chr.), Überreste verschiedener **Tempel, Reste eines Adelsviertels** aus dem 5. Jahrhundert n.Chr. sowie einer bischöflichen **Basilika.**

Im Museum von Histria

Hunedoara (Eisenmarkt)

Erst in allerletzter Zeit wurden in dieser knapp 85000 Einwohner zählenden Industriestadt wenigstens einige der stinkenden Schlote abgestellt. Über Jahrzehnte hinweg war Eisenmarkt eine der dreckigsten Städte Rumäniens. Ein Beispiel für die brutale Umweltzerstörung des ehemaligen kommunistischen Systems. Auch heute noch gruselt es den Besucher beim ersten Anblick der Stadt. Aus den vielen immer noch ohne Filter betriebenen Schornsteinen des Eisenmarkt dominierenden Hüttenwerkes steigt giftiger Qualm empor.

Wie so oft in Rumänien gilt auch bei dieser Stadt, dass man sich vom ersten Eindruck nicht völlig abschrecken lassen sollte. Hinter der düsteren Fassade verbirgt Eisenmarkt eine Sehenswürdigkeit, die unbedingt verdient, dass in der Stadt ein Stopp eingelegt wird.

Besichtigung

Das beeindruckende **Corvinschloss** (Castelul Corvineştilor) ist **die Sehenswürdigkeit** der Stadt. Das Gemäuer sieht aus wie ein Ritterschloss in einem Märchenfilm. Das Schloss stammt aus dem 14. Jahrhundert und gilt als der wichtigste weltliche gotische Bau Siebenbürgens (einschließlich des Banats).

Der ungarische König Sigismund von Luxemburg verschenkte es 1409 an Voico Corvin. Dessen Sohn, der siebenbürgische Fürst Johannes Corvin, vergrößerte das Schloss, indem er einen Rittersaal und eine Kapelle anbauen ließ. Über dem Rittersaal befindet sich der Saal des Landtages, den ebenfalls Johannes Corvin bauen ließ (zu diesem Saal gelangt man über die Wendeltreppe im Turm). Der Sohn des Johannes Corvin, der ungarische König Matthias Corvin, gestaltete den Schlosskomplex endgültig im Renaissancestil um.

Letztmalig wurde das Schloss nach einem Brand im Jahr 1854 umgebaut. So vereint das Corvinschloss heute verschiedene Stilrichtungen, die ihm eine düstere Anziehungskraft verleihen. Hier findet man alles, was zu einem Ritterschloss gehört: einen tiefen Brunnen (30 m, er soll angeblich von türkischen Gefangenen gegraben worden sein), ein gruseliges Verlies und eine nicht weniger unheimlich anmutende Grabkammer. Das Schloss war eines der architektonischen Vorbilder für die Burg Vajdahunyad (der ungarische Name für Hunedoara) im Budapester Stadtwäldchen, anlässlich der Milleniums-Feier Ungarns 1896 errichtet wurde. Sehenswert ist in Eisenmarkt auch eine heute orthodoxe Kirche in unmittelbarer Burgnähe. Diese **St.-Nikolaus-Kirche** stammt aus dem Jahr 1458, später wurde sie zweimal umgebaut (1634 und 1827).

Praktische Informationen
Telefonvorwahl: 054, von Deutschland: 004054
Hotels: *Hotel Rusca**, Bulevardul Dacia 10, Tel.: 054/712001, Fax: 054/717575 (202 Betten)
Pension Occident, Loc. Romos 282, Tel. 054/649154, kein Fax (5 einfache, ordentliche Doppelzimmer)

Verwirrung der Namen oder ein typisches Beispiel rumänischer Geschichtsschreibung

Johannes Corvin, Johannes Corvinius, Joannes Hunyady und Iancu de Hunedoara sind ein und dieselbe Person. Hinter allen diesen Namen verbirgt sich ein siebenbürgischer Fürst, der vor allem durch seine Erfolge gegen die Türken in die Geschichte einging. Johannes Corvin regierte 1441 – 1456. Im Jahr 1442 schlug seine Armee die Türken, obwohl diese mit 60 000 Mann überlegen waren.

Die rumänische Geschichtsschreibung ist ein Meister im Verfälschen. Sämtliche großen historischen Ereignisse, die jemals auf dem Gebiet des heutigen Rumäniens stattfanden, müssen natürlich von Rumänen vollbracht worden sein. In Siebenbürgen, wo die rumänische Bevölkerung in ungarischer Leibeigenschaft lebte und nicht einmal das Recht besaß, Burgen und Steinkirchen zu errichten, ist die Rumänisierung der Geschichte naturgemäß besonders schwer, wie es besagter Fürst Johannes Corvin beweist. Er entstammt dem ungarischen Corvin-Geschlecht. Nachdem der ungarische König Sigismund von Luxemburg diese Adelsfamilie 1409 mit dem Hunyadenschloss in Eisenmarkt (heute: Hunedoara) beschenkt hatte, wurde sie auch als Hunya-

**Johannes Corvin
(1441-1456)**

dengeschlecht bezeichnet. In der rumänischen Geschichtsdarstellung wird kurzerhand behauptet, dass die Corvin-Familie rumänischer Abstammung sei. Undurchsichtige Quellen werden bemüht, die den Ursprung des späteren ungarischen Königsgeschlechts sogar in der Walachei entdecken. Der Name des ungarisch-siebenbürgischen Fürsten Johannes Corvin wird rumänisiert zu Iancu de Hunedoara. Die Krönung der Peinlichkeit ist, dass in Rumänien selbst sein Sohn, der spätere ungarische König Matthias Corvin (1458 – 1490), als Rumäne bezeichnet wird.

Ausflugsziel → Route 9/Siebenbürgen
– Deva (Diemrich)

Iaşi (Jassy)

Geschichte

Iaşi wurde zu Beginn des 15. Jahrhunderts neben Suceava zur zweiten Residenzstadt der moldauischen Fürsten. Einen besonderen Aufschwung erfuhr die Stadt in der 2. Hälfte des 16. Jahrhunderts, als die Moldaufürsten nicht mehr zwischen den verschiedenen Residenzen im Land hin- und herzogen, sondern sich endgültig in Iaşi niederließen. Im 17. Jahrhundert war es der Fürst Vasile Lupu, der viele Neubauten initiierte. In Iaşi befindet sich die älteste Universität Rumäniens. Bekannte rumänische Schriftsteller und Intellektuelle (Ion Creangă, Mihai Codreanu, Otilia Cazimir u.a.) hatten in der Stadt ihren Wohnsitz. Viele ihrer Häuser stehen heute unter Denkmalschutz. Iaşi ist heute die zweitgrößte Stadt Rumäniens. Sie erstreckt sich in einem weiten Tal, umgeben von Obstplantagen und Weinfeldern.

Residenz der
Moldaufürsten

In Iaşi lebten viele
rumänische Künstler
und Intellektuelle

Besichtigung

Die „Stadt auf den sieben Hügeln" ist eine eigentümliche Mischung aus historischen Bauten und sozialistischer Stadtarchitektur, gerade im Zentrum. Hier liegen die interessantesten Baudenkmäler nahe beieinander.

Das bekannteste Bauwerk ist die **Dreihierarchenkirche** (Biserica Trei Ierarhi, Str. Ştefan cel Mare 62), eine Stiftung des Fürsten Vasile Lupu, die 1639 geweiht wurde. In der Architektur der Kirche verflechten sich Elemente moldauischer und walachischer Herkunft. Die reichen, spitzenartigen Verzierungen im orientalischen Stil, die die gesamten Außenwände bedecken, geben der Kirche ein einzigartiges, malerisches Aussehen. In ihrem Inneren befinden sich die Sarkophage der moldauischen Fürsten Dimitrie Cantemir, Vasile Lupu und Alexandru Ioan Cuza. Ursprünglich war „Trei Ierarhi" ein Kloster. Erhalten blieb außer der Kirche die Abtei mit einem gotischen Gewölbesaal.

Interessante
Architektur: die
Dreihierarchenkirche

Die **Georgskirche** (Biserica Sf. Gheorghe, Str. Ştefan cel Mare 46) wurde 1761 errichtet. Der Sakralbau diente ursprünglich als Metropolitankathedrale. Seine Architektur mit den plastisch verzierten Außenmauern und einer Vorhalle ist ein Beispiel für den nach-brâncoveanischen Baustil. Als Pfeilerkapitelle der Vorhalle dienen die Köpfe von Mensch-Tier-Fabelwesen.

Die Georgskirche ist
orientalisch
beeinflusst

Neben der Georgskirche erhebt sich die imposante **Metropolitankathedrale**, die 1840-1886 im klassizistischen Stil erbaut wurde. In der Kathedrale befindet sich das Grab der heiligen Parascheva, zu dem viele Gläubige pilgern. Jedes Jahr am 14. Oktober, dem Feiertag der Parascheva, füllt sich Iasi mit Hunderttausenden Pilgern aus Rumänien und dem Ausland, um den Schrein mit den Gebeinen der Heiligen zu küssen.

Gleichfalls im Stadtzentrum steht die Nikolaus- oder **Fürstenkirche** (Biserica Sf. Nicolae Domnesc, Str. A. Panu 65). Sie ist eine Stiftung Stefans des Großen, bestimmt für die Gottesdienste des Fürstenhofes. Ende des 19. Jahrhunderts wurde das alte Gebäude abgerissen und von einem französischen Architekten als fast exakte Kopie des ursprünglichen Baues wiedererrichtet.

Das **Dosoftei-Haus** (Casa Dosoftei, Strada A. Panu 69) gehört zu den wenigen erhaltenen Profangebäuden der Moldauregion aus dem 17. Jahrhundert. Im Haus hatte der Überlieferung nach der Metropolit Dosoftei zeitweilig eine Druckerei untergebracht. Das Gebäude hat zwei relativ hohe überwölbte Räume und eine Säulenvorhalle mit fünf Arkadenbögen.

Das Dosoftei-Haus wird auch Arkadenhaus genannt

Unweit vom Dosoftei-Haus findet man das **Kloster Golia** (Mănăstirea Golia, Str. Cuza Vodă 51), eine Stiftung des Fürsten Vasile Lupu (um 1650). Der Klosterkomplex besteht aus einem weiten unregelmäßig viereckigen Hof, der von Verteidigungsmauern mit runden Ecktürmen umringt ist, einer Kirche und einem Torturm, der gleichzeitig Glockenturm ist. Das Kloster beeindruckt durch seine Größe und den Reichtum seiner barocken Fassadenverzierungen, an denen italienische, polnische und moldauische Steinmetzen gearbeitet haben.

Der **Kulturpalast** (Palatul Culturii, Str. Palatului 1) ist ein monumentaler neogotischer Bau, den der Architekt Berindei in den Jahren 1905-1907 errichtete.

Ausflüge

Kloster Cetăţuia (Mănăstirea Cetăţuia)

Nahe der Stadt, auf dem Hügel Cetăţuia, befindet sich das Mönchskloster Cetăţuia. Es wurde in der 2. Hälfte des 17. Jahrhunderts von Fürst Gheorghe Duca errichtet. Die Wandmalereien der Kirche, die sowohl von moldauischen Künstlern als auch von eingewanderten griechischen Malern geschaffen wurden, sind im 18. und 19. Jahrhundert stark übermalt worden. Im Klosterhof befindet sich das fürstliche Wohngebäude, in dem die Kunstsammlung des Klosters untergebracht ist. Zwischen dem Kellergeschoss und dem Wohngeschoss des Gebäudes ist ein geheimes Zwischengeschoss verborgen.

Alte Innenfresken wurden vor 200 Jahren leider übermalt

Aroneanu-Kirche

In Aroneanu, 7 km von Iaşi entfernt, befindet sich die Aroneanu-Kirche, eine Gründung des Fürsten Aron von 1593. Die Außenmauern und der Turm sind mit Terrakottascheiben verziert.

Schöne Außenverzierungen

Praktische Informationen

Telefonvorwahl:
032, von Deutschland: 004032
Hotels: *Hotel Moldova****,
Str. A. Panu 31,
Tel.: 032/142225, Fax: 032/117940
(zwölfetagiger Neubau mit knapp
300 Betten, zentrale Lage, staatlich)
Hotel Orizont**, Str. G. Ureche 27,
Tel./Fax: 032/112700 (114 Betten)
Hotel Traian**, Piaţa Unirii 1,
Tel.: 032/143330 (schöner Altbau mit
viel Atmosphäre, 160 Zimmer)
Motel Aroma Viilor,
Str. Mihail Sadoveanu 48,

Tel.: 032/147715, Fax: 032/116313
(privatgeführtes ordentliches Motel mit
16 Doppelzimmern)
Hotel Sport, Str. Sf. Lazar 76,
Tel. 032/232800, Fax: 032/231540
(50 Betten, einfach, kein Restaurant)
Flugagentur (TAROM): Str. Arcu 3-5,
Tel.: 032/115239
Flughafen Iaşi: Tel. 032/178126
Eisenbahnagentur (C.F.R.):
Piaţa Unirii 9-11
Tourismusbüros: *Agenţia de Turism
Europa* Str. 14. Decembrie 1989 Nr 4,
Tel.: 032/112564, Fax: 032/211330
Agenţia de Turism Alwo Sistem, Piaţa
Unirii 1, Tel./Fax: 032/112792

Region
Siebenbürgen
Route 7

Mediaș (Mediasch)

Die heute 75 000 Einwohner zählende Stadt ähnelt in der Stadtanlage dem bekannteren Sibiu (Hermannstadt). Auch dort war der Kern der einstigen Ansiedlung ein Festungsberg. Mediaș ist eine reizende Kleinstadt, schön gelegen im Tal der Târnava Mare (Große Kokel).

Geschichte

Im Mittelalter war Mediasch Handelsstadt

Die Geschichte von Mediasch geht zurück bis in die Daker- und Römerzeit. Auf dem Festungshügel befand sich ein römisches Heerlager. Im Mittelalter wurde Mediasch erstmals im Jahr 1267 erwähnt, Stadtrecht erhielt es 1359. Ein erhaltengebliebenes Dokument aus dem Jahr 1566 berichtet, dass in der Stadt „mit den vielen steinernen Häusern ein sehr reger Handel" herrschte.

Besichtigung

Teile der alten Stadtbefestigung blieben erhalten

Das Stadtbild Mediaschs wird von dem 68,5 m hohen „Trompeterturm" der Margarethenkirche dominiert, der ein Teil des „Kastells" (cetate) ist, der **größten erhaltenen Stadtkirchenburg** Siebenbürgens. Schon vor 1500 besaß die Burg zwei Mauerringe, die neben der Kirche auch Rat- und Pfarrhaus einschlossen. Die in ihrer heutigen Gestalt spätgotische **Margarethen-Kirche** ist einer der schönsten und größten Sakralbauten Siebenbürgens. Beeindruckend sind die Netzgewölbe, deren Schlusssteine u.a die Apostel, Städtewappen, die Wappen des Königs Matthias und des Fürsten Báthory zeigen. Im nördlichen Seitenschiff sind mittelalterliche Fresken freigelegt worden. Die Kirche verfügt über eine wertvolle Sammlung anatolischer Knüpfteppiche, Dankesgaben von Kaufleuten für eine unbehelligte Reise. Der Flügelaltar wurde 1476-1479 durch einen unbekannten Wiener Meister geschaffen. Das bronzene Taufbecken stammt aus dem 14. Jahrhundert. Wer schwindelfrei ist, kann den **Trompeterturm** besteigen. Dieser ist übrigens schief – Der Sandboden hielt dem Gewicht des Turmes, der mehrfach erhöht wurde, nicht stand. Von 1927-1930 und erneut 1972 wurde der Turm konsolidiert. Seine Neigung liegt jetzt bei 2,32 m von der Senkrechten. Die vier markanten Ecktürmchen zeigen an, dass die Stadt die Hochgerichtsbarkeit besaß. Der ovale Kirchhof ist von einer Ringmauer umgeben, die vom Glockenturm, dem Schneiderturm, dem Marienturm, der mit der Kirche durch einen Stützbogen verbunden ist, dem Seilerturm und dem Schulturm verteidigt wurde. In der Stadt sind Reste weiterer **Wehranlagen** erhalten, z.B. die Kürschenbastei (Bastionul Cojocarilor, Str. Closa), der Schmiedgässerturm (Str. Spitalului) und die Messerschmiederbastei (Bastionul cutiarilor, Str. Dupa zid) Das **Schullerhaus** auf dem Marktplatz (Casa Schuller, piata Republicii 25), das heute ein Fortbildungszentrum für Deutschlehrer beherbergt, ist ein schönes Beispiel für den siebenbürgischen Renaissance-Stil. Eine weitere Sehenswürdigkeit Mediaschs ist die ehemalige **Franziskanerkirche** (Str. Viitorului 46) im Barockstil.

Der Trompeterturm in Mediasch

Mediaş (Mediasch)

Ausflüge

– Wehrkirchenanlagen bei Mediasch

In unmittelbarer Umgebung von Mediasch findet man eine Vielzahl beeindruckender Wehrkirchenanlagen. Dazu gehören **Nemsa (Niemisch)**, **Bazna (Baassen)**, **Băgaciu (Bogeschdorf)** und **Boian (Bonnesdorf)**. Sehr schön ist die Kirchenburg von **Jidvei (Seiden)**, die im 15. Jahrhundert entstand. In der kleinen Kirche befindet sich ein Barockaltar. Jidvei (Seiden) liegt in den Kleinkokeler Bergen (Dealurile Târnavei Mici) etwa 25 km nordwestlich von Mediasch.

Erwähnt sei außerdem die Wehrkirchenanlage in **Ţapu (Abtsdorf)**. Das Dorf liegt an der Straße Mediaş-Blaj (Blasendorf). Schon von weither ist der massige Torturm der Kirchenburg sichtbar.

Viele mittelalterliche Wehrkirchen kann man in der Nähe von Mediasch besuchen

Der Innenhof des Schuller-Hauses in Mediasch

Weitere Ausflugsziele → Routen 6 und 7/Siebenbürgen

- **Valea Viilor** (Wurmloch)
- **Sibiu** (Hermannstadt)
- **Agnita** (Agnetheln)
- **Sighişoara** (Schäßburg)
- **Biertan** (Birthälm)

Praktische Informationen zu Ausflüge
Übernachtung:
Pfarrhaus Băgaciu (Bogeschdorf); der Kirchenburgenschutzverband vermietet hier einen Raum mit 6 Betten. Im Haus wohnt auch die Familie des Burgverwalters.
Ansprechpartner: Susanne Salcean, 3239 Băgaciu Nr. 62.
Tel.: 065/425712 oder 425693
Pfarrhaus Ţapu (Abtsdorf); im relativ neuen Pfarrhaus des Dorfes hat der Verein Übernachtungsmöglichkeiten für maximal 2 Personen organisiert. Ansprechpartner: Andreas Viorel Nistor, 3153 Ţapu Nr. 134 (Pfarrhaus)

Praktische Informationen zu Mediasch
Telefonvorwahl: 069, von Deutschland: 004069
Eisenbahnagentur (C.F.R.): Str. Republicii 5
Hotel/Übernachtung:
Hotel Central * *, Str. Mihai Eminescu 4,
Tel.: 069/ 811787, Fax: 069/821722 (250 Betten)
Jugendgästehaus und Pfarrhaus Aţel (Hetzeldorf); der Ort liegt ca. 9 km von Mediasch entfernt. Der Kirchenburgenschutzverein bietet inmitten ausgedehnter Weiden und Weinberge zwei reizvolle Übernachtungsmöglichkeiten an.
Das *Jugendgästehaus* ist ein umfunktionierter Bauernhof mit einem Schlafraum für 6-8 Personen, Küche, Bad, und WC.
Ansprechpartner: Stefan Pitters, 3142 Atel Nr. 195,
Tel.: Aţel 105/Fernamt.
Im *Pfarrhaus* stehen 6 Zimmer (16 Betten) zur Verfügung.
Ansprechpartner: Karl-Heinz Pelger, 3125 Medias, Piaţa Reg. Ferdinand 5, Tel. 069/846618 oder 069/204865.
Pfarrhaus Târnava (Großprobstdorf); das Dorf liegt 5 km von Mediaş entfernt am rechten Ufer der Târnava Mare (Große Kokel). Der Kirchenburgenschutzverein vermietet im Pfarrhaus 10 Betten, Küche, Bad und WC sind vorhanden.
Ansprechperson: Misch-Rudolf Gunesch,
3155 Târnava Nr. 591, Tel.: Târnava 124/Fernamt

Oradea (Großwardein, Nagyvarad)

*Großwardein ist
sehenswert, auch
wenn der erste
Blick das nicht ver-
muten lässt*

Großwardein führt aufgrund seiner Lage an der rumänisch-ungarischen Grenze ein touristisches Schattendasein. Wer Rumänien in Richtung Ungarn verlässt, hat meist keine Zeit mehr für eine Stadtbesichtigung. Und wer aus Ungarn kommend über Großwardein nach Rumänien einreist und sich noch nicht an rumänische Verhältnisse gewöhnt hat, ist auf den ersten Blick erschrocken. Bei der Einfahrt nach Großwardein scheint sich all das zu bestätigen, was man über Rumänien gehört hat. Armut, Schmutz und Zerfall sind genauso allgegenwärtig wie hässliche Neubaublocks und Industrieanlagen. Wie in jeder rumänischen Stadt sind die Straßen schlecht. In Großwardein als der ersten Stadt hinter der ungarischen Grenze wirken sie besonders zerfahren, denn der Vergleich mit zivilisierten Straßenverhältnissen liegt nur einige Kilometer westwärts. Wer nun noch sieht, wie die rostigen Straßenbahnen der Stadt über das Gleisbett klappern und erstmals den rumänischen Großstadtalltag vor Augen hat, möchte in dieser Stadt nicht lange verweilen.

Doch das wäre ein Fehler! Rumänien ist ein Land, man hinter die Kulissen schauen muss. Das gilt auch für Großwardein. Hinter seiner unansehnlichen Kulisse verbergen sich eine große Geschichte und interessante, beeindruckende Sehenswürdigkeiten.

Geschichte

*Seit über
1000 Jahren
siedeln hier Ungarn*

Archäologische Funde belegen eine ununterbrochene Besiedlung des Gebietes um das heutige Oradea seit dem 4. Jahrhundert. Die Region blieb immer jenseits der Grenzen römischer Besatzung und wurde von freien, d. h. nicht durch Römer unterworfenen Dakern, bewohnt.

Die Gegend gilt aber auch als einer der ältesten ungarischen Siedlungsräume. Seit dem 9. Jahrhundert leben hier Ungarn.

Als Stadt wurde Großwardein erstmals 1235 beurkundet, zu dieser Zeit wurde sie auch katholischer Bischofssitz. Nach mehreren osmanischen Überfällen und Belagerungen blieb Großwardein 1660-1692 von den Türken besetzt. Nach österreichischer Rückeroberung entwickelte sich Großwardein im Laufe des 18. Jahrhunderts zu einer der größten Städte Siebenbürgens. Besonders aus der Regierungszeit Kaiserin Maria Theresias sind heute noch viele prunkvolle Altstadtbauten zu bewundern.

Besichtigung

Großwardein breitet sich zu beiden Ufern des Crişul Repede (Schnelle Kreisch) aus.

*Der Bischofspalast
ist repräsentativ für
den Spätbarockstil
zur Zeit
Maria Theresias*

Der **Bischofspalast** (Palatul episcopal, Str. Stadionului 2) der Stadt befindet sich nördlich des Flusses. Dieser große und schöne barocke Palast entstand nach Plänen des Baumeisters Franz Anton Hillebrandt in den Jahren 1750-1779. Den Palastmittelpunkt bildet ein prächtiger ovaler Festsaal. Das Schloss erinnert an das „Belvedere" in Wien. Heute ist der Palast Museum. Wiener Landschaftsarchitekten legten zeitgleich mit dem Schlossbau einen herrlichen **Park** mit zum Teil seltenen Baumarten an.

Typisch für den rumänisch-orthodoxen Glauben: geweiht werden auch Autos, wie hier von einem Priester in Oradea

In unmittelbarer Nähe des ehemaligen Bischofssitzes steht der **Römisch-katholische Dom** (Catedrala romana-catolică, Str. Stadionului). Er ist die größte Barockkirche Rumäniens.

Der Dom wurde 1750-1779 wie der Bischofspalast von Franz Anton Hillebrandt errichtet. Die im Kircheninneren zu sehenden Fresken schuf der Prager Maler Johann Nepomuk Schöpf.

Mit dem **Domherrengang** (Şirul de arcade, Str. Stadionului 7-25) schließt sich ein interessantes barockes Gebäude aus dem 18. Jahrhundert an. In diesem Barockbau befanden sich früher Wohnungen von Geistlichen sowie ein theologisches Seminar. Im Erdgeschoss gibt es einen über 100 m langen Arkadengang, wo 25 Rundbogen auf massiven Pfeilern ruhen. Entlang der Str. Republicii gelangt man nun zum Fluss, dem Crişul Repede.

Die **Mondkirche** (Biserica cu luna, Piaţa Victoriei) befindet sich schon am Südufer des Flusses. Die orthodoxe Kirche entstand 1784-1790 nach Plänen des Architekten Jakob Eder. Im Kirchenturm befindet sich ein interessanter Mechanismus: Eine schwarz-goldene Kugel (3 m Durchmesser) zeigt mit Hilfe eines Uhrwerkes die Mondphasen an.

Gleichfalls am Südufer des Crişul Repede findet man Ruinen der **Festungsanlagen** (Cetatea Oradiei) Großwardeins. Die ersten Verteidigungsanlagen der Stadt wurden im 11. Jahrhundert errichtet, von ihnen blieb aber nach einem Tatarensturm nichts mehr erhalten. Die heute zu sehenden Reste der Stadtbefestigung stammen aus dem 14.-15. Jahrhundert und wurden im 16. und 17. Jahrhundert umgebaut.

Ein seltenes Turmuhrwerk, das die Mondphasen anzeigt

Ausflüge

Cheresig

In der Gemeinde Cheresig (21 km westlich von Großwardein) steht ein **Bergfried** aus dem Jahre 1289. Er gehörte zu einer der ältesten Adelsburgen Rumäniens. Das Schloss von Cheresig war seit 1316 Residenz der ungarischen Könige, 1716 wurde es bis auf den Bergfried zerstört.

Băile 1 Mai (Bischofsbad)

Den Kurort erreicht man von Großwardein aus südöstlich fahrend nach 7 km auf der DN 76. Dann folgt man für 2 km eine links abbiegenden Straße. In Bischofsbad gibt es einen Warmwassersee, der vom Thermalwasser eines Baches gespeist wird. Die Wassertemperatur beträgt 28-34°C, ideal zum Entspannen. Leider ist der Ort ziemlich heruntergekommen.

Kuranweisungen: Störungen des Bewegungsapparates und des peripheren Nervensystems, Magen-, Darm-, Frauenleiden u.a.

Hotels: Complex Băile 1 Mai*, Statiunea Băile 1 Mai, Tel./Fax: 059/261441 (Hotelkomplex mit 500 Betten)

Băile Felix (Felixbad)

Dieser Kurort liegt an der DN 76, 8 km von Großwardein entfernt.

Ganzjähriges Badevergnügen bei 40°C

Felixbad verfügt über ein ganzjährig geöffnetes, thermalwassergespeistes Freibad (Wassertemperatur: 30-40°C). Felixbad ist moderner und gepflegter als Bischofsbad.

Kuranweisungen: Stoffwechselerkrankungen, Störungen des peripheren Nervensystems, Frauenleiden u.a.

Hotels: *Hotel International****, Statiunea Băile Felix, Tel.: 059/261055, Fax: 059/470002 (400 Betten, staatliches Hotel)

Hotel Termal***, Statiunea Băile Felix, Tel.: 059/261214, Fax: 059/470037 (schöne Lage am Kurpark, 300 Betten)

Weiteres Ausflugsziel → Route 8/Siebenbürgen
– Carei

Praktische Informationen

Telefonvorwahl: 059, von Deutschland: 004059

Eisenbahnagentur (C.F.R.): Piața Republicii 2

Flugagentur: Agentia Tarom, Piața Republicii 2, Tel.: 059/131918

Hotels: *Hotel Dacia****, Aleea Ştrandului 1, Tel.: 059/418656, Fax: 059/4112801 (300 Betten, nahe der Ruinen der Festungsanlagen gelegen)

Hotel Parc*, Str. Republicii 5, Tel.: 059/411699, Fax: 059/418410 (einfach, 57 Betten in Ein- bis Dreibettzimmern, zentrale Lage)

Hotel Transilvania*, Str. Teatrului 2, Tel.: 059/130508, Fax: 059/130681 (133 Betten, am Flussufer zentral gelegen)

Tourismusbüro: *Agenția de Turism Diana Tours*, Str. Republici i13, Tel./Fax: 059/412340

Ploieşti

Ploieşti

Geschichte

Erstmals beurkundet wurde Ploieşti, das heute mit 225000 Einwohnern zu den größten rumänischen Städten zählt, im Jahr 1545. Innerhalb von zwei Jahrhunderten entwickelte sich die Stadt zu einem überregional bedeutsamen Handelszentrum.

Ploieşti wurde ab Mitte des 19. Jahrhunderts zu einem Zentrum der rumänischen Erdölindustrie. 1856 ging hier die erste Erdölraffinerie in Betrieb, in deren Folge viele Industrieansiedlungen entstanden.

Die Erdölindustrie formte die Stadt

Der Zweite Weltkrieg zerstörte große Teile der Industriestadt und – besonders schmerzhaft – wichtige historische Bauwerke. Die Ausbeutung der Erdölressourcen der Umgebung sowie die bis heute andauernde Unfähigkeit der rumänischen Politik, Umweltschutz und Industriepolitik miteinander zu verbinden, führte zu einer erheblichen Umweltverschmutzung, die besonders in den Außenbezirken sichtbar ist.

Die schöne und überraschend grüne Innenstadt ist Touristen kaum bekannt. Hier aber wurde in den letzten Jahren einiges getan, nicht zuletzt deshalb, weil der amerikanische Coca-Cola-Konzern nach der 89er Revolution in Ploieşti ein großes Werk errichtete und damit Geld, Know How und Investoren in die Stadt brachte.

In Ploieşti wird das neue rumänische Nationalgetränk hergestellt: Coca-Cola

Besichtigung

Eine grüne Lunge der Innenstadt ist der Bulevardul Republicii, eine breite, von Kastanien gesäumte Allee. Sie führt über ca. 2 km vom Ploieşter Bahnhof im Süden der Innenstadt zum Kulturpalast im Norden. Die wichtigen Sehenswürdigkeiten befinden sich am Boulevard oder in dessen unmittelbarer Nähe.

Im **Kulturpalast** (Palatul Culturii, Piaţa Republicii) befindet sich das Kunstmuseum der Stadt mit Werken rumänischer

Der Kulturpalast von Ploieşti

Das Uhrenmuseum

Schöne Innenmale-reien aus dem 18. Jahrhundert

Eine Seltenheit: mehr als 2000 Uhren hat das Museum gesammelt

Maler wie N. Grigorescu, M. Bunescu, C. Baba sowie einer Skulpturen- und Volkskunstsammlung. Der Palast selbst ist ein dem klassizistischen Stil nachempfundenes, monumentales Bauwerk.

Ein **Freiheitsdenkmal** (Statuia Libertăţii) steht vor dem Kulturpalast. Bei der Statue handelt es sich um eine 1879 in Paris geschaffene Bronzearbeit, die zwei Jahre später in Ploieşti ihren Platz fand. Sie erinnert an die Gründung des rumänischen Staates. Seit 1989 ist das Denkmal für die Ploieşter im doppelten Sinne bedeutsam. Noch heute werden hier Blumen für die vorwiegend jungen Revolutionäre niedergelegt, die in der Stadt während des Aufstandes gegen das Ceauşescu-Regime in den Weihnachtstagen 1989 ums Leben kamen.

Zwei nicht alltägliche Museen bietet Ploieşti mit seinem **Erdölmuseum** (Muzeul republican al petrolului, Str. Dr. Bagdasar 10), einer Ausstellung über Methoden der Erdölgewinnung, und dem **Uhrenmuseum** (Muzeul Ceasul de-a lungul vremii, Str. Nicolae Simache 1).

Über 2000 Uhren sind hier zusammengetragen. Die ältesten stammen aus dem 17. Jahrhundert. Einige Uhren befanden sich früher im Besitz historischer Persönlichkeiten wie der walachischen Fürsten Constantin Brâncoveanu und Ioan Cuza.

Von den beiden Museen gelangt man auf der Str. Democratii zu einer weiteren Sehenswürdigkeit, dem **Hagi-Prodan-Haus** (Str. Democraţiei). Es ist das älteste Haus der Stadt, ein im typisch walachischen Stil errichtetes Gebäude aus dem Jahr 1789. In ihm ist eine Ausstellung über den rumänischen Poeten Nichita Stănescu untergebracht

(Öffnungszeiten: Montags geschlossen, sonst täglich 9-18 Uhr).

Eines der wenigen erhaltenen älteren Baudenkmäler der Stadt ist die **Fürstenkirche** (Biserica domnească, Str. Matei Basarab 63) Im Jahr 1639 wurde unter Fürst Matei Basarab dieser prachtvolle Sakralbau errichtet. Die Malereien stammen aus der Mitte des 18. Jahrhunderts.

Das Hagi-Prodan-Haus

Ausflüge

Kloster Zamfira/Vălenii de Munte

Von Ploieşti der DN 1 A in Richtung Kronstadt (Braşov) folgend, gelangt man nach Vălenii de Munte. Die Ortschaft (12 000 Einwohner) wurde erstmals im 15. Jahrhundert erwähnt. Sie liegt sehr reizvoll am Zusammenfluss zweier Flüsschen.

Lohnenswert ist auf der Strecke nach Vălenii de Munte ein Halt im Kloster Zamfira. Dazu biegt man 13 km hinter Ploieşti von der DN 1 A nach links ab. Von hier sind es dann noch 2 km zum Kloster. Zamfira hat zwei Kirchen, die älteste wurde 1743 erbaut. Sehenswert sind an dieser alten Kirche vor allem die sehr fein gemeißelten Fensterrahmen sowie die Malereien von Nicolae Grigorescu.

Weitere Ausflugsziele → Routen 1 und 2/Walachei und 1/Siebenbürgen

– Buzău/Berca (Schlammvulkane)
– **Fahrt durch die Karpaten nach Braşov** (Kronstadt)
(Von Ploieşti sind die bekannten Wintersport- und Ferienorte **Comarnic, Sinaia, Buşteni,** und **Predeal,** aber auch Braşov (Kronstadt, auf der DN 1 (E 60) leicht zu erreichen.
– Târgovişte

Praktische Informationen

Telefonvorwahl: 044, von Deutschland: 004044

Hotels: *Hotel Central***, Bulevardul Republicii 1, Tel.: 044/126641, Fax: 044/122559 (prachtvolles Gebäude, 127 Betten in Einzel- und Doppelzimmern, günstige Stadtlage)
Hotel Prahova**, Str. Dobrogeanu Gherea 11,
Tel.: 044/126850, Fax: 044/126302 (232 Betten, zentrale Lage)

Tourismusagentur: Oniro, Str. Dobrogeanu Gherea 1-7, bl. 1B (gegenüber dem Hotel Prahova), Tel.:044/142910, Fax: 044/115118

Flugagentur (TAROM): Bulevardul Republicii 17, Tel.: 044/145165

Eisenbahnagentur (C.F.R.): Str. Kogălniceanu 2

Sebeş (Mühlbach)

Mühlbach (28 000 Einwohner) ist eine der ältesten deutschen Ansiedlungen in Siebenbürgen.

Geschichte

Eine kleine Stadt mit einer großen Geschichte

Der Ort wurde 1245 erstmals erwähnt, 1345 verlieh ihm der ungarische König das Stadtrecht.

Vom 16.-18. Jahrhundert residierten hier die siebenbürgischen Fürsten. Während dieser Zeit war die Stadt auch Sitz des Landtages.

Die Geschichte Mühlbachs geht jedoch bis zum Anfang des 1. Jahrtausends zurück. Archäologische Funde belegen die Existenz einer dako-römischen Wohnsiedlung im 2.-4. Jahrhundert.

Heute ist die Stadt einer der interessantesten Komplexe mittelalterlicher Baukunst in Rumänien.

Besichtigung

In der kleinen Stadt ist es nicht schwer sich zurechtzufinden. Direkt an der Hauptstraße steht unübersehbar einer der gelungensten Kirchenbauten Siebenbürgens, die **evangelische Pfarrkirche** (Biserica evanghelică) von Mühlbach. Ihr Bau begann 1241. Die dreischiffige, ursprünglich romanische Hallenkirche mit Glockenturm wurde nach dem Tatarensturm im gotischen Stil fertiggestellt und umgebaut. Der Chor, der 1361/62 entstand, ist mit seinen reichen Verzierungen typisch für die Gotik Siebenbürgens. Im Kircheninneren findet man den höchsten Flügelaltar Rumäniens (13 m). Er wurde 1518-26 von einem Schüler Tilman Riemenschneiders geschaffen.

Der Kirchenaltar stammt von einem Schüler Tilman Riemenschneiders

An der Nordseite der Kirche befindet sich die **Sankt-Jakobs-Kapelle** (Capela Sf. Iacob). Sie stammt aus dem 14. Jahrhundert. Reste der Wandmalereien aus dieser Zeit blieben erhalten.

Teile der alten Stadtmauer blieben erhalten

Sehenswert sind in Mühlbach weiterhin die Reste der **Festungsanlage** (Cetatea). Im 14. Jahrhundert begannen die Städter mit dem Bau einer Verteidigungsanlage. 1671 wurde diese fast gänzlich neu errichtet. Ein Teil der ehemals 1700

Mühlbach ist ein gemütliches Städtchen

Sebeş (Mühlbach)

Der Studententurm von Mühlbach

*Es ist überliefert, dass in Siebenbürgen die Stadtbefesti-
gungsanlagen weitestgehend unter der Regie der Zünfte
entstanden und nach ihnen benannt wurden. Der
Schneiderturm von Mühlbach ist jedoch als Studenten-
turm bekannt. Bei der Verteidigung Mühlbachs gegen
einen Türkenangriff im Jahre 1438 befand sich auf dem
Schneiderturm ein Schüler. Man nannte ihn „den Studenten". Während des Kampfes fiel er in die Hände der
Osmanen, die ihn 22 Jahre in Gefangenschaft hielten.
Dann gelang ihm die Flucht nach Deutschland. Dort
schrieb er ein aufsehenerregendes Buch, das 1481
erschien und 1530 sogar ein Vorwort von Martin Luther
erhielt. Sein Titel lautete: „Über die Religion, die Sitten
und die Nichtsnutzigkeit der Türken". Das Buch erreicht
bis zum Jahr 1600 25 Auflagen, für diese Zeit eine
enorme Anzahl. Der Name des Mühlbacher „Studenten"
ist nicht überliefert. Er selbst zeichnete sein Erfolgsbuch
mit „Der Anonymus aus Mühlbach".*

**Pfarrkirche in
Mühlbach**

m langen Wehrmauer mit zwei Türmen, dem **Schusterturm**
und dem **Studenten-** bzw. **Schneiderturm**, blieben erhalten.

Die **Fürstenresidenz** (Casa Zapolya, im Park) wurde im 15.
Jahrhundert errichtet und in den drei nachfolgenden Jahrhunderten zur Residenz der siebenbürgischen Fürsten
umgebaut und erweitert. Hier tagte auch der Landtag. Heute
ist im Palast ein Geschichtsmuseum untergebracht.

Ausflüge

Capâlna

Reste einer **dakischen Festung** finden sich auf einem Hügel
(Cetăţuia-Hügel) in Capâlna. Die Festung wurde zu Beginn
des Jahrtausends aus Felsblöcken erbaut. Zur Gemeinde
gelangt man, dem Verlauf des Mühlbaches (Sebeş) folgend,
nach 18 km auf der DN 67 C in südlicher Richtung.

Weitere Ausflugsziele → Routen 7 und 9/Siebenbürgen

– Alba Iulia (Karlsburg)
– Marginimea Sibiului (Hermannstädter Grenzgebiet)
– Câlnic (Kelling)
– Sibiu (Hermannstadt)
– Deva (Diemrich)
– Hunedoara (Eisenmarkt)

Praktische Informationen

Telefonvorwahl: 058, von Deutschland: 004058

Hotels/Übernachtung: Es empfiehlt sich, im nur 17 km entfernten Alba Iulia (Karlsburg), zu übernachten.

Region
Siebenbürgen
Routen 6 und 7

*Erstmalige
Erwähnung als
„villa Hermanni" im
12. Jahrhundert*

Sibiu (Hermannstadt)

Erste Siedlungspuren in der Gegend um Hermannstadt verweisen auf das Paläolithikum, menschliche Ansiedlungen soll es seitdem ununterbrochen hier gegeben haben. Hermannstadts ursprünglicher Name war Cibinum, darunter wurde der Ort, damals noch als Dorf, erstmals 1192 urkundlich erwähnt. Als „villa Hermanni" erhielt das heutige Sibiu 1241 Stadtrecht.

In der einstigen siebenbürgischen Hauptstadt lebten die meisten Siebenbürger Sachsen Rumäniens. Heute hat Hermannstadt 180 000 Einwohner und ist auf den ersten Blick mit den typischen Neubaublocks am Stadtrand nichts besonderes. Doch dieser erste Eindruck täuscht gewaltig. In der Altstadt fühlt man sich in eine längst vergangene Zeit zurückversetzt. Winklige Gassen mit schiefergedeckten Häusern, wehrhafte alte Stadtbefestigungsanlagen und von altehrwürdigen Gebäuden umrahmte Plätze lassen das Mittelalter wahrhaft lebendig werden. Allabendlich werden die Stiegen der Ober- und Unterstadt von alten Laternen beleuchtet. (Die Stadtväter schafften sie anlässlich eines Besuches des österreichischen Kaisers Franz I. vor rund 160 Jahren an, seit 1893 brennen sie elektrisch.) Die „Stadt am Zibin" könnte prächtigen Historienfilmen als Kulisse dienen.

*Eine traumhaft
schöne Altstadt
entführt den
Besucher
ins Mittelalter*

Aber Hermannstadt ist viel mehr als Kulisse. Es ist eine Stadt voller Würde und Schönheit. Selbst der beginnende Kommerz der Tourismusindustrie, der manchmal noch etwas hilflos erscheint, kann ihren Stolz nicht berühren.

**Auf dem großen
Ring, dem zentra-
len Marktplatz**

Hermannstadt ist ein Stück mittelalterliches Deutschland inmitten Südosteuropas. Niemanden wird diese Stadt unbeeindruckt lassen.

Im alten Hermann-stadt: Teil der Stadtbefesti-gungsanlage

Besichtigung

Hermannstadt ist eigentlich ein Festungshügel. Über Jahrhunderte hinweg wurde die Stadt, wann immer sie sich erweiterte, sofort mit einem neuen Befestigungsring umgeben. So entstanden hinab des Hügels auf verschiedenen Ebenen **Stadtbefestigungsanlagen**, die verschiedene Zeitepochen charakterisieren . Von der Unter- zur Oberstadt gelangt man über jahrhundertealte Treppen und Stiegen mit z.T. schindelgedeckten Bögen. Die Stadtmauer war einst 4 km lang und hatte 54 Türme. Im Jahr 1483 verlieh der Papst der Stadt den Titel „Schutzwall aller Christen", da die Stadtbefestigungen allen Türkenangriffen trotzen konnte. Der Bau dieser Verteidigungsanlage vollzog sich in mehreren Etappen.

Ein päpstliches Lob aus dem 15.Jahrhundert ist überliefert

Die **1. Ringmauer** entstand 1224, als mit der Errichtung des Verteidigungswalles begonnen wurde. Eines dieser ältesten Teile dieser Befestigungsanlage blieb erhalten, der **Sagturm** (Turnul scărilor, Piața Griviței 3). Dieser Wachtturm diente im 13. Jahrhundert gleichzeitig als Stadttor.

In der zweiten Hälfte des 13. Jahrhunderts begann der Bau der **2. Ringmauer** um den heutigen Kleinen Ring (Piața Mică). 2 Wachttürme und der **Ratsturm** (Turnul Sfatului, Str. Avram Iancu) sind davon noch zu sehen.

Die **3. Ringmauer** bauten die Hermannstädter 1326-1410 als letzten Teil der Festungsanlage, die allerdings später ständig ergänzt und erneuert wurde. Zu diesem Teil der

Stadtbefestigung gehören u.a. die folgenden Türme, die den Namen der Zünfte tragen, die sie erbauten: der **Armbrusterturm** (Turnul archebuzierilor, Str. Cetăţii), der **Töpferturm** (Turnul olarilor, Str. Cetăţii), der **Zimmermannsturm** (Turnul dulgherilor, Str. Cetăţii), und der **Gerberturm** (Turnul pielarilor, Str. Pulberăriei).

Ein weiterer Teil der Stadtbefestigungsanlage ist die **Bastion Soldisch** (Bastionul Soldisch, Str. Al. Sahia). Sie entstand 1622-1627.

Ende des 14. Jahrhunderts gab es hier schon 19 Zünfte, ein deutscher Rekord

> ### Mittelalterliches Zunftwesen lebt in den Namen der Stadtbefestigungsanlagen fort
>
> *Stadtverteidigung war in allen siebenbürgischen Städten die Angelegenheit der Zünfte. In Hermannstadt waren 1376 schon 25 Gewerbe und 19 Zünfte in den Akten der Stadt registriert. Soviel konnte nicht einmal die Freie Reichsstadt Augsburg vorweisen. Wenn in Hermannstadt die Sturmglocke läutete, hatte jede Zunft ihren eigenen Abschnitt der Stadtmauer zu verteidigen. Die Türme sind nach den verschiedenen Gewerben benannt.*

Stadtbesichtigung an der Piaţa Mare (Großer Ring) beginnen

Um die anderen Sehenswürdigkeiten Hermannstadts zu besichtigen, kann man den Stadtrundgang am Großen Ring (Piaţa Mare) beginnen. Es ist der zentrale Platz der Altstadt. Das Denkmal für die Revolution 1848 ist auch zum Denkmal für die 1989 in Hermannstadt erschossenen Demonstranten (es waren überwiegend Jugendliche) geworden.

Das **Hallerhaus** mit seinen „Ochsenaugen" (Casa Haller, Piaţa Mare 10) entstand 1470 und weist sowohl Elemente der Gotik als auch der Renaissance auf. Familie Haller zählte zu den angesehensten Familien Hermannstadts. Peter Haller war im 16. Jahrhundert Bürgermeister.

Frische Blumen für die Helden und Opfer der Revolution von 1989

Einer der berühmtesten gotischen Profanbauten Siebenbürgens ist das **Alte Rathaus** (Primăria Veche, Str. Odobescu 2). Der Hermannstädter Bürgermeister Thomas Altenburger ließ es im 15. Jahrhundert gleichzeitig als Privathaus erreichten. Er selbst lebte im Wohnturm. Im 16. Jahrhundert ließ Bürgermeister Johann Lulei das Gebäude im Renaissancestil verändern. Die lateinische Inschrift über dem Eingangstor bezieht sich auf einen Besuch des deutschen Kaisers Ludwig II. 1783 in Hermannstadt. Im alten Rathaus ist ein Geschichtsmuseum untergebracht.

Weltberühmt ist das **Brukenthalmuseum** (Muzeul Brukent-hal, Piaţa Mare 4) mit seiner Kunstsammlung. Baron Samuel von Brukenthal war 1777-1787, während der Regentschaft Kaiserin Maria Theresias, siebenbürgischer Gouverneur. Das heutige Museum verdankt man seiner privaten Sammelleidenschaft. In der Gemäldegalerie sind Rubens und Cranach genauso vertreten wie die österreichische Malschule und die bekanntesten rumänischen Künstler. Außerdem enthält das Brukenthalmuseum eine historische Abteilung und eine ca. 220000 Bücher, Urkunden und wertvolle Drucke umfassende Bibliothek. Das Museum ist im Brukenthalpalais, dem wohl schönsten Barockbau Sieben-bürgens, untergebracht. Erst kürzlich wurde es mit deutscher Hilfe renoviert.

Gleichfalls am zentralen Altstadtplatz befindet sich die sogenannte **Sächsische Universität** (Universitatea săsească, Piaţa Mare 8). Die Institution war eine eigene Rechtsvertretung für die Deutschen in Siebenbürgen. Das Gebäude stammt aus der Mitte des 15. Jahrhunderts. Der Bau weist sowohl Stilelemente der Gotik als auch der Renaissance auf. Heute hat sich in dem Gebäude ein Verein zur Rentnerhilfe niedergelassen.

Von der Piaţa Mare, dem Großen Ring, führt die Str. Nico-lae Bălcescu, **Hermannstadts Hauptgeschäftsstraße**, weg.

Der zweite Platz der Altstadt ist die Piaţa Mica, der Kleine Ring. Hier standen die alten Häuser der Zünfte.

Das heutige **Haus der Kunst** (Casa artelor, Piaţa Mică 21) ist ein ehemaliges Gebäude der Metzger- und später der Kürschnerzunft. Es handelt sich dabei um einen schönen gotischen Bau aus dem 14. Jahrhundert mit Bogengängen im Erdgeschoss und einem Ausstellungsraum (früher Warenlager bzw. Theatersaal) im Obergeschoss. Von hier sind es nur wenige Schritte zum dritten und ältesten Platz Hermannstadts, der Piaţa Grivitei.

Der Platz wird von der **Marienkirche** (Biserica evanghelică, Piaţa Huet 1) dominiert. Die dreischiffige Kirche ist seit der Reformation evangelisches Gotteshaus. Sie entstand im 15. Jahrhundert an der Stelle einer abgetragenen römischen Basilika.

Eingang zur histori-schen Abteilung des Brukenthal-Museums

Einkaufsbummel auf der Str. Nicolae Bălcescu, sie verbindet die Piaţa Mare mit der Piaţa Unirii

Ein ängstlicher Baumeister

Die Hermannstädter erzählen, dass der Baumeister der Marienkirche flüchtete, ehe er den gotischen Umbau der römischen Basilika vollendete. Er fürchtete, dass die alten Fundamente sein Bauwerk nicht tragen würden. Als er nach einigen Jahren im Ausland nichts von einem Ein-sturz hörte, kehrte er zurück und vollendete sein Werk.

Der Kirchturm hatte schon 1494 eine Höhe von 73 m, eine europäische Spitzenleistung! Sehr schön ist das Innenfresko der Marienkirche an der Nordwand des Chores. Johannes von Rosenau schuf es 1445. Es stellt die Kreuzigung Jesu

Der Turm der Marienkirche ist gewaltig

dar. Erkennbar ist der Einfluss niederländischer Schule. Sehenswert sind im Inneren der Kirche außerdem ein bronzenes Taufbecken (1438), die schmiedeeiserne Tür zur Sakristei (1471) sowie über 60 Grabplatten. Charakteristisch ist die Verbindung Schule-Kirche: Gegenüber der Pfarrkirche befindet sich das deutschsprachige Brukenthal-Lyzeum.

Die **Franziskanerkirche** (Biserica franciscanilor, Str. Selarilor 3) entstand im 15. Jahrhundert als turmlose Hallenkirche. 1714 wurde sie dem Franziskanerorden übereignet. 1776 stürzte ein Teil der Kirche ein, was Anlass für den spätbarocken Umbau war. Sehenswert sind im Innenraum die zwei Altäre sowie eine lebensgroße Statue (Maria mit Kind, um 1400).

Zum alten Hermannstädter Dominikanerkloster gehörte die heutige Ursulinenkirche und die Kreuzkapelle

Die **Ursulinenkirche** (Biserica Ursulinelor, Str. General Magheru 36) wurde 1478 als gotische Hallenkirche fertiggestellt und war bis zur Reformation Teil des Dominikanerklosters. Dann ging sie in den Besitz der Stadt über, die sie 1728 den Ursulinerinnen überschrieb.

Auch die **Kreuzkapelle** (Capela Crucii, Piața Gärii) gehörte zum Dominikanerkloster. Die schöne Jesusfigur stammt vom österreichischen Bildhauer Petrus Lantregen und ist 1417 datiert. Ein Kontrastprogramm zur millelalterlichen Stadt bildet das Freilichtmuseum „Astra" (Calea Rasinari, geöffnet Di-So 10.00-18.00 Uhr von April bis November, errreichbar mit Trolleybus Nr.1) Es zeigt rumänische Bauernhäuser, Kirchen, Wassermühlen, Ställe etc. in einer wunderschönen Waldlandschaft mit See, auf dem man auch rudern kann.

Ausflüge

Cisnädie (Heltau)

In dem hübschen Ort finden wir eine Kirchenburg, an deren äußerer Ringmauer heute Geschäfte untergebracht sind. Die Wehrkirche wurde Anfang des 16. Jahrhunderts durch Siebenbürger Sachsen fertiggestellt. Sehenswert ist der überdachte Wehrgang aus Holz, der sich im Innenring befindet. Im Kircheninnenraum sieht man ein Kupferkreuz. Es soll noch von den ersten deutschen Siedlern in Siebenbürgen stammen. Um nach Cisnädie zu gelangen, verlässt man Hermannstadt zunächst auf der DN 1 (E 68) in Richtung Brașov (Kronstadt) und biegt nach 4 km rechts ab.

Die Kirchenburg hat einen holzschindelüberdachten Wehrgang

Cisnädioara (Michelsberg)

Das Dorf liegt 9 km von Sibiu entfernt. Sehenswert ist die alte Kirchenburg. Die romanische Kirche stammt aus den ersten Jahren des 13. Jahrhunderts.

Pältiniș (Hohe Rinne)

Der Höhenkurort liegt im **Cindrel-Gebirge** (Munții Cindrelului). Die höchste Erhebung des Gebirges ist der **Cindrel** (2244 m). In Pältiniș (1442 m) gibt es gute Wintersportmöglichkeiten. Im Winter ist der Ort allerdings nur mit Schneeketten zu erreichen.

Hotel: *Hotel Cindrel** *, Pältiniș, Tel.: 069/213237, Fax: 069/413727 (166 Betten, sehr schöne Lage, privat)

Sibiu (Hermannstadt)

Ocna Sibiului (Salzburg)

Wer in einer etwas wärmeren Jahreszeit Hermannstadt besucht, darf sich einen Badeausflug nach Salzburg nicht entgehen lassen. Hier gibt es reiche unterirdische Salzvorkommen, die schon die Römer ausbeuteten. Durch deren Abbau entstanden Höhlen, die mit der Zeit einstürzten und sich mit Wasser füllten. In den Salzseen schwimmt man nahezu ohne eigene Bewegung auf dem Wasser. Allerdings sollte man sich vor dem Baden hüten, wenn man eine Wunde hat. Es brennt fürchterlich! Salzburg gilt seit Ende des letzten Jahrhunderts als bekannter Kurort Rumäniens. Leider lassen sich die Zeichen des Verfalls im ganzen Ort nicht leugnen. Die heilende Wirkung der Salzseen (Rheuma, Nervensystem, Frauenleiden) war aber schon länger bekannt. Die Seenlandschaft steht unter Naturschutz.

Im Ort findet man außerdem eine **orthodoxe Kirche**. Sie stammt aus der Zeit, als der walachische Fürst Michael der Tapfere kurzzeitig nach Siebenbürgen eindrang. Die **evangelische Kirche** des Ortes stammt aus dem Jahr 1240. Sie ist im romanischen Stil erbaut, die Gewölbe des Mittelschiffes stammen aus dem 16. Jahrhundert und sind gotisch. Nach Salzburg gelangt man, indem man Hermannstadt in Richtung Sebeş (Mühlbach) verlässt und nach 5 km rechts von der DN 1/DN 7 (E 68/E 81) abbiegt (gute Ausschilderung!).

Bei den Salzseen

Die Salzseen wirken heilend

Weitere Ausflugsziele → Routen 6 u. 7/Siebenbürgen

– **Fogaraschgebirge**
– **Slimnic** (Stolzenburg)
– **Marginimea Sibiului** (Hermannstädter Grenzgebiet)
– **Câlnic** (Kelling)
– **Agnita** (Agnetheln)

Praktische Informationen

Telefonvorwahl: 069, von Deutschland: 004069

Generalkonsulat der Bundesrepublik Deutschland: Str. Hegel 3, Tel. 069/212759

Hotels: *Hotel „Împăratul Romanilor****, Str. N. Bălcescu 4,
Tel.: 069/216500, Fax: 069/213278
(eines der besten Hotels in Rumänien, altehrwürdiges Gebäude, beste Altstadtlage, schönes Ambiente, guter Service, bewachter Privatparkplatz hinter dem Hotel)
Hotel Palace Dumbrava***, Calea Dumbrăvii 2-4,
Tel.: 069/218086 (kleines Hotel mit nur 44 Betten, gut geführt)
Hotel Bulevard**, Piaţa Unirii 10, Tel.: 069/216060, Fax: 069/210158 (234 Betten, unweit vom alten Stadtkern)
Hotel Silva**, Aleea Mihai Eminescu 1, Tel.: 069/442141 (80 Betten in Ein- und Doppelbettzimmern sowie Appartements)

Flugagentur (TAROM): Str. N. Bălcescu 10, Tel.: 068/211157

Flughafen Sibiu: Tel. 069/211157

Eisenbahnagentur (C.F.R.): Str. Nicolae Bălcescu 6

Unterhaltung: *Staatstheater*, Str. Odobescu 4 (auch deutschsprachige Aufführungen)
Philharmonisches Orchester, Str. Filarmonicii
Mondeal Bingo (Glücksspiele), Casa de Cultură a Sindicatelor, Tel. 069/413470

Region-
Siebenbürgen
Routen 6 und 7

Sighişoara (Schäßburg)

Schäßburg (30 000 Einwohner) ist eine Perle unter den siebenbürgischen Städten. Mit seinem intakten mittelalterlichen Stadtkern wird es zu Recht mit Städten wie Nürnberg oder Rothenburg verglichen. Die von bewaldeten Hügeln umgebene Stadt im Tal der Târnava Mare, der Großen Kokel, breitet sich malerisch an den Flussufern aus. Der 425 m hohe Burgberg, der „Dealul Cetăţii" mit dem mittelalterlichen Burgviertel, überragt die Stadt als ein natürliches Wahrzeichen. Schäßburg ist sehr lebendig - und nicht zuletzt besuchenswert wegen der kleinen Restaurants in der Unterstadt, die gute Pizza servieren!

Schäßburg ist das „Nürnberg Siebenbürgens" Viele bezeichnen die Stadt als „schönsten und vollständigsten mittelalterlichen Architekturkomplex Rumäniens" oder als „schönste bewohnte Burg Europas"

Geschichte

Die Gegend war seit dem 3. Jahrhundert besiedelt, später errichteten die Römer ein Heerlager. Im 13. Jahrhundert gründeten deutsche Kolonisten hier eine Siedlung. Eine Urkunde aus dem Jahr

Sighişoara (Schäßburg)

1280 erwähnt die Siedlung unter dem Namen „Castrum Sex". Offenbar befand sich auf dem Bergkegel eine kleinere Befestigung, in deren Umkreis sich dann die Stadt entwickelte. Im 14. Jahrhundert blühten Handwerk und Wirtschaft auf, man weiß aus Dokumenten, dass zu dieser Zeit 25 verschiedene Gewerbe betrieben wurden. In Urkunden finden sich verschiedene Bezeichnungen für die Stadt, wie „Castrum Scheks", „Segusuar" oder „Segeswar". Schäßburg war auch einer der sieben Stühle Siebenbürgens, d.h. Verwaltungszentrum mit selbständiger Gerichtsbarkeit.

Die Stadt musste im Verlauf der Jahrhunderte schwere Heimsuchungen überstehen. Sie wurde belagert, verwüstet, in Brand gesteckt, überschwemmt, und unter ihren Einwohnern wüteten Pestepidemien. Jedoch konnte sich Schäßburg immer wieder erholen und seine Position als eines der wichtigsten Wirtschafts- und Handelszentren in Siebenbürgen behaupten.

Die den Burgberg heraufgewachsene Altstadt ist ein in sich geschlossenes Denkmal einer weit zurückreichenden Zeit. Schäßburg hat auch eine Neustadt, aber in den holprigen, engen Gassen Alt-Schäßburgs mit seinen mittelalterlichen Häusern vergisst man gern und schnell das eigene Jahrhundert.

Das architektonische Wahrzeichen ist der Stundturm Von der Dachgalerie hat man eine schöne Sicht über Schäßburg

Ein Besuch Schäßburgs gleicht einem Zeitsprung ins Mittelalter

Besichtigung

In der Stadt gibt es keine weiten Wege

Schäßburgs viele Sehenswürdigkeiten befinden sich nahe beieinander innerhalb der alten Festungsmauern rund um den Burgberg.

Im 14./15. Jahrhundert wurde es dringend notwendig, die Stadt, die sich über die ursprüngliche Wehranlage ausgedehnt hatte, neu zu befestigen. Die schmalen Gassen und Straßen auf dem Hügel wurden mit einer Verteidigungsmauer umgeben, die fast einen Kilometer lang ist. Jede Handwerkszunft der Stadt trug ihren Teil zum Bau dieser **Festung** (Cetatea, Burgberg) bei. 14 Türme wurden von ihnen gebaut, von denen heute noch 9 erhalten sind.

Der **Stundturm** (Turnul cu ceas, Piaţa Muzeului) ist der bekannteste der Stadttürme. Der gut erhaltene, 64 m hohe viergeschossige Turm mit einer Uhr, einem glasierten Ziegeldach im Barockstil, massiven Mauern (2,25 m Dicke im Erdgeschoss) und den zierlichen Ecktürmchen ist gleichzei-

---

Die Schäßburger Stadttürme

Wer sich näher für die mittelalterliche Entwicklung Schäßburgs interessiert, kann sich neben dem bekannten Stundturm einige der anderen 8 erhaltenen Türme ansehen. Sie befinden sich entlang der Stadtmauer und wurden von den städtischen Zünften errichtet.

*Vermutlich zeitgleich mit der Burgmauer entstand der **Zinngießerturm** (Turnul cositorarilor). Der **Seilerturm** (Turnul frânghierilor) entstand im 14. Jahrhundert und verteidigte die Nordwestecke der Oberstadt. Im Seilerturm wurde die Wohnung für den Friedhofswächter des angrenzenden idyllisch gelegenen **Bergfriedhofs** (in unmittelbarer Nähe der Bergschule) eingerichtet. Auch heute wohnt der Friedhofshüter noch im Turm.*

*Die Metzgerzunft errichtete den **Fleischhauerturm** (Turnul măcelarilor) Ende des 15. Jahrhundert. Im 16. Jahrhundert wurde er höher wiederaufgebaut. Auf der offenen Plattform waren Artilleriewaffen stationiert.*

*Der **Schneiderturm** (Turnul croitorilor), im 14. Jahrhundert erbaut, war für die Verteidigung des 2. Burgtores vorgesehen. Besonders beeindruckend ist der **Zinngießerturm** (Turnul cositorarilor) mit einer Höhe von 25 m und einem sechseckigen Dach.*

tig das Wahrzeichen Schäßburgs. Im 14. Jahrhundert wurde er über dem Haupttor der Stadt errichtet und erhielt seine endgültige Gestalt gegen Ende des 16. Jahrhunderts. In einem Raum des Turmes wurden die Ratsversammlungen abgehalten. Im Stundturm befanden sich aber auch das Munitionslager der Stadt, die Schatzkammer und das Archiv. Zu Beginn des 17. Jahrhundert wurde ein kompliziertes Uhrwerk mit Holzfiguren, die die 7 Wochentage symbolisieren, eingebaut. Nach dem großen Stadtbrand 1676 stellten österreichische Meister den Stundturm wieder her. Dadurch wurde erstmalig der Stil des österreichischen Barocks nach Siebenbürgen getragen. Die Wochentagsfiguren wurden nach dem Brand aus feuersicherem Eisen gefertigt. Seit 1898 beherbergt der Stundturm ein stadtgeschichtliches Museum. (Öffnungszeiten: tgl. 10-16 Uhr). Schön ist auch der Blick über die verwinkelte Schäßburger Altstadt, den man von der oberen Außengalerie hat. Richtungspfeile geben die Entfernungen nach Paris, London oder Berlin an.

Im Wohnhaus des Dracula-Vaters befinden sich ein Restaurant und eine Bierstube

Nach der Besteigung des Stundturmes wenden wir uns auf dem Museumsplatz dem **Haus des Vlad Dracul** (Casa Vlad Dracul, Piaţa Muzeului) zu. In diesem Gebäude wohnte von 1431 bis 1435 der Vater des berühmt-berüchtigten Vlad Ţepeş, des Vorbilds für den Dracula im Roman Bram Stokers. Vlad Dracul war als junger Mann für einige Zeit als Geisel am Hofe des ungarischen Königs Sigismund von Luxemburg festgehalten worden. Als Ritter des Drachenordens - daher auch der Name Dracul - kehrte er zurück, verbrachte fünf Jahre im Schäßburger Asyl und wurde 1436 Fürst der Walachei. Hübsch ist das Restaurant, das sich heute in der 1. Etage dieses geschichtsträchtigen Hauses befindet. Im Erdgeschossgewölbe gibt es eine Bierstube, die aber leider nur bis 19 Uhr geöffnet hat.

Ein wunderschönes gotisches Gewölbe

In unmittelbarer Nähe des Dracula-Hauses steht eine alte **Klosterkirche** (Biserica mănăstirii, Piaţa Muzeului). Im 13. Jahrhundert gründete der Dominikanerorden in der Nähe der Festung ein Kloster. Die Klosterkirche erhielt ihre heutige Gestalt während einer baulichen Erneuerung in den Jahren 1677/78. Bemerkenswert ist die Altarapsis mit ihren eleganten gotischen Gewölben. Der Altar selbst ist barock und wurde von zwei wandernden Künstlern 1680 gebaut. Im Kircheninneren befindet sich außerdem ein Bronzetaufbecken aus dem Jahr 1440.

Erinnerung an Sandor Petöfi

Im Revolutionsjahr 1849 tobte im Sommer in der Nähe von Schäßburg die Schlacht zwischen dem ungarischen Revolutionsheer unter dem polnischen General Bem und den habsburgischen Truppen. Zaristische Truppen eilten den Österreichern zur Hilfe, und Bems Armee wurde vernichtet. Der Dichter Sandor Petöfi, Adjutant von Bem, fiel in der Schlacht. Da es keine Augenzeugen für seinen Tod gab und sein Leichnam nicht gefunden wurde, bildete sich die Legende, dass der Dichter und glühende Revolutionär sich nur verstecken und eines Tages wiederkehren würde. Unweit des Stundturms, direkt an der alten Stadtmauer, steht eine **Büste des Dichters Petöfi.** *Wer sich darüberhinaus für den Dichter und sein Werk interessiert, kann das Petöfi-Museum im Dorf Albesti (Weißkirch), 5 km östlich von Schäßburg liegend, besuchen.*

Wir verlassen die Piaţa Muzeului und gehen durch die Altstadt zum **Haus mit dem Hirsch** (Casa cu cerb, Piaţa Petöfi), einer Adelswohnung im Stil der siebenbürgischen Renaissance aus dem 17. Jahrhundert.

Die Straße (Str. Şcolii) führt dann weiter zum Fuße des eigentlichen Burgberges.

175 Stufen der „Schülertreppe" führen zu einer deutschen Schule

Auf ihn gelangt man auf der **Schülertreppe** (Scara acoperită, Str. Cuza Vodă). Die 176 Stufen dieser holzüberdachten Treppe von 1642 führen zur **evangelischen Bergkirche**

Blick auf die Bergkirche

(Biserica evanghelică din deal, Str. Dealul Şcolii). Der Bau der Bergkirche wurde Ende des 14. Jahrhunderts begonnen. Ihre endgültige Fertigstellung zog sich bis zum Anfang des 17. Jahrhunderts hin, und danach erlebte sie mehrere Umbauten und Ausbesserungen, so dass sich an der Kirche Stilelemente von der Gotik bis zum Barock verfolgen lassen. Im Kircheninneren befinden sich Reste von Wandmalereien vom Ende des 15./Anfang des 16. Jahrhunderts. Die steinerne, mit gotischem Maßwerk verzierte Kanzel datiert aus dem Jahr 1480. Das Chorgestühl von 1523, wahrscheinlich vom Tischlermeister Johannes Reychmuth aus Schäßburg geschaffen, ist mit plastischen Blattverzierungen und Intarsienarbeit geschmückt. Derzeit wird die Kirche mit deutscher Unterstützung restauriert.

Neben der Kirche befindet sich die **Bergschule.** Diese deutsche Schule, die seit dem Anfang des 16. Jahrhunderts besteht, ist ein bekanntes siebenbürgisches Bildungsinstitut, das unter seinen Schülern viele bekannte spätere Wissenschaftler hatte. Das Gymnasium ist nach Josef Haltrich (1822-1886) benannt, der hier Schüler, Lehrer und später Rektor war und sich einen Namen als Sprachforscher und Sammler von siebenbürgischen Sagen gemacht hat. Sein Studium absolvierte Haltrich in Leipzig.

> ### *Der arme Schulmeister*
> *Die Entlohnung der Lehrer war in Siebenbürgen schon immer gering. Sie bestand (und besteht) neben dem geringen Gehalt aus Naturalien und anderen kleinen Geschenken der Schüler und ihrer Eltern. Josef Haltrich konnte aber seinem Beruf, zumal hier in Schäßburg, durchaus positive Seiten abgewinnen. Er sagte, dass die „schöne Aussicht vom Schulberg ... die andere Hälfte des Gehaltes" sei.*

Ausflüge

Criş (Kreisch)

Das Dorf Criş erreicht man über die DN 14. Man fährt 8 km nach Westen in Richtung Mediaş und biegt dann auf eine schmale Straße nach links ein (9 km). In Criş stehen die Ruinen eines Schlosses, das im 17./18. Jahrhundert im siebenbürgischen Renaissancestil errichtet wurde.

Weitere Ausflugsziele: siehe Routen 6 u. 7 / Siebenbürgen

- **Saschiz** (Keisd)
- **Şaroş pe Târnave** (Scharosch/Kokel)
- **Homorod** (Hamruden)
- **Apold** (Trappold)
- **Agnita** (Agnetheln)
- **Mediaş** (Mediasch)
- **Biertan** (Birthälm)
- **Târgu Mureş** (Neumarkt)

> ### Praktische Informationen
> **Telefonvorwahl:** 065, von Deutschland: 004065
>
> **Hotel:** Hotel Steaua*, Str. 1. Decembrie 1918 Nr. 2, Tel.: 065/771930, Fax: 065/771932 (älteres Haus, aber gemütlich, 120 Betten, in der Unterstadt günstig gelegen, gegenüber des Hotels führt eine Treppe zur Oberstadt)
>
> **Eisenbahnagentur (C.F.R.):** Str. Libertăţii 51

Suceava

Suceava

Die Stadt ist ein idealer Ausgangsort für eine Tour zu den weltberühmten Moldauklöstern. Aber auch sonst bietet Suceava mit seinen ca. 90 000 Einwohnern mehrere den Besuch lohnende Geschichts- und Architekturdenkmäler. Leider wurde in der Ceauşescu-Ära das Stadtzentrum in eine Neubaublock-Siedlung umgewandelt.

Geschichte

Die Stadt war von 1388-1566 die Residenz der Moldaufürsten. Ihre Glanzzeit erlebte sie in der Regierungszeit von Stefan dem Großen (Ştefan cel Mare), in den Jahren 1457-1504. Viele neue Bauwerke entstanden und die Festung wurde neu errichtet. Als Iaşi Ende des 16. Jahrhunderts Fürstensitz wurde, verlor Suceava jedoch zusehends an Bedeutung.

Zwei Jahrhunderte war Suceava Residenzstadt der Moldaufürsten

Besichtigung

Oberhalb der Stadt, auf einem Felsvorsprung, steht **die Ruine der fürstlichen Burg** (Cetatea, Str. Cetăţii, Str. Parcului). Stefan der Große erweiterte während seiner Herrschaft die Festung und baute das Innere als Fürstenwohnung aus. Die Türken ließen die Festung zum Teil schleifen. 1961-1970 wurden einige Mauern befestigt bzw. wieder instandgesetzt.

Moldaufürst Stefan der Große wohnte auf der Burg

Die älteste Kirche in Suceava ist die **Miräuti-Kirche** (Biserica Miräuti, Str. Miräuti 17), die am Fuße des Festungsberges steht. Sie stammt aus dem 14. Jahrhunderts. Als Suceava 1401 Sitz des Metropoliten der Bukowina wurde, machte man sie zur Metropolitankirche. Die Kirche, die in den Jahrhunderten mehrmalige Reparaturarbeiten benötigte, wurde später abgerissen und 1898-1903 von einem österreichischen Architekten neu errichtet.

Einkaufsstraße in Suceava

Die **Georgskirche** (Biserica Sfântu Gheorghe, Str. Ioan Vodă Viteazul 2), die „neue" Metropolitankirche, wurde Anfang des 16. Jahrhunderts von den Fürsten Bogdan III. und Ştefaniţa Vodă errichtet. Auch sie befindet sich unterhalb der Festung. Unter Fürst Petru Rareş wurde sie 1532-34 mit Malereien geschmückt. Die ursprüngliche Malerei ist im Inneren erhalten, aber auch Fragmente der Außenfresken sind noch sichtbar. In der Kirche befindet sich das Grabmal des Johannes Novus, des Schutzpatrons der Bukowina, daher wird sie auch oft „Johanneskirche" genannt.

Der dritte sehenswerte Kirchenbau Suceavas ist die **Demetriuskirche** (Biserica domnească Sf. Dumitru). Sie steht im Stadtzentrum, unweit vom Hotel Suceava. Fürst Petru Rareş ließ diese Fürstenkirche 1534-35 auf den Grundmauern zweier älterer Kirchen aus dem 14. und 15. Jahrhundert erbauen. Der Glockenturm stammt aus der 2. Hälfte des 16. Jahrhunderts.

In der Nähe der Demetriuskirche befindet sich die alte **Fürstenherberge** (Hanul domnesc, Str. Ciprian Porumbescu 5). Das Gebäude stammt aus dem 17. Jahrhundert und wurde 1967 restauriert.

Ausflüge

– **Kloster Dragomirna** (Mănăstirea Dragomirna)
Nach **Dragomirna** gelangt man von Suceava aus in nördlicher Richtung auf der 29 A 10 km. Das Kloster des Ortes ist eine Gründung des Bischofs und Metropoliten der Moldau Anastasie Crimca, der auch ein bedeutender Miniaturenmaler war. Zuerst wurde nur ein kleines, bescheidenes Kloster

errichtet, dessen Kirche danach als Siechen- und Friedhofs-kapelle diente. Kurz darauf wurde das neue Kloster und die Klosterkirche (1609 erwähnt) gebaut. Die mächtigen Befe-stigungsanlagen Dragomirnas wurden 1627 vollendet.

Die Klosterkirche überrascht durch ihre betont vertikalen Proportionen. Bei einer äußeren Breite von nur 9,60 m (die Strebepfeiler nicht eingerechnet) beträgt die Kuppelhöhe 32 m. Wenige breite Mauervorsprünge gliedern die Senkrechte, ein Basisprofil und ein gedrehtes Tau die Waagerechte. In betontem Gegensatz zu dieser herben Schlichtheit der Fas-sade steht der steinverkleidete Kuppelturm, der mit Rosetten in verschiedenster Form üppig verziert ist.

Die Wandmalereien im Inneren der Kirche sind in einem miniaturartigen Stil ausgeführt, der auf den Einfluss des Stif-ters zurückzuführen ist. In ihnen offenbart sich ein lebendi-ger, erzählender Stil mit vielen lokalen und folkloristischen Elementen, der sich schon in den Malereien des Klosters Suceviţa angekündigt hat.

Weitere Ausflugsziele → Route 4/Moldau
die Moldauklöster:
- Humor
- Voroneţ
- Suceviţa
- Moldoviţa
- Arbore

Praktische Informationen

Telefonvorwahl: 030, von Deutschland: 004030

Hotels:

Motel Pensiunea Bicom***, Str. Narciselor 20,
Tel.: 030/216881, Fax: 030/520007 (9 Zimmer, klein und gut)

Motel Tur West**, Str. Humorului,
Tel.: 030/210485 (29 Zimmer, gut ausgestattet)

Hotel Bucovina**, Str. Ana Ipatescu 5,
Tel.: 030/217048, Fax: 030/214700 (250 Betten, zentral gelegen, aber schlechtes Preis-Leistungs-Verhältnis)

Hotel Suceava**, Str. Nicolae Bălcescu 4,
Tel.: 030/521079, (200 Betten, zentral an der Hauptgeschäfts-straße gelegen, etwas verschlissen)

Hotel Arcasul**, Str. Mihail Viteazul 4-6,
Tel.: 030/210944, Fax: 030/214700 (180 Betten))

Hotel Balada**, Str. Mitropoliei 3,
Tel.: 030/223198, Fax: 030/520087 (moderne Zimmer)

Eisenbahnagentur (C.F.R.): Str. Nicolae Bălcescu 8

Flugagentur (TAROM): Str. Nicolae Bălcescu 12,
Tel. 030/214686

Flughafen Suceava: Tel. 030/194464, 194182

Die Große Fürstenkirche in Targoviste

Region Walachei
Route 1

Hier wurde Weihnachten 1989 das Ehepaar Ceaușescu hingerichtet

Târgoviște

Heute zählt die Stadt 83 000 Einwohner. Weltweite Schlagzeilen machte Târgoviște, als hier am 25.12.1989 das Diktatorenehepaar Elena und Nicolae Ceaușescu nach einer Verhandlung vor einer Art Revolutionstribunal hingerichtet wurde.

Geschichte

Târgoviște war neben Bukarest seit dem 14. Jahrhundert walachische Residenzstadt. Als solche erstmalig 1396 genannt, blieb Târgoviște, von wenigen Unterbrechungen abgesehen, bis weit ins 17. Jahrhundert hinein walachische Hauptstadt. Nach dem Tod des Fürsten Constantin Brâncoveanu (1688-1714) nahm die Bedeutung der Stadt ab. Bereits die Fanarioten, d. h. die von der Hohen Pforte in der Walachei eingesetzten Fürsten nutzten Târgoviște nicht mehr als Residenz.

Besichtigung

Die wichtigste Sehenswürdigkeit ist der **Fürstenhof** (Complexul muzeal Curtea domnească, Str. N. Bălcescu 222). Die ehemalige Fürstenresidenz wurde zur Zeit Mircea des Alten (1386-1418) gebaut. Erweitert wurde der Palast später unter dessen Nachfolgern Vlad Țepeș und Constantin Brâncoveanu. Die Türken zerstörten 1659 große Teile des Palastes. Imposant erscheint der aus der Zeit Vlad Țepeș' stammende Wachtturm (Turnul chindiei). Der Aufstieg wird durch einen schönen Ausblick belohnt. Der heute zu sehende Fürstenpalast wurde nach der türkischen Zerstörung neu errichtet, wobei die alte Bausubstanz genutzt wurde.

Târgoviște war Hauptstadt der Walachei

Zum Fürstenhof gehören zwei Kirchen: die **Kleine Fürstenkirche** (Domneasca Mica), die 1517 erbaut wurde, und die **Große Fürstenkirche** (Domneasca Mare) aus dem Jahr

1583, die mit Wandmalereien aus der Brâncoveanu-Epoche geschmückt ist.

Gleich neben dem umzäunten Komplex des Fürstenhofes beginnt ein schön angelegter, gepflegter **Park** (Parcul Chindia). Hier gibt es ein **Sommertheater** (Teatrul de vară) und einen kleinen **zoologischen Garten** (Grădina zoologică).

Ausflüge

– Kloster Dealu (Mănăstirea Dealu)
Von Târgovişte führt nordöstlich eine kleine Straße zum Kloster. Die Abzweigung ist etwas schwer zu finden, deshalb am besten in Târgovişte fragen. Dealu ist ein alter Klosterbau, der 1499-1501 unter Fürst Radu cel Mare (Radu der Große) errichtet wurde. Aus dieser Zeit blieb jedoch nur die Klosterkirche erhalten. Sie ist ein bedeutendes altrumänisches Baudenkmal, nach ihrem Vorbild wurden viele Kirchenbauten in der Walachei errichtet. In ihr findet man das Grab Fürst Radus. Unter einer Marmorplatte liegt außerdem der Kopf des walachischen Fürsten Mihai Viteazu (Michael der Tapfere).

Weiteres Ausflugsziel → Route 1/Walachei
– Nucet

Praktische Informationen

Telefonvorwahl: 045, von Deutschland: 004045

Hotel:

Hotel Valahia**, Bulevardul Libertății 7,
Tel. 045/634459, Fax: 01/3125992
(216 Betten in Doppelzimmern und Appartements)

Region
Siebenbürgen
Route 7

Târgu Mureş (Neumarkt)

Neumarkt (145000 Einwohner) ist eine weitgehend von den Ungarn geprägte Stadt. Ihr ungarischer Name ist Marosvásárhely.

Geschichte

Die Szekler siedelten hier schon im 13. Jahrhundert. Urkundlich erwähnt wurde Neumarkt erstmals 1332. Im Jahr 1990 machte die Stadt weltweite Schlagzeilen, als hier 8 Ungarn von nationalistischen Rumänen ermordet wurden. In Neumarkt ist der Nationalitätenkonflikt noch immer latent vorhanden. Die Stadt war einst Hauptstadt einer Art autonomen ungarischen Region in Rumänien. Kurz nach dem Machtantritt Ceauşescus wurde diese (nie sehr große) Autonomie im Jahr 1967 vollends beseitigt.

Heute macht Neumarkt einen lebendigen, freundlichen Eindruck. Aber auch interessante Sehenswürdigkeiten machen einen Aufenthalt zum Erlebnis.

Rumänisch und ungarisch: die Beschriftung ist in Neumarkt meist zweisprachig

Besichtigung

Von der im 15. Jahrhundert sternförmig angelegten **Festung** (Cetatea, Piaţa Bernardy György), dem alten Verteidigungsring Neumarkts, sind heute nur noch zwei Basteien erhalten. Im 17. Jahrhundert errichteten die Bewohner einen weiteren Verteidigungsring um die Stadt mit 7 Basteien (**Torturm, Gerber-, Fleischer-, Fleischer-, Böttcher-, Kürschner- und Schlosserbastei**). Diese Stadtbefestigungen wurden in den 60er und 70er Jahren unseres Jahrhunderts teilweise restauriert.

Im Festungshof befindet sich eine **reformierte Kirche** (Biserica reformată). Sie wurde 1316-1442 von Franziskanern errichtet. Die Kirche bestand zunächst aus einem einzigen gotischen Langschiff. Alle Anbauten stammen aus anderen Stilepochen.

Nicht weit entfernt von der Festung findet man eine Einrichtung von großer kunsthistorischer Bedeutung, die **Teleki-Bibliothek** (Biblioteca documentară Teleky-Bolyai, Piaţa

Das Barockschloss in Dumbrăvioara

Bolyai 13). Sie wurde vom siebenbürgischen Kanzler Graf Samuel von Teleki (1739-1822) eingerichtet. Die Bibliothek befindet sich in einem bemerkenswerten Empiregebäude. Sie hat einen Bestand von 150 000 teils sehr seltenen Büchern und Manuskripten, darunter 65 Wiegendrucke, 44 Erstdrucke und 1200 Druckwerke aus dem 15.-17. Jahrhundert. Seit 1902 ist sie öffentliche Bibliothek.

Der zentrale Platz der Altstadt ist die Piaţa Trandafirilor. Hier lässt sich nach den Besichtigungen der Sehenswürdigkeiten gemütlich schön bummeln und einkaufen.

Ausflüge

Dumbrăvioara und Gorneşti

14 km nördlich von Neumarkt liegt das Dorf **Dumbrăvioara**. Hier befindet sich ein von Graf Samuel Teleki im ausgehenden 18. Jahrhundert errichtetes **Barockschloss**. Heute beherbergt es eine Landwirtschaftsschule.

Das Teleki-Schloss in Gorneşti

Im nur 3 km entfernten **Gorneşti** befindet sich ein weiteres **Schloss der Familie Teleki**, ebenfalls Ende des 18. Jahrhunderts gebaut. Es hat soviel Zimmer wie Wochen im Jahr und soviel Fenster wie das Jahr Tage hat. Im leider nicht gepflegten Schlosspark stehen einige Statuen. Gegenwärtig wird das Schloss, das als Kinderheim dient, mit Mitteln der UNICEF und des Malteser Kreuzes rekonstruiert.

Weitere Ausflugsziele → Route 7/Siebenbürgen

- Sighişoara (Schäßburg)
- Sânpaul

Praktische Informationen

Telefonvorwahl: 065, von Deutschland: 004065

Eisenbahnagentur (C.F.R.): Piaţa Teatrului 1

Hotels: *Hotel Ambasador****, Platoul Gorneşti, Tel.: 065/130909, Fax: 065/125742 (gut geführtes, kleines Haus mit 6 Zimmern und 2 Appartements, am Wald gelegen)

Hotel Grand**, Piaţa Victoriei 32, Tel.: 065/160711, Fax: 065/130289 (234 Betten)

Hotel Sport*, Str. Griviţa Roşie 31-33, Tel.: 065/131913, Fax : 065/166797 (100 Betten, relativ einfach, kein Restaurant)

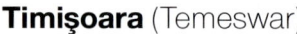

*Die rumänische
Revolution
von 1989 begann in
Temesvar*

Timişoara (Temeswar)

Temesvar ist mit 325000 Einwohnern – Rumänen, Ungarn, Deutschen, Serben – das (multinationale) Zentrum des Banats. Die Stadt gelangte erst nach dem Ersten Weltkrieg zu Rumänien, bis 1918 gehörte sie zur österreichisch-ungarischen Doppelmonarchie.

Spricht man heute von Temeswar, so spricht man auch von der Dezemberrevolution 1989 in Rumänien, die sich in dieser Stadt entzündete. In Rumänien fand keine „sanfte", keine „Samtrevolution" statt. Das blutige Tribunal über das Diktatorenehepaar Ceauşescu war nur der Gipfel einer verwirrenden und blutigen Folge von Ereignissen. Temesvar wurde am 20. Dezember 1989 zur ersten „freien" Stadt Rumäniens deklariert. Dafür mussten Hunderte von Menschen ihr Leben lassen. Der Anlass, der den Schwelbrand entzündete, war die von der Securitate vorgesehene Zwangsumsiedlung des ungarischen evangelischen Pfarrers László Tökos.

*Der Name
László Tökos
steht für den
Freiheitswillen
der Temesvarer*

Der genaue Ablauf der Dezembergeschehnisse in Temeswar ist jedoch schwer rekonstruierbar. In der Stadt überschlugen sich vom 15.-20. Dezember 1989 die Ereignisse. Noch heute legen die Menschen frische Blumen vor der Kathedrale nieder und zünden Kerzen an, um der vielen letzten Opfer des Ceauşescu-Regimes zu gedenken.

***Das „Haus mit
dem Stock im
Eisen"***

Geschichte

Die Geschichte Temeswars beginnt Anfang des 13. Jahrhunderts, als unter dem Schutz einer königlichen Festung Siedlungen in der Gegend entstanden. Im Jahre 1316 wurde die Stadt vom ungarischen König Robert von Anjou zu seiner Residenz gemacht. Fast anderthalb Jahrhunderte, von 1552-1716, war die Stadt unter türkischer Herrschaft. Erst 1716 wurde sie von der Armee Prinz Eugens befreit und gehörte daraufhin 200 Jahre zur Habsburger Monarchie (ab 1867 österreichisch-ungarische k. und k. Monarchie). In der Epoche nach den Türckenkriegen erwarb sich Temesvar, das sich zu einer der modernsten Städte jener Epoche entwickelte, das Attribut „Klein-Wien". Die barocken Architekturdenkmäler sind in dieser Region Europas einzigartig.

Unter den Habsburgern wurde u.a. die Festung umgebaut, der Fluss Bega kanalisiert, und es kamen viele Siedler aus anderen Teilen des Habsburger Reiches, die sich in der Stadt niederließen.

Besichtigung

Eines der berühmtesten Bauwerke ist in Temesvar das **Hunyaden-Schloss (1)** (Piaţa Huniade 1). Es wurde von dem ungarischen König Robert von Anjou (1308-1342) errichtet. 1441 ließ es der siebenbürgische Fürst Johannes

Corvin erweitern. Heute beherbergt es das **Banatmuseum**.

In unmittelbarer Schlossnähe, auf einem der schönsten Plätze Temeswars, stehen die **Staatsoper (2)** (Opera de Stat, Piaţa Victoriei 1) und eine Nachbildung der **kapitolinischen Wölfin**. Die Piaţa Victoriei (Platz des Sieges) hieß früher Opernplatz, und unter diesem Namen ist er auch bekannt.

Von hier aus erreicht man in wenigen Minuten den Platz der Freiheit (Piaţa Libertăţii), auf dem sich das **Alte Rathaus (3)** (Primăria veche, Piaţa Libertăţii 1) befindet. Das Rathaus ist ein schön proportioniertes Barockgebäude. Es entstand 1731-34 und wurde auf den Resten eines alten türkischen Bades errichtet.

Erst türkisches Bad, dann Rathaus

In einer von der Piaţa Libertăţii nördlich wegführenden Straße findet man das ehemalige **Franziskanerkloster (4)** (Fosta mănăstire franciscană, Str. Ungureanu 1), ein wuchtiges und beeindruckendes Gebäude aus dem 18. Jahrhundert.

Das **Haus des Prinzen Eugen von Savoyen (5)** (Casa prinţului Eugen de Savoia, Str. Ceahlău 24) ist die nächste Sehenswürdigkeit unseres Stadtrundganges. Der habsburgische General vertrieb die Türken im Jahre 1718 aus Temeswar.

Von der Piaţa Libertăţii wenden wir uns nach rechts und gelangen zu einem interessanten Gebäude, dem **Haus mit dem Stock im Eisen (6)** (Casa cu pom de fier, Str. Mihai Eminescu 5 –im Haus befindes sich eine Parfümerie–). An einer Hausecke hängt ein Baumstamm, der in Bandeisen eingewickelt ist. Hier schlugen die Handwerksgesellen, wenn sie auf Wanderschaft gingen, einen Nagel ein.

Berühmt ist das Haus mit dem Stock im Eisen

Der Unirii-Platz mit dem Römisch-Katholischen Dom

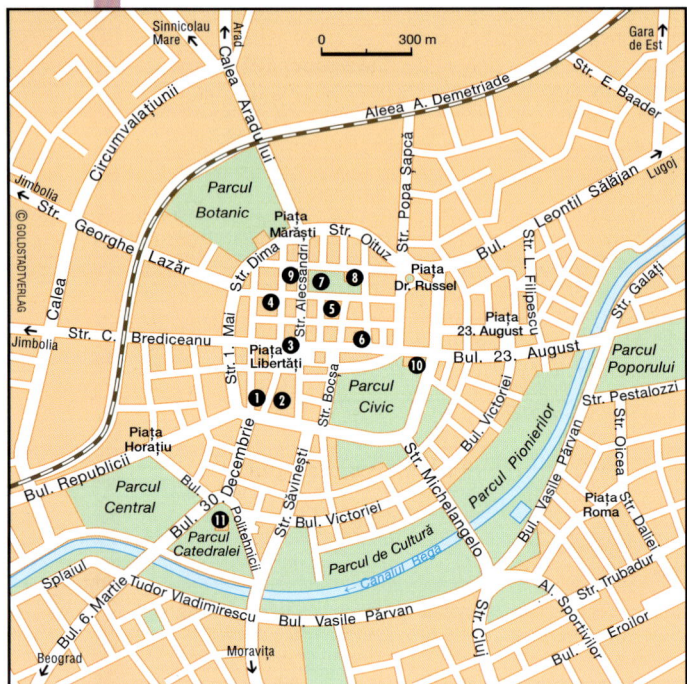

1 Hunyadenschloss
2 Staatsoper
3 Altes Rathaus
4 Franziskanerkloster
5 Haus des Prinzen Eugen
  von Savoyen
6 Haus mit dem „Stock im Eisen"
7 Barockpalais
8 Römisch-katholischer Dom
9 Serbisch-orthodoxe Kirche
10 Arsenal
11 Orthodoxe Kathedrale

Die Piaţa Unirii wird vom Dom dominiert

Nur von einigen Bastionen der Festung gibt es noch Überreste zu sehen

  Beeindruckend ist die Piaţa Unirii (Platz der Einheit). Der Platz hat seit 200 Jahren sein Aussehen bewahren können. Um ihn gruppieren sich die schönsten Barockgebäude Temeswars. Dazu zählt ein **Barockpalais (7)** (Palatul baroc, Str. Rodnei 4) aus dem beginnenden 18. Jahrhunderts., das zuerst für die Stadtverwaltung, dann als Bischofsresidenz genutzt wurde. Dominiert wird die Piaţa Unirii vom **Römisch-Katholischen Dom (8)** (Catedrala romano-catolică, Piaţa Unirii 12), der in den Jahren 1736-1773 von dem Wiener Architekten Emanuel Fischer von Erlach im österreichischen Barockstil erbaut wurde. Vor der Kathedrale steht das Denkmal der Heiligen Dreifaltigkeit von 1340, das auch als „Pestsäule" bekannt ist.

  Sehenswert ist außerdem die **serbisch-orthodoxe Kirche (9)** (Biserica ortodoxă sârbeasca, Str. Ungureanu 12), ein Sakralbau aus dem Jahr 1754.

  Von der **alten Festung** (Bastionul) Temeswars sind heute nur noch **Reste der Festungsmauern** übriggeblieben. Man findet sie in der Nähe der Piaţa Unirii (Str. Popa Sapca, Calea Aradului) und nahe der Piaţa Libertăţii (Str. Brediceanu). Außerdem blieb das **Arsenal (10)** (Bulevardul Revoluţiei, neben Hotel Continental) erhalten. Die von einem Erdbeben zerstörte Festung wurde 1443 von Johannes Corvin zum Schutz gegen die Türken wieder auf- und ausgebaut. Im Jahre 1514 wurde die Feste im Bauernkrieg des Georg Dozsa (der ungarische Bauernführer ist in Rumänien unter dem ins Rumänische übertragenen Namen Gheorghe Doja bekannt) verwüstet. Kurz darauf jedoch wurde Dozsa nach seiner Niederlage mit anderen Führern des Bauernkrieges vor den Festungsmauern hingerichtet.

Einen Spaziergang lohnen die schönen **Parks entlang des Bega-Kanals**. In einem von ihnen steht die **orthodoxe Kathedrale (11)** (Catedrala ortodoxă, Bulevardul 30. Decembrie). Der Sakralbau entstand in den Jahren 1936 – 1946.

Ausflugsziele: siehe Route 9/Siebenbürgen
– Arad
– Buziaş
– Lugoj (Lugosch)
– Lipova (Lippa)

Praktische Informationen

Telefonvorwahl: 056, von Deutschland: 004056

Konsularagentur der Bundesrepublik Deutschland:
Bulevardul Republicii 6, Tel. 056/190495

Hotels: *Hotel International*****, Bulevardul C.D.Loga 48,
Tel.: 056/190193, Fax: 056/199338
(kleines, gut geführtes Haus, 11 Zimmer)

Hotel Continental***, Bulevardul Revoluţiei 3,
Tel.: 056/194144, Fax: 056/130481
(zwölfetagiger Neubau der 70er Jahre)

Hotel Perla***, Str. Oltului 11
Tel.: 056/195201, Fax: 056/195203
(modernes privates Hotel mit 35 Zimmern und 2 Appartements)

Hotel Central**, Str. Lenau 6,
Tel.: 056/190091, Fax: 056/190096
(163 Betten, gleich neben dem Schloss gelegen)

Hotel Timişoara**, Str. 1. Mai 2,
Tel.: 056/198851, Fax: 056/198858
(großer „Kasten" mit 312 Betten)

Hotel Banatul**, Bulevardul Republicii 3-5,
Tel.: 056/191903, Fax: 056/190130 (gute Lage in Parknähe)

Unterhaltung: *Opernhaus* (Opera de Stat), Piaţa Victoriei 1
Deutsches und Ungarisches Staatstheater, Str. Mărăşeşti 2 Alba Iulia (die beiden Theater haben eine gemeinsame Bühne)

Flugagentur (TAROM): Bulevardul Revoluţiei 3-5,
Tel.: 056/190150, 132876

Flughafen Timişoara: Tel. 056/194464, 194182

Eisenbahnagentur (C.F.R.): Piaţa Victoriei 2

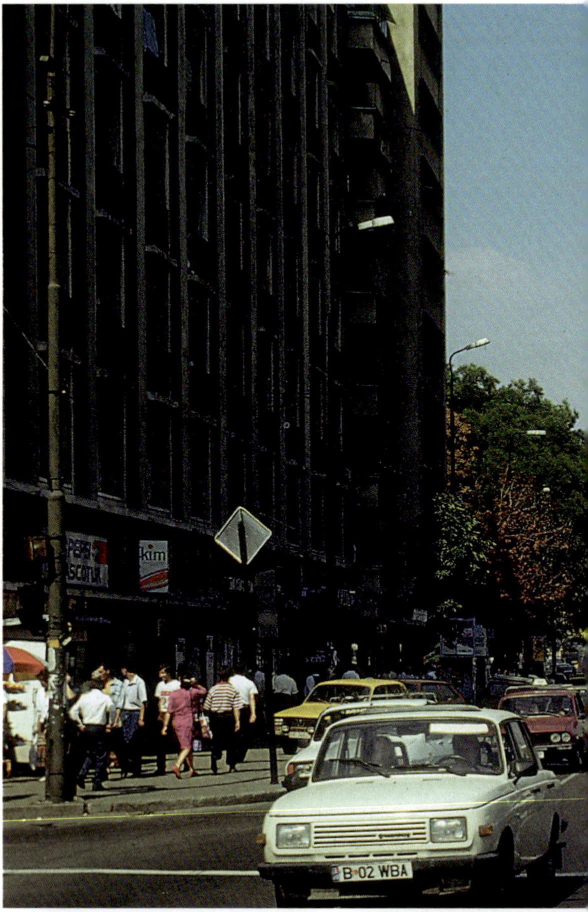
B 02 WBA

TURISM
magazin
TURISM
magazin
Cele mai frumoase locuri

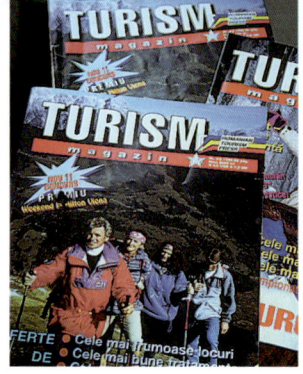

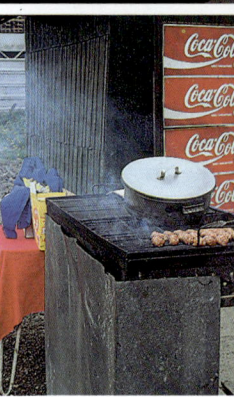

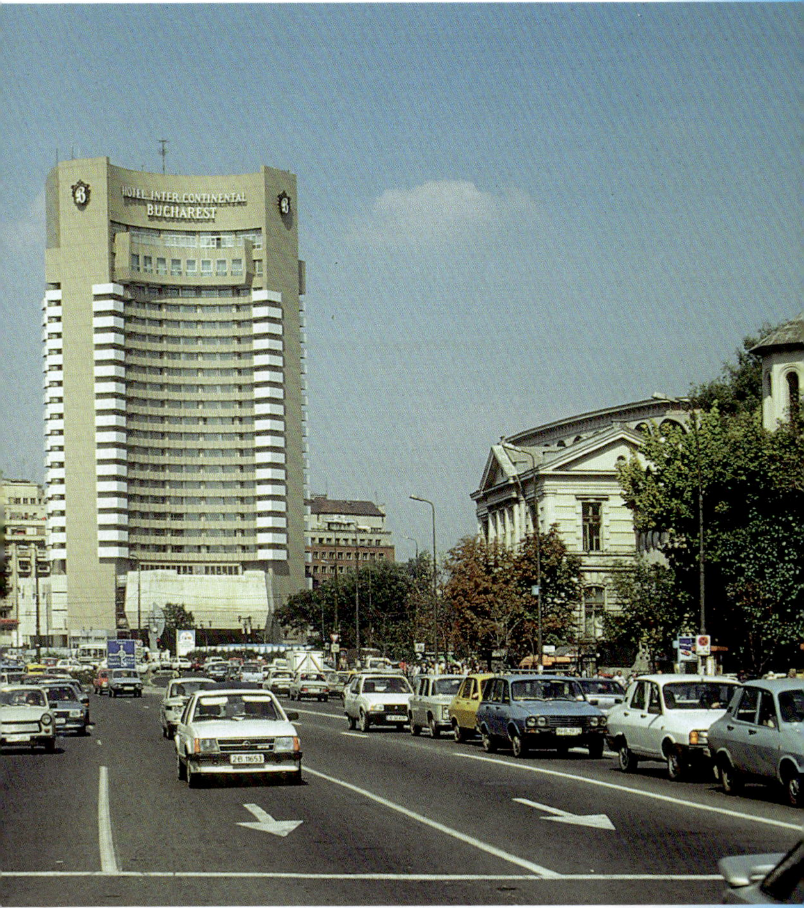
HOTEL INTER-CONTINENTAL
BUCHAREST

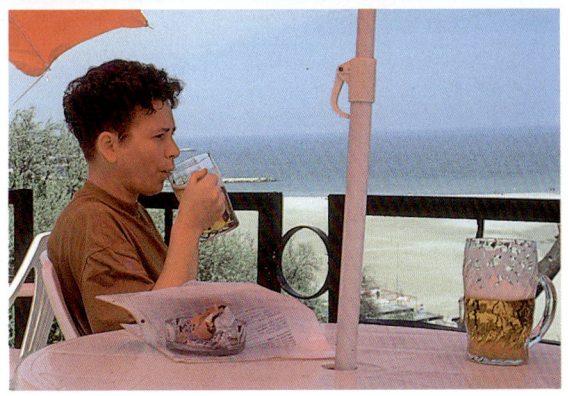

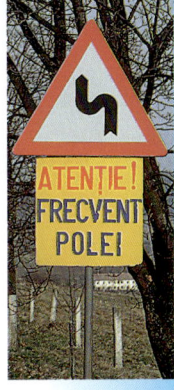

ATENȚIE!
FRECVENT
POLEI

Übernachtungsmöglichkeiten in Rumänien

Das Angebot an Hotels, Motels und Pensionen wächst in Rumänien zusehends. Seit 2001 unternimmt die Regierung zudem ernsthafte Anstrengungen, die staatlichen Hotels, die meist zentral gelegen sind, zu privatisieren. Die verbliebenen staatlichen Häuser sind in der Regel dahingehend überteuert, dass Preis und Leistung in keinerlei Verhältnis zueinander stehen. Die Zimmer waren vor 20 Jahren einmal mit allem ausgestattet, was zu einem Hotelzimmer gehört. Heute sind sie mehr oder weniger abgewirtschaftet und irgendetwas fehlt bestimmt oder funktioniert nicht. Das Einzige, was sich die staatlichen Hotelmanager vom Westen abgeschaut haben, sind relativ hohe Hotelpreise, die mit verblüffender Selbstverständlichkeit verlangt werden. In Rumänien vermißt man manchmal die kritische Sicht auf das eigene Tun. Das staatliche Hotelgewerbe steht symbolhaft dafür. Wer die Möglichkeit hat, sollte auf den privaten Hotelbereich ausweichen. Zwar gibt es auch hier genügend Hotelbesitzer, die gern über Nacht reich werden möchten und stolze Preise für nur mangelhaft rekonstruierte Häuser verlangen. In der Regel ist man zumindest um den Gast bemüht. Standart und Service sind in den privaten Hotels bedeutend besser, Konkurrenz belebt das Geschäft, und die Preise sind zumindest unter Berücksichtigung des Preis-Leistungs-Verhältnisses günstiger als in staatlichen Hotels. Bei Pauschal- und Kurreisen Neckermann-Reisen, Messerschmidt-Reisen, Schmetterling-Reisen, (Kuren &Reisen u.a.), die den Besucher meist an die Schwarzmeerküste oder nach Siebenbürgen führen und die von Deutschland aus organisiert werden, mieten die Veranstalter in der Regel Hotels an, die zwar nicht unbedingt westeuropäischen Standard entsprechen, die aber durchaus akzeptabel sind. Pauschalreisen nach Rumänien, gekoppelt mit einem Charterflug, sind zudem im Vergleich zum Individualtourismus immer noch außerordentlich preiswert.

Hotelpreise
(ausgenommen sind hier Hotels in Bukarest. Siehe dazu S.227)

5-Sterne-Hotels: ab 200 €/DZ
4-Sterne-Hotels: ab 130 €/DZ
3-Sterne-Hotels: ab 45 €/DZ
2-Sterne-Hotels: ab 30 € /DZ
1-Sterne-Hotels: ab 15 €/DZ

Hotel „Triumf" in Bukarest

die Unterkunft

Die Hotelpreise werden im Reiseführer aufgrund der inflationären rumänischen Währung in Euro angegeben, sind aber in Lei zu entrichten. Die Preisbeispiele stellen nur eine grobe Richtlinie dar, Abweichungen nach oben sowie nach unten sind je Region und Auslastungen des Hotels möglich. Kreditkarten werden in manchen 3-Sterne sowie in allen 4- und 5-Sterne-Hotels akzeptiert. **Campingplätze** gibt es in Rumänien in den touristischen Hochburgen sowie in der Nähe vieler Städte. Sie sind meist spartanisch ausgestattet, nicht immer funktioniert die Dusche, Kochmöglichkeiten existieren selten. Dafür sind sie preiswert und landschaftlich meist sehr schön gelegen.

Privat-Zimmer: Mittlerweile wird in Rumänien auch privat an Ausländer vermietet. Allerdings bildet sich in den Städten nur langsam ein Zimmervermittlungssystem heraus. Wer Interesse an einem Privatquartier hat, kann in einer Tourismusagentur fragen. Er wird aber auch Erfolg haben, wenn er selbst die Initiative ergreift und einfach jemanden auf der Straße oder in einem Geschäft anspricht. Ein möglicher Nebenverdienst durch die Vermietung eines freien Zimmers wird selten ausgeschlagen, und zudem sind die Rumänen sehr gastfreundlich.

Wer in Siebenbürgen Urlaub macht und nicht allzu anspruchsvoll ist, dem bietet sich eine interessante **Alternative zu Hotels, Pensionen oder Campingplätzen**. In einigen evangelischen Pfarrhäusern, die nach dem Schrumpfen der Gemeinden nicht mehr von Pfarrfamilien bewohnt werden, wurden **Gästehäuser** eingerichtet. Wo immer sich bei den im Reiseführer vorgeschlagenen Routen diese Übernachtungsmöglichkeit anbietet, wird ausdrücklich darauf hingewiesen.

Hotel „Continental" in Ploieşti

Das Hotel „Impăratul Romanilor" („Römischer Kaiser") in Hermannstadt

*Straßenbau-
arbeiten*

Mit dem Auto
unterwegs in Rumänien

Die rumänischen Verkehrsregeln entsprechen weitestgehend den deutschen Vorschriften. Ein wesentlicher
Unterschied ist jedoch das strikte **Alko-
holverbot**, dessen Einhaltung von der
Polizei relativ oft kontrolliert und bei Ver-
stoß auch gegenüber Ausländern mit
Führerscheinentzug sowie Geldstrafen
geahndet wird. Die zugelassenen
Höchstgeschwindigkeiten unterscheiden sich geringfügig von deutschen
Regelungen. Für Rumänien gilt maximal:

– in Ortschaften
50 km/h
– außerhalb von Ortschaften
90 km/h
- auf Autobahnen
120 km/h

Ampeln kennen hierzulande keine rot-
gelb-Phasen, die Farben schalten direkt
um. Beachten sollte der Verkehrsteilnehmer auch die vielen **Fußgängerüber-
wege** (Zebrastreifen) in Städten und
Ortschaften, an denen gehalten werden
muss.

Obwohl die rumänischen Verkehrsregeln nur geringfügig von uns bekannten Vorschriften abweichen, kann die
Autofahrt in Rumänien durchaus andere
Überraschungen in sich bergen, die
man kennen sollte, ohne sich dadurch
von vornherein von einer Autofahrt
abschrecken zu lassen.

Ortsausschilderungen sind zwar vorhanden, oft aber mangelhaft oder durch
Verwitterung schlecht leserlich.

Schlaglöcher gehören zum Straßen-
bild in den Städten, wo der Verkehr
dadurch oft von Chaos geprägt wird.
Hier wird häufig eine Art Hindernis-
slalom gefahren. Aber auch außerhalb
der Ortschaften tauchen manchmal,
selbst auf gut asphaltierten Straßen, völlig unerwartet kraterartige Löcher auf.
Vorsicht ist bei Gefahr für den Pkw-
Unterboden und die Stoßdämpfer
gleichfalls an Bahnübergängen und bei
der Überquerung von Straßenbahn-
schienen geboten. Hier sollte in jedem
Fall Schrittempo gefahren werden. Der
staugewohnte Mitteleuropäer wird
jedoch entschädigt durch eine ständig
wachsende Zahl gut sanierter Straßen,
auf denen wegen der geringen Ver-
kehrsdichte das Autofahren noch ein
wahres Vergnügen ist. Besonders die
Nationalstraßen, Abkürzung „DN", sind
in der Regel recht ordentlich.

Eine weitere Warnung betrifft **nächtli-
che Autofahrten**. Besondere Vorsicht ist
wegen oft unzureichender Straßensei-
tenbefestigungen, fehlenden Straßen-
randreflektoren, unbeleuchteten und
ungesicherten Baustellen, fehlenden
oder verblichenen Fahrbahnmarkierun-
gen, unbeleuchtet fahrenden Esels-,
Ochsen- oder Pferdekarren, unbeleuchtet abgestellten Autos sowie der Vielzahl
streunender, herrenloser Tiere geboten.

Nicht beeindrucken zu lassen braucht man sich dagegen vom vielen Hupen der einheimischen Autofahrer. Wie in anderen südeuropäischen Ländern gehört es auch in Rumänien zur Autofahrermentalität und hat meist nichts zu sagen. Ein diszipliniertes oder gar rücksichtsvolles Fahren der rumänischen Verkehrsteilnehmer wird man als Ausländer nicht feststellen, deshalb bitte vor allem in den Städten besonders vorsichtig fahren! In Umfragen bezeichnen sich die Rumänen selbst als relativ schlechte Autofahrer, eine Einschätzung, der man nicht widersprechen möchte.

Folgende **Papiere** sind bei Autofahrten nach Rumänien mitzunehmen:
– nationaler Führerschein,
– Autopapiere,
– grüne Versicherungskarte
– Vollmacht zur Nutzung des Pkw, wenn man nicht selbst Halter ist.

Der Abschluss einer **Kurzkaskoversicherung** wird empfohlen, wenn in Deutschland kein Kaskoschutz besteht oder das Versicherungsunternehmen Auslandskaskoschutz nur für bestimmte Länder gewährt.

Bei **Verkehrsunfällen** gilt in Rumänien, in jedem Fall die Polizei zu verständigen (→ Notrufe). Bis zum Eintreffen der Polizei darf am Unfallort nichts verändert werden. Das eigene Warnkreuz sollte aufgestellt werden, da die meisten rumänischen Fahrzeuge so etwas nicht mit sich führen. Bei der Ausreise aus Rumänien muss den Grenzbeamten eine Bescheinigung über die Beschädigung des eigenen Fahrzeuges vorgelegt werden. Auf deren Ausstellung durch die Polizei am Unfallort sollte deshalb bestanden werden.

Bei **Autopannen** kann man sich an den **Straßendienst** wenden. Der ACR (Automobilul Clubul Romania) ist Partnerclub des ADAC. Er erkennt die Mitgliedschaften in anderen deutschen, österreichischen oder schweizerischen Automobilclubs zwar an, es wäre jedoch verfehlt, von seiner Hilfe Wunder zu erwarten. In Rumänien sind die Autowerkstätten besonders auf dem Land auf die Einheitsautomarken „Dacia" und „Olcit" eingestellt. Gute handwerkliche Fähigkeiten sowie Hilfsbereitschaft (besonders bei der Aussicht auf ein paar zu verdienende Dollar oder D-Mark) sind jedoch die Regel.

Die **Arbeitszeit des ACR** ist 8–20 Uhr. Auf den Europa- und Nationalstraßen zeigen (meist) gelbe Hinweisschilder die Telefonnummer des nächsten Postens an.

In der Hauptstadt Bukarest ist der ACR unter Tel. 927 zu erreichen, im Großteil der anderen rumänischen Städte unter Tel. 12345.

Abschließend einige öfters anzutreffende Hinweisschilder in rumänischer Sprache mit der entsprechenden Übersetzung:
– **Toate directiile:** in alle Richtungen
– **Ocolire:** Umleitung
– **Drum in lucru:** Bauarbeiten
– **Drum periculos:** gefährliche Fahrbahn
– **Claxonarea interzisă:** Hupverbot.

Die rumänische Küche

Wer durch Rumänien reist, wird mit unvergesslichen Eindrücken belohnt, er muss in manchen Dingen jedoch auch Abstriche machen. Das trifft beispielsweise bei der Küche mancher Restaurants zu. Die Speisekarten vieler Gaststätten und Hotels bieten wenig Abwechslung. Die allgegenwärtigen *fripturi* – gebratenes oder gegrilltes Fleisch – werden dabei meist von *cartofi prajiti*, der lokalen Version von pommes frites, begleitet. Gemüse oder Saucen müssen in der Regel extra bestellt werden. Weißes Brot kommt immer auf den Tisch. Wer nicht die Chance hat, die häusliche Kochkunst rumänischer Gastgeber kennenzulernen, sollte die Speisekarte der Restaurants nach landestypischen Gerichten durchforsten.

Als **Vorsuppe** empfiehlt sich eine Variante der fast immer sehr guten *ciorbă*, einer sauren Suppe. Es gibt z.B. Ciorbă mit Huhn *(de pui)*, mit Schwein *(de porc)*, mit Rind *(de văcuţă)*, nur mit Gemüse *(de legume)* und mit Flecken *(de burtă)*. Unbedingt sollte man einmal *mămăliguţă*, eine typische Hirtenmahlzeit, versuchen. *Mămăligă* – in der Verkleinerungsform *mămăliguţă* – ist ein fester, goldgelber Maisbrei, der meist mit Weiß- oder Schafskäse *(brânză)* und saurer Sahne *(smântână)* serviert wird. Mămăligă wird auch als Beilage zu Fleisch- und Fischgerichten gereicht. Eine andere beliebte Vorspeise ist panierter Käse *(caşcaval pane)*.

Als **Hauptgericht** mit Lokalkolorit ist z.B. *tochitura moldoveneacă* zu empfehlen, eine Art Gulasch aus verschiedenen Fleischsorten, der mit *mămăligă* serviert wird. Überall, in Restaurants oder auch an der Straßenecke, kann man *mici* oder *mititei*, gegrillte, knoblauch-

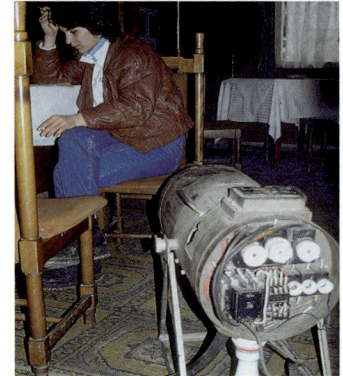

Für Kalte Tage im Lokal – die Elektroheizung

duftende Hackfleischbällchen, und *cabanoşi*, gegrillte Würstchen, kosten. Dem Fischliebhaber seien hier der im Vergleich zu Westeuropa (noch) preiswerte Kaviar und die einheimische Spezialität *crap saramură*, Karpfen in Salzlake, empfohlen. Die Qualität des Fleisches oder – besonders an der Schwarzmeerküste und an der Donau – des Fisches ist meist sehr gut. Allerdings wünschte man sich manchmal etwas mehr Raffinesse und weniger Fett bei der Zubereitung. Ausnahmen bestätigen auch hier die Regel.

Zum **Dessert** probiere man *clătite*, dünne Crepes bzw. Eierkuchen, die mit Konfitüre, Eis oder Früchten gefüllt werden. Ein anderer Nachtisch sind *papanaşi*, eine Art Spritzkuchen oder Berliner. Mit *smântână* übergossen oder *gem* (Marmelade) gefüllt, sind sie eine kalorienreiche Köstlichkeit. Den Durst löscht man am besten und günstigsten mit einem der vielen ausgezeichneten rumänischen Mineralwässer. Ein **einheimischer Wein** sollte bei Tisch nicht fehlen. Wer einen trockenen Wein (*vin sec*) vorzieht, sollte dies bei der Bestellung ausdrücklich sagen, denn viele rumänische Weine sind lieblich bis süß ausgebaut. Ein guter weißer Tischwein ist ein *Riesling* aus den Anbaugebieten Târnava, Murfatlar und Jidvei oder ein *Sauvignon blanc*. Bei den Rotweinen geht man mit einem *Cabernet Sauvignon* (sehr zu empfehlen ist der aus Murfatlar) meistens nicht fehl. Der weiße *Muscat Otonel* oder selbst der Rotwein *Pinot Noir* sind als Begleiter zum Essen zu süß und süffig.

Die Küche

Ein weiteres Mal **Vorsicht**: In Rumänien trinkt man gern Wein und Mineralwasser gemischt als *șpriț*. Wenn man also vom Kellner das Wort *șpriț* (gesprochen: „spritz") hört, seinen Wein aber pur genießen möchte, sollte man energisch den Kopfschütteln und „Nu, separat, vă rog" („Nein, bitte getrennt") sagen.

Den Kopf schütteln, wenn nicht gar zusammenzucken wird der Biertrinker, wenn ihm der Gerstensaft gereicht wird. Der Kellner wird ihm das **Bier** wie einen Wein einschenken, in ein Weinglas, und sich dabei bemühen, möglichst keine Blume entstehen zu lassen. Wie beim Wein wird sofort nachgeschenkt werden, wenn man das Glas ein wenig geleert hat. Übrigens gibt es mittlerweile eine Reihe guter, in Rumänien hergestellter Biere (Ursus, Ciuc, Craiova, Eggenberger Hopfen u.a.). Bedauerlicherweise findet man diese in teureren Restaurants oft nicht auf der Getränkekarte, sondern muss auf die zu horrenden Preisen angebotenen Importbiere zurückgreifen – oder verzichten.

Isst man bei einem Rumänienaufenthalt nur im Restaurant, hat man die rumänische Küche nicht kennengelernt. Wenn ein Gast zum Essen geladen ist, steht die Hausfrau oft schon Tage vorher in der Küche oder nimmt die Hilfe einer Bekannten in Anspruch, um alles vorzubereiten. Machen Sie eine Diät? Dürfen oder wollen Sie keine Fettigkeiten essen? Teilen Sie dies den Gastgebern rechtzeitig mit, sonst sollten Sie sich mit geeigneten Tabletten bevorraten oder für einen Tag Ihre Vorsätze, Vorschriften und Prinzipien beiseitelegen. Es wird Ihnen sowieso nichts anderes übrigbleiben, wenn Sie nicht Ihre rumänischen Bekannten ernsthaft beleidigen wollen.

Außerdem, wer könnte schon einem „*salată boeuf*" widerstehen, der nach der kalten Vorspeisenplatte mit Salat und Gemüse der Saison, Oliven, eingelegten Gurken und Paprika, Hermannstädter Salami (*salam de Sibiu*) und Käse gereicht wird? Einem Salat aus kleingewürfelten Kartoffeln, mit Rind- oder Hühnerfleisch, Gurken und Möhren, köstlich gewürzt, mit (manchmal zuviel) Mayonnaise und einer paprikaverzierten Mayonnaiseschicht extra obenauf? Ist Auberginensaison, wird aus den violetten Früchten mit Öl oder Mayonnaise und Zwiebeln ein rauchig schmeckender *salată de vinete* hergestellt. Danach

kommt vielleicht eine heiße, klare Suppe mit Fleischklößchen, oder gebratener Fisch, den der Hausherr möglicherweise gar selbst gefangen hat. Nun wird das Gericht aufgetragen, das für den Gast sicherlich den Höhepunkt des Essens bildet: *sarmale* oder, im zärtlichen Diminutiv, *sarmaluțe*, das **rumänische Nationalgericht**. Es sind daumendicke Kohlrouladen mit einer Reis-Hackfleisch-Füllung, deren Duft allein schon das Wasser im Munde zusammenlaufen lässt. Anstelle von gesäuerten Kohlblättern werden die Sarmale vor allem im Sommer auch mit Weinblättern zubereitet. Jede Hausfrau schwört – zu Recht – auf „ihr" Rezept. Obwohl der Gast eigentlich schon lange nicht mehr kann, wird anschließend gewiss noch gebratenes Fleisch mit einer Kartoffel- oder Mămăligăbeilage aufgetischt und dann das Festmahl mit einem Dessert gekrönt.

Egal ob in einem Restaurant oder bei Bekannten – der Verdauung und der Stimmung ist ein *țuica*, selbstgebrannter Obstler, immer dienlich.

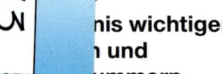

...nis wichtiger
...n und
Telefonnummern

Diplomatische Vertretungen

Deutschlands in Rumänien

Botschaft der Bundesrepublik Deutschland (Ambasada Germană),
Str. Rabat 21, Bukarest,
Tel. 01/2122580, 2122680

Generalkonsulat der Bundesrepublik Deutschland in Sibiu (Hermannstadt),
Str. Hegel 3, 2400 Sibiu,
Tel. 069/212759

Konsularagentur der Bundesrepublik Deutschland in Timişoara (Temeswar),
Bulevardul Republicii 6,
Tel. 056/190495

Österreichs in Rumänien

Botschaft der Republik Österreich (Ambasada Austriaca),
Str. Dumbrava-Rosie 7
(nahe der Piaţa Romană), Bukarest,
Tel. 01/6114354, 6119377

der Schweiz in Rumänien

Schweizerische Botschaft (Ambasada Elveţiana), Str. Pitar Moş 12 (nahe des Bulevardul Bălcescu), Bukarest,
Tel. 01/2103272, 3120298

Rumäniens in Deutschland

Rumänische Botschaft, Legionsweg 14,
53117 Bonn,
Tel. 0228/ 555860, Fax: 0228/680247
(Tel. der Konsularabteilung:
0228/5556832)

Rumänisches Generalkonsulat in Berlin,
Matterhornstr. 79,
Tel.: 030/8033019, Fax: 030/8031684

Rumäniens in Österreich

Rumänische Botschaft,
Prinz-Eugen-Str. 60, 1040 Wien,
Tel.: 0222/5053227
Tel. der Konsularabteilung:
0222/5052343

Rumäniens in der Schweiz

Rumänische Botschaft,
Kirchenfelsstr. 78, 3000 Bern,
Tel.: 031/443521, 443522

Fremdenverkehrsämter

Rumäniens in Deutschland

Rumänisches Touristenamt, Zeil 13,
60313 Frankfurt/Main,
Tel.: 069/295278, 295279,
Fax: 069/292947
Rumänisches Touristenamt,
Frankfurter Tor 5, 10243 Berlin,
Tel./Fax: 030/5892684

Rumäniens in Österreich

Rumänisches Touristenamt,
Währingerstr. 6-8, 1090 Wien,
Tel./Fax: 01/31743157

Rumäniens in der Schweiz

Rumänisches Informationsbüro für Touristik,
Schweizergasse 10, 8001 Zürich.,
Tel.: 01/2111730, Fax: 01/2111745

Praktische Hinweise von A-Z

An- und Abreisewege

Mit dem Auto

Von Deutschland, Österreich und der Schweiz aus erreicht man Rumänien am günstigsten über Ungarn. Die Einreise nach Ungarn ist für EU-Bürger visafrei, das ungarische Straßennetz ist tadellos. Die zwei größten ungarisch-rumänischen Grenzübergänge sind **Biharke-resztes/Bors** (bei Oradea) und **Apát-falva/Nadlac** (bei Arad). Eine Alternative sind außerdem die kleineren Grenzübergänge **Gyula/Varsand** (zwischen Arad und Oradea), **Vámospércs/Valea lui Mihai** (nördlich von Oradea) und **Csenger/Dorolt** (bei Satu Mare). Die Einreiseformalitäten gehen für EU-Bürger relativ komplikationslos vonstatten.

Mit der Bahn

Es gibt mehrere **direkte Zugverbindungen** nach Rumänien. Die wichtigsten sind:
– der **Dacia-Express** (Wien-Bukarest-Wien)
– der **Balt-Orient-Express** (Berlin-Bukarest-Berlin)
– der **Bukarest-Express** (Budapest-Bukarest-Budapest)
– der **Ovidius-Express** (Budapest-Constanța-Budapest)

Rumänien ist Mitgliedsland des internationalen Bahntarifsystems RIT und von InterRail.

(!) Die Anreise mit der Bahn ist mittlerweise im Verhältnis zum Flugzeug teuer. Eine Hin- und Rückfahrt im Schlafwagen der 1. Klasse kann den Preis eines Flugtickets in der Economy-Class übersteigen.

Mit dem Flugzeug

Rumäniens größter internationaler Flughafen ist **Bukarest-Otopeni**. Direkte Linienflüge bieten von Deutschland aus die **Lufthansa** (ab München und Frankfurt) und die rumänische Fluggesellschaft **TAROM** (von Berlin, Frankfurt, Düsseldorf und München, z.T. über Timișoara/Temeswar). Die Flugzeit beträgt ca. 2,5 h. Von Österreich fliegen die **Austrian Airlines**, die **Delta Airline** und die TAROM direkt nach Bukarest, eine Direktverbindung zur Schweiz haben die **Swissair** und die TAROM.

Eine preiswerte und gute Alternative zur relativ teuren Lufthansa und zur rumänischen Staatslinie TAROM, ist die ungarische **MALEV**, die über Budapest fliegt.

In der Saison (Mai-September) gibt es neben den Linienflügen außerordentlich **preiswerte Charterflüge** von verschiedenen deutschen Flughäfen direkt nach Constanța an die Schwarzmeerküste.

Neben Neckermann bieten kleinere Reiseagenturen Charter an und vermitteln daneben Hotelzimmer und Ausflugpakete. Ein Rumänienspezialist ist das Reisebüro Messerschmidt, Brauhofstr. 1, 10587 Berlin, Tel.: 030-28384477

(!) Der Flughafen Otopeni liegt 16 km vom Bukarester Stadtzentrum entfernt. Es verkehrt bis gegen 23 Uhr ein Zubringerbus in halbstündigen Intervallen. Zusteigemöglichkeiten: Piața Romană, Piața Universității, Piața Unirii. Weiterhin gibt es in Bukarest eine Vielzahl an Taxis. Den Preis zum Flughafen sollte man vorher klar absprechen: über 15 € für die Strecke sind indiskutabel.

Mit dem Bus

Seit einiger Zeit gibt es eine sehr preisgünstige Reisemöglichkeit nach Rumänien und zurück (ca. 150,00 €). Sie ist allerdings auch die unbequemste. Private Busunternehmen bieten die Hin- und Rückfahrt schon ab ca. 125 € an. Eine Fahrt dauert allerdings bis zu 40 Stunden. In Rumänien werden verschiedene Städte angefahren, neben der Hauptstadt Bukarest auch Arad, Brașov (Kronstadt), Sibiu (Hermannstadt), Ploiești und Constanța.

(!) Aktuelle Informationen zu Busreisen erteilen auch die rumänischen Fremdenverkehrsämter in Deutschland.

Busreiseagenturen

Betaco (D) Baseler Platz 3, 60329 Frankfurt/Main, Tel.: 069/252884
Betaco (RO) Strada Sofia 2, Bukarest, Tel.: 01/212 1276

Ärzte und Apotheken

(→ Medizinische Versorgung

Devisenbestimmungen

(→ Geld/Geldwechsel)

Eisenbahnen in Rumänien

(→ An- und Abreise,)

Rumänien verfügt über ein **umfangreiches Schienennetz**. Die Rumänen fahren viel mit dem Zug. Er ist immer noch ein außerordentlich preiswertes, da hochsubventioniertes Transportmittel. Im übrigen gibt es auch **keine Sondertarife für Ausländer** (Preisbeispiel: eine Fahrt Bukarest-Constanța – ca. 265 km – kostet in der ersten Klasse ca. 8 €, in der 2. Klasse ca. 5 €). Alle größeren rumänischen Orte und Städte sind per Eisenbahn zu erreichen. Allerdings wird davon abgeraten, 2. Klasse zu fahren. Deren Waggons sind in einem meist traurigen Zustand und zudem oft überfüllt. Gute Reisebedingungen bieten seit kurzem rumänische **Intercity-Züge**, die einige Städte miteinander verbinden (z.B. Bukarest, Brașov, Constanța). Sie haben zwar deutlich höhere Tarife, dafür einen passablen Service.

*(!) Auf den rumänischen Bahnhöfen werden Fahr- und Platzkarten erst 24 h vor Abfahrt des Zuges verkauft. Wer früher reservieren möchte, muss das bei einer der **CFR-Agenturen** in der jeweiligen Stadt tun. Die Anschriften sind im Reiseführer bei den jeweiligen Stadtbeschreibungen unter dem Stichwort „Praktische Informationen" genannt.*

Fahrzeugpapiere Führerschein

(→ Autofahren in Rumänien)

Feiertage

Nationalfeiertag:
1. Dezember (Anschluss Siebenbürgens an Rumänien am 1. 12. 1918)

Weihnachtsfeiertage:
25. und 26. Dezember

Neujahr:
1. und 2. Januar

Ostersonntag/Ostermontag:
Das orthodoxe Osterfest wird in der Regel eine Woche nach dem evangelischen und katholischen Ostern gefeiert.

Tag der Arbeit: 1. Mai

Fernsehen

In den besseren Hotels (ab 3 Sterne) gibt es mittlerweile oft **Kabel- oder Satellitenanschlüsse**, die auch ein bis zwei deutsche Privatprogramme anbieten. Ansonsten verfügt Rumänien über eine bunte Fernsehlandschaft. Während in den letzten Jahren der Ceaușescu-Diktatur jeden Abend nur zwei Stunden Fernsehen gesendet wurde (überwiegend Propaganda), hat man sich heute von diesem Fernsehmangel mit aller Macht befreit. Neben den zwei staatlichen Programmen TVR 1 und 2 gibt es viele Privatsender, die überwiegend lokales Fernsehen betreiben. Die größten privaten Sender sind Pro TV, Antena 1 und PRIMA, ein Spielfilmkanal. Für den Touristen können die rumänischen Sender durchaus interessant sein, da ausländische Produktionen in der Originalfassung (mit rumänischen Untertiteln) gezeigt werden.

FKK

Offizielle FKK-Strände existieren in Rumänien nicht. Es gibt trotzdem nicht wenige Nacktbader, aber nur etwas **abseits der Hauptstrände** des Schwarzen Meeres.

Flugverkehr

(→ auch An- und Abreisewege)

Die nationale Fluggesellschaft TAROM fliegt die Städte Bukarest, Arad, Bacău, Baia Mare (Neustadt), Suceava, Caransebeș (Karansebesch), Cluj Napoca (Klausenburg), Constanța, Craiova, Iași, Oradea, Satu Mare (Sathmar), Sibiu (Hermannstadt), Timișoara (Temeswar), Târgu Mureș (Neumarkt) und Tulcea an.

Meist muss man aber erst zum **Drehkreuz Bukarest** zurückkehren, um in eine andere Stadt zu gelangen. Die Flugpreise sind immer noch akzeptabel (Preisbeispiel: Ein Flug von Bukarest nach Constanţa kostet ca. 40 €, die Strecke Bukarest-Timişoara (Temeswar) kostet um die 50 €).

Fotografieren

Wie andernorts auch dürfen militärische Anlagen, Häfen und Grenzposten nicht fotografiert werden. Entsprechende Hinweisschilder sollte man in jedem Fall beachten.

Fotomaterial

Farbfilme gibt es in den Städten in gängigen Marken (Kodak, Agfa) und Filmempfindlichkeiten problemlos zu kaufen. Wer Sonderwünsche hat, sollte seinen Bedarf an Fotomaterial aber schon zu Hause decken. **Dia-Filme** gibt es in Rumänien kaum, sie werden auch nur in Bukarest entwickelt. Wer seine Farbfilme gleich vor Ort entwickeln und vergrößern lassen will, sei darauf hingewiesen, dass die Qualität oft deutlich von denen deutscher Fotolabors abweicht.

Geld/Geldwechsel

Die Landeswährung Rumäniens ist der Leu (Mehrzahl: Lei). 1 Leu entspricht 100 Bani, dies allerdings nur in der Theorie, da die kleine Währungseinheit aufgrund der Inflation nicht mehr existiert. Banknoten gibt es zu 1000, 2000, 5000, 10000, 50000, 100000 und 500000 Lei. Die Währung ist inflationär. Derzeit erhält man für 1 € 30000 Lei.

Die rumänischen **Devisenbestimmungen** gestatten die Ein- und Ausfuhr von Devisen in unbegrenzter Höhe.

Geldwechsel ist in den Banken, Hotels oder in den vielen autorisierten Wechselstuben möglich.

Die **Kurse** in den kleinen Wechselstuben sind oft günstiger als die der Banken, Hotels oder gar auf dem Flughafen Bukarest. **Umtauschgebühren** werden in der Regel nicht verlangt. Der Rücktausch der Landeswährung in die ursprüngliche Fremdwährung ist nur gegen Vorlage der Umtauschbescheinigung möglich. Er ist aber oft mit Komplikationen und immer mit Verlust verbunden, deshalb sollte man lieber weniger und öfter Lei eintauschen. Vom **Geldwechsel auf dem Schwarzmarkt** wird abgeraten. Er ist erstens verboten (auch wenn die Polizei gern wegschaut), zweitens lohnt sich die Differenz zum Kurs der Wechselstuben kaum und drittens setzt man sich garantiert der Gefahr aus, durch Taschenspielertricks betrogen zu werden.

Rumänien ist ein Land, wo **bargeldloses Bezahlen** die Ausnahme ist. Die

Ein Leu hat 100 Bani – aber die kleinere Einheit wird aufgrund der Inflation schon lange nicht mehr verwendet

wenigsten Rumänen verfügen über ein Bankkonto, Lohn oder Rente werden bar ausgezahlt. **Kreditkarten** (VISA, Eurocard, Mastercard, American Express, vereinzelt Diners Club) akzeptieren bessere Hotels und Restaurants sowie einige teuere Boutiquen in den Städten. Banken und einige Wechselbüros nehmen **Euro- und Reisechecks** an. Sie werden aber bis auf Ausnahmen nur in Lei ausbezahlt. Die Provision beträgt zwischen 4% und 7%. Mittlerweile gibt es aber in allen größeren Städten Geldautomaten, wo Sie mit Ihrer Kreditkarte (teilweise auch nur mit der EC-Karte) rumänisches Bargeld anheben können.

(!) Nehmen Sie ausreichend € oder Dollar in kleinerer Stückling auf die Reise mit, Schecks sollten nur die Reserve für den Notfall sein.

Kreditkarten

(→ **Geld/Geldwechsel**)

Kriminalität

(→ auch **Polizei**)

Ein armes Land wie Rumänien hat naturgemäß viel mit Eigentumsdelikten zu kämpfen. Als Tourist ist man aber nicht mehr bzw. weniger gefährdet als in anderen Staaten auch.

Selbstverständlich sollte man vorsichtig sein, keine Wertsachen im Auto oder am Strand liegenlassen, kein Geld auf dem Schwarzmarkt tauschen und in den Städten vor allem nachts dunkle Viertel, die Bahnhofsgegenden und die U-Bahn (in Bukarest) meiden bzw. nur in Begleitung aufsuchen.

In Rumänien werden Straftaten vergleichsweise strenger geahndet als in Deutschland. Oft werden noch die Fotos von Verbrechern (meist sind es nur kleine Diebe) in Schaukästen vor der Polizeistation ausgehängt. Vor allem in ländlichen Gebieten wirkt diese Maßnahme, ein Relikt aus der Ceauşescu-Zeit, abschreckend und erzieherisch. Die Angst vor Zigeunern ist nur dann begründet, wenn man sich auf Geldgeschäfte (Geldwechsel) mit ihnen einlässt.

Lebensmittel

(→ auch **Preise**)

Die Zeiten, in denen es in Rumänien selbst Probleme bereitete, Grundnahrungsmittel zu erwerben, gehören der Vergangenheit an. Jeder Rumänienreisende kann beruhigt sein. Das Angebot ist zwar nicht so vielfältig wie zu Hause, aber es gibt keinen generellen Mangel mehr an irgendwelchen Dingen.

Maße und Gewichte

In Rumänien gilt das metrische System.

Je nach Erntezeit werden überall frisches Obst und Gemüse verkauft

Medizinische Versorgung

Die Krankenhäuser, Polikliniken, Arztpraxen und Apotheken gewährleisten eine **ausreichende medizinische Versorgung**. Allerdings sollte man bei schwereren Erkrankungen die rumänischen Krankenhäuser wegen mangelnder Hygiene so schnell wie möglich verlassen. Hier empfiehlt sich der Heimflug.

Neben den staatlichen Krankenhäusern und Polikliniken existieren seit einiger Zeit viele **privat zugelassene Ärzte und Zahnärzte**. Im Bedarfsfall sollte man sich an sie wenden, da ihre Praxen im allgemeinen moderner ausgestattet sind als die der staatlichen Einrichtungen. Die Behandlung muss bezahlt werden. Die medizinische Grundversorgung wird durch die Apotheken gewährleistet, es ist aber nicht garantiert, dass spezielle Medikamente auch immer am Lager sind.

Bei Reisen nach Rumänien empfiehlt sich dringend eine **private Auslandskrankenversicherung**. Ein Sozialversicherungsabkommen zwischen Deutschland und Rumänien besteht seit dem 1.1.1996 nicht mehr. Bei den Gehältern rumänischer Ärzte in staatlichen Kliniken (ca. 75 € im Monat) bewirken übrigens ein paar zusätzliche Dollar oder € manchmal geradezu medizinische Wunder.

Mietwagen

In der Hauptstadt Bukarest verleihen internationale Firmen (AVIS, Hertz) Mietwagen. Aber auch andernorts ist mittlerweile das Mieten von Pkws möglich. In Hotels oder privaten Verleihfirmen werden meist „Dacias" vermietet, zunehmend aber auch Automobile westlicher Bauart.

Notrufe

Landesweit ist die **Polizei** unter **Tel. 955**, der **Rettungsdienst** unter **Tel. 961** und die **Feuerwehr** unter **Tel. 981** zu erreichen.

Öffentliche Verkehrsmittel

Nahverkehr

In den Städten fahren regelmäßig **Busse** oder **Straßenbahnen**. Fahrkarten müssen vor Fahrtantritt an entsprechenden Kiosken gekauft werden. Während der Hauptverkehrszeit sind Busse bzw. Straßenbahnen oft hoffnungslos überfüllt, so dass man lieber auf die noch sehr preisgünstigen **Taxis** ausweichen sollte.

In der Hauptstadt Bukarest gibt es eine **Metro** (→ Plan Bukarest).

Fernverkehr

In Rumänien gibt es viele Buslinien, die größere Städte miteinander und Städte mit umliegenden Dörfern verbinden. Außerdem besitzt das Land ein recht gut ausgebautes Eisenbahnnetz (→ auch **Eisenbahn in Rumänien**) sowie mehrere Inlandsflughäfen (→ auch **Flugverkehr**)

Passbestimmungen

(→ **Reisedokumente** und **Visa**)

Polizei

(→ auch **Kriminalität** und **Notrufe**)

Nicht nur in den Städten, sondern auch in fast jedem rumänischen Dorf gibt es **Polizeistationen**, an die man sich im Bedarfsfall wenden kann. Der größte Teil der Polizisten tritt Ausländern korrekt entgegen, allerdings ist darauf nicht immer Verlass. In Rumänien hat man seit jeher Respekt vor den Organen der Staatsmacht. Die meisten Rumänen begegnen der Polizei auch heute noch devot. Die Folge: Arroganz bei manchen Polizisten. Auch einem „Trinkgeld" ist man manchmal nicht abgeneigt. Als Ausländer sollte man sich vor allem an die Verkehrsregeln (→ **Verkehr**) halten, um den Kontakt mit den rumänischen Staatsdienern weitestgehend zu vermeiden.

Post

In allen größeren Städten sind die Postämter i.d.R. Montag-Freitag 8-20 Uhr geöffnet (Samstag: 8-12 Uhr). Auf den Dörfern gibt es kleine Poststationen mit unterschiedlichen **Öffnungszeiten**. Briefmarken kann man nur in den Postämtern erwerben. Die **Portogebühren** im Inland sind sehr gering. Ins deutschsprachige Ausland kostet eine Postkarte derzeit ca. 0,50 €, ein Brief 0,60 €. Es empfiehlt sich das Versenden von Briefen bzw. Postkarten per Luftpost.

Preise

Die **Lebenshaltungskosten in Rumänien** sind für Ausländer, die über Devisen verfügen, gering. Einheimische Lebensmittel, Restaurantbesuche, Benzin, Personennahverkehr, Taxis, Eintrittsgelder in Museen oder Theater – alles ist billiger als zu Hause. Relativ teuer sind aber sämtliche **Importartikel**. Das betrifft sowohl Lebensmittel als auch Konsumgüter. Oft kosten sie mehr als daheim und sind zudem von schlechterer Qualität bzw. No-Name-Produkte. Kein stimmiges Preis-Leistungsverhältnis haben außerdem die rumänischen Hotels.

Presse, Zeitungen, Zeitschriften

Nach der 1989er Revolution ist die Presselandschaft Rumäniens bunt und vielfältig geworden. Das gilt allerdings nur für rumänischsprachige Presseerzeugnisse. **Zeitungen und Zeitschriften aus Deutschland** erhält man in der Regel nur in Bukarest und – während der Urlaubssaison – an der Schwarzmeerküste. Es gibt in Rumänien weiterhin eine deutschsprachige Zeitung („Allgemeine Deutsche Zeitung, ehemals: „Neuer Weg") mit einem leider sehr schlechten Vertriebssystem. Man erhält sie manchmal in Bukarest und in den größeren siebenbürgischen Städten.

Reisedokumente

(→ auch **Visa**)

Jeder Besucher aus Deutschland, Österreich oder der Schweiz benötigt seinen **Nationalpass**, der mindestens noch 6 Monate gültig sein muss. Kinder bis 14 Jahren könne im Elternpass eingetragen sein. Wenn Kinder einen **Kinderpass** besitzen, muss dieser mit Lichtbild versehen sein.

Reiseveranstalter

Der einzige große Reiseveranstalter, der z.Zt. Pauschalreisen nach Rumänien im Programm hat, ist „Neckermann und Reisen" (NUR). In den Sommermonaten sind von verschiedenen deutschen Städten aus Direktflüge nach Constanţa/Schwarzes Meer möglich. Reisen nach Rumänien (auch ins Landesinnere) veranstaltet ferner ROM Travel Gmbh, Mörfelder Landstr. 6, Frankfurt/Main, Tel.: 069/614071. Wer Interesse an Kurreisen nach Rumänien hat, ist bei der Firma Kuren und Reisen GmbH, Bonner Str. 68, 53332 Bornheim, Tel.: 02222/65677, Fax: 02222/65773 an der richtigen Adresse.

Sprache

(→ auch **Sprachführer**)
Die offizielle Landesprache ist Rumänisch, eine mit dem Latein verwandte Sprache. Mit Englisch und Französisch kann man sich als Tourist relativ gut im Lande verständigen. Auch Deutsch ist verbreitet, naturgemäß vor allem in Siebenbürgen.

Straßendienste/Straßenwacht

(→ **Autofahren in Rumänien**)

Strom/Elektrizität

Die Stromspannung beträgt 220 Volt, Zwischenstecker sind nicht erforderlich.
(!) Selbst in teuren Hotels sind die Elektroinstallationen, besonders aber die Steckdosen, oft in einem gefährlichen *Zustand. **Vorsicht** ist vor allem geboten, wenn man mit Kindern reist.*

Tanken

Tanken ist in Rumänien mittlerweile **kein Problem** mehr, da seit der Revolution private Tankstellen wie Pilze aus dem Boden schossen. Sie haben meist rund um die Uhr geöffnet. **Bleifreies Benzin** gibt es in den größeren Städten sowie an vielen Tankstellen entlang der Nationalstraßen (DN). Kraftstoffe sind billig, der Preis pro Liter Benzin beträgt ca. 0,55 €, pro Liter Diesel zahlt man unter 0,40 €.

Bezeichnungen an den Zapfsäulen:
„Motorina" (Diesel), „Regular" (Normalbenzin), „Premium" (Super), „Premium fara plumb" (Super bleifrei).

Taxis

Es gibt in allen größeren Städten sehr viele Taxis. Die Fahrten sind **preiswert**, derzeit kostet 1 km ca. 0,20 €. In der Hauptstadt Bukarest gelten etwas höhere Tarife. Die Taxis müssen mit einem **Taxometer** ausgestattet sein, achten Sie darauf, dass es bei Fahrbeginn eingeschaltet wird. Man sollte außerdem möglichst mit solchen Taxen fahren, die zu einer Taxigenossenschaft oder -firma gehören. Sie erkennt man daran, dass der Name des Unternehmens sowie die Nummer des Taxis auf einem Schild am Wagen angegeben sind.

Telefonieren

Die **Direktwahl ins Ausland** ist noch nicht von überall möglich. In den meisten Städten sind aber bereits öffentliche Direktwahltelefone installiert. In Bukarest, Constanţa und den größeren siebenbürgischen Städten gibt es sie in relativ großer Anzahl. Es handelt sich dabei um **Kartentelefone**, die man an ihrer **orangen Farbe** leicht erkennt. Telefonkarten gibt es auf den Postämtern zu kaufen. Die **blauen Telefone** stehen nur für lokale und Inlandsgespräche zur Verfügung. Dort, wo es keine öffentlichen Telefone für den internationalen Selbstwählverkehr gibt (besonders auf dem Land und in kleineren Städten), müssen Auslandsgespräche auf der Post angemeldet werden. Die Vermittlung dauert meist nur einige Minuten. Von rumänischen Privatanschlüssen erreicht man die **internationale Vermittlung** landesweit unter Tel. 971. Von immer mehr Privatanschlüssen in Großstädten kann man jedoch auch direkt ins Ausland wählen.

(!) Alle Hotels vermitteln Auslandsgespräche, allerdings immer mit z.T. gepfefferten Aufpreisen.

Telefon-Vorwahlnummern

vom Ausland **nach Rumänien:** 0040
von Rumänien **nach Deutschland:** 0049

   Von Rumänien **nach Österreich:** 0043

   Von Rumänien **in die Schweiz:** 0041 (Nach der Landeseinwahl die Vorwahl der jeweiligen Stadt **ohne** die erste „0" wählen, danach die Nummer des Teilnehmers!)

Touristeninformationen

Tourismusagenturen sind im Reiseführer unter dem Stichpunkt „Praktische Informationen" nach der jeweiligen Stadtbeschreibung angegeben. Manche Agenturen vermitteln Exkursionen, bei manchen kann man Flüge buchen, einige vermitteln Hotel- oder Privatunterkünfte. Die gesamte Tourismusbranche steckt in Rumänien aber noch in den Kinderschuhen, so dass man nicht allzu viel erwarten sollte. Informationen erhält man selbstverständlich auch in den Hotels.

Unfälle

(→ Autofahren in Rumänien)

Telefonzentrale auf dem Dorf
Auch das gibts noch

Visabestimmungen

(→ auch **Reisedokumente**)
Bürger der Europäischen Union benötigen für die Einreise nach Rumänien seit dem 1. Januar 2001 kein Visum mehr.

Verkehr/Verkehrsregeln

(→ Autofahren in Rumänien)

Versicherungen

Außer **Kraftfahrzeugversicherungen** empfiehlt sich unbedingt der Abschluss einer privaten **Auslandskrankenversicherung**, da zwischen Deutschland und Rumänien kein Sozialversicherungsabkommen mehr besteht.

Zeit

Der Zeitunterschied zu Deutschland, Österreich und der Schweiz beträgt ganzjährig plus 1 Stunde, d.h. auch in Rumänien gilt die Sommerzeit.

Zollbestimmungen

Für den persönlichen Bedarf bestimmte Gegenstände dürfen zollfrei eingeführt werden, außerdem **Geschenke** bis zu einem Wert von Lei 250 000. Die letzte Regelung ist antiquiert, 250 000 Lei entsprechen derzeit etwas über 12,00 €, und wird i.d.R. auch nicht mehr streng angewandt. Wer aber kleinere Geschenke mitnimmt, sollte sie bei Nachfragen am rumänischen Zoll lieber als persönliche Gebrauchsgegenstände deklarieren. Größere Geschenke (Fernseher, Computer u.a.) müssen verzollt werden. Es empfiehlt sich außerdem, bei der Einreise **wertvolle bzw. antiquarische Gegenstände** (z.B. Schmuck) anzuzeigen, um beim Verlassen des Landes keine Probleme zu bekommen. Es ist verboten, **Waffen, Munition, Betäubungsmittel** und **pornographische Materialien** ins Land einzuführen.

Ausfuhrverboten sind Gegenstände von besonderem künstlerischen, kulturellen und historischen Wert (z.B. wertvolle **Gemälde, Ikonen, Antiquitäten**) unterworfen. Zollfrei bleiben 200 Zigaretten (bzw. 250 g andere Tabakwaren), 4 Liter Wein oder Bier sowie 1 Liter Spirituosen.

Kleiner Sprachführer

Die rumänische Sprache entwickelte sich aus der Form des Lateinischen, die in den östlichen Gebieten des Römischen Reiches verbreitet war. Die grammatische und lexikalische Struktur des Rumänischen ist vom Lateinischen abgeleitet. In späteren Jahrhunderten wurde die rumänische Sprache durch slawische Einflüsse geprägt. Der Grundwortschatz besteht zu etwa zwei Dritteln aus Wörtern lateinischer Herkunft und aus ungefähr 20 % slawischem Wortgut. Hinzu kommen Wörter dakischer, byzantinisch-griechischer, ungarischer, türkischer und französischer Herkunft.

1. Aussprache (es werden nur die Unterschiede zum Deutschen angegeben):

Konsonanten

ce/ci	wie tsch; ce (was) , cine (wer)
chi/che	wie k mit einem leichten j-Nachklang; chelner (Kellner)
ge/gi	wie dsch in Dschungel; Germania (Deutschland)
gh	wie g mit einem leichten j-Nachklang; ghid (Reiseleiter, -führer)
j	stimmhaftes sch wie in „Garage"; joi (Donnerstag)
s	immer stimmloses s wie in „Kuss"; sare (Salz)
ş	sch wie in „Schule"; şase (sechs)
ţ	z wie in „zehn"; Constanţa
v	w wie in „Wasser" bzw. wie v in „Vase"; voi (ihr)
z	stimmhaftes s wie in „Sonne"; zece (zehn)

Vokale

ă	dumpfes e wie in „Mutter"; casă (Haus)
â, î	dumpfer, an ü erinnernder Vokal, Lippenstellung wie bei i, dabei versuchen, ein u auszusprechen; la stânga (nach rechts), îngheţată (Eis)
e	e wie in „gestern", am Wortanfang mit vorklingendem j; el [jel] (er)
i	am Wortende nicht ausgesprochen, „erweicht" den vorhergehenden Konsonanten; domni (Herren)
ei	getrennt ausgesprochen; trei (drei)
eu	getrennt ausgesprochen; ghişeu (Schalter)
ie	getrennt ausgesprochen; mie [mije] (mir)

Wichtige allgemeine Wendungen

Ja	Da
Nein	Nu
Danke	Mulţumesc
Bittesehr	Poftim
Bitte	Vă rog
Wie geht es Ihnen/Dir?	Ce mai faceţi/faci [fahtsch]?
Danke, gut	Bine, mulţumesc

Guten Morgen	Bună dimineata
Guten Tag	Bună ziua
Guten Abend	Bună seara
Auf Wiedersehen	La revedere
Tschüß	Pa
Entschuldigen Sie bitte	Scuzaţi, va rog / Pardon
Ich verstehe nicht (Rumänisch)	Nu înţeleg (românește)
Sprechen Sie Deutsch/Englisch/ Französisch?	Vorbiţi nemţeşte/englezeşte franţuzeste?
Kann ich telefonieren?	Pot să dau un telefon?
Haben Sie ...?	Aveţi ...?
Ich brauche ...	Imi trebuie ...
Wieviel kostet (das)?	Cât costă (asta)?
Ich nehme (das)	Iau (asta)
Ich will / möchte ...	Vreau / Aş dori ...
Ich kann nicht (mehr)	Nu (mai) pot
Ich will nicht	Nu vreau
Wo ist / sind ...?	Unde este / sunt ...?
Wie komme ich zu/nach ...?	Cum ajung la ...?
nach rechts	la dreapta
nach links	la stânga
geradeaus	drept înainte
hier	aici
dort	acolo
geöffnet	deschis [deskís]
geschlossen	închis
Ist geöffnet?	Este deschis?
und	şi
nach	după
auch	deasemenea
aber	dar
oder	sau
mit	cu
ohne	fără
oben	sus
unten	jos
für	pentru
(mich/dich)	(mine/tine)
fertig, genug	gata
sehr	foarte
(viel/gut)	(mult/bine)
zu (viel/	prea (mult/
teuer)	scump)

Fragewörter

wo/wohin	unde
wer	cine
was	ce
wann	când
wieviel	cât
warum	dece

Persönliche Fürwörter

ich	eu
du	tu
er, sie	el, ea
wir	noi
ihr	voi
sie	ei, ele (nur fem.)
Sie	dumneavoastră

Zahlen

0	zero	50	cin(ci)zeci
1	unu, una; un, o	60	şaizeci
2	doi, două	70	şaptezeci
3	trei	80	optzeci
4	patru	90	nouăzeci
5	cinci	100	o sută
6	şase	110	o sută zece
7	şapte	200	două sute
8	opt	1000	o mie
9	nouă	2000	două mii
10	zece	10 000	zece mii
11	unsprezece	1 000 000	un milion
12	doisprezece/	2 000 000	două milioane
	douăsprezece		
13	treisprezece		
14	paisprezece		
15	cincisprezece		
16	şaisprezece		
17	şaptesprezece		
18	optsprezece		
19	nouăsprezece		
20	douăzeci		
21	douăzeci şi doi		
30	treizeci		
40	patruzeci		

Die Zahlen von 11-19 werden umgangssprachlich fast immer zu:

11	*unşpe,*
12	*doişpe, douăşpe.*
13	*treişpe,*
14	*paişpe,*
15	*cinşpe,*
16	*şaişpe,*
17	*şapteşpe,*
18	*optaşpe,*
19	*nouăşpe*

Wochentage

Montag	luni	Donnerstag	joi
Dienstag	marţi	Freitag	vineri
Mittwoch	miercuri	Samstag	sâmbata
		Sonntag	duminica

Monate / Jahreszeiten

Januar	ianuarie	September	septembrie
Februar	februarie	Oktober	octombrie
März	martie	November	noiembrie
April	aprilie	Dezember	decembrie
Mai	mai	Frühling	primăvară
Juni	iunie	Sommer	vară
Juli	iulie	Herbst	toamnă
August	august	Winter	iarnă

Zeitangaben

ein Tag	o zi	früher	mai devreme
2 Tage	două zile	spät/später	târziu/mai târziu
eine Woche	o săptămână	bald	în curând
2 Wochen	două 2 saptămâni	niemals	niciodată
gestern	ieri	immer	întotdeauna
heute	astazi, azi	manchmal	câteodată
morgen	mâine	in fünf Minuten	în cinci minute
am Morgen	dimineaţă	in einer Stunde	într-o oră
am Mittag	la prânz	Um wieviel Uhr?	La ce oră?
am Abend	seara	Um 9 Uhr	La ora nouă
heute abend	deseară	Wie lange?	Cât timp?
früh	devreme		

Essen und Trinken

das Frühstück	micul dejun
das Mittagessen	prânzul
das Abendessen	cina
Brot	pâine
Brötchen	chiflă
Hörnchen	corn
Toast	pâine prăjită
Butter	unt
Honig	miere
Marmelade	gem/marmeladă
Kaffee/2 Kaffee	cafea/două cafele
Tee	ceai
Kuchen	prăjitură
Sandwich	sandviş
Ei	ou
Kellner!/	Ospatar!/
Fräulein!	Domnisoară!
Die Karte, bitte	Lista vă rog.
Ich nehme...	Iau ...
Ich hätte gern ...	Aş vrea ...
Bringen Sie uns bitte ...	Aduceţi-ne, vă rog ...
Zahlen, bitte!	Plata, vă rog.

Orts- und Städteverzeichnis

Namensverzeichnis

Stichwortverzeichnis

Stichwortverzeichnis

Goldstadt
Reiseführer

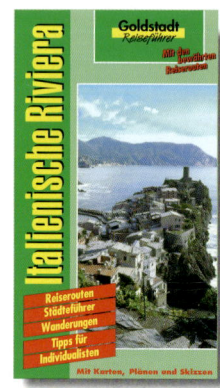

Goldstadt
Wanderführer und Wanderkarten

Wanderführer

Spaziergänge, Wanderungen und Bergtouren
mit Kartenausschnitten, Wegeskizzen, Farbfotos, Sprachführer

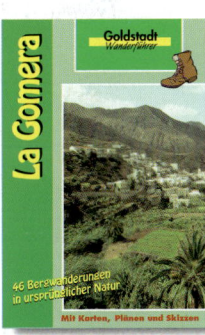 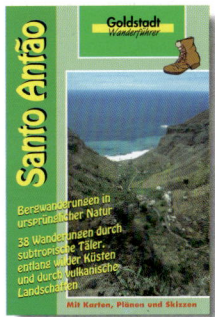 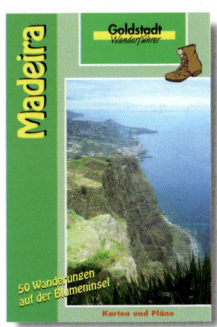

GRIECHENLAND
Ithaka (464)
Karpathos (463)
Lefkas (465)
Rhodos (459)
Samos (456)

ITALIEN
Elba (453)
Ischia (454)

PORTUGAL
Algarve (460)
Azoren (461)
Madeira (457)

SPANIEN
La Gomera (452)
Teneriffa (451)

FRANKREICH
Korsika (455)

KAPVERDISCHE INSELN
Santo Antão (466)

Wanderkarten

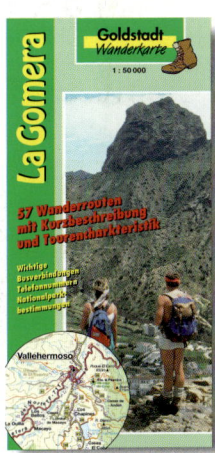 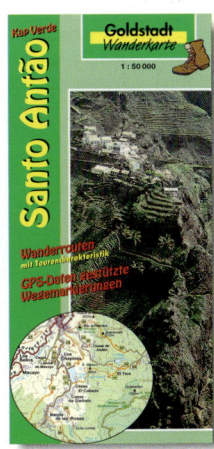 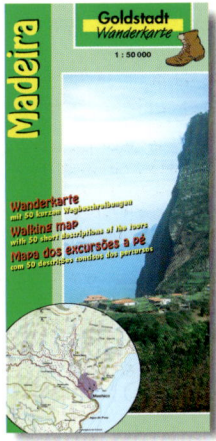

KANARISCHE
INSELN
La Gomera (450)

KAPVERDISCHE
INSELN
Santo Antão (467)
Saõ Nicolau (468)

PORTUGAL
Madeira (448)

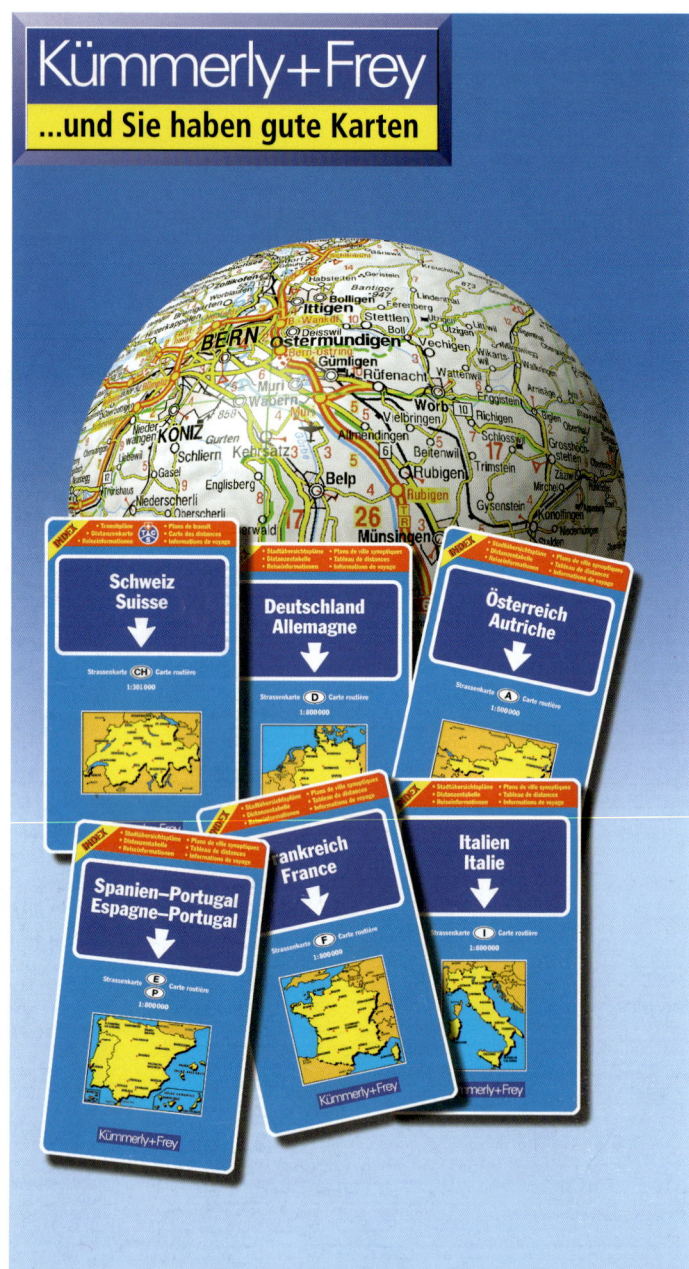

336